国家社科基金项目资助（18BJL118）
作者单位：南京农业大学经济管理学院

U0499508

我国居民劳动收入和财产性收入渠道研究

巩师恩 ◎ 著

中国财经出版传媒集团
经济科学出版社
Economic Science Press
·北 京·

图书在版编目（CIP）数据

我国居民劳动收入和财产性收入渠道研究/巩师恩
著 . ‒‒北京：经济科学出版社，2023.12
ISBN 978 ‒ 7 ‒ 5218 ‒ 5434 ‒ 3

Ⅰ.①我… Ⅱ.①巩… Ⅲ.①居民收入 ‒ 研究 ‒ 中国
Ⅳ.①F126.2

中国国家版本馆 CIP 数据核字（2023）第 247868 号

责任编辑：孙丽丽　戴婷婷
责任校对：王肖楠
责任印制：范　艳

我国居民劳动收入和财产性收入渠道研究

巩师恩　著

经济科学出版社出版、发行　新华书店经销
社址：北京市海淀区阜成路甲 28 号　邮编：100142
总编部电话：010 ‒ 88191217　发行部电话：010 ‒ 88191522
网址：www. esp. com. cn
电子邮箱：esp@ esp. com. cn
天猫网店：经济科学出版社旗舰店
网址：http：//jjkxcbs. tmall. com
北京密兴印刷有限公司印装
710×1000　16 开　25.5 印张　400000 字
2023 年 12 月第 1 版　2023 年 12 月第 1 次印刷
ISBN 978 ‒ 7 ‒ 5218 ‒ 5434 ‒ 3　定价：99.00 元
（图书出现印装问题，本社负责调换。电话：010 ‒ 88191545）
（版权所有　侵权必究　打击盗版　举报热线：010 ‒ 88191661
QQ：2242791300　营销中心电话：010 ‒ 88191537
电子邮箱：dbts@ esp. com. cn）

Contents 目录

第三篇　财产性收入特征、来源与渠道

第一篇　从要素收入到居民收入：
收入渠道的内涵与统计

党的二十大报告中指出："努力提高居民收入在国民收入分配中的比重，提高劳动报酬在初次分配中的比重。探索多种渠道增加中低收入群众要素收入，多渠道增加城乡居民财产性收入。"劳动报酬及资本收入属于要素收入分配范畴的概念，劳动收入和财产性收入则是居民收入范畴的概念，从要素收入分配到居民收入就形成了居民劳动收入和财产性收入渠道。本篇内容中，第一章对要素收入和居民收入的基本逻辑关系和本书研究的具体框架及研究意义进行了分析，第二章统计比较了要素收入和居民收入的数量特征。

第一章

收入渠道：逻辑、特征和研究意义

改革开放 40 多年来，我国经济高速增长，但居民收入增长速度却显著小于经济增长速度，劳动报酬占国民收入比重总体呈现下降趋势。党的十九大报告中指出"坚持在经济增长的同时实现居民收入同步增长、在劳动生产率提高的同时实现劳动报酬同步提高；拓宽居民劳动收入和财产性收入渠道。"党的二十大报告中指出"努力提高居民收入在国民收入分配中的比重，提高劳动报酬在初次分配中的比重。探索多种渠道增加中低收入群众要素收入，多渠道增加城乡居民财产性收入。"劳动报酬及资本收入属于要素收入分配范畴的概念，劳动收入和财产性收入则是居民收入范畴的概念，从要素收入分配到居民收入就形成了居民劳动收入和财产性收入渠道。

要素收入在宏观意义上是指国民收入，是微观企业要素收入的加总。要素收入是居民收入渠道形成的源泉，在经济学研究中具有重要地位。从古典经济学家的李嘉图（1817）、马克思（1867），到新古典经济学家的维克塞尔（1893）、威克斯蒂德（1894）、克拉克（1899）、索洛（1956）等都从各种角度对国民收入要素分配关系进行了深入研究。近年来，基于全球较大范围内劳动收入份额下降的事实，皮凯蒂（2014）从对资本报酬率和经济增长率的历史数据比较中揭示了经济增长中劳动报酬占比下降的原因。

由于作为国民收入创造和分配主体的企业等生产经营组织形式的多样性，导致国民收入和居民收入的对应关系较为复杂。在企业组织形式中，居民可以通过提供劳务获取劳动收入，也可以通过提供资本要素以获取资本收入，但从现实来看，由资本收入到家庭财产性收入的转换过程较为复杂：在间接融资方式下，财产性收入主要通过银行存款的间接方式获得利息收入等；在直接融资方式下，则可获取分红收入和债券利息支付等。在个体生产经营、农业生产经营中的劳动报酬和资本收入不易区分，在国民收入统计中往往将收入全部计为劳动者报酬，但实际上此处的劳动者报酬不仅形成居民劳动收入，也构成居民财产性收入。[①]

虽然国民收入与居民收入之间的复杂关系难以从统计上清晰描述，但目前在理论构建和实证分析上也还是取得了一些进展。理论研究中，如对于从国民收入到居民收入的简单理论模型的探讨（Daudey and García - Peñalosa，2007），郭庆旺和吕冰洋（2012）则在考虑税收情况下构建了国民要素收入分配到居民收入所得的影响机制，但以上两篇文献中对经济主体进行了过度简化，未能考虑生产经营主体和居民的异质性；王艺明（2017）从马克思主义的视角，基于工人和资本家资本禀赋不同，论证了企业最优化决策下资本禀赋影响了居民收入分配。相关实证分析主要是关于国民收入分配中劳动者报酬占比及其与居民收入分配之间的关系上：由于统计发现居民劳动收入的不平等程度低于财产性收入的不平等程度，则在国民收入分配中如果提高劳动报酬占比，则可能会降低居民收入分配不平等（林毅夫和陈斌开，2013；Atkinson，2000；Giovannoni，2010）。

上述关于国民收入和居民收入的研究有助于加深对收入渠道相关问题的认识，但现有研究多采用局部分析方法探究个别问题，没有构建一个系统的收入渠道理论体系。著名收入分配经济学家阿特金森（2009）认为构建国民收入分配与微观居民收入分配之间的理论关系是至关重要的。

当前我国经济发展进入高质量发展的新阶段，高质量发展既包括对新阶段经济发展模式和经济增长质量与速度关系的高度概括，也关系到收入分配结构的调整：一是高质量的发展更要关注经济增长的分配结果，促进收入分配结果的公平性将有助于人们幸福感的整体提高；二是从经济增长的驱动力

---

① 如按照《中国国内生产总值核算（1952—2004）》中分产业统计的收入分配，1993～2014年间劳动者报酬占第一产业收入的比重稳定在85%左右。国家统计局规定：考虑到农户从事的各种农林牧渔活动很难分清劳动报酬和营业盈余，其收入全部计为劳动者报酬（国家统计局国民经济核算司，2006）。

而言，在我国经济基础比较薄弱的阶段，原有经济增长主要是靠投资驱动的供给型增长模式，而当我国经济发展到了中等收入阶段之后，经济增长的驱动力要转化为以消费为主的需求型增长模式，而收入分配结构是影响消费需求的重要因素。因此研究高质量经济发展下的收入分配关系演变规律及其对经济增长的影响对于我国新时期经济的高质量发展具有重要意义。收入分配的公平性提高有利于弥补新发展阶段经济增长速度减缓下的利益诉求，有利于优化经济增长的需求侧结构，有利于提高社会整体的人力资本供给水平和优化供给侧的经济发展，从而有利于形成可持续的经济高质量发展。

高质量经济发展背景下的收入分配结构优化既是高质量经济发展的要求，又是高质量经济发展的重要驱动力。本书通过贯通要素收入分配和居民收入渠道关系，以探讨两者结合下经济高质量新发展阶段的收入分配结构优化。因此，居民收入渠道的研究以及收入分配的优化，其意义既在于优化国民收入分配，也在于通过居民来源性收入形成居民收入分配结构及来源渠道的优化。

第一节　收入渠道的逻辑和结构特征

一、收入渠道的逻辑框架

居民收入渠道是指从要素收入分配到居民收入的渠道关系，其总体框架如图 1-1 所示。居民将生产要素劳动和资本供给如图 1-1 中①处所示的企业等生产经营单位，企业等生产经营单位组织生产，经过消费的经济循环，从而转化为国民收入或者称企业要素收入。国民收入包括劳动者报酬、生产税净额、营业盈余和固定资产折旧等四个部分，从企业要素收入分配角度可简化为劳动收入、资本收入和政府税收三个方面。

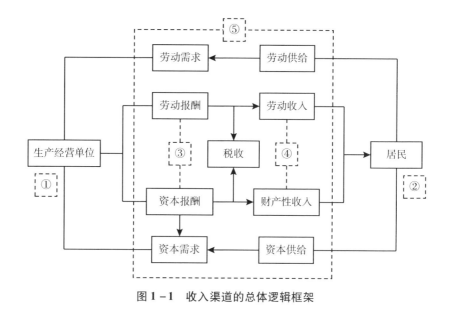

图 1－1　收入渠道的总体逻辑框架

居民收入根源于经济中如①处所示的企业等生产经营单位的收入创造，企业等生产经营单位获取要素收入后分配到居民收入的对应关系较为复杂。从企业等生产经营单位端而言，其主要包含企业组织、个体经济组织和农户等三类经济主体。在企业组织中，将企业的劳动收入直接转化为居民的劳动收入，居民的财产性收入和企业的资本收入之间的对应关系较为复杂，由于企业一般要留存利润进行再生产，且由于居民的财产投资有直接金融市场和间接金融市场等形式，其中要经过金融市场的转换，居民财产性收入仅是企业资本收入的一个部分。个体经济和农户生产一般是劳动和资本投入的主体为同一家庭或个人，因此经营所得究竟为劳动报酬或者资本收入并不容易区分，一般会转化为居民端的劳动收入和经营收入，其中经营收入含有劳动收入的成分。

劳动收入和财产性收入渠道与要素供给和需求渠道相对应，如图 1－1 中⑤所示，渠道的影响分类为：一是资本要素和劳动要素的结构关系；二是资本要素和劳动要素的特征。从图 1－1 中③处所示的要素结构关系看：劳动要素分配和资本要素分配形成互补关系，如果不考虑政府税收的影响，那么劳动收入占要素收入的份额与资本收入占要素收入的份额之和为1。渠道结构的形成机理较为复杂，表现为异质性企业等生产经营单位和异质性居民之间要素需求和要素供给的匹配关系，如劳动要素供求关系、资本要素供求关系、生产经营单位中劳动和资本的组合方式等。渠道结构同时又受到税收方式（如财产税、社会保险税、所得税等）、企业等生产经营单位关于资本收入分配和再投资的决策行为、资本收入的表现形式（如以股息、债息、银行利息等）等方面的影响。从资本要素和劳动要素的特征来看：由于资本要素的一大部分作为留存收益并未直接转化为居民的财产性收入，因此需要研究企业资本要素收入向居民财产性收入转化过程中的渠道和影响因素；企业劳动要素收入向居民劳动收入的转化较为直接，其中更重要的问题是异质性劳动要素供给者和异质性劳动要素需求者之间的匹配下产生的劳动收入水平及差距问题。

收入渠道结构既指要素中劳动和资本的结构关系，又指居民劳动收入和财产性收入的结构关系，如图1-1中④所示。居民禀赋是获取劳动收入和财产性收入的基础条件，此处的居民禀赋及其导致的居民收入具有三层含义：一是居民拥有劳动收入或财产性收入的差距，表现为居民收入来源中的结构关系；二是居民劳动技能等因素差异导致的劳动收入差距；三是居民与投资相关的禀赋特征等所导致的财产性收入差距。

对应上述居民收入渠道的逻辑框架，将大致从以下方面进一步探究居民劳动收入和财产性收入渠道：第一，研究要素收入和居民收入的统计特征和相关数量关系；第二，研究要素劳动—资本收入的分配关系及影响因素；第三，在经济运行场景中研究居民劳动收入及差距的影响因素；第四，研究企业资本要素收入向居民财产性收入分配的影响因素和渠道。

二、居民收入渠道的源头：要素劳动—资本收入及分配

居民劳动收入和财产性收入渠道的源头是企业等生产经营单位创造的劳动要素收入和资本要素收入。企业等生产经营单位的劳动—资本收入及分配在不同企业组织形式中差异明显，同时也受到要素市场状况、企业所有制性

质差异、企业产业类型差异、技术进步、企业所处政策环境等因素的影响。与此相关的内容在本书第四篇中详细阐述，此处主要介绍基本逻辑。

个体和农户生产经营性中的劳动—资本要素收入分配分解。经营性活动是劳动和资本两种要素的结合形成的生产经营活动，对应的经济参与主体从生产经营这个单一渠道上既获取劳动收入，又获取财产性收入，称为经营性收入。而经营净收入指住户或住户成员从事生产经营活动所获得的净收入，是全部经营收入中扣除经营费用、生产性固定资产折旧和生产税之后得到的净收入。两者的计算关系为经营净收入 = 经营收入 − 经营费用 − 生产性固定资产折旧 − 生产税。从劳动要素与资本要素两个角度分解经营性收入，即分为劳动收入和财产性收入两部分，以准确把握经营性收入的来源渠道和劳动要素、资本要素的贡献及报酬份额。城乡居民收入统计中的经营性净收入，既包括个体经营户的业主及其家庭成员投入劳动应得的报酬和从事经营活动创造的利润，也包括农户户主及其家庭成员投入劳动应得的报酬和从事农业生产创造的利润。由此，居民经营性收入分为城乡个体经营性收入和农户生产经营性收入两部分。

工业部门中的劳动—资本要素收入分配。不同产业部门劳动收入份额的变动机制可能存在系统性差异，聚焦于单一部门可能有利于辨别基本事实和现象背后的机制。工业部门中的劳动收入份额总体上与国民经济整体劳动收入份额有相近的变动规律，且数值相对更低。中国工业化进程的推进，工业企业对生产要素的需求与投入结构发生改变，由此引致资本要素与劳动要素相对价格的变动，使资本要素和劳动要素之间可能发生替代，与此同时，生产要素相对价格的变动也影响了技术进步的要素偏向，从而可能导致工业企业劳动收入份额的变化。在提升工业劳动收入份额的过程中，保持细分行业结构相对稳定时应重视细分行业内部劳动收入份额的结构优化，同时还要注意细分行业内部效应和细分行业结构效应的协同对稳步提升工业劳动收入份额的综合效应；在保持工业行业结构、所有制结构、地区结构相对稳定时要注意其内部劳动收入份额的结构优化。

产融结合对要素资本—劳动收入分配的影响。产融结合影响资本要素市场的供求关系，产融结合在促进企业融资能力上升、降低企业融资成本的同时，由于更低的融资成本意味着资本—劳动价格比下降，进而引发企业生产中资本替代劳动或因有利可图扩大资本投资，从而提高了企业要素分配中的资本要素收入占比，降低了劳动要素收入占比。另外，企业参股金融机构有助于金融机构掌握企业创新项目相关信息，增强金融机构为企业创新提供资金的意愿，为企业创新提供有力支撑；与上述相对的是，企业管理层可能将获取的信贷资金投入创新研发以外的其他项目，追逐产业资本金融化、规模化发展，从而对企业创新产生"挤出效应"；由于企业创新是依附于劳动要素或者资本要素进行的，所以企业参股金融机构对企业创新要素投入的影响将最终作用于企业的要素分配关系。

人工智能应用对劳动—资本要素收入分配的影响。人工智能作为企业生产要素之一，在生产过程中必然与其他生产要素发生某种联系，可能影响了企业对劳动—资本要素的选择性使用。人工智能会挤占现有劳动岗位，人工智能也会创造就业。人工智能对就业的这种替代效应与岗位创造效应会影响到劳动力市场的技能就业结构。人工智能引致不同技能劳动需求结构变化可能使得不同技能劳动者工资结构发生变化，从而可能导致技能溢价变化。由于人工智能技术是依附于劳动要素或者资本要素进行生产活动，所以上述因人工智能使用对技能就业结构和技能工资结构的影响将作用于劳动—资本要素收入分配关系。

环境规制对要素劳动—资本收入分配的影响。环境规制政策使企业污染减少的同时也可能增加了企业的生产成本，企业为了维持盈利可能会调整生产组织方式或经营方式。其中，企业生产中采用更清洁、高效、节能的技术是应对环境问题的可持续方法。根据"波特假说"，环境规制达到一定程度会使企业不得不进行技术升级，提高全要素生产率，以应对高昂的环境规制成本，从而实现企业清洁生产与生产率增长的"双赢"。由此可见，环境规制对企业生产存在两种效应：一是增加企业生产成本，改变企业要素投入结构的"遵循成本效应"；二是影响企业技术创新，提高企业要素生产率的"创新补偿效应"，企业的生产组织方式会受到两种效应的共同影响，从而环境规制约束下企业生产组织和要素投入结构的变化必然影响到要素收入分配结构。

三、经济运行与劳动收入

企业等生产经营单位提供的劳动报酬即为企业劳动要素提供者的劳动要素收入或工资收入，其直接形成居民的劳动收入或工资性收入。劳动收入取决于劳动要素在企业等生产经营单位中的配置使用，在不同经济运行中具有一些突出特征，本书选取了产业结构、开放经济、人工智能和数字经济等四个典型方面，研究在四类经济运行环境中劳动要素使用及获取相应的劳动收入的相关特征。相关研究将在第二篇展开论述。

产业结构变迁对劳动收入及差距的影响。我国经济已由高速增长阶段转向高质量发展阶段，正处在转变发展方式、优化经济结构、转换增长动力的攻关期。产业结构优化和升级的变迁过程主要依靠创新驱动，其中，创新引致的技术进步与投入要素耦合，对要素的边际产出产生非对称的影响，使得技术进步表现出一定的偏向性，偏向型技术进步带来不同行业间要素生产效率的差异，引发要素跨行业流动实现重新配置，从而推动了产业结构变迁过程。产业结构的变迁过程伴随着投入要素的重新配置，其中劳动要素的配置反映在就业结构和劳动收入水平上：工业结构优化和升级中行业间生产率的差异诱致劳动力跨行业流动，将影响不同行业的劳动收入水平和行业间的劳动收入差距。

参与全球价值链对劳动收入及差距的影响。从生产的角度来讲，中国经济开放的突出表现是参与了制造业全球分工，成为全球制造业第一大国。按照传统的赫克歇尔—俄林理论和斯托尔珀—萨缪尔森定理（SS 理论），贸易提高了一个国家或地区丰裕要素的实际价格，而降低了稀缺要素的实际价格。那么，当一个国家或地区拥有大量的低技能劳动力时，贸易就会增加对相对充裕的低技能劳动力的需求，从而使低技能劳动力的相对收入提高，不同技能劳动间的收入差距缩小。而在人口红利逐渐消失，资本成为丰裕要素时，贸易将对该国资本、技术密集型行业中高技能劳动力的需求增加，降低低技能劳动力收入，从而使两者间收入差距扩大。中国制造业参与全球价值链的程度，经历了从 20 世纪 90 年代的积极融入到 21 世纪初的加速发展，再到近十年的降中趋稳。而在同一时间段，以制造业高技能与低技能劳动力平均工资衡量的行业劳动收入差距则由20世纪90年代的逐渐缩小到21世纪初的扩大再到近十年的进一步扩大。在参与全球化的不同阶段，基于对高技能劳动和低技能劳动需求的水平不同，开放经济对劳动收入的影响关系可能存在不同，从而导致劳动收入的差距有不同的变化特征。

人工智能对劳动收入及差距的影响。以人工智能为代表的新一轮科技革命在促进产业变革、提升经济发展质量的同时，人工智能作为一种智能生产要素，其与原有生产要素的结合、重组，意味着微观主体企业的生产组织方式必然发生调整，因此给原有要素的分配方式产生影响。一般而言，以智能设备为载体的人工智能技术具有技能偏向性，对不同技能劳动力的异质性影响可能会改变其相对工资水平，增大技能劳动与非技能劳动之间的劳动收入溢价，导致劳动收入差距的扩大。人工智能应用需求引致的岗位更迭效应通过创造更多技能型岗位增加对技能劳动力相对需求，进而导致技能溢价上升。技能劳动相对供给的调节机制在人工智能应用影响技能溢价中则起到负向调节作用。

互联网对劳动收入及性别差距的影响。互联网作为一种数字生产要素，对生产效率产生了极大影响。根据工资决定理论，劳动力的收入水平取决于一定情形下的劳动力供需市场均衡，将互联网使用纳入到这一供需分析框架下，则可知互联网对劳动收入有以下方面的影响机制：首先，互联网应用减少劳动力市场信息不对称和搜寻成本引致劳动收入变化。其次，互联网应用有利于生产率大幅提高，男性和女性劳动力均可受益，有助于提高劳动收入水平，但相较于体力劳动而言，互联网对脑力劳动的需求较高，要求劳动力拥有较高的技能认知水平，其中，就劳动力性别差异而言，男性在体力劳动方面占据比较优势，女性则在认知技能、社交技能以及细腻程度方面优势更大，所以互联网有助于改善女性在劳动力市场中的弱势地位，相对增加对女性劳动力的需求，导致女性劳动收入水平提高，从而也可能缓解了性别劳动收入差距。再次，互联网应用对劳动力供给影响引致劳动收入变化，互联网的出现及其大规模的应用提高了工作时间、工作地点以及工作方式的灵活性，有利于"零工经济"的发展。由于部分女性劳动力难以在工作和家庭间平衡，而生育带来的职业间断影响她们工作经验的积累，使其在劳动力市场中受到更多歧视，进而导致女性收入低于男性，互联网有利于线上办公或者借助互联网平台进行自主创业，一定程度上弥补因家庭因素导致的工作机会丧失，得益于此，女性就业的积极性将会提高，对就业的正向激励作用有助于缓解性别工资差距问题。

四、要素资本收入与居民财产性收入

居民财产性收入最终意义上来源于企业等生产经营单位的资本收入，但两者的对应关系较为复杂，其中原因是：企业等生产经营单位的资本收入并未全部分配给居民，分配给居民的资本收入需要借助金融中介机构完成。从居民角度而言，财产性收入的获得又和经济发展影响下的居民资本积累及投资能力相关。本书分别从企业资本要素分项收入分配及影响因素和居民财产性收入特征及影响因素两个方面展开研究，对应的内容组成第三篇。

居民财产性收入特征及微观影响因素。居民可支配收入来源分为工资性收入、财产性收入、转移性收入和经营性收入四类。从居民端而言，财产性收入的获取水平取决于居民家庭所拥有的可投资资本水平及投资的收益率情况。从宏观意义上，我国不同地理区域、城乡经济发展水平差距较大，因此对应的居民所拥有的可投资资本水平差异较大，从而导致财产性收入水平在不同地理区域、城乡之间存在较大差距，并可能随着经济发展水平的动态演变而产生一定变化。从家庭微观视角来看，家庭积累的可投资资本水平及投资能力形成其财产性收入的基础，投资能力和家庭所具有的微观特征有关，掌握家庭微观特征与其财产性收入的关系有助于促进家庭财产性收入的提高。

资本要素收入转化为居民财产性收入。企业等市场经济主体是国民收入和居民收入的创造载体，企业使用资本作为生产要素之一组织生产经营行为，居民将资本投入企业，从而拥有对资本收入的分配权，获取财产性收入。从企业视角来看，一方面，企业需要对生产经营活动中提供借贷资本要素的所有者支付借款利息、债券利息等；另一方面，企业收入在覆盖营业成本后构成企业利润，企业需要根据税收法律制度对其经营所得上缴所得税等，该部分收入流向国家，企业利润扣除所得税费用后形成净利润，净利润在股东和企业之间进一步分配，形成现金分红和未分配利润，二者均为资本收入，表现为股东投资的收益。从居民端的资本投入到企业给予居民的资本收入分配主要有三个渠道：从股权投资的角度来说，居民可以通过购买股票或以技术、专利入股的形式来获得股权，当企业进行利润分配时，居民获得现金分红，形成居民的财产性收入；从债权投资的角度来说，有两种表现形式：一是居民通过购买企业债券的形式获得企业债权，企业按照相应的约定对居民偿付利息；二是居民以银行存款的形式，通过银行中介机构间接对企业提供借款，居民获得银行中介机构给予的存款利息。上述三个渠道构成从企业端的资本收入到居民端的财产性收入的转移。在资本要素收入向居民财产性收入的转化过程中，企业组织形式影响要素收入分配及对应的居民财产性收入所得，金融中介机构在居民和企业之间发挥资本中介作用。

第二节　居民收入渠道研究的经济意义

一、居民收入渠道对居民收入分配的影响

如前所述，要素收入分配结构在宏观意义上是指国民收入在劳动者、资本所有者和政府三者之间的分配关系，我国国民收入统计中将其数量指标表示为劳动者报酬、生产税净额、营业盈余和固定资产折旧等三个部分。居民收入分配结构是指以微观家庭为主体的居民收入分配差距，主要通过基尼系数、泰尔指数、收入比等方式进行表示。居民收入状况的资料是通过微观家庭调查账户所得，与要素收入账户来源于企业账户不同，但如果考察居民收入来源，如我国统计中将居民收入按照来源分为工资性、经营性、财产性和转移性等四类收入，则可以在一定程度上建立起要素收入分配结构与居民收入分配结构的联系。来自家庭调查的居民收入的形成既有来自国民要素初次收入分配中的劳动者报酬，也有来自资本所得和国家税收的国民收入的再次

分配，其中劳动者报酬不仅仅形成家庭的工资性收入，也构成家庭经营性收入的一部分，如个体、农业等经营性收入一般归类到国民收入初次分配中的劳动者报酬中。资本收入则通过利润再次分配的形式转化为家庭的经营性收入和财产性收入，当然从现实来看，从资本收入到家庭财产性收入的转换过程较为复杂，由于我国的融资方式以银行作为中介的间接融资为主，财产性收入的很大一部分实际是指家庭通过银行存款的间接金融方式所得。

总之，由于采用不同的统计体系，目前要素收入和居民收入这两类指标不能够进行一一的对应，其原因主要在于以下几个方面：一是政府的税收收入将会通过再次分配的方式，如通过财政转移支付的形式形成居民的转移性收入；二是居民收入中经营性收入的一部分计入了劳动者报酬中，如主要以家庭经营为特征的农业经营收入、个体收入等；三是财产性收入虽然从统计上主要来自家庭进行金融财产投资所得，但根本上还是源于要素收入分配中的企业资本收入，而且资本收入还存在税收、留存企业、金融中介损耗等。

国民收入总量增长下初次分配的三个方面所得最终都能够影响居民收入的增长，但初次分配方式会影响居民家庭最终收入量和家庭收入不平等。事实上我国居民收入分配不平等程度不太乐观，根据近年来我国官方公布的居民收入基尼系数，在 2003~2021 年区间，基尼系数值高于国际上一般认可的基尼系数为 0.4 的收入公平线。

由于家庭的收入来源于国民收入的初次分配和再次分配，因此家庭收入分配不平等的形成与初次分配所形成的国民收入结构必然存在一定联系，为了探讨可能的机制，依据我国居民收入统计中的城镇居民的 7 级分类法估算了城镇居民不同来源收入的基尼系数，但遗憾的是，对于城镇居民，《中国统计年鉴》中只是列示了其可支配收入和总收入的不同收入等级数值，而没有列示不同来源收入。我们只好以江苏数据来反映不同来源收入的差距程度①，其数据变化如图 1-2 所示，考虑到 2013 年前后收入统计指标稍有些

---

① 虽然一般认为江苏居民收入分配差距程度较低，但主要的原因是因为江苏城乡收入差距相对较小。我们计算了中国城镇居民的总收入不平等程度，发现与江苏数据相比差距极小。没有计算农村居民收入差距，主要是由于农村居民中农业经营性收入被统计为劳动者报酬，导致农村居民的主要收入为劳动报酬。

变化，用以下两个图来示意。

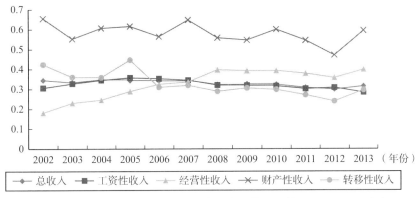

图 1-2（a） 江苏城镇居民不同来源收入基尼系数（2002~2013 年）

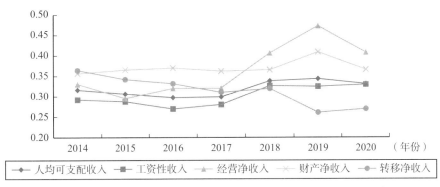

图 1-2（b） 江苏城镇居民不同来源收入基尼系数（2014~2020 年）

资料来源：历年《江苏统计年鉴》，作者根据基尼系数的通常算法进行了测算。

　　如图 1-2 所示，财产性收入不平等程度较高，工资性收入不平等与总收入（可支配收入）不平等相差无几，经营性收入不平等也相对较高，大多数年份中高于总收入（可支配收入）不平等。财产性收入和经营性收入不平等程度较高，目前这两项与国民收入初次分配的对应关系大致为：财产性收入来自直接或间接的资本所得，个体经济中的经营所得形成家庭经营性收入和业主的工资性收入。①

从上述不同来源收入差距的事实中我们可以有以下几个推论：城镇居民工资性收入基尼系数值较低，表明初次分配中劳动报酬的提高确实有助于降低城镇居民收入分配不平等程度。经营性收入差距程度较高，虽然个体经营中业主的劳动者报酬占有一定的比例，但个体经营规模较小，因此经营性收入差距的形成主要还是资本所得而致。转移性收入不平等程度较低，转移性收入来自政府初次分配所得之后的转移支付。综合来看，资本收入会通过影响居民的财产性收入和经营性收入不平等，从而影响居民收入不平等，因此资本收入占比与居民收入不平等呈现正向关系；而劳动报酬所得会通过影响工资性收入，从而影响居民收入不平等程度，因此劳动报酬所得占比与居民收入不平等呈现反向关系；政府税收会影响转移性收入，从而影响居民收入不平等程度，因此政府税收收入占比与居民收入不平等可能呈现反向关系。

二、对经济运行的影响

收入分配是经济发展的结果，最终表现为居民家庭之间的收入差异，此种差异影响了微观主体家庭的决策机制。代表性家庭在跨期动态中形成了关于工作、消费、储蓄的动态最优决策，然而由于收入分配差距和信贷约束的普遍性，基于初次要素收入分配结构所形成的最终居民收入分配结构会对经济增长方式产生影响。

收入分配结构影响了经济的需求增长模式。一般认为，劳动收入用于消费的倾向相对较高，而资本收入用于投资的倾向相对较高，这在两类分配结构中都具有理论依据：在要素分配中，获得劳动报酬的家庭无疑更多地将报

---

① 2004 年之前，根据国家统计局出版的《中国国民经济核算体系 2002》的规定，"个体劳动者通过生产经营获得的纯收入，全部视为劳动者报酬，包括个人所得的劳动报酬和经营获得的利润"（国家统计局，2003）。在 2004 年及之后，根据国家统计局的规定，"对于个体经济来说，业主的劳动报酬和经营利润不易区分，这两部分视为营业利润，而劳动者报酬仅包括个体经济中的雇员报酬"（国家统计局国民经济核算司，2007；2008）。

酬用于消费，获得资本收入的企业无疑更多地将收入用于企业的再投资；在居民家庭的微观分配中，由于以劳动收入为主要收入来源的居民家庭收入往往小于以财产性收入为主要来源的居民家庭收入，根据边际消费递减规律，那么以劳动收入为主要收入来源的居民家庭则将收入以更大比例用于消费支出，以资本收入为主要收入来源的家庭则将收入用于储蓄的比例相对较高。如图1-3显示了劳动者报酬增长率和最终居民消费支出增长率的变化关系，两者吻合度极高，以1993～2020年时间序列数据统计得出：劳动者报酬增长率和最终居民消费支出增长率的相关系数较高。

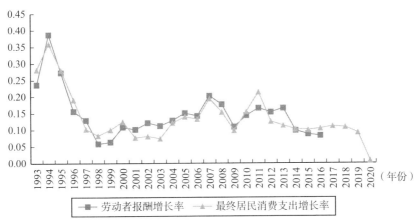

图1-3　劳动者报酬增长率和最终居民消费支出增长率的比较

资料来源：国家统计局网站和《中国统计年鉴》。

如图1-4显示了资本所得增长率和资本形成总额增长率的变化趋势，两者也具有极高的相似度，两者1993～2020年时间序列数据的相关系数值在80%以上。而同期劳动者报酬增长率和资本形成总额增长率的相关系数值仅为60%，资本所得增长率与最终居民消费支出增长率的相关系数值约为80%。劳动收入用于消费支出的倾向要高于资本收入所得用于消费的倾向，而劳动收入用于资本的储蓄倾向则要小于资本收入用于资本的储蓄倾向，因此国民收入的初次分配结构将在一定程度上影响到我国经济发展中的消费和投资需求结构，如果促使需求结构更多转向消费，那么就应该提高国民收入分配中劳动者报酬的比例。

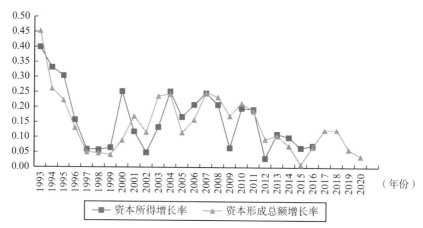

图1-4　资本所得增长率与资本形成总额增长率的比较

资料来源：国家统计局网站和《中国统计年鉴》。

　　收入分配结构也影响了经济的供给增长模式。由于国民收入初次分配的三个方面都最终影响到家庭收入，从而在家庭决策下对经济增长的要素供给产生影响，但其中劳动者报酬的增长可能更有利于人力资本积累的公平性，也更有利于提高人力资本总量，其原因在于：家庭中以劳动报酬为主要收入来源的家庭收入一般小于以资本收入为主要收入来源的家庭收入，劳动报酬是绝大多数家庭主要的收入来源，所以劳动报酬总量的提高无疑能够减小以劳动报酬为主要收入来源家庭和以资本所得为主要收入来源家庭的收入差距，从而也有利于降低两类家庭人力资本水平的差距；相对于劳动报酬，资本所得者一般属于收入或财富水平较高的群体，那么资本收入的再次分配一般倾向于分配给最终收入水平较高的群体，从而有利于此类高收入人群的人力资本积累。所以提高劳动者报酬占比，从而减少高低收入家庭之间的收入分配差距更有利于提高整个社会人力资本的水平，这对于经济高质量发展具有重要意义：一是目前我国已经进入刘易斯拐点，劳动者素质水平的提高有利于弥补经济发展中劳动力数量的短缺；二是更加有利于推动经济增长结构转型调整，促进高科技产业和现代服务业产业发展。

　　总之，增加居民劳动收入和财产性收入，使人民群众充分享有经济增长的成果，是新时代经济社会发展的要求之一。我们对居民劳动收入和财产性收入渠道进行研究，意图厘清收入创造到收入分配、收入所得的路径和动态演变规律及其影响因素，并基于理论和实证研究，从相关领域提出拓宽居民劳动收入和财产性收入渠道的政策建议。

第二章

从要素收入到居民收入：统计与比较

上一章对从要素收入到居民收入的逻辑内涵已有简要分析，本章拟从国民收入中的要素分解展开，结合居民收入来源结构，探究居民收入与国民要素收入的统计关系，探究从国民要素收入到居民收入的渠道。本章的基本思路是：一是从要素收入的测度出发，通过构建我国税前税后劳动要素和资本要素收入份额的计算方法，分地区和部门分别进行统计分析；二是探究微观层面居民收入的来源结构，从全国、城乡、区域、省际等方面对居民可支配收入中的不同收入来源进行分析，考虑本研究主要关注劳动收入和财产性收入，重点分析居民的工资性收入和财产性收入的统计特征；三是对要素收入与居民收入进行比较，揭示内在的联系与区别。

第一节　要素收入中的劳动收入和资本收入

一、要素收入分配定义和测度方式

（一）要素收入分配定义

1. 要素收入及份额

在国民经济循环中，企业产出向收入进行转化，从收入的功能性分配角

度收入可以分类为劳动者报酬、固定资产折旧、生产税净额、营业盈余四类，从企业要素收入分配角度可简化为劳动收入、资本收入和政府税收三个方面。一定时期的要素收入可表示为该时期生产者的增加值减去固定资产的累计折旧消耗减去间接税净额。要素收入分配份额是指劳动要素收入和资本要素收入所占的比例，在不考虑间接税的情况下，劳动收入份额（主要指劳动者报酬，包括工资、奖金和补贴等）和资本收入份额（包括股息、红利、利息租金等）之和为1，劳动收入份额和资本收入份额存在此消彼长的关系特征。

2. 税前要素收入和税后要素收入

国民收入的分配可分为初次分配和再分配。初次分配是市场按照生产要素对生产的产品的贡献大小来分配的，体现的是生产效率原则，在这个过程中政府不对要素投入者获得的收入征收所得税，所以称之为"税前要素收入"，其不是居民的最终收入。而国民收入再分配主要是政府对低收入群体或者非劳动力的一种生存权力的保障，体现的是公平的原则。该环节中的影响手段主要有个人所得税（对个人资本收入、劳动收入征税）、企业所得税（仅对企业的资本收入征税）、社会保险税（是以职工工资为计税依据，对劳动收入征税）三种。该过程所获得的收入是居民最终的收入，被称为"税后要素收入"。

（二）要素收入份额测算方法

要素收入份额的测算存在一些难点：一是计算收入分配的数据来源不一致，多数学者采用资产现金流量表和省际收入GDP测算要素收入份额，但是由于数据的不尽完善，数据之间存在差异；二是统计口径不一致，中国要素收入份额核算存在两次调整，导致前后不能直接比较，并且涉及个体经营混合收入部分等估算问题；三是测算方法不一样，有的是直接测算，有的是根据普查或非普查年份进行外推（谭晓鹏和钞小静，2016）。

要素收入份额的统计研究通常用到资金流量表（实物交易部分）、省际收入法GDP和投入产出表，其各自所具备的特点如表2-1所示。

表 2 - 1 　　　　　　　计算要素收入报表特点和适用条件

报表数据	编制对象	编制内容	编制时间
资金流量表 （实物交易部分）	全国层面	详细介绍了 14 种交易项目，其中的增加值、劳动者报酬以及生产税净额是测算劳动、资本和政府收入的直接来源	连续数据
投入产出表	全国层面	是国民经济各部门之间的投入产出关系，适用于测算全国和各行业间的要素收入份额	间断数据，即仅在 0、2、5、7 年份进行编制
省际收入法 GDP	省份数据	仅包含各地区增加值、劳动者报酬、营业盈余、固定资产折旧和生产税净额	连续数据

资料来源：谭晓鹏和钞小静（2016）相关研究。

　　通过表 2 - 1 比较来看，资金流量表的数据质量可能相较于投入产出表更好，因此本章研究中选用资金流量表测算全国要素收入份额，同时使用省际收入法 GDP 计算区域层面的要素收入。值得注意的是，在 2008 年第二次修订中，是将个体经营业主的混合收入计入劳动报酬中，这里处理的关键在于将混合收入分为劳动和资本两部分收入，具体为个体经营业主经营性收入中的劳动报酬和资本报酬两部分。

二、要素收入分解、统计

（一）资金流量表法

1. 计算方法

　　从是否加入政府分配角度考虑，测算要素收入分配有两种方案：一种做法是不计算政府部门所占的份额，将要素收入分为劳动要素收入和资本要素收入，采用方式有剔除增值税的毛增加值法和将间接税视为资本收入的要素成本增加值法。另一种做法则将要素收入分配分为劳动要素收入、资本要素收入和政府要素收入，考虑到政府在分配中对市场经济的干预和调节作用，税收是其主要的要素收入，这种方法强调了要素所有者的真实收入水平。本节参考吕冰洋等（2020）的测算方法，采用将要素收入分为三类进行要素收入份额的测算。其中：资金流量表（实物交易）在运用劳动报酬、资产收入、经常转移收入等指标时看国内部分，在计算全国国民要素收入时使用资金流量表（运用方）的数据。

税前要素收入计算公式如下：

税前资本要素收入 = 国民总收入 − 生产税净额 − 劳动者报酬　　　　（2 − 1）

税前劳动要素收入 = 劳动者报酬　　　　（2 − 2）

税前政府收入 = 生产税净额 = 生产税收入 − 生产补贴　　　　（2 − 3）

税后要素收入计算公式如下：

税后劳动要素收入 = 劳动者报酬 − 个人所得税对劳动征税部分 − 社会保险缴款 + 社会保险福利　　　　（2 − 4）

税后资本要素收入 = 国民总收入 − 生产税净额 − 劳动者报酬 − 收入税 + 个人所得税中对劳动征收部分　　　　（2 − 5）

2. 税前要素收入份额统计分析

根据公式（2 − 1）至公式（2 − 3），测算得出 2000 ~ 2020 年税前要素收入的分配情况，如图 2 − 1 所示。

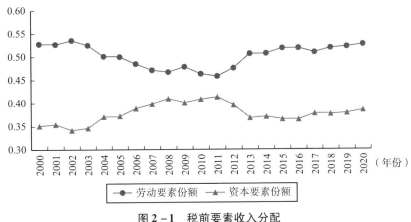

图 2 − 1　税前要素收入分配

根据图 2 − 1 所示可知：首先，历年数据中，我国的劳动要素收入份额大部分年份都在50%之上。整体来看，劳动要素收入份额是远大于资本要素收入份额，符合一般经济规律。从要素收入份额的动态变化来看，在21世纪起初的十年间劳动要素收入份额大体呈现下降趋势，资本要素收入份额呈现上升趋势；变化趋势在2011年形成转折点，随后呈现出劳动要素收入份额上升和资本要素收入份额下降的趋势。21世纪劳动收入份额和资本收入份额的这种特征变化，形成原因较为复杂。整体而言，自21世纪初我国加入世界贸易组织，农村劳动力快速进入第二产业，按照刘易斯的二元经济理论，此时由于劳动人口供给较为充分，因此劳动力的报酬水平处于相对较低位置，资本在分配中占据主导地位。近十年来劳动收入份额整体有上升趋势，其中的原因可能有以下几个方面：一是《中华人民共和国劳动合同法》于2008年1月1日正式实施，大大增加了对我国劳动者合法权益的保护力度，也对劳动者的合法收入提供了有力保障；二是党的十八大以来，提高劳动者报酬在我国中央相关文件中数次强调；三是随着城镇化、工业化进程的推进，我国农村剩余劳动力数量大幅下降，劳动力市场的供求关系发生根本性变化，有利于提高劳动者的报酬水平，在部分年份、部分地区甚至一度出现用工荒现象；四是加入世界贸易组织初期，我国经济的主要增长点在于参与国际低端产业分工，彼时劳动力技能水平较低，近年来我国科技创新能力不断加强，经济发展迈向高质量发展阶段，劳动力技能水平相对较高。

3. 税后要素收入份额及差额统计分析

运用公式（2-4）和公式（2-5），我们计算得出2000～2020年税后要素收入的分配情况，如图2-2所示。

从图2-2来看，税后和税前要素收入分配的变化趋势差别不大，其主要的影响在于收入税和生产税净额的不同。2000～2011年间税后劳动要素份额上下小幅波动，2011年时达到最低点，之后整体趋于上涨。税后资本要素收入份额在2011年前大体呈稳定趋势，之后有所减少，2017年开始有上涨趋势。税前和税后分配的格局差别不大，政府部门通过转移支付虽然在一定程度上调整了要素收入分配格局，但调整力度相对较弱。

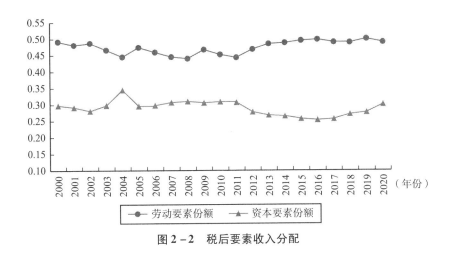

图 2 - 2　税后要素收入分配

税后和税前要素收入分配结果差异一定程度上反映了政府对要素收入分配的调控力度大小。将图 2 - 2 数据与图 2 - 1 数据相减，得出两类要素收入份额差额，结果如图 2 - 3 所示。

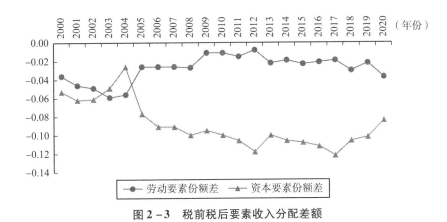

图 2 - 3　税前税后要素收入分配差额

由图 2 - 3 显示，2000 ~ 2020 年劳动要素收入和资本要素收入的税后份额均低于税前份额，从政府对劳动要素收入分配的调整来看，我国社会保险缴款高于社会保险福利，从而使得税后劳动要素收入一直低于税前劳动要素收入。就税前税后要素分配差额总体趋势来看，2000 ~ 2008 年期间，税前税后劳动要素收入分配差额呈现总体缩小的变动，而资本要素收入差额却恰恰相反，税前税后资本要素收入分配差额呈现扩大的趋势，其原因主要在于企业所得税增长，为政府提高对资本要素收入分配的调节力度提供了条件。企业所得税的征收会降低资本要素收入份额，提高劳动要素收入份额，从而使得税前税后劳动要素收入分配差额减小，而资本要素差额增大。2008 年，按照新的企业所得税法，我国从实行企业税收优惠过渡办法逐步扩大到了一般性企业所得税率为 25% 的征收标准，大幅降低了征收比例，此后，税前税后要素份额差呈现微小的变动，趋于相对稳定态势。

（二）省际收入法 GDP

省际收入法 GDP 的分配可以分解为"劳动者报酬""营业盈余""资本折旧"和"生产税净额"四部分，其中劳动者报酬意思即为劳动要素收入，营业盈余和资本折旧意思即为资本要素收入。相关数据资料来自历年《中国统计年鉴》《中国税务年鉴》以及各省统计年鉴。

1. 计算方法

本节采用吕冰洋和郭庆旺（2012）的方法，假设各省个体业户收入包括营业盈余和劳动者报酬两部分，其中劳动者报酬属于劳动要素收入，营业盈余属于资本要素收入。假定各省个体业户平均劳动者报酬等于各省平均货币工资，于是有：

各省个体业户劳动要素收入 = 各省个体业户从业人数 × 各省平均货币工资

$$(2-6)$$

《中国统计年鉴》中 2003 年前各省个体业户收入统计在各省劳动者报酬中，2004 年后统计在各省营业盈余中。为推算个体业户收入，需要推算个体业户创造的营业盈余，并将其视为个体业户来自资本要素的收入。假定个体业户创造营业盈余的能力与其他从业人数相同，根据我国统计口径的变化，那么可推算各省个体业户创造的营业盈余为：

2003 年前各省个体业户创造的营业盈余 = [各省个体业户的从业人数/（各省全部从业人数 – 各省个体业户的从业人数）] × 营业盈余　　　$(2-7)$

2004 年后各省个体业户创造的营业盈余＝（各省个体业户的从业人数／各省全部从业人数）×（各省营业盈余 － 各省个体业户劳动要素收入）

$$(2-8)$$

各省个体业户收入＝各省个体业户创造的营业盈余 + 各省个体业户劳动要素收入

$$(2-9)$$

2. 省际税前要素收入分配及分析

本节借鉴吕冰洋和郭庆旺（2012）的测算方法，以计算各省税前劳动要素收入和各省税前资本要素收入，分别如下：

2003 年前各省税前劳动要素收入＝各省劳动者报酬 － 各省个体业户创造营业盈余

$$(2-10)$$

2004 年后各省税前劳动要素收入＝各省劳动者报酬 + 各省个体业户劳动者报酬 － 各省国有农场的营业盈余

$$(2-11)$$

2003 年前各省税前资本要素收入＝各省营业盈余 + 各省资本折旧 + 各省个体业户创造的营业盈余

$$(2-12)$$

2004 年后各省税前资本要素收入＝各省营业盈余 + 各省资本折旧 － 各省个体业户劳动者报酬 + 各省国有农场的营业盈余

$$(2-13)$$

其中，2008 年经济普查，统计年鉴只报告了 15 个省市的数据。由于劳动要素收入份额和资本要素份额总体此消彼长的关系特征，我们只计算税前劳动收入份额，见图 2 - 4 所示。同理，后面也如此。

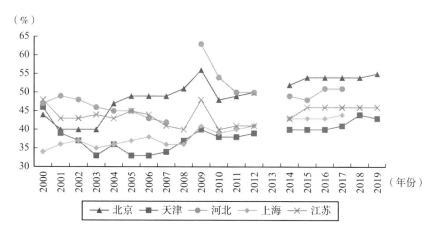

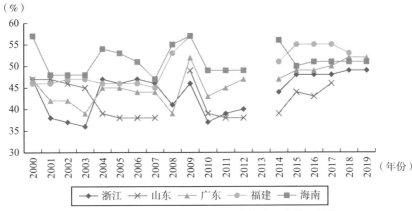

图 2 - 4 （a） 东部地区各省税前劳动要素收入份额

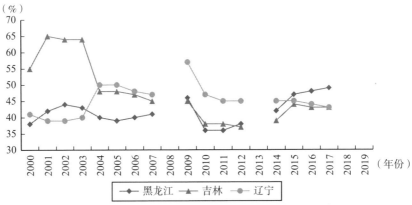

图 2 - 4 （b） 东北地区各省税前劳动要素收入份额

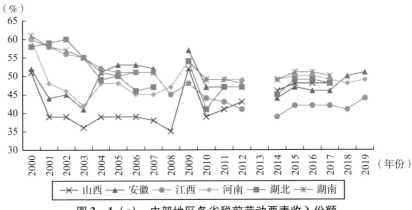

图 2 - 4 （c） 中部地区各省税前劳动要素收入份额

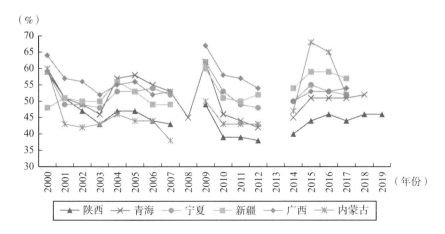

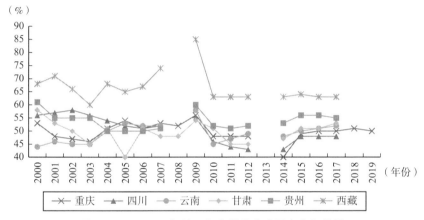

图 2 - 4（d）　西部地区各省税前劳动要素收入份额

根据我国地理位置划分四个地区，分别是东部地区，包括北京、上海、江苏、浙江、福建、山东、广东、海南、天津、河北；中部地区，包括安徽、山西、河南、江西、湖南和湖北；西部地区，包括内蒙古、广西、云南、四川、重庆、贵州、甘肃、西藏、陕西、宁夏、青海和新疆；东北地区，包括辽宁、吉林和黑龙江。从整体变动趋势可以看出，各省市在 2008年呈现一致性的规律，因为自 2008 年起，我国开始实行新的劳动合同法，规范了对劳动者保护的法律规定，在一定程度上保护了相对弱势的劳动者群体，提高了劳动要素在要素收入分配中的份额（见图 2 - 5）。

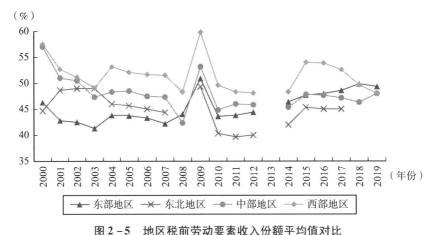

图 2-5　地区税前劳动要素收入份额平均值对比

资料来源：《中国统计年鉴》，经计算整理所得。数据空白处为数据缺失，《中国统计年鉴》提供的数据不连续。本章其他图表中数据来源，如无特别说明，均来自《中国统计年鉴》。

从区域对比来看，变化较为复杂，并没有显示出较为明显的规律性特征。从区域来讲，国民要素收入分配水平比例可能受到以下因素的影响：（1）地区基础设施的投资水平，如果超越当前经济水平对于基础设施投资的内生能力，在基础设施投资推动经济发展的同时，可能导致资本和劳动的匹配产生了向资本的倾斜，提升了地区的资本要素收入；（2）地区教育水平及其对应的劳动力技能水平影响了劳动者报酬水平；（3）地区服务业经济占国民经济比重，服务业属于劳动密集型行业，其劳动收入份额相对于工业较高。

3. 省际税后要素收入分配分析

税前和税后要素收入分配的差别是由政府对要素收入征收直接税和政府转移支付制度造成的。根据吕冰洋等（2020），各省税后要素收入分配公式为：

各省税后劳动要素收入 = 各省税前劳动要素收入 + 各省社会保险支出 - 各省社会保险缴款 - 各省个人所得税中劳动缴纳部分　　　　　　（2-14）

各省税后资本要素收入 = 各省税后资本要素收入 - 各省企业所得税 - 各省个人所得税中对资本征税部分　　　　　　（2-15）

各省税后政府收入＝各省生产总值－各省税后劳动要素收入－各省税后资本要素收入　　　　　　　　　　　　　　　　　　　　　　　　　（2－16）

（三）部门测算方法

1. 税前税后资本要素收入份额情况

国民收入循环可概括为四个环节，分别是生产环节（初次分配、要素收入）、再分配环节（要素收入、可支配收入、要素服务）、使用环节（消费、投资）和积累环节（资本、财富的累积）。财政在国民收入循环中贯穿始终地发挥影响。要素收入分配对居民收入的传导并不是完全直接对应的，特别是资本要素报酬到居民财产性收入的机制比较复杂，资本要素（如经济利润）一部分成为企业的未分配利润，用于扩大再生产，另一部分通过股息、债券利息、银行渠道等方式进入居民部门。借助于吕冰洋等（2020）的方法，建立如下测算资本要素收入的计算公式，其中，住户部门的资本要素收入大致等同于居民收入来源中的财产性收入部分，测算公式如下：

初次分配环节中：

企业部门、住户部门、政府部门的税前资本要素收入。

税前资本要素收入＝增加值－劳动者报酬－生产税净额＋财产净收入

（2－17）

其中，财产净收入＝财产收入（来源）－财产收入（运用）　　（2－18）

再分配环节中：

（企业部门）税后资本要素收入＝企业部门税前资本要素收入－企业部门收入税＝企业部门税前要素收入－企业所得税　　　　　　　（2－19）

（住户部门）税后资本要素收入＝住户部门税前要素收入－住户部门收入税中对资本征税部分＝住户部门税前资本要素收入－个人所得税中对资本征税部分　　　　　　　　　　　　　　　　　　　　　　　　（2－20）

（政府部门）税后资本要素收入＝政府部门税前资本要素收入＋收入税＝政府部门税前资本要素收入＋企业所得税＋个人所得税中对资本征税部分　　　　　　　　　　　　　　　　　　　　　　　　　　（2－21）

　　本部分主要利用《中国统计年鉴》和《中国税务年鉴》1992～2019 年的相关数据，基于资金流量表（非金融交易）的明细，测算了 1992～2019 年全国资本要素收入的分配情况，具体如图 2-6 所示。

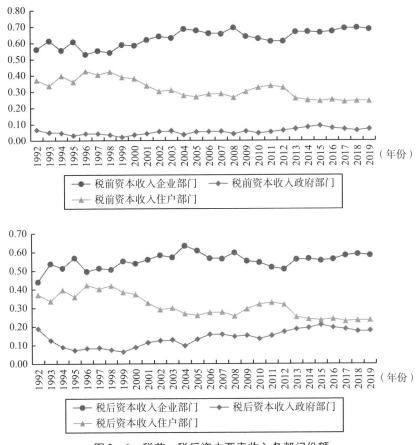

图 2-6　税前、税后资本要素收入各部门份额

　　从各部门资本要素收入分配的比例关系来看，企业部门资本要素收入份额最高，其次是住户部门，政府部门占比相对较小，政府部门税后资本要素收入远大于税前资本要素收入，表明在再分配环节发生了从企业部门和居民部门向政府部门的转移，政府通过征税从企业部门和住户部门获得了一部分转移，但三者间的整体分配格局与初次分配是一致的。企业部门和住户部门的资本要素收入份额在 1998 年以后有相反的变化趋势，大致呈现此消彼长的情形，表明在此期间企业在资本要素分配中占据主导地位，这与我国经济发展结构中投资需求增长较快有关，企业将利润更多用于新增投资，近些年住户部门资本要素收入份额有稳定趋势，而政府部门资本要素收入份额有所下降，特别是政府部门税后资本要素收入份额下降明显，应与企业所得税税率下降等因素有关。

　　将各部门税后资本要素收入减去税前资本要素收入得到的差额，反映该部门是受益于税收还是因税收而损失，如图 2 - 7 所示。与初次分配的资本要素份额相比，政府部门再分配环节资本要素收入差额始终大于 0，反映出由于政府征收个人所得税和企业所得税，政府部门是净收益的趋势，其至调整后的最低效果都在 4% 以上。而与此相对应的是企业部门因税收而资本要素收入损失的情况。住户部门因税收损失较小，这反映了我国个人所得税中资本征税的部分相对较小。

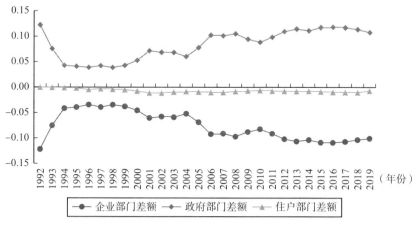

图 2 - 7　资本要素收入税后税前分配调整差额

2. 初次分配可支配收入及可支配收入部门比重

如图 2 - 8 所示，整体来看，中国可支配收入中住户部门占比最大，企业部门次之，政府部门占比最小。

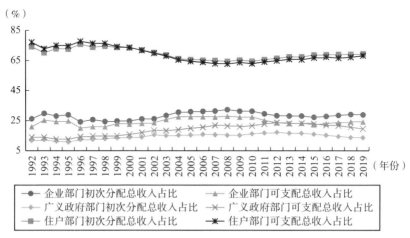

图 2 - 8　各部门初次收入分配及可支配收入占比

如图 2 - 8 数据所示，2008 年可能构成了收入分配份额的"刘易斯拐点"，中国宏观收入分配在此前后呈现了两阶段变化。在 2008 年之前，企业部门初次分配可支配收入从 23.6% 增长到 28.9%，政府部门占比从 11% 增长到 14.1%，而住户部门占比从 65.5% 下降到 57%，收入分配逐渐倾向于企业和政府部门，住户部门占比越来越小，究其原因，主要源于劳动力相对过剩，而资本要素相对稀缺，企业在收入分配中的地位是上升的，政府获取税收的能力也逐渐增强。在 2008 年之后，住户部门初次分配可支配收入占比从 57% 上升到 61.4%，政府和企业部门的可支配收入占比下降，收入分配开始重新向住户部门倾斜，其原因可能主要在于：一是由于劳动力供求关系迎来了"刘易斯拐点"；二是 2008 年一般性企业所得税率从 33% 下调至 25%。

第二节 居民收入中的工资性收入和财产性收入

一、居民收入分配及来源结构

（一）居民收入分配

1. 国家层面居民收入分析

国际上通常使用基尼系数来表明居民收入分配差距情况，从我国国家统计局公布的全国基尼系数来看，2003～2020 年基尼系数高于警戒系数 0.4，说明中国居民收入分配差距较大。

2. 城乡及收入组层面居民收入分配

使用国家统计局公布的城镇和农村居民人均可支配收入计算得到城乡居民收入比，从图 2 - 9 可知，从 2003～2020 年，城乡居民收入比从 3.12 降至 2.56，说明我国居民城乡收入分配差距在逐渐缩小。城乡收入比只是从整体上描述了城乡居民可支配收入的差距，而没有考虑到城镇和乡村内部收入结构的差距，因此需要将收入等分来进行进一步探讨。

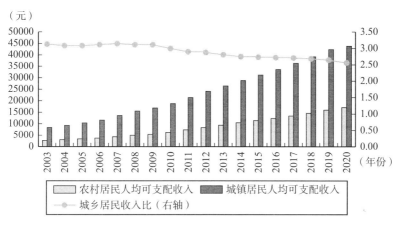

图 2 - 9 城乡居民人均可支配收入比

我国居民收入等级统计中按照五等份分类，分别为高收入组、偏上收入组、中间收入组、中间偏下收入组、低收入组，各占比例为20%。图2-10中显示了2013~2021年全国居民高收入组和低收入组的收入变化情况，高收入组的可支配收入增幅明显快于低收入组，以2021年数据来看，高收入组人均可支配收入85836元，低收入组人均可支配收入8333元，两者收入差距值从2003年的4.3万元扩大到2021年的7.75万元。

图2-10 高收入组与低收入组家庭居民人均可支配收入情况

3. 居民可支配收入在国民收入中的分配

图2-11显示了居民可支配收入总额变化与国民收入的关系，21世纪以来居民可支配收入大幅增长，居民可支配收入占国民收入的比例在2000到2010年左右经历了整体下降趋势，之后2010年到2021年间占比虽有上下波动变化，但整体上升趋势较为明显，表明近些年来我国居民从国民收入中获得的分配比例是上升的。

（二）居民收入来源结构

我国城乡居民可支配收入由四部分构成：工资性收入、经营净收入、财产净收入以及转移净收入。通过图2-12城乡居民的收入来源可以发现，城镇居民可支配收入来源中，工资性收入最高，且远高于其他三类收入，转移净收入次之，经营净收入稍高于财产净收入。农村居民可支配收入来源中，2015 年以来的数据显示出：工资性收入 > 经营净收入 > 转移净收入 > 财产净收入，且工资性收入增速较快。

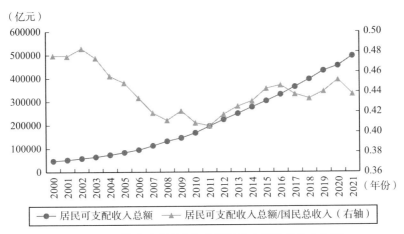

图 2 - 11　居民可支配收入总额及其占国民总收入比重

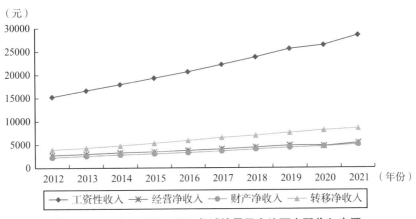

图 2 - 12（a）　2012 ~ 2021 年城镇居民人均可支配收入来源

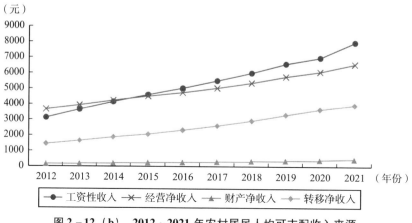

图 2-12（b）　2012~2021 年农村居民人均可支配收入来源

从城乡居民收入来源结构比较中可以看出，我国城乡间居民的收入来源结构存在较大差别。农村居民经营净收入是其收入的主要来源，其地位和农村居民工资性收入接近，这是由于农村居民拥有土地，具有获取经营性收入的自然条件。但随着农村进城务工人口的增长，我国农村居民经营净收入占可支配收入比重下降明显，从 2012 年值为 44% 下降到 2021 年的 35%，相比较农村居民的工资性收入占可支配收入比，2012 年值为 37%，2021 年值为 42%，我国农村居民的收入结构发生了明显的改变，目前工资性收入已经成为农村居民收入来源的最大构成。

二、居民工资性收入状况及测算

（一）城乡居民工资性收入差异

1. 城乡工资性收入差异

如表 2-2 所示城乡居民 2000~2021 年工资性收入相关情况，可以看出以下几个特点：期间城镇居民工资性收入占人均可支配收入的比率在逐渐下降，从 2000 年的 70% 左右下降到 2021 年的 60% 左右，在收入来源结构中仍然是保持在最高水平，是居民收入的主要来源。农村居民的工资性收入占比逐年攀升，其占农村居民可支配收入的比重从 2000 年的 31% 上升到 2021 年的 42%。城乡居民工资性收入占比的这种反向变化有利于缓解城乡居民收入差距，期间差距值从 2000 年的 6.32 倍经短暂上升后下降到 2021 年的 3.58 倍。尽管农村居民工资性收入增速高于城镇居民，但由于城镇居民工资性收入基数远超过农村居民，期间城乡居民工资性收入差距绝对值依然处于扩大状态，差距值从 2000 年的 3708 元上升到 2021 年的 20523 元。

表 2-2　　2000～2021 年城乡居民工资性收入水平、增速及差距情况

年份	城镇			农村			城乡居民工资性收入差距	
	可支配收入（元）	工资性收入（元）	工资性收入增速（%）	可支配收入（元）	工资性收入（元）	工资性收入增速（%）	绝对差距（元）	相对差距（倍数）
2000	6256	4405	2.6	2282	697	11.4	3708	6.32
2001	6824	4723	7.2	2407	764	9.6	3959	6.18
2002	7652	5610	18.8	2529	829	8.5	4781	6.77
2003	8406	6224	11	2690	905	9.2	5319	6.88
2004	9335	6900	10.8	3027	980	8.3	5920	7.04
2005	10382	7456	8.1	3370	1147	17.1	6309	6.50
2006	11620	8305	11.4	3731	1336	16.5	6969	6.22
2007	13603	9561	15.1	4327	1543	15.5	8018	6.20
2008	15549	10438	9.2	4999	1766	14.4	8672	5.91
2009	16901	11333	8.6	5435	1940	9.9	9393	5.84
2010	18779	12372	9.2	6272	2278	17.4	10094	5.43
2011	21427	13673	10.5	7394	2734	20	10939	5.00
2012	24127	15247	11.5	8389	3123	14.2	12124	4.88
2013	26467	16617	9	9430	3653	16.9	12964	4.55
2014	28844	17937	7.9	10489	4152	13.7	13785	4.32
2015	31195	19337	7.8	11422	4600	10.8	14737	4.20
2016	33616	20665	6.9	12363	5022	9.2	15643	4.11

年份	城镇			农村			城乡居民工资性收入差距	
	可支配收入（元）	工资性收入（元）	工资性收入增速（%）	可支配收入（元）	工资性收入（元）	工资性收入增速（%）	绝对差距（元）	相对差距（倍数）
2017	36396	22201	7.4	13432	5498	9.5	16703	4.04
2018	39251	23792	7.2	14617	5996	9.1	17796	3.97
2019	42359	25565	7.5	16021	6583	9.8	18982	3.88
2020	43834	26381	3.2	17131	6974	5.9	19407	3.78
2021	47412	28481	8	18931	7958	14	20523	3.58

资料来源：国家统计局。

2. 城乡居民工资性收入趋同时期测算

从表 2-2 中城乡工资性收入相对差距来看，差异系数呈现先升后降的态势，在 2004 年达到峰值，相对差距值达到 7.04，在后续期间不断下降，2021 年差异系数下降到 3.58，城乡居民可支配收入相对差距仍然很大。而从城乡工资性收入绝对差额来看，从 2003 年的 3708 元到 2021 年 20523 元，扩大了 6.7 倍。

如果假设城乡居民工资的收入增速保持不变，这一差距的消除需要经过很多年。为了分析比较两者的差距，本节采用王亚红（2010）的统计模型方法，来计算这一差距缩小到"适度"水平标准下所花费的时间，由于何为"适度"没有统一的标准，所以将分析不同"适度"条件下（差异系数分别是 1、1.5、2.5、3）农村居民工资性收入达到"适度"条件所需时间：

$$I \times A \times (1 + X)^N = B \times (1 + Y)^N \qquad (2-22)$$

其中：A 代表基年中国农村居民人均工资性收入；B 代表基年中国城镇居民人均工资性收入；N 代表中国城乡工资性收入差距达到一定标准所需要的年限；X 代表农村居民人均工资性收入增速；Y 代表城镇居民人均工资性收入增速；I 代表不同标准假设条件下的"适度"城乡居民工资性收入差异系数。

为了便于测算，假设条件为：选取 2021 年为基年（即 A = 7958，B = 28481），城镇居民人均工资性收入的增长速度保持 2000 年度以来的平均增长速度（即 Y = 9.04%），时间年限假设需要 5 年、10 年、20 年、50 年（即 N = 5/10/20/50），接着利用公式（2 - 22）测算出使得中国的城乡居民工资性收入相对差距达到"适度"水平时（即 I = 1/1.5/2.5/3），农村居民人均工资性收入的年均增长速度应该达到的数值，测算结果如表 2 - 3 所示。

表 2 - 3		约束条件下农村居民工资性收入年均增长速度		单位：%
适度标准	1	1.5	2.5	3
5 年	40.71	29.75	17.15	12.96
10 年	23.87	18.95	13.02	10.98
20 年	16.22	13.89	11.01	10.01
50 年	11.86	10.95	9.83	9.83

表 2 - 3 数据表明，如果城镇居民工资性收入增速保持在历史平均数（9.04%），农村居民工资性收入保持 2000 年以来平均增长水平（12.3%），城乡居民工资性收入差距达到最低标准（即差异系数为 3）需要 5 ~ 10 年，若要达到较高标准（即差异系数为 1.5 时）需要经过 20 多年之久。当然，随着我国经济进入中高速增长阶段，居民收入水平增速也会相应减缓。

（二）区域居民工资性收入分析

1. 区域间居民工资性收入差距

如前所述，将我国按地理位置划分为四个地区。从图 2 - 13 城乡居民工资性收入绝对值可以看出，区域间存在明显的差距。对于城镇来说，东部地区的工资性收入最高，接下来分别是西部地区、中部地区、东北地区，从 2014 年开始，西部地区工资性收入逐渐超过中部地区。农村居民工资性收入是东部地区最高，接下来依次是中部地区、东北地区、西部地区，西部地区逐渐向东北地区靠拢。

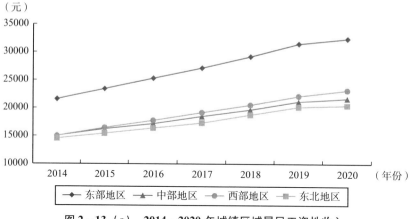

图 2-13（a） 2014～2020 年城镇区域居民工资性收入

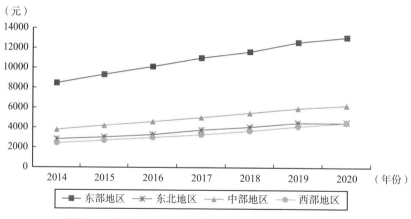

图 2-13（b） 2014～2020 年农村区域居民工资性收入

　　从图 2-14 来看，城镇居民中，中部地区的工资性收入占比下降趋势较为明显，东部地区、西部地区也有下降趋势。农村居民工资性收入占比有明显的地区差别，东部地区占比最高，中部地区次之，西部地区和东北地区占比最低，排序大致和工资性收入高低相一致，随着工资性收入的增长，不同区域农村居民的工资性收入占可支配收入比重却没有显著变化，显示出一定的稳定特征。

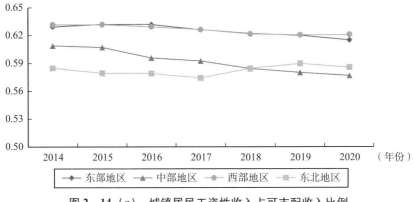

图 2 - 14（a）　城镇居民工资性收入占可支配收入比例

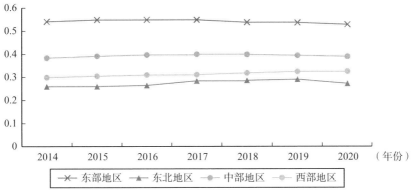

图 2 - 14（b）　农村居民工资性收入占可支配收入比例

2. 区域居民工资性收入排序

从表 2 - 4 可以看出，2020 年城乡居民工资性收入排名前十位的省份多数集中在东部地区，工资性收入排名后十位的省份分布在中西部、东北地区，居民工资性收入水平在东部和中西部、东北地区之间差距较大。2020年北京城镇居民工资性收入排名第一，排名末位的是黑龙江，北京城镇居民工资性收入是黑龙江的 2.54 倍。而对于农村居民工资性收入来说，排名第一的北京市为 21173.8 元，约是排名最后的甘肃省农村居民工资性收入2985.9 元的 7 倍。可以看出，农村居民的地区间工资收入差距高于城镇居民。

表 2 – 4 　　2020 年排名前十位和后十位的城乡居民工资性收入情况

城镇				农村			
前十名		后十名		前十名		后十名	
省份	金额（元）	省份	金额（元）	省份	金额（元）	省份	金额（元）
北京	44619.0	黑龙江	17543.3	北京	21173.8	甘肃	2985.9
上海	43802.5	河南	19620.3	上海	21067.2	黑龙江	3152.2
广东	35429.3	湖北	20071.4	浙江	19509.7	内蒙古	3352.9
浙江	35369.6	山西	20197.1	天津	14384.5	云南	3975.0
江苏	31167.7	广西	20241.2	江苏	11789.0	青海	4005.7
西藏	30717.4	贵州	20472.1	广东	10613.5	吉林	4018.8
天津	30052.7	吉林	20990.9	福建	9411.0	新疆	4024.0
福建	29119.1	云南	21594.7	河北	8598.4	广西	4638.2
山东	27250.0	陕西	21850.4	山东	7590.9	西藏	4778.3
内蒙古	24888.4	四川	21950.7	江西	7301.2	贵州	4822.4

资料来源：《中国统计年鉴 2021》。

三、居民财产性收入基本状况

（一）居民财产性收入概念与水平

1. 财产性收入的概念与来源

财产性收入指的是居民通过资本参与社会生产和生活活动所产生的收入。城乡居民由于拥有的资本类别不同，其财产性收入的来源也有所区别：城镇居民财产性收入来源可以包括利息净收入、红利收入、储蓄性保险净收益、出租房屋净收入、出租其他资产净收入等；农村居民财产性收入来源可以包括土地、住房和金融资产的投资收益以及集体分配的股息、红利等。

2. 居民财产净收入整体情况

如图 2 - 15 所示为我国居民人均财产净收入和增长率变动情况，可以看出，近年来，我国居民财产性收入增长较快，人均财产净收入从 2014 年的 1588 元增长到 2021 年的 3076 元，总体增长率为 93.7%，然而年度增长率存在差别较大，最高为 12.86%，最低只有 6.58%。

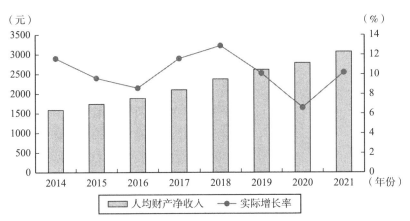

图 2 - 15　我国居民人均财产净收入和增长率变动趋势

资料来源：国家统计局。

3. 城乡居民财产性净收入比较

表 2 - 5 显示了城乡居民不同来源收入的比较，可以看出，我国居民财产性收入占可支配收入的比重相对较低，2005～2014 年期间居民财产性收入水平增长较快，特别是城镇居民财产性收入占可支配收入的比重大幅提升，说明在此阶段，居民可投资的家庭资本总量有较快速增长，但相对于资本收入占国民收入的比重而言水平依然较低，2014 年以来城镇居民财产净收入占可支配收入比稳定在 10% 附近，农村居民财产净收入占可支配收入比仅约为 2%～3%，提升居民财产性收入水平大有可为。

表 2 - 5　城镇/农村居民可支配收入指标比较

年份	2005		2010		2014		2015		2016	
性质	城镇	农村	城镇	农村	城镇	农村	城镇	农村	城镇	农村
可支配收入/元	10493	4631	21033	5919	28844	10489	31195	11422	33616	12363
财产净收入/元	193	72	520	202	2812	222	3042	252	3271	272
财产净收入占可支配收入比	0.018	0.016	0.025	0.034	0.098	0.021	0.098	0.022	0.097	0.022
财产净收入年增速	0.085	0.098	0.220	0.230	0.525	0.024	0.082	0.132	0.075	0.082

年份	2017		2018		2019		2020		2021	
性质	城镇	农村	城镇	农村	城镇	农村	城镇	农村	城镇	农村
可支配收入/元	36396	13432	39251	14617	42359	16021	43834	17132	47412	18931
财产净收入/元	3607	303	4028	342	4391	377	4627	419	5052	469
财产净收入占可支配收入比	0.099	0.023	0.103	0.023	0.104	0.024	0.106	0.024	0.107	0.025
财产净收入年增速	0.103	0.114	0.117	0.129	0.090	0.103	0.054	0.110	0.092	0.120

资料来源：国家统计局。

（二）居民财富基本情况

1. 中美居民财富结构比较

从居民端来说，财产性收入的获取来自于其家庭资产或者资本的投入，家庭资产主要分为两类：一类是家庭非金融资产，其中包括农业、工商业等生产经营资产，房产与土地资产以及车辆资产和家庭耐用品等；另一类是家庭金融资产，主要包括活期存款、定期存款、股票、债券、基金、金融理财产品等。一般来说，财产性收入是通过资产使用权的出让和资产所有权的转让获得的收入，居民财富积累越多，财产性收入越多，居民之间财富数量的差距越大，财产性收入差距越大。

图 2－16、图 2－17 分别列示了中国城镇居民、美国居民家庭资产结构。中国居民资产结构中，主要资产住房约占总资产的 60%，其次是金融资产约占总资产 20%，此外还有厂房设备、商铺、汽车和其他实物资产。美国居民资产结构中，房地产资产仅约占总资产的 23%，金融资产占据主导地位，达到约 60% 的比例，耐用消费品约占 5%，其他生产类资料约占 12%，总资产分布相对集中。

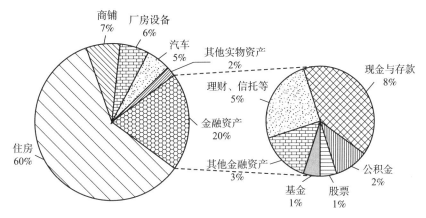

图 2－16　中国城镇居民资产构成（2019 年）

资料来源：2019 年中国城镇居民家庭资产负债情况调查、兴业研究。

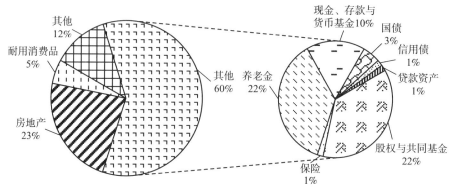

图 2 – 17　美国居民资产构成（2019 年）

资料来源：美联储、美国财政部、SEC、ICI、中金公司研究部。

从金融资产分布来看，中国金融资产构成主要是现金存款和理财信托等，而美国主要是股票和投资基金以及保险和养老金等为主。资产结构的分布决定了居民财产性收入来源的渠道，中美居民财产净收入的来源渠道之所以不同，是由于中美居民资产结构差异较大。美国居民财产净收入来源主要划分为三大类：第一大来源是通过银行存款获取的利息以及居民从雇员养老金计划中所获得的利息收入；第二大来源是个人通过股票等投资和雇员养老金获得的股息与分红收入；第三大来源是通过出租房屋获得的收入以及自有房屋折算的租金收入。

2. 居民财富资产不平等

根据世界财富与收入数据库（WID）中我国居民个人财富差距情况的数据，自 2000 年起个人净财富最低的 50% 的群体与个人净财富前 1% 的群体所占总财富的份额逐渐拉大，且个人净财富中间 40% 的群体所占份额却在下降，说明中等收入群体的比重在下跌，反映了家庭财富分配的不平等，进而导致居民财产性收入的分配不均。

第三节　要素收入和居民收入的比较

前文对要素收入的测算以及对居民收入的结构分析中，我们将收入主要分为资本要素收入和劳动要素收入进行了分析，也讨论了居民收入构成中的工资性收入和财产性收入，那么要素收入与居民收入两者之间有什么联系和区别，需要进行进一步比较分析，本节对两者的相关关系进行简要的统计比较分析，在本书其他篇章中将对此进行更为深入细致的探讨。

一、居民可支配收入与国民收入（住户部门）分配比较

国民收入初次分配是生产活动形成的成果，即增加值在参与生产活动的生产要素的所有者及政府之间的分配。初次分配的结果就是形成各机构部门初次分配总收入。可支配收入等于初次分配收入加上转移支付收入减去支出的差额。从图 2–18 两者占国民总收入的比重可以看出，自 2000 年开始，住户部门可支配总收入占比从 65% 下降到 55.5% 后又逐步上升。而可支配总收入从 65% 下降到 57% 后逐渐上升，呈现"U"型变化的趋势，且在 2000 年之后，住户部门的可支配总收入占比逐渐开始低于初次分配总收入比重。

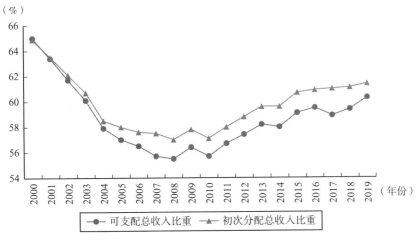

图 2–18　住户部门可支配收入及初次分配收入比重

资料来源：《中国统计年鉴 2021》。

二、居民劳动要素收入与国民劳动要素收入（住户部门）比较

劳动报酬指劳动者从事生产活动应获得的全部报酬，主要包括工资、奖金、津贴和补贴，单位为其员工交纳的社会保险费、补充社会保险费和住房公积金、行政事业单位职工的离退休金、单位为其员工提供的雇员股票期权及其他各种形式的报酬和福利等。通过图 2－19 可以得出，劳动者报酬占比与初次分配总收入比重变动趋势较为一致，大致为"U"型的变动特征，住户部门劳动者报酬净额占比与企业支付的劳动者报酬占比分别从 2000 年的 33%、27% 下降到 2011 年的 29%、22%，然后分别提升到 2019 年的 38%、29%。

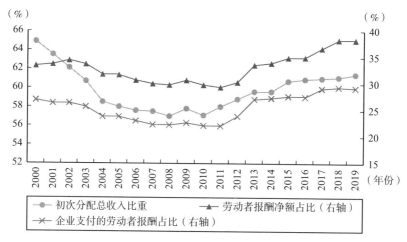

图 2－19　劳动报酬净额占比与企业支付的劳动者报酬占比比较

资料来源：《中国统计年鉴 2021》，经计算所得。

三、居民资本要素收入与国民资本要素收入（住户部门）比较

（一）城乡居民资本要素收入微观测算

中国居民收入中的资本要素收入主要包括财产性收入和经营性收入。其

中经营性收入中也包括一部分劳动要素收入，因此需要对经营性收入做出分解。我国住户调查中区分城镇住户和农村住户，需要分别用城乡家庭人均资本要素收入分别乘以城乡人口年中数，分别得到城乡居民资本收入，再进行加总得到居民资本要素收入。本节采用吕冰洋等（2020）的相关方法进行测算，具体如公式（2－23）～公式（2－25）所示。

居民税后资本要素收入＝城镇家庭人均资本要素收入×城镇人口数＋农村家庭人均资本要素收入×农村人口数－个人所得税中对资本征税部分

$$(2-23)$$

城镇/农村家庭人均资本要素收入＝城镇/农村家庭人均财产性收入＋城镇/农村家庭人均经营性收入资本收入部分 $\qquad(2-24)$

城镇/农村家庭人均经营性收入资本收入部分＝家庭人均经营性收入×（1－个体业户劳动要素收入/个体业户总收入） $\qquad(2-25)$

运用公式（2－23）、公式（2－24）、公式（2－25），从微观口径上计算得出近几年中国居民资本要素的收入规模以及城乡居民不同来源的资本要素收入占比，如表2－6所示。

表2－6　　　　　　中国居民要素收入规模及不同来源收入占比

年份	资本要素收入规模（亿元）					城乡居民不同资本要素收入占比（%）			
	居民资本要素收入	城镇居民财产性收入	城镇居民经营资本性收入	农村居民财产性收入	农村居民经营资本性收入	城镇居民财产性收入	城镇居民经营资本性收入	农村居民财产性收入	农村居民经营资本性收入
2016	19744.12	7040.03	5401.48	1632.37	5670.24	35.66	27.36	8.27	28.72
2017	21323.02	7581.34	5842.32	1812.25	6087.11	35.56	27.40	8.50	28.55
2018	23308.64	8188.40	6489.76	2032.01	6598.47	35.13	27.84	8.71	28.31
2019	25330.87	8809.21	7123.63	2214.70	7183.33	34.78	28.12	8.74	28.36
2020	25386.75	8747.73	6883.08	2260.31	7495.63	34.46	27.11	8.90	29.53

表2－6中列示了2016～2020年数据，可以看出，居民资本要素收入水平整体呈现稳定上涨趋势，其中，城镇居民财产性收入占比稳定下降，与此

相对应，农村居民财产性收入占比稳定上升；城镇居民经营资本性收入和农村居民经营资本性收入占比变化均不大。

（二）居民资本要素的宏微观口径对比分析

上述对中国居民微观口径资本要素收入进行了测算，我们将其结果同宏观口径下测算结果进行对比，如图 2-20 所示，发现宏观、微观口径下居民资本要素收入测算结果存在较为明显的差异。21 世纪以来，宏观、微观口径的资本要素收入均保持着稳定的增长，但宏观口径的增速和收入水平远超过微观口径，这也说明了收入统计中确实存在一些难点。施发启等（2015）通过测算两种口径下居民可支配收入，结果发现微观口径的推算结果大约占宏观口径结果的 70% 左右，因此推测很可能是测算口径区别导致的统计性误差造成了二者的差异。吕冰洋等（2020）则认为，一是劳动者报酬被低估导致宏观测算口径中资本要素收入被高估；二是微观口径统计中住户部门的资本要素收入被低估，其原因在于一部分高收入者参与调查的意愿不强和部分调查者提供的收入可能有偏差。

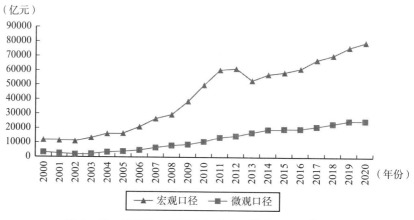

图 2-20　居民资本要素收入的宏、微观口径测算对比

第二篇　经济运行与劳动收入

　　企业等生产经营单位提供的劳动报酬即为企业劳动要素提供者的劳动要素收入或工资收入，其直接形成居民的劳动收入或工资性收入。劳动收入取决于劳动要素在企业等生产经营单位中的配置使用，在不同经济运行中具有一些突出特征，本篇选取了产业结构、开放经济、人工智能和数字经济等四个典型方面，研究在四类经济运行环境中劳动要素使用及获取相应的劳动收入的相关特征。具体内容在第三章到第六章中呈现。

第三章

产业结构变迁与劳动收入及差距

改革开放 40 多年以来，中国经济取得了令人瞩目的成就，然而早期主要依靠"高投入、高能耗、高污染"的粗放增长模式难以为继，近年来正通过转换增长动力和优化升级结构来实现经济的可持续发展。党的十九大报告指出"我国经济已由高速增长阶段转向高质量发展阶段，正处在转变发展方式、优化经济结构、转换增长动力的攻关期"。党的二十大报告提出"高质量发展是全面建设社会主义现代化国家的首要任务"。因此，优化升级产业结构是新时期经济高质量发展的必然路径。经济结构优化和升级的变迁过程主要依靠创新驱动，其中，创新引致的技术进步与投入要素耦合，对要素的边际产出产生非对称的影响，使得技术进步表现出一定的偏向性（Acemoglu，2002；孔宪丽等，2015；余东华等，2019），偏向型技术进步带来不同行业间要素生产效率的差异，引发要素跨行业流动实现重新配置，从而推动了结构变迁过程。经济结构的变迁过程伴随着投入要素的重新配置，其中劳动要素的配置反映在就业结构和劳动收入水平上：经济结构优化和升级中行业间生产率的差异诱致劳动力跨行业流动，将影响不同行业的劳动收入水平和行业间的劳动收入及差距。从现实来看，自 20 世纪 90 年代以来，我国行业劳动收入差距总体上呈波动扩大的趋势，虽然 2008 年以后行业劳动收入差距有小幅回落，但不同行业间的劳动收入差距仍然十分显著（田柳和周云波，2018），行业劳动收入差距扩大已然成为影响中国收入差距处于较高水平的主要原因之一（Petrova，2010；邓翔和黄志，2019）。基于此，在创新驱动经济结构变迁的背景下，研究经济结构变迁对行业劳动收入及差距的影响具有重要的理论和现实意义，不仅有助于理解经济结构变迁过程中收入及差距的形成机理，也对推进中国经济高质量发展和实现共同富裕具有重要的启示意义。

由于产业结构是经济发展的核心指标，产业结构与收入差距关系的研究隐含在经济发展、产业变迁与收入差距三者的关系中（Chambers and Dhongde，2016；Molero－Simarro，2017）。库兹涅茨（1955）研究发现经济增长与收入不平等之间存在倒"U"型关系；鲁宾和西格尔（2015）指出：在美国经济增长过程中，高收入群体的收入比重提高，加剧了美国收入不平等问题。虽然这些研究并没有直接探讨产业结构的作用，但经济增长实际上是一个产业结构不断升级的过程（Fan et al.，2003；Samaniego and Sun，2016；Cardinale and Scazzieri，2018）。我国较为早期的相关研究也有采用同类思路（林毅夫和刘明兴，2003）。

基于我国经济快速发展过程中产业结构变迁显著，且伴随着城镇化进程，城乡收入差距问题突出的特征事实，国内一些学者研究了产业结构变迁对城乡收入差距的影响。龚新蜀等（2018）指出，产业结构高级化和合理化能够有效缩小我国城乡收入差距，但这一影响过程存在时滞效应。周国富和陈菡彬（2021）以城镇化率为门槛变量，指出产业结构高级化和合理化与城乡收入差距之间存在明显的非线性影响，前者对后者的影响具有双门槛效应。

在经济发展过程中，结构性生产问题和行业收入分配问题相互交织，如结构变迁过程中要素生产率的差异和要素重新配置都会对行业间的劳动收入差距产生影响，但已有研究对产业结构变迁影响行业劳动收入差距的讨论并不充分。现有文献关注到了工业结构变迁（Hunt，2004；Nabar and Yan，2013）或行业劳动收入差距（Abowd et al.，2012；Mokre and Rehm，2020；李佳和汤毅，2019）的相关问题，但鲜有文献探讨工业结构变迁对行业工资差距的影响。

由于偏向型技术进步驱动产业结构变迁过程对不同群体或部门的劳动收入水平的影响不同，现有文献较多关注了偏向型技术进步对产业结构变迁与收入差距的影响。一方面，技术进步是产业结构变迁的原动力，其在推动产业结构转型的过程中，间接影响了收入差距。技能偏向型技术进步提高了技能密集型产业的比重，从而对高技能劳动力产生超额需求，扩大了高、低技能劳动力之间的劳动收入差距（Buera and Kaboski，2012）。王林辉和袁礼（2018）指出，偏向型技术进步通过非对称地改变部门间要素生产率的直接方式和诱致要素跨部门流动实现重新配置的间接方式，推动产业结构变迁，进而对劳动收入份额产生影响。郭凯明和罗敏（2021）发现，偏向型技术进步导致不同产业产品的相互替代，改变产业之间的相对产出比重，推动产业结构转型，从而影响劳动收入差距。另一方面，偏向型技术进步也会对收入差距产生直接影响。田柳和周云波（2018）发现行业的技术特征可以解释部分的行业工资差距。然而，已有研究忽视了偏向型技术进步与产业结构变迁对行业工资差距的内在交互影响，以及产业结构变迁与偏向性技术进步交互作用下驱动劳动要素在不同行业间的重新配置这一影响行业就业和劳动收入差距的理论机制。

基于以上考虑，本章首先对产业结构变迁与收入分配的统计关系进行分析，然后重点研究工业结构变迁对行业劳动收入差距的影响，并考虑其中的作用机制。相较于已有研究，本研究的边际贡献在于：第一，构建了产业结构变迁影响收入分配的机制框架，从要素配置与偏向型技术进步角度对工业结构变迁影响劳动收入及差距进行了阐释，丰富了行业收入差距形成因素的相关理论。第二，发现了中国工业结构变迁对行业收入差距影响的关系特征，特别是基于分位数回归方法，从劳动收入差距分布的角度检验了工业结构变迁影响行业劳动收入差距的趋势特征。

第一节 产业结构变迁与收入分配关系统计分析

一、三次产业结构与要素收入分配

从经济主体的生产属性角度，经济中的产业可以分为以农业为主的第一产业、以工业和建筑业为主的第二产业、以服务业为主的第三产业,三次产业在不同经济发展阶段中占国民经济的比重、三次产业的生产要素组织及要素收入分配存在皆较为明显的差别。

如图3-1所示为不同产业劳动报酬占比变化情况,实际上在1993~2004年区间,三次产业中劳动报酬占比分别是大致不变的,但由于第二产业和第三产业的增长速度远远高于第一产业,而第一产业的劳动报酬占比远远高于第二、三产业,所以总的劳动报酬占比呈现了显著下降。遗憾的是,2004年后的分产业的相关统计缺失,但我们可以大致估计,由于第三产业是以服务业为主的轻资产行业,第二产业是以制造业、建筑业为主的重资产行业,第三产业劳动报酬占比始终应该高于第二产业劳动报酬占比。因此,虽然第二、三产业的劳动报酬占比远远小于第一产业,但可以认为,由于我国经济向新常态转化的一个重要特征是以第二产业为主的传统制造业过渡到以现代服务业为代表的第三产业成为经济的主要组成,同时第一产业的劳动者报酬占比虽然最高,但在经济发展的过程中,第一产业的产值占比下降具有规律性。因此,新常态经济下第三产业占国民经济比重不断增长,劳动者报酬的下降趋势会不断减缓,直到经济产业结构间的调整使得第二、第三产业产值的增长引起的劳动报酬下降和第三产业产值的增长引起的劳动报酬相对第二产业增长到达均衡时,劳动者报酬比重将不再下降,继而转向上升。

我国经济发展中三次产业的增长状况如图3-2所示。自2006年之后,第一产业产值占比下降速度已经极为缓慢,那么总劳动报酬占比的变化则主要取决于第二产业和第三产业占国民经济总量比重的相对变化。2006年之后第三产业占比稳步增长,与此对应第二产业占比有明显下降趋势,值得注意的是,由于2009年我国为应对国际金融危机采取了财政刺激政策,所以第二产业在当年得到了快速增长。2012年第三产业占比超过第二产业,这一趋势在随后年份基本确立。

综合上述分析,我们能够得到下述推论:在我国经济发展进入新常态后,受到经济增长中产业结构调整的内在机制影响,我国国民收入初次功能性分配中,劳动者报酬占比应该会有上升的趋势。

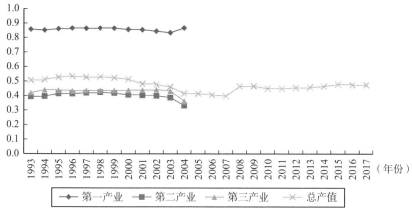

图 3 – 1　不同产业劳动报酬占比变化（1993～2017 年）

资料来源:《中国国内生产总值核算:1952～2004》和历年《中国统计年鉴》。图中 2004 年的数据显示出明显变异,主要是由于统计方式有变,详见白重恩和钱震杰:《国民收入的要素分配:统计数据背后的故事》,载于《经济研究》2009 年第 3 期。国内生产总值收入法计算有三种方法:一是地区生产总值收入加总;二是基于投入产出资金使用表;三是基于实物交易资金流量表。为了计算不同产业的劳动报酬占比。本节选择地区生产总值加总方法,通过加总各省份不同产业收入分配类别得出总劳动者报酬和总收入数据。

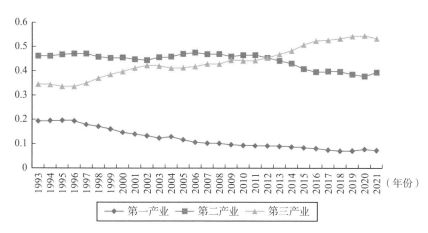

图 3 – 2　不同产业产值占国民经济总产值比重（1993～2021 年）

资料来源:历年《中国统计年鉴》。

　　在上述分析中,由于 2005 年及之后产业内收入分配数据的缺失,我们没有办法分析产业内劳动报酬的比重是否会发生变化,毫无疑问这也是影响国民收入分配的重要原因。现有研究认为，我国劳动力报酬占比下降的形成主要是由于我国存在二元劳动力供给结构（翁杰，2011；李稻葵等，2009），其逻辑在于：由于农村劳动力向第二、三产业的转移，导致第二、三产业快速增长下没有出现相对于资本而言的劳动力相对不足，也就是第二、三产业的资本事实上对应着城镇就业人员和农业劳动力转移人员两个方面。目前国内较为主流的观点认为我国劳动力供给的刘易斯拐点已经来临（蔡昉，2010；殷剑峰，2012），那么在新常态经济下我国劳动力供给的这种新的形势，即农村剩余劳动力的增量部分基本消失，在第二、三产业就业市场上资本与劳动力供求的均衡就主要由农村已转移劳动力和城镇劳动力来匹配，这很可能导致第二、三产业中劳动者报酬占比的上升。

二、产业结构变迁与城乡居民收入

（一）产业结构变迁的基本事实与特征

产业结构用来表征一个经济体内各产业构成以及各产业之间的连结与比例关系。从动态角度看，产业结构变迁主要体现合理化与高级化两个方面（干春晖等，2011）。合理化表征三次产业中投入与产出结构的耦合程度，既可以刻画产业之间的协调程度，又可以反映产业各自的利用效率。高级化表征产业结构升级的演进路径，既可以描述产业结构的演进方向，又可以表现产业结构的"服务化"程度。自改革开放以来，我国产业结构发展的一个基本事实为"总量增长与结构分化"相交织，通过产业结构合理化与高级化能够描述这一演进特征。

产业结构合理化的测度依据使用泰尔指数方法进行衡量，方法如下：

$$TL = \sum_{i=1}^{n}\left(\frac{Y_i}{Y}\right)\ln\left(\frac{Y_i}{L_i}\middle/\frac{Y}{L}\right) \tag{3-1}$$

其中，Y 表示产值，L 表示就业，i 表示产业，n 表示产业部门数。Y/L 表示生产率，经济均衡时，Y/L = Y_i/L_i，TL = 0。TL 越小，表示产业结构越合理。

依托省级数据，本研究对全国范围以及四大经济区域的产业结构相关变量进行分析。图 3-3 核密度图展示了四大区域合理化指数的分布状况，可见，西部地区产业合理化指数呈现出显著的"厚尾"特征，内部差异性相对较大。东部地区呈现显著"双峰"结构，但是分布主体集中在 0~0.2 的低水平区间。

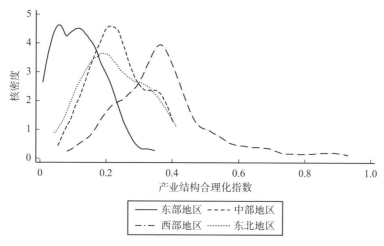

图 3-3 产业结构合理化指数分布

图 3-4 展示了各区域产业结构合理化的动态演变，依据前述公式数值越小表示合理化水平越高，可以发现整体上合理化水平呈现提升趋势，同时各个地区也呈现出独立的时变特征。

就变动程度而言，东部地区的变动幅度较小，在样本起初到 2003 年间呈现缓慢上升态势，此后便不断缓慢下降。中部地区与东北地区在 2010 年之前的样本期内合理化水平较为接近，自 2011 年开始，两区域合理化水平不断提升，其中东北地区提升幅度高于中部地区，此后两者合理化水平保持稳定差距。2019~2020 年间，中部地区再一次出现合理化水平提升，并且其合理化水平超过东北地区。相较于其他区域，西部地区产业结构合理化水平提升幅度最大，该区域同其他区域合理化水平差距不断缩小。截止到样本结束期，西部地区合理化水平已经接近东北地区。

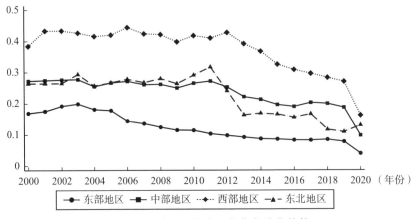

图 3 - 4　产业结构合理化指数演化趋势

　　就变动时点而言，各区域之间呈现出显著差异，东部地区产业结构合理化水平的提升结点早于其他地区近 10 年。具体而言，东部地区合理化水平由降转升的结点出现在 2003 年，而东北地区、中西部地区产业结构合理化水平的提升期在 2011 年之后。一个较为显著的基本特征是各个区域间产业结构合理化水平的差距不断缩小。

　　产业结构高级化实质为产业升级的度量，其核心在于表征三次产业份额的演变特征。本章采用第三产业增加值同第二产业增加值比作为产业结构高级化指数。同时为保证指标合理性，采用第三产业增加值同地区生产总值之比作为高级化替代指标。

　　表 3 - 1 展示了产业结构高级化相关指标的描述性统计，其中全国平均高级化指数为 1.191，仅有东部地区产业结构高级化水平 1.405 高于全国平均水平，而中部地区高级化水平相对最低。在第三产业增加值比重层面，仅有东部地区高于全国平均水平，中部地区相对最低，组内均值小于 1，表明其第三产业产值偏小，这也印证了中部地区各省份产业结构"偏重偏实"的特点。

表 3 –1   产业结构高级化指数描述性统计   单位：%

区域	变量	平均值	标准差	最小值	最大值	中位数
全国	高级化	1.191	0.623	0.518	5.297	1.038
	三产增值比	0.458	0.09	0.296	0.839	0.442
东部	高级化	1.405	0.959	0.578	5.297	1.025
	三产增值比	0.497	0.123	0.318	0.839	0.463
中部	高级化	0.929	0.222	0.527	1.391	0.944
	三产增值比	0.415	0.057	0.307	0.532	0.415
西部	高级化	1.178	0.322	0.685	2.771	1.093
	三产增值比	0.457	0.055	0.351	0.583	0.447
东北	高级化	1.054	0.362	0.518	1.945	1.007
	三产增值比	0.423	0.073	0.296	0.538	0.418

图 3 –5 展示了产业结构高级化指数的样本分布，其中东部地区高级化指数样本分布呈现出明显的拖尾特征，这表明组内存在较高水平样本。西部地区样本分布出现"尖峰厚尾"特征，中部地区样本分布最为集中。

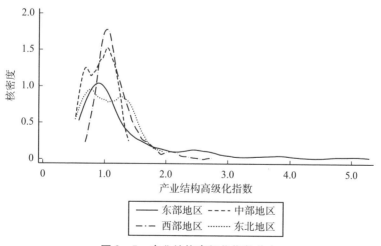

图 3 –5   产业结构高级化指数分布

图 3-6 展示了产业结构高级化指数的动态特征，从整体上看，全国产业结构高级化水平逐年上升，产业结构不断升级，但是每个区域又各具特点。其一，东部地区产业结构高级化水平自 2004 年起不断攀升，此后始终处于四个区域中最高，东北地区高级化指数的动态特征同其基本一致。其二，中部、西部地区产业结构高级化指数变动呈现"U"型特征，即在 2011 年之前呈现缓慢下降态势，2011 年之后上升。截止到 2020 年，产业结构高级化水平由高到低排列依次为东部、东北、西部、中部。这一结果同上述依据年均数值的分析结果略有不同，主要表现在东北地区与西部地区的位次交换，自 2010 年之后，东北地区高级化指标增长迅速，在 2015 年超过西部地区。

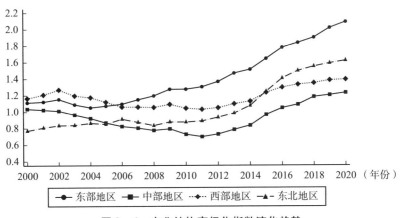

图 3-6 产业结构高级化指数演化趋势

（二）城乡收入差距的基本事实与分析

同产业结构合理化测算方式一致，城乡居民收入差距的测算方法亦采用泰尔指数形式，计算方法如下：

$$\text{gap} = \sum_{i=1}^{n} \left(\frac{P_i}{P}\right) \ln\left(\frac{P_i}{N_i} \middle/ \frac{P}{N}\right) \qquad (3-2)$$

其中，P 表示收入，N 表示人口，i 表示城镇和乡村，n 等于 2。P/N 表示人均收入，城乡人均收入相等时，P/N = P_i/N_i，gap = 0。gap 越小，表示城乡收入差距越小，反之则反之。

表 3 - 2 展示了全国各个地区城乡收入泰尔指数的描述性统计，其中全国水平均值为 0.12，东部、中部以及东北地区泰尔指数均低于全国平均水平，西部地区泰尔指数相对较大。反映出在均值水平所示的城乡居民收入差距上，西部地区较大，东部和东北地区相对较小，中部地区稍低于全国平均。

表 3 - 2 收入差距泰尔指数统计

区域	平均值	标准差	最小值	最大值	中位数
全国	0.120	0.061	0.018	0.354	0.111
东部	0.072	0.035	0.018	0.133	0.074
中部	0.117	0.029	0.062	0.171	0.123
西部	0.170	0.058	0.063	0.354	0.162
东北	0.078	0.017	0.040	0.112	0.077

为进一步得到各地区泰尔指数的总体分布特征，本节对其进行核密度估计近似得到样本泰尔指数分布，结果如图 3 - 7 所示。东部、中部以及东北地区泰尔指数分布相对集中，其中东部、中部地区分布出现"多峰"特征，这表明其组内存在多个聚束水平。西部地区泰尔指数分布尾部较厚，其内部差异性较大。

图 3 - 8 展现出泰尔指数的动态变化路径。从总体趋势上看，各地区均呈现出先升后降的倒"U"型特征，并且其动态转折点均发生在 2004 年。从个体水平上看，东部地区与东北地区泰尔指数水平相当，中部地区泰尔指数整体位置稍高，西部地区泰尔指数水平最高，表明其城乡收入差距依旧处于相对高位。从变化幅度看，在样本区间内，西部地区泰尔指数变动幅度最大，而东部地区变动幅度最小。

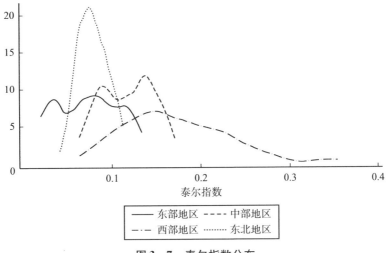

图 3 - 7 泰尔指数分布

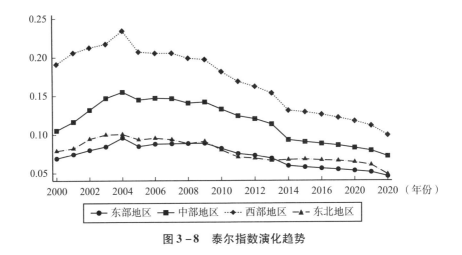

图 3 - 8 泰尔指数演化趋势

（三）产业结构变迁与城乡收入差距相关性

为探究产业结构变迁同收入差距之间的影响机制，首先将表征产业结构的合理化指数同表征城乡收入差距的泰尔指数进行初步分析。在相关数据变动路径与特点未知的情况下，采用参数化、线性的建模方式无法达到数据利用效率最大化，故首先采用局部非参数方法进行统计建模，在不考虑协变量的情况下，拟合结果如图3-9所示。由拟合图可知，产业结构合理化指数同泰尔指数之间呈现显著的正相关关系，该结果表明产业结构合理化水平同收入差距呈现正相关关系。同时，我们对于区域分组样本进行散点拟合，发现两者之间的正相关关系始终显著。

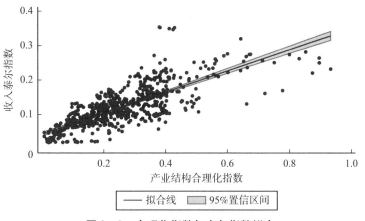

图3-9　合理化指数与泰尔指数拟合

其次，将表征产业结构高级化的指数同泰尔指数进行拟合，以期探究产业结构高级化同收入差距之间的相关关系，拟合结果如图3-10所示。对于

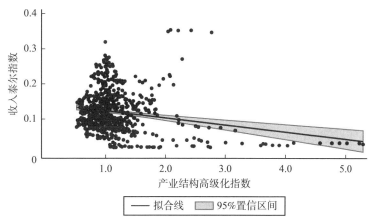

图3-10　高级化指数与泰尔指数拟合

整体样本而言，高级化指数同收入泰尔指数呈现负向关系，这表明产业结构高级化同收入差距之间存在正相关关系，即产业结构越高级，对应的收入差距越小。

第二节　工业结构变迁影响劳动收入及差距的理论机制

一、基础理论模型构建

阿西莫格鲁（2003）通过构建一个均衡模型，探讨了偏向型技术进步对技能劳动力和非技能劳动力之间的劳动收入差距的影响。我们参考该研究中基础模型的构建方式，并根据研究的需要，将工业行业划分为劳动密集型行业和资本密集型行业，建立一个两部门模型。在基础模型的基础上，从高级化和合理化两个方面系统地阐述工业结构变迁影响行业劳动收入差距的理论机制，并探讨了偏向型技术进步调节作用的机制。

将工业部门划分为劳动密集型行业和资本密集型行业，两部门的生产均使用劳动 L 和资本 K 两种要素，下标 1 表示劳动密集型行业，下标 2 表示资本密集型行业。

劳动密集型行业和资本密集型行业的生产函数分别如下：

$$Y_1(t) = A_1[\tau(t)]L_1(t)^{\alpha_1}K_1(t)^{1-\alpha_1}, \quad Y_2(t) = A_2[\tau(t)]L_2(t)^{\alpha_2}K_2(t)^{1-\alpha_2}$$

$$(3-3)$$

其中，$0 < \alpha_1$，$\alpha_2 < 1$，且有 $\alpha_1 > \alpha_2$。Y_1、K_1、L_1 和 Y_2、K_2、L_2 分别是劳动密集型行业和资本密集型行业的产出以及使用的资本和劳动力水平。$A_1[\tau(t)]$、$A_2[\tau(t)]$ 分别代表两个部门生产的单位技术回报率，τ 代表外生的技术水平，仅与时间 t 有关[①]。

[①] 为了论证的简洁性，此处不考虑研究创新支出费用等内生性因素对技术水平可能产生的影响。

$Y(t)$ 代表加总生产函数，由两部门的产品（中间产品）竞争性地进行生产：

$$Y(t) = F[Y_1(t)，Y_2(t)][(1-\gamma(t))Y_1(t)^\rho + \gamma(t)Y_2(t)^\rho]^{\frac{1}{\rho}} \quad (3-4)$$

其中，$\gamma(t)$ 为分布参数，反映了两部门产品的投入权重，$\gamma(t) \in (0，1)$。$\rho < 1$ 保证了两部门产品的替代弹性 $\sigma = 1/(1-\rho) \in (0，+\infty)$。

厂商的生产满足一阶条件，根据两部门的劳动力单位劳动收入可得资本密集型行业对劳动密集型行业的工资比：

$$r_w = \frac{w_2(t)}{w_1(t)} = \frac{\gamma(t)}{1-\gamma(t)} \cdot \frac{\alpha_2}{\alpha_1} \cdot \left\{\frac{A_2[\tau(t)]}{A_1[\tau(t)]}\right\}^\rho \cdot \frac{L_1(t)^{1-\alpha_1\rho}}{L_2(t)^{1-\alpha_2\rho}} \cdot \frac{K_2(t)^{\rho(1-\alpha_2)}}{K_1(t)^{\rho(1-\alpha_1)}}$$

$$(3-5)$$

二、工业结构变迁影响行业劳动收入及差距的作用机制：要素配置

工业结构变迁的内在动因是不同行业间要素生产率的差异及其引致的要素跨行业配置，外在形式表现为工业结构由低水平向高水平的演进以及要素配置效率的提高，即结构高级化和结构合理化的变迁过程。本部分从高级化和合理化两个方面阐述工业结构变迁影响行业劳动收入差距的理论机制。

（一）工业结构高级化对行业劳动收入差距的影响

工业结构高级化以劳动生产率高的资本密集型行业产值占比的提高为表征，反映工业内部由劳动密集型行业向资本密集型行业的结构变迁。在此过程中，不同行业间存在要素生产效率的差异性，将驱使要素从生产效率相对较低的劳动密集型行业流向生产效率相对较高的资本密集型行业，资本密集型行业得以进一步发展，该行业产值占工业行业总产值的比例上升，推动工业结构高级化的变迁过程。由式（3-5），资本密集型行业占比对两部门劳动收入比的影响可表示为 $\partial r_w / \partial \gamma(t) = \propto (1/(1-\gamma)^2) > 0$，这意味着在工业结构高级化变迁过程中，资本密集型行业产值占比上升，将扩大行业劳动收入差距。即：资本密集型行业劳动要素的生产率和边际产出更高，其劳动力

的收入也更高，资本密集型行业产值占比提升，该行业的相对劳动收入水平也将上升，从而加剧了行业劳动收入差距。

（二）工业结构合理化对行业劳动收入差距的影响

工业结构合理化衡量各产业部门投入结构和产出结构的偏离度，是产业协调能力和资源有效利用程度的体现。不同行业存在生产效率和回报率的差异，将促使劳动力跨行业流动，这更多体现在劳动力由生产效率较低、收入较低的劳动密集型行业流向生产效率较高、收入较高的资本密集型行业。伴随着劳动力的跨行业转移，不同行业劳动要素的供需关系发生改变，要素配置效率提高，这将缩小行业要素利用效率的差异，使得行业劳动生产效率趋于一致，进而缩小行业间的工资差距。由式（3-5），有 $\partial r_w / \partial L_2(t) < 0$，在劳动力转移过程中，资本密集型行业的就业人数上升，资本密集型行业对劳动密集型行业的工资比（r_w）降低。因此，以要素配置效率提高为表征的工业结构合理化将缓解行业工资差距。

三、工业结构变迁影响行业劳动收入差距中偏向型技术进步的作用

对公式（3-5）取对数并对 τ 求导可得式（3-6），该式衡量技术进步对部门间劳动收入比的影响：

$$\frac{\partial \ln r_w}{\partial \tau} = \frac{1}{r_w} \cdot \frac{\partial r_w}{\partial \tau} \propto \rho \frac{A_1(\tau)}{A_2(\tau)} \cdot \frac{\partial (A_2/A_1)}{\partial \tau} = \frac{\sigma-1}{\sigma} \cdot \frac{A_1(\tau)}{A_2(\tau)} \cdot \frac{\partial (A_2/A_1)}{\partial \tau}$$

$$(3-6)$$

依据上述公式，有 $\partial r_w / \partial \tau \propto (\sigma)$，表明技术水平（$\tau$）对两部门劳动收入比（$r_w$）的影响取决于资本密集型行业与劳动密集型行业产品的替代弹性 σ。

（一）两部门产品的替代弹性 $\sigma > 1$ 的情况

若技术进步是资本偏向型的，可表述为 $\dfrac{\partial [A_2(\tau)/A_1(\tau)]}{\partial \tau} > 0$，则有 $\dfrac{\partial r_w}{\partial \tau} >$

0，即 τ 上升将引起 r_w 提高，行业劳动收入差距扩大；若技术进步是劳动偏向型的，可表述为 $\dfrac{\partial\left[A_2(\tau)/A_1(\tau)\right]}{\partial\tau}<0$，则有 $\dfrac{\partial r_w}{\partial\tau}<0$，即 τ 上升将引起 r_w 下降，行业劳动收入差距缩小。

（二）两部门产品的替代弹性 $0<\sigma<1$ 的情况

若技术进步是资本偏向型的，有 $\dfrac{\partial r_w}{\partial\tau}<0$，即 τ 上升将引起 r_w 下降，行业劳动收入差距缩小；若技术进步是劳动偏向型的，有 $\dfrac{\partial r_w}{\partial\tau}>0$，即 τ 上升将引起 r_w 提高，行业劳动收入差距扩大。

从以上分析来看，偏向型技术进步对行业劳动收入差距的调节作用与部门间产品的替代弹性和技术进步偏向有关。王丹枫（2011）认为在我国资本报酬增长快于劳动报酬增长的现实情况下，资本密集型行业与劳动密集型行业之间的产品替代弹性符合 $\sigma>1$ 的情况，类似研究，如陆菁和刘毅群（2016）测算得出中国工业部门整体的要素替代弹性为 2.906，陈登科和陈诗一（2018）发现中国工业整体行业和分行业企业的要素替代弹性均显著大于 1。基于现有研究以及我国工业行业资本持续深化的特征事实，本研究认为工业行业部门间的产品替代弹性大于 1。此外，我们通过超越对数生产函数测算出中国各工业行业的偏向型技术进步指数，测算结果表明，工业行业的技术进步总体上表现出资本偏向特征[1]，这与已有的研究结论一致（孔宪丽等，2015；韩国高和张倩，2019）。

部门间生产率的差异通过改变产品的相对价格引起要素跨部门流动，流动方向取决于产品间的替代弹性，当部门间产品替代弹性 $\sigma>1$ 时，即各部门产品之间为替代关系，要素会向产出增长相对较快的部门流动，即由劳动密集型行业向资本密集型行业流动实现重新配置。在中国工业行业技术进步整体偏向于资本的情况下，资本偏向型技术进步与资本密集型行业的要素禀

---

① 此处未列出计算过程。

赋结构契合，进一步加速了要素的流动，从而更有利于该类行业的发展，资本密集型行业产值占比上升，将提高工业结构的高级化程度，进一步增强了结构高级化扩大行业工资差距的效应。同时，资本偏向型技术进步提高资本密集型行业相对于劳动密集型行业的要素生产效率，将诱致要素向资本密集型行业转移实现重新配置，要素配置效率提高，将推动工业结构合理化的变迁过程，从而进一步增强结构合理化缩小行业劳动收入差距的效应。由此得到以下推论：在产品替代弹性 $\sigma > 1$ 和技术进步总体表现为资本偏向性的情形下，一方面偏向型技术进步会增强工业结构高级化对行业劳动收入差距的扩大效应，另一方面偏向型技术进步会增强工业结构合理化对行业劳动收入差距的缩小效应。

第三节　工业结构变迁影响行业劳动收入及差距的实证

一、实证研究设计

（一）变量的选取与测度

行业劳动收入差距（w）。以行业相对劳动收入衡量行业劳动收入差距，即以各细分行业平均劳动收入与工业行业平均劳动收入之比作为衡量行业劳动收入差距的代理变量①。

工业结构高级化（TS）。孔宪丽等（2015）以各工业行业增加值占工业增加值的比重衡量各行业的比例关系，以此刻画工业部门的结构调整。而工

---

① 本研究对工业细分行业划分的原则为：将 2003～2011 年期间的"橡胶制品业"和"塑料制品业"合并为"橡胶和塑料制品业"，将 2012～2016 年间的"汽车制造业"和"铁路、船舶、航空航天和其他运输设备制造业"合并为"交通运输设备制造业"。另外，考虑到"其他采矿业"的数值较小、"开采辅助活动"以及"金属制品、机械和设备修理业"时间序列较短，本研究将该三类行业予以剔除，最后将工业行业划分为 37 个细分行业。

业结构高级化不仅涉及行业比例关系的演进，还涉及工业行业劳动生产率的提高，通过提取各产业部门的贡献度指标，衡量各行业高级化水平对工业结构高级化的贡献，具体公式如式（3−7）所示：

$$TS_i = \frac{Y_i}{Y}\frac{Y_i}{L_i} \qquad\qquad (3-7)$$

其中，$\frac{Y_i}{Y}$ 为行业 i 的产出占工业总产出的比例，$\frac{Y_i}{L_i}$ 为行业 i 的劳动生产率，并采用均值化方法消除劳动生产率的量纲。TS_i 反映行业 i 在工业结构高级化中所处的相对位置，只有劳动生产率高的行业所占比例较大时，工业结构才处于较高的水平。另外，资本深化是推动我国工业行业劳动生产率提高的重要因素，结构高级化程度高的行业其劳动生产效率更高，资本产出效率也更高。为进行稳健性分析，本研究以 $\frac{Y_i}{Y}\frac{Y_i}{K_i}$ 作为衡量工业结构高级化的另一指标，其中，$\frac{Y_i}{K_i}$ 为行业 i 的资本产出效率，同样采用均值化方法消除量纲。

工业结构合理化（TR）。工业结构合理化衡量要素投入结构和产出结构的耦合程度。提取各行业对工业结构合理化的贡献度指标，衡量各行业在工业结构合理化中所处的相对位置，以此作为结构合理化的代理变量，具体公式如式（3−8）所示：

$$TR_i = -\frac{Y_i}{Y}\left|\frac{Y_i/Y}{L_i/L} - 1\right| \qquad\qquad (3-8)$$

式（3−8）中，$\frac{Y_i}{Y}$ 反映工业行业 i 的产出结构，$\frac{L_i}{L}$ 反映工业行业 i 的投入结构。TR_i 数值越大，表明要素投入结构和产出结构的耦合程度越高，工业结构越合理。本研究以 TR_i 衡量工业结构合理化进行实证分析，以 $-\left|\frac{Y_i}{Y} - \frac{L_i}{L}\right|$ 衡量的工业结构合理化指标进行稳健性检验。

偏向型技术进步（Bias）。为考察偏向型技术进步在工业结构变迁影响行业劳动收入差距中的作用，需测算出各工业细分行业的偏向型技术进步指数。利用随机前沿分析（SFA）对超越对数生产函数进行计量回归，根据回归系数计算资本和劳动要素的产出弹性，并根据式（3-9）进一步计算偏向型技术进步指数。

$$Bias = \frac{\beta_{TK}}{\eta_K} - \frac{\beta_{TL}}{\eta_L} \qquad (3-9)$$

其中，β_{TK}、β_{TL} 分别表示超越对数生产函数中资本、劳动要素和时间趋势变量的交叉项系数，η_K、η_L 分别表示资本、劳动要素的产出弹性。$Bias > 0$，表明技术进步偏向于资本；$Bias < 0$，表明技术进步偏向于劳动；$Bias = 0$，表明技术进步是中性的。

参照相关研究和变量之间的理论关系，本研究选取如下的控制变量：（1）所有制（Sta），以国有及国有控股企业固定资产占行业固定资产的比重表示，在相关研究中所有制常被用来衡量行业的行政垄断程度。（2）人力资本（Hum），以各行业大中型企业科技活动人数占行业就业人数的比例衡量。（3）行业盈利能力（Pro），以行业资产利润率（ROA）表示。（4）企业平均规模（Size），以各行业资产规模除以企业数量衡量。

（二）计量模型设定

根据前面理论分析所述，工业结构变迁通过高级化和合理化两条路径作用于行业劳动收入差距，设定如下的基础实证模型：

$$w_{it} = \beta_0 + \beta_1 TS_{it} + \alpha_{it}X_{it} + \theta_i + \lambda_t + \varepsilon_{it} \qquad (3-10)$$

$$w_{it} = \beta_0 + \beta_1 TR_{it} + \alpha_{it}X_{it} + \theta_i + \lambda_t + \varepsilon_{it} \qquad (3-11)$$

其中，i 表示 37 个工业细分行业，t 表示时间（t = 2003，…，2017）。X 代表控制变量合集，θ_i 表示行业固定效应，λ_t 表示时间固定效应，ε_{it} 表示随机误差项。

为考察偏向型技术进步在工业结构变迁与行业劳动收入差距关系中的作用，在测算出各细分行业偏向型技术进步（Bias）的基础上，进一步在模型中引入偏向型技术进步、偏向型技术进步与结构变迁变量的交互项。为避免多重共线性问题对实证结果的影响，本研究对交互项变量进行中心化处理。设定实证模型为：

$$w_{it} = \beta_0 + \beta_1 TS_{it} + \beta_2 Bias_{it} + \beta_3 TS_{it} \cdot Bias_{it} + \alpha_{it} X_{it} + \theta_i + \lambda_t + \varepsilon_{it}$$

$$(3-12)$$

$$w_{it} = \beta_0 + \beta_1 TR_{it} + \beta_2 Bias_{it} + \beta_3 TR_{it} \cdot Bias_{it} + \alpha_{it} X_{it} + \theta_i + \lambda_t + \varepsilon_{it}$$

$$(3-13)$$

（三）数据说明及描述性统计

本节研究使用的工业细分行业数据，存在部分数据缺失、工业行业分类标准、指标统计口径不一致等问题，为了保证数据的准确性并尽可能延长考察期限，将样本期设定为 2003~2017 年[①]。

变量的描述性统计如表 3-3 所示，对统计口径不一致的行业进行归并或剔除处理后，最后保留了 37 个工业细分行业。变量构建所用到的全部数据来源于《中国统计年鉴》《中国劳动统计年鉴》《中国工业统计年鉴》《中国科技统计年鉴》以及中经网。

表 3-3　　　　　　　　　　变量的描述性统计

变量	观测数	平均值	标准差	最小值	最大值
行业工资差距（w）	555	1.0050	0.3269	0.5883	2.5274
工业结构高级化（TS）	555	0.0410	0.0646	0.0003	0.4093
工业结构合理化（TR）	555	-0.0195	0.0531	-0.3789	-0.0001
偏向型技术进步（Bias）	555	0.1894	2.7646	-42.9952	38.2491
所有制（Sta）	555	0.3397	0.2912	0.0043	0.9918
人力资本（Hum）	555	0.0251	0.0203	0.0000	0.1153
行业盈利能力（Pro）	555	0.0899	0.0558	-0.0951	0.4900
企业平均规模（Size）	555	5.5153	17.4503	0.2077	153.9265

---

① 期内共涉及三类行业分类标准（GB/T 4754-2002、GB/T 4754-2011 和 GB/T 4754-2016），本研究采用 2011 年行业划分标准。

二、实证结果与分析

（一）基准实证结果与分析

根据豪斯曼（Hausman）检验结果，选择固定效应模型进行基准回归分析。表 3 - 4 中报告了工业结构变迁对行业劳动收入差距影响的回归结果，其中（1）（2）列为基础情形的回归结果，（3）（4）列为偏向型技术进步调节机制情形下的回归结果。

表 3 - 4　　　　　工业结构变迁影响行业劳动收入差距的回归结果

变量	基础情形		调节机制情形	
	高级化	合理化	高级化	合理化
	（1）	（2）	（3）	（4）
TS	0.4211 ** （0.193）		0.5418 *** （0.200）	
TS × Bias			0.5832 *** （0.177）	
TR		- 0.8778 *** （0.304）		- 1.0367 *** （0.312）
TR × Bias				- 0.9578 *** （0.316）
Bias			- 0.0147 （0.009）	- 0.0217 ** （0.009）
Sta	0.1848 *** （0.037）	0.1809 *** （0.037）	0.1837 *** （0.036）	0.1813 *** （0.036）
Hum	2.3905 *** （0.367）	2.3585 *** （0.363）	2.4251 *** （0.363）	2.4009 *** （0.360）

变量	基础情形		调节机制情形	
	高级化	合理化	高级化	合理化
	（1）	（2）	（3）	（4）
Pro	0.8556 ***	0.8719 ***	0.8669 ***	0.8841 ***
	（0.098）	（0.098）	（0.098）	（0.097）
Size	-0.0520 ***	-0.0498 ***	-0.0547 ***	-0.0527 ***
	（0.008）	（0.008）	（0.008）	（0.008）
时间效应	控制	控制	控制	控制
行业效应	控制	控制	控制	控制
常数项	0.8211 ***	0.8237 ***	0.8214 ***	0.8265 ***
	（0.023）	（0.022）	（0.023）	（0.022）
观测值	555	555	555	555
R^2	0.254	0.260	0.275	0.278

注：（ ）内为标准误，*** 、** 、* 分别表示1%、5%、10%的显著性水平，下同。

基础情形下表3-4中（1）（2）列实证结果显示，工业结构高级化的系数显著为正，表明工业结构变迁通过高级化路径扩大了行业劳动收入差距；工业结构合理化的系数为负，并在1%水平上显著，即工业结构合理化起到缩小行业劳动收入差距的作用。这是由于：在要素重新配置过程中，资本密集型行业相对于劳动密集型行业的边际产出提高，加剧了行业间的劳动收入差距，而各行业要素投入结构和产出结构的耦合，又会在一定程度上缓解行业劳动收入差距。实证结果与前面理论分析相一致。从控制变量的回归结果来看，所有制水平、人力资本水平、行业盈利能力的提高对行业劳动收入差距的扩大起到促进作用，相反，企业平均规模越大，行业劳动收入差距越小。

为考察偏向型技术进步对行业劳动收入差距的调节作用，本研究通过超越对数生产函数测算出中国各工业细分行业的偏向型技术进步指数，测算结果表明考察期内工业行业的技术进步总体上表现出资本偏向型特征。进一步地，在模型中引入偏向型技术进步变量、偏向型技术进步与结构变迁变量的交互项，运用固定效应模型对这一作用关系进行检验，实证结果如表 3 - 4 中（3）（4）列所示，主要解释变量回归系数的方向和显著性与基准回归的结果一致。从交互项系数来看，TS×Bias 的系数在 1% 水平上显著为正，表明资本偏向型技术进步水平的提高将增强工业结构高级化对行业劳动收入差距的扩大作用，即在高级化路径中资本偏向型技术进步对收入差距产生了消极的调节作用；TR×Bias 的系数在 1% 水平上显著为负，即在工业结构合理化缩小行业劳动收入差距的过程中，资本偏向型技术进步通过增强结构合理化对行业劳动收入差距的缓解效果，从而发挥出积极的调节收入差距的作用。

（二）基于不同要素密集型行业分类的实证结果与分析

不同要素密集型行业下，要素生产效率和要素禀赋结构不同，这将影响要素再配置的结果。因此，不同要素密集型行业下，工业结构变迁对行业劳动收入差距的影响效果以及偏向型技术进步的调节作用可能存在差异。基于这方面考虑，本研究进行不同要素密集型行业的异质性分析，以行业人均资本的中位数为分界点，将 37 个工业行业划分为劳动密集型行业和资本密集型行业[①]，并通过固定效应模型分别进行实证检验。

1. 要素密集型行业分类下的基础实证结果与分析

表 3 - 5 报告了不同要素密集型行业的回归结果：劳动密集型行业中，结构高级化对行业劳动收入差距存在正向影响，但不显著，而结构合理化显

---

① 劳动密集型行业包括：皮革毛皮羽毛及其制品和制鞋业、文教工美体育和娱乐用品制造业、纺织服装与服饰业、家具制造业、仪器仪表制造业、木材加工及木竹藤棕草制品业、纺织业、电气机械及器材制造业、金属制品业、计算机通信和其他电子设备制造业、其他制造业、橡胶和塑料制品业、通用设备制造业、印刷和记录媒介复制业、非金属矿采选业、专用设备制造业、食品制造业、农副食品加工业、废弃资源综合利用业。资本密集型行业包括：医药制造业、交通运输设备制造业、非金属矿物制品业、酒饮料和精制茶制造业、煤炭开采和洗选业、有色金属矿采选业、造纸及纸制品业、黑色金属矿采选业、化学原料和化学制品制造业、化学纤维制造业、有色金属冶炼和压延加工业、黑色金属冶炼和压延加工业、烟草制品业、水的生产和供应业、燃气生产和供应业、石油加工炼焦和核燃料加工业、石油和天然气开采业、电力热力生产和供应业。

著缩小了行业劳动收入差距，即在劳动密集型行业中，工业结构变迁主要通过合理化路径缓解行业劳动收入差距。资本密集型行业中，工业结构变迁通过高级化和合理化两条路径共同显著作用于行业劳动收入差距，结构高级化对行业劳动收入差距扩大起到促进作用，而结构合理化有利于缓解行业劳动收入差距。这是由于：劳动密集型行业的结构高级化水平相对较低，使得其对行业劳动收入差距的影响效果并不显著，而资本密集型行业中，行业的劳动生产率较高，行业结构处于相对高级的水平，结构高级化对行业劳动收入差距的影响显著。生产效率的差异驱使劳动力跨行业流动实现相对合理的配置，因此结构合理化对两类行业劳动收入差距均存在显著的负向影响。

表 3 – 5 行业分类下的基础实证结果

变量	劳动密集型行业		资本密集型行业	
	高级化	合理化	高级化	合理化
	（1）	（2）	（3）	（4）
TS	0.0982 (0.562)		0.5967 *** (0.189)	
TR		– 3.1537 *** (0.808)		– 0.6476 *** (0.231)
Sta	0.0526 (0.049)	0.0303 (0.047)	0.3716 *** (0.060)	0.3659 *** (0.060)
Hum	2.1749 *** (0.435)	1.7995 *** (0.434)	2.0534 *** (0.635)	2.1662 *** (0.050)
Pro	0.4147 *** (0.144)	0.4059 *** (0.139)	1.2912 *** (0.131)	1.2947 *** (0.132)
Size	– 0.0516 ** (0.021)	– 0.0283 (0.020)	0.0003 (0.002)	0.0003 (0.002)
时间效应	控制	控制	控制	控制
行业效应	控制	控制	控制	控制

变量	劳动密集型行业		资本密集型行业	
	高级化	合理化	高级化	合理化
	（1）	（2）	（3）	（4）
常数项	0.7766 *** （0.025）	0.7631 *** （0.020）	0.7617 *** （0.043）	0.7758 *** （0.043）
观测值	285	285	270	270
R^2	0.120	0.168	0.384	0.379

2. 偏向型技术进步调节作用下的分类实证结果与分析

表3-6 报告了不同要素密集型行业中偏向型技术进步调节作用的实证结果：从交互项系数来看，劳动密集型行业中，TR×Bias 和 TS×Bias 的回归系数均不显著，因此偏向型技术进步在劳动密集型行业中对工资差距的调节作用并不明确。这可能是由于：劳动密集型行业中存在要素禀赋结构与技术进步偏向的失衡，例如该类行业中，除皮革毛皮羽毛及其制品和制鞋业、橡胶和塑料制品业、其他制造业 3 个行业的技术进步呈现劳动偏向特征外，其余 16 个行业的技术进步均表现出偏向资本的特征，即劳动密集型行业中技术进步偏向与要素禀赋结构的非适宜性程度较高，造成要素配置错位和生产效率损失，从而使得偏向型技术进步推动工业结构变迁和调节劳动收入差距的过程受到阻碍。

资本密集型行业中，TS×Bias 交互项系数显著为正，TR×Bias 交互项系数显著为负，说明该类行业中偏向型技术进步会增强结构高级化对行业劳动收入差距的扩大效应、增强结构合理化对行业劳动收入差距的缩小效应。资本密集型行业的技术进步整体上呈现资本偏向性，符合要素比较优势，偏向型技术进步调节劳动收入差距的作用明显，即偏向型技术进步通过高级化路径发挥消极的调节作用、通过合理化路径发挥积极的调节作用。

表 3 - 6　　　　　　　　偏向型技术进步调节作用下的分类回归结果

变量	劳动密集型行业		资本密集型行业	
	高级化	合理化	高级化	合理化
	（1）	（2）	（3）	（4）
TS	0. 1372 （0. 562）		0. 6355 *** （0. 196）	
TS × Bias			0. 3444 * （0. 200）	
TR		- 3. 1667 *** （0. 809）		- 0. 6658 *** （0. 238）
TR × Bias		- 0. 0881 （0. 501）		- 0. 6660 ** （0. 265）
Bias	0. 0013 （0. 003）	- 0. 0007 （0. 002）	- 0. 0176 （0. 018）	- 0. 0182 （0. 018）
Sta	0. 0484 （0. 049）	0. 0273 （0. 047）	0. 3651 *** （0. 060）	0. 3311 *** （0. 061）
Hum	2. 1591 *** （0. 435）	1. 7937 *** （0. 434）	2. 0668 *** （0. 633）	2. 1012 *** （0. 622）
Pro	0. 4191 *** （0. 144）	0. 4086 *** （0. 139）	1. 2898 *** （0. 131）	1. 2590 *** （0. 130）
Size	- 0. 0519 ** （0. 021）	- 0. 0297 （0. 020）	- 0. 0006 （0. 002）	- 0. 0024 ** （0. 001）
时间效应	控制	控制	控制	控制
行业效应	控制	控制	控制	控制
常数项	0. 7763 *** （0. 024）	0. 7640 *** （0. 020）	0. 7683 *** （0. 043）	0. 8230 *** （0. 046）
观测值	285	285	270	270
R^2	0. 129	0. 174	0. 393	0. 400

（三） 稳健性检验

1. 更换变量法

为保证上述结论的可靠性，根据前面核心解释变量构建处所述，分别以 $TS_{it} = \dfrac{Y_{it}}{Y}\dfrac{Y_{it}}{K_{it}}$ 和 $TR_{it} = -\left|\dfrac{Y_{it}}{Y} - \dfrac{L_{it}}{L}\right|$ 作为衡量结构高级化和结构合理化变量的另一指标，进行稳健性检验。表 3-7 报告了更换变量指标的稳健性检验结果，可以看出，工业结构高级化和合理化系数的正负和显著性基本未发生变化，进一步证实了工业结构高级化扩大行业劳动收入差距、工业结构合理化缩小行业劳动收入差距的结论。交互项系数的正负和显著性也未发生变化，表明工业结构与偏向型技术进步之间存在显著的交互作用。

表 3-7　　　　　　　　　　　更换变量指标的稳健性检验结果

变量	基础情形		调节机制情形	
	高级化	合理化	高级化	合理化
	（1）	（2）	（3）	（4）
TS	0.7187 * (0.368)		0.7263 ** (0.367)	
TR		-1.4048 ** (0.643)		-1.7440 *** (0.656)
TS × Bias			0.9050 *** (0.280)	
TR × Bias				-2.6488 *** (0.925)
Bias			-0.0089 (0.010)	-0.0197 ** (0.009)
控制变量	控制	控制	控制	控制
时间效应	控制	控制	控制	控制
行业效应	控制	控制	控制	控制

续表

变量	基础情形		调节机制情形	
	高级化	合理化	高级化	合理化
	（1）	（2）	（3）	（4）
常数项	−0.8115 *** （0.024）	−0.8192 （0.0023）	0.8187 *** （0.024）	0.8246 *** （0.023）
观测值	555	555	555	555
R²	0.253	0.254	0.274	0.272

2. 工具变量法

考虑到工业结构变迁与行业劳动收入差距可能存在双向因果关系，即工业结构不仅会影响行业劳动收入差距，行业劳动收入差距也会通过驱动要素重新配置而反作用于工业结构，因此工业结构变量可能是内生变量。为避免内生性问题对实证结果的影响，本研究进一步通过工具变量法对这一影响关系进行稳健性检验。具体地，选择结构高级化和结构合理化变量的滞后一期作为工具变量，滞后变量作为前定变量，与当期扰动项不相关，且滞后变量与内生变量相关，满足工具变量的外生性和相关性假设。运用工具变量法对上述结果进行稳健性检验，回归结果如表3−8所示，其中主要解释变量和交互项的系数符号和显著性基本未发生变化，进一步验证了结论的可靠性。

表3−8　　　　　　　　　　工具变量法的稳健性检验结果

变量	基础情形		调节机制情形	
	高级化	合理化	高级化	合理化
	（1）	（2）	（3）	（4）
TS	1.4721 *** （0.150）		1.4811 *** （0.149）	
TR		−3.5553 *** （0.350）		−3.5799 *** （0.348）

续表

变量	基础情形		调节机制情形	
	高级化	合理化	高级化	合理化
	(1)	(2)	(3)	(4)
TS × Bias			0.7775 **	
			(0.318)	
TR × Bias				−1.5120 ***
				(0.571)
Bias			0.0245	0.0116
			(0.018)	(0.017)
控制变量	控制	控制	控制	控制
时间效应	控制	控制	控制	控制
行业效应	控制	控制	控制	控制
常数项	0.6306 ***	0.6225 ***	0.6217 ***	0.6154 ***
	(0.018)	(0.018)	(0.019)	(0.019)
观测值	518	518	518	518
R^2	0.817	0.818	0.819	0.820

三、基于分位数回归方法的进一步分析

基于分位数模型，本节进一步探讨不同分位点上工业结构变迁以及偏向型技术进步对行业工资差距的动态影响，从劳动收入差距分布的角度考察行业劳动收入差距的形成特征。

分位数回归的模型可表示为：

$$Q_\theta(Y \mid X) = X'\beta_\theta \tag{3-14}$$

其中，Y 为被解释变量，X 为解释变量合集，$Q_\theta(Y \mid X)$ 表示在给定解释变量 X 情况下，被解释变量的第 θ 分位点上的值，β_θ 表示被解释变量在第 θ 分位点上的回归系数。

（一）分位数方法下的基础回归结果与分析

表 3 – 9 分别列出了 θ = 0.25、0.50、0.75 共 3 个分位点上工业结构高级化、结构合理化对行业工资差距的回归结果，相应的工业结构高级化和结构合理化的估计系数在不同分位点上的变化趋势如图 3 – 11 和图 3 – 12 所示。由表 3 – 9 和图 3 – 11 可以看出，工业结构高级化对行业工资差距的扩大有显著的促进作用，但在不同分位点上这一影响效果存在差异性，表现在工业结构高级化扩大行业工资差距的作用大体上呈现出倒"U"型的变化趋势。从变化趋势来看，工业结构高级化对低水平的行业工资差距的作用效果较小，而对中高水平的行业工资差距的作用效果更大。由表 3 – 9 和图 3 – 12 可以看出，工业结构合理化的回归系数在不同分位点上均显著为负，即工业结构合理化缩小了行业工资差距，且这一影响关系大体上呈现出"U"型的变动趋势。在低分位点和高分位点上，工业结构合理化降低行业工资差距的作用效果较小，而在中间分位点上，工业结构合理化降低行业工资收入差距的作用效果增强。

表 3 – 9　　　　　　　　分位数方法下的基础回归结果

变量	高级化			合理化		
	（1）	（2）	（3）	（4）	（5）	（6）
	0.25	0.50	0.75	0.25	0.50	0.75
TS	0.5828 *** (0.027)	1.7661 *** (0.064)	1.1702 *** (0.035)			
TR				– 2.2933 *** (0.410)	– 4.2059 *** (0.188)	– 2.6678 *** (0.053)
Sta	0.3996 *** (0.004)	0.4367 *** (0.003)	0.7140 *** (0.008)	0.3992 *** (0.013)	0.4282 *** (0.011)	0.7125 *** (0.008)
Hum	4.6228 *** (0.077)	2.5983 *** (0.073)	3.1524 *** (0.061)	5.0338 *** (0.109)	4.8201 *** (0.066)	3.0234 *** (0.086)

变量	高级化			合理化		
	（1）	（2）	（3）	（4）	（5）	（6）
	0.25	0.50	0.75	0.25	0.50	0.75
Pro	0.5951 *** （0.026）	0.7039 *** （0.142）	0.0727 （0.062）	0.5615 *** （0.120）	0.1642 ** （0.080）	0.2295 *** （0.023）
Size	0.0246 *** （0.001）	0.0027 （0.003）	− 0.0154 *** （0.001）	0.0110 ** （0.005）	− 0.0048 ** （0.002）	− 0.0083 *** （0.001）
观测值	555	555	555	555	555	555

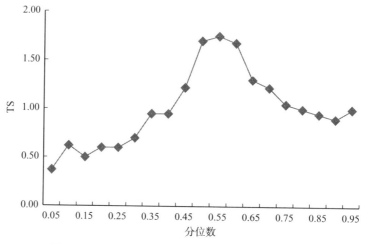

图 3 – 11 工业结构高级化对行业工资差距影响趋势

（二）偏向型技术进步调节作用下的分位数回归结果与分析

在分位数模型中继续引入偏向型技术进步与结构变迁变量的交互项，探讨不同分位点上偏向型技术进步对行业工资差距的动态影响。表 3 – 10 分别列出了"技术进步—结构高级化"交互项和"技术进步—结构合理化"交互项在 3 个具有代表性的分位点上的回归结果，相应的交互项的估计系数在更多分位点上的变动趋势如图 3 – 13 和图 3 – 14 所示。

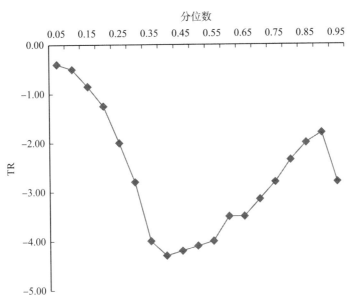

图 3 - 12　工业结构合理化对行业工资差距影响趋势

表 3 - 10　　　　　　偏向型技术进步调节作用下的分位数回归结果

变量	高级化			合理化		
	（1）	（2）	（3）	（4）	（5）	（6）
	0.25	0.50	0.75	0.25	0.50	0.75
TS	0.5363 *** (0.031)	1.5980 *** (0.026)	1.1273 *** (0.039)			
TS × Bias	1.0946 *** (0.050)	0.5967 *** (0.022)	0.5884 *** (0.144)			
TR				- 2.0742 *** (0.029)	- 4.1096 *** (0.055)	- 2.6136 *** (0.058)
TR × Bias				- 2.3114 *** (0.070)	- 0.9375 *** (0.084)	0.6374 *** (0.061)
Bias	- 0.0070 *** (0.001)	0.0199 *** (0.001)	0.0416 *** (0.005)	0.0058 *** (0.001)	- 0.0097 (0.006)	- 0.0117 ** (0.006)

续表

变量	高级化			合理化		
	（1）	（2）	（3）	（4）	（5）	（6）
	0.25	0.50	0.75	0.25	0.50	0.75
Sta	0.4441 *** （0.008）	0.4353 *** （0.001）	0.6740 *** （0.009）	0.4014 *** （0.003）	0.4498 *** （0.005）	0.6224 *** （0.004）
Hum	4.9036 *** （0.068）	3.4198 *** （0.011）	2.9152 *** （0.034）	5.1648 *** （0.047）	4.5902 *** （0.075）	3.1925 *** （0.069）
Pro	0.7318 *** （0.016）	0.2469 *** （0.027）	0.2641 *** （0.049）	0.7043 *** （0.031）	0.3345 *** （0.028）	0.2203 *** （0.019）
Size	0.0210 *** （0.001）	0.0105 *** （0.001）	- 0.0050 *** （0.001）	0.0140 *** （0.000）	- 0.0043 *** （0.001）	- 0.0098 *** （0.000）
观测值	555	555	555	555	555	555

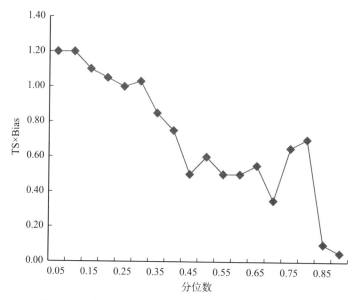

图 3 - 13　技术进步与结构高级化交互项系数变动趋势

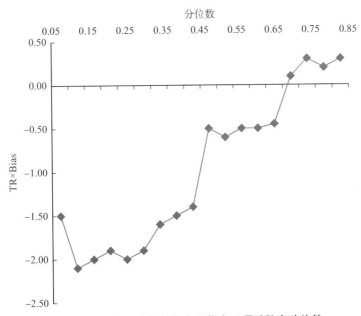

图 3 - 14 技术进步与结构合理化交互项系数变动趋势

由表 3 - 10 和图 3 - 13 可以看出，TS × Bias 的回归系数在各个分位点上均为正值，即资本偏向型技术进步水平的提高将增强工业结构高级化对行业工资差距的扩大作用。在不同的分位点上 TS × Bias 交互项对行业工资差距的影响存在差异性，表现在随着分位点的增大，偏向型技术进步扩大行业工资差距的作用效果呈现出递减的变化趋势。由表 3 - 10 和图 3 - 14 可以看出，TR × Bias 的回归系数在 0.25 ~ 0.70 的分位点上为负值，而在 0.75 ~ 0.9 分位点上则变为正值。即在中低分位点上，资本偏向型技术进步增强了工业结构合理化对行业工资差距的缩小作用，但这一作用效果随着分位点的增大表现出递减的变动趋势；在高分位点上，TR × Bias 交互项对行业工资差距的影响方向发生反转，即在工业结构合理化缩小行业工资差距的过程中，资本偏向型技术进步减弱了工业结构合理化对行业工资差距的缓解效果。

由此可知，偏向型技术进步对行业工资差距的动态影响表现出两方面特征：一方面，随着行业工资差距的扩大，偏向型技术进步通过高级化路径对行业工资差距起到的消极调节的作用效果呈减弱趋势；另一方面，在行业工资差距处于中低水平时，偏向型技术进步通过合理化路径对行业工资差距的积极调节的作用效果也呈现递减趋势，随着行业工资差距的进一步扩大，偏向型技术进步对行业工资差距则起到消极的调节作用。

第四节　主要结论与政策启示

本章统计分析了产业结构变迁与收入分配的关系。由于经济结构中第三产业占比呈现增大趋势，第三产业中劳动收入占比高于第二产业，所以从这个意义上劳动收入份额有增长趋势。另外，刘易斯拐点的出现也给予劳动者在就业市场上相对较强的议价条件，因此国民经济总体中劳动收入份额应该有稳定上升趋势，现实数据也大致支撑了这样的推断。在此基础上，本章对于工业结构变迁影响劳动收入及差距进行了更为细致的理论分析和实证检验。工业结构变迁的内在动因是不同行业间要素生产率的差异及其引致的要素跨行业配置，外在形式表现为结构高级化和结构合理化。整体而言，在工业结构变迁影响行业劳动收入差距的过程中，工业结构高级化显著扩大了行业劳动收入差距，而工业结构合理化则起到缩小行业劳动收入差距的作用。本章测算发现中国工业行业技术进步整体呈现资本偏向性，在产品替代弹性大于1的情况下，研究发现资本偏向型技术进步会增强工业结构高级化对行业劳动收入差距的扩大效应、增强工业结构合理化对行业劳动收入差距的缩小效应。不同要素密集型行业中，上述影响效果存在差异性，具体而言：劳动密集型行业中，工业结构变迁主要通过合理化路径缓解行业劳动收入差距，但由于该行业中存在要素禀赋结构与技术进步偏向的失衡，偏向型技术进步调节劳动收入差距的作用效果不明确；资本密集型行业中，工业结构变迁通过高级化和合理化两条路径共同作用于行业劳动收入差距，偏向型技术进步在该类行业中调节劳动收入差距的效果显著。基于分位数回归模型的进一步研究发现，工业结构变迁对行业劳动收入差距的影响以及偏向型技术进步的调节作用在不同分位点上均表现出差异性效果，从劳动收入差距分布的角度验证了行业劳动收入差距的形成。

基于以上研究结论，有如下的政策启示：第一，充分发挥工业结构变迁对行业劳动收入差距的缓解作用。政府应继续以劳动力市场化配置改革为重点，逐步消除制约劳动力在行业间流动的制度性障碍，促进劳动要素的合理化配置，从而充分发挥出工业结构合理化缩小劳动收入差距的作用。同时，需缓解工业结构高级化扩大劳动收入差距的效应，政策要引导劳动密集型行业大力培育高素质劳动力，优化劳动力质量结构，提高劳动密集型行业的劳动生产率，缩小与资本密集型行业的生产率差异和劳动收入差距。第二，产业政策应引导产业将促进工业结构优化升级和缓解行业劳动收入差距均作为发展目标。一方面，应制定相应的劳动力发展策略，如建立多元化的人力资源培训机制等；另一方面，产业政策在引导企业选择适宜的技术进步促进结构升级的同时，应适当鼓励技术进步偏向于劳动力，以更利于促进劳动力收入水平的整体提高，发挥出技术进步对收入分配的积极调节作用。第三，明确产业发展差异和不同阶段经济发展差异，采取适合不同类型产业和不同经济发展阶段的针对性产业政策和收入分配政策。本章基于分位数回归发现，不同劳动收入差距水平的行业中，工业结构变迁对行业劳动收入差距的影响存在差异性；同时，基于分时期回归发现，不同经济发展阶段中，二者之间的关系也存在差异性。这就需要我国在制定产业政策和收入分配政策时，充分考虑产业发展情况和经济发展所处的阶段，采取适合不同类型产业和不同经济发展阶段的针对性措施，从而更有效促进产业结构转型升级和缓解收入差距。

第四章

参与全球价值链与劳动收入及差距

经济在实体领域的开放，既包括国际贸易，也包括国际投资活动。由于本研究的主要问题是国民收入的生产向国民收入的分配以及居民收入的传导，所以对于开放经济的研究集中于开放经济中的生产活动，也就是研究中国经济开放进程中参与国际生产活动对要素收入特征的影响，主要关注于要素的生产过程及其对应的要素收入，而其中最具有重要性、最具有典型意义的则是中国制造业参与全球分工活动，成为世界制造业第一大国的事实。

20 世纪 80 年代以来，中国借助劳动力优势融入全球价值链，进出口总额从 1978 年的 206.4 亿美元增加到 2019 年的 45778.9 亿美元，吸收外商直接投资（FDI）从 1990 年的 34.9 亿美元提升到 2019 年的 1381.3 亿美元，贸易地位也从 1978 年的 29 位跃升到 2013 年的世界第一。其中，中国工业行业在 2019 年实现出口交货值 10.68 万亿元，实际利用外商直接投资金额由 1997 年 281.2 亿美元增加到 2019 年的 353.7 亿美元。深度融入全球价值链的国际分工体系使得中国制造业获得了快速的发展，中国取得了"世界工厂"的称号（Gereffi and Lee，2016）。

中国已成为世界第二大经济体和第一大货物贸易国，与此同时，在欧美发达国家"再工业化""逆全球化"的国际背景下，以及劳动力禀赋优势减弱、产能过剩的国内背景下，中国制造急需发展高端产业、培育核心技术，打破欧美等发达国家的技术封锁，升级中国制造，构建自我主导的全球价值链，提升在全球价值链分工中的地位（洪俊杰和商辉，2019）。按照提出的中间品增加值分解法（WWYZ）（Wang et al.，2016）测算的中国中间品出口中的国外增加值在 2000～2011 年增长迅猛，2011 年后开始下行，近年来随着国内中间产品创新增强，中国参与全球价值链出口的产品更多地使用国内中间产品获取较高的贸易附加值，中间产品国内供给比例明显提升，形成对国外中间产品的替代效应（王雅琦等，2018）。

按照传统的赫克歇尔－俄林理论和斯托尔珀－萨缪尔森定理（SS 理论），贸易提高了一个国家或地区丰富要裕的实际价格，而降低了稀缺要素的实际价格。那么，当一个国家或地区拥有大量的低技能劳动力时，贸易就会增加对相对充裕的低技能劳动力的需求，从而使低技能劳动力的相对收入提高，技能劳动间的收入差距缩小。而在人口红利逐渐消失，资本成为丰裕要素时，贸易将对该国资本、技术密集型行业中高技能劳动力的需求增加，降低低技能劳动力收入，从而使两者间收入差距扩大。在中国制造业融入全球价值链程度不断加深的背景下，通过对 2000～2019 年的数据进行测算，得到制造业行业技能劳动和非技能劳动的收入差距也由 2000 年的 2823 元扩大到 2019 年的 20986 元。

基于 SS 理论，众多学者对一些国家或地区贸易开放与收入差距间的关系进行实证分析。发达国家以美国为例，利默（1996）采用 1980 年美国制造业的相关数据测算发现国际贸易对劳动收入差距的贡献度高达40%。费恩斯特拉和汉森（2013）研究发现美国工业 33% 的劳动收入差距是由中间投入品贸易引起的。而克鲁格曼（2000）研究认为造成美国收入差距扩大的真正原因是"技能偏向"的技术进步，而非国际贸易。针对发展中国家，费恩斯特拉和汉森（1996）研究表明生产外包的存在使得发展中国家产品的熟练劳动密集度增加，从而扩大了收入差距。滕瑜和朱晶（2011）、王怀民等（2014）则分别研究中国工业部门的中间产品贸易、中国的出口加工贸易，发现两者均扩大了熟练劳动力和非熟练劳动力的收入差距。单希彦（2014）进一步区分了中间品的出口和进口，发现中国制造业中间品进口贸易的增长扩大了熟练劳动力与非熟练劳动力的收入差距。

随着国际分工由垂直型向水平型分工转变、国家间产品内贸易的快速发展，参与全球价值链对国内收入差距的影响这一问题得到关注。基于国家层面的实证研究中，林玲和容金霞（2016）研究发现发展中国家积极参与全球价值链的分工合作有助于缩小国内的收入差距；冈萨雷斯等（2015）使用世界投入产出数据库（WIOD）数据实证检验发现后向参与度更高的国家拥有更低的收入不平等。基于行业层面的研究中，利用来自 9 个东欧、西欧国家和美国的超过 11 万名工人的丰富数据集与 WIOD 1995～2010 年数据进行匹配，研究发现以外国增加值衡量的产业参与全球价值链的程度与收入之间存在弱的负相关关系（Parteka and Wolszczak – Derlacz，2019）。关于中国行业层面的研究中，吴云霞和蒋庚华（2018）采用全球价值链位置指标（Koopman et al.，2010）测算中国 1995～2009 年包括制造业、服务业在内的 33 个行业的全球价值链位置变化情况，研究发现全球价值链位置的变化缩小了高技术劳动者工资报酬与中、低技术劳动者工资报酬的差距。而赵晓霞和胡荣荣（2018）利用 WIOD 1995～2009 年数据实证分析发现对于在全球价值链中处于较高地位的行业，其全球价值链的参与度对工资差距有放大效应；相反，对于在全球价值链中处于较低地位的行业，其全球价值链的参与度对工资差距则具有一定的收敛效应。蒋庚华和陈海英（2018）利用1995～2009 年 WIOD 数据库，基于测算全球价值链参与度的方法（Koopman et al.，2010），研究认为中国的全球价值链参与率程度的提高将扩大高技术劳动与中、低技术劳动的收入差距，并且全球价值链前向参与率大于全球价值链后向参与率对其的影响。

值得指出的是，现有关于中国行业层面参与全球价值链与劳动收入差距的研究尚未有统一的结论，并且现有文献对于行业层面的研究大部分采用1995～2009 年 WIOD 数据库数据研究行业参与全球价值链与收入差距的关系；在测算全球价值链地位指数时多采用 KWW 增加值分解法。与已有文献相比，本研究可能的边际贡献在于：第一，不同于以往数据年份仅到 2009年的研究，本研究匹配统计了对外经济贸易大学全球价值链指标 UIBE GVC Indicators 中 WIOD 2011 年与 ADB 2021 年的数据，将中国制造业全球价值链参与度指标延伸到 2019 年，从而显现出次贷危机后中国制造业参与全球价值链分工地位的相关情况，使得研究及结论更具有时效性和政策内涵。在将数据延伸后，发现制造业全球价值链参与度与行业劳动收入差距间存在正"U"型关系，并对其进行了理论阐释。第二，考虑到中间品贸易在对外贸易总额中所占比重较高的现实背景，借鉴的中间品增加值分解法（WWYZ）（Wang et al.，2016）得到1995～2019年中国制造业前向参与度和后向参与度指数，从制造业中间品出口与进口两个角度更全面细致地分析制造业全球价值链参与度及对行业劳动收入差距的影响。

第一节　制造业参与全球分工及对劳动收入的影响机理

一、基本事实

20世纪80年代以来，中国通过承接发达国家劳动密集型产业参与全球分工，并凭借劳动力成本低廉优势发展加工贸易，成为全球价值链生产中不可或缺的一环。特别是2001年中国加入WTO后，由于各种关税和非关税贸易壁垒的下降，中国与世界各国的贸易联系更加紧密，中国制造业更是凭借显著的价格优势和规模优势发展成为"世界工厂"。如《2017年全球价值链发展报告》所述：2005年，中国利用劳动密集型产业敲开世界市场大门，成为东亚和东南亚的核心。而到了2008年，受全球金融危机的影响，中国制造业面临外部需求增长乏力、经济效应持续弱化的挑战，全球价值链参与度也略有下降。虽然金融危机后，制造业外部需求有所回升，全球价值链参与度有所提高，但近十年，中国制造业依靠低附加值产品的生产贸易嵌入全球价值链所获得的经济增长，随着中国人口红利的消失而难以为继。根据中国第七次人口普查数据显示，我国16～59岁劳动年龄人口，与十年前相比减少了4000多万人。人口红利逐渐消失、人口老龄化加剧使得凭借劳动禀赋优势在全球价值链中发展起来的中国制造业面临发展困境，急需寻求竞争新优势来提高行业全球价值链参与度。加之目前国际分工格局重塑、发达国家部分产业链回缩，中国制造业面临发达国家高端回流和发展中国家中低端分流的"双向挤压"，全球价值链嵌入指数出现明显下降（王晓磊等，2021）。江小涓和孟丽君（2021）认为中国在全球价值链中地位变化趋势符合大国的一般规律：在发展水平较低时依存度较低，快速发展期在全球价值链中的排名显著提升，而在经济趋于稳定后排名开始降中趋稳。

总的来说，中国制造业参与全球价值链的程度，经历了从 20 世纪 90 年代的积极融入到 21 世纪初的加速发展，再到近十年的降中趋稳。而在同一时间段，以制造业高技能与低技能劳动力平均工资衡量的行业劳动收入差距则由 20 世纪 90 年代的逐渐缩小到 21 世纪初的扩大再到近十年的进一步扩大。基于中国制造业参与全球价值链的阶段特征与行业劳动收入差距的变化情况，本研究分别绘制出全球价值链前向参与度（gvcf）与行业劳动收入差距、全球价值链后向参与度（gvcb）与行业劳动收入差距的拟合图（见图 4−1、图 4−2）。由图 4−1、图 4−2 两幅拟合图初步判断制造业全球价值链参与度与行业劳动收入差距存在非线性关系，且 gvcf 与 wg 之间大致呈现正 "U" 型的关系。两幅拟合图的转折点分别为 gvcf turn point = 0.2、gvcb turn point = 0.3，且 gvcf 结果显示有 56 个观察值在转折点的右边，gvcb 结果显示有 18 个观察值在转折点右边，这说明在本研究的时间段内，制造业全球价值链参与度指数与行业劳动收入差距间的非线性关系存在于经过临界点的整个抛物线上。gvcf 与 wg 拟合图显示出的正 "U" 型关系与中国制造业参与全球价值链的阶段特征相符合：中国制造业在开始参与全球价值链时的 gvcf 指数较低，但凭借相对充裕的低技能低成本劳动力参与国际分工，使得其全球价值链前向参与度提高、行业劳动收入差距缩小；随着制造业中间品创新力增强、出口增加，其 gvcf 指数不断提高且超过了 0.2 的临界值，对高技能劳动相对需求的增加使得行业劳动收入差距扩大；到近十年，面对贸易保护主义抬头、逆全球化以及发达国家的技术封锁，中国制造业 gvcf 指数低于 0.2 的临界值且不断降低。为了突破发展中遭遇的 "瓶颈"，逐步实现制造强国的战略目标，制造业需要加大技术创新。那么在创新过程中，行业对高技能劳动的相对需求将会进一步增加，行业劳动收入差距也将进一步扩大。

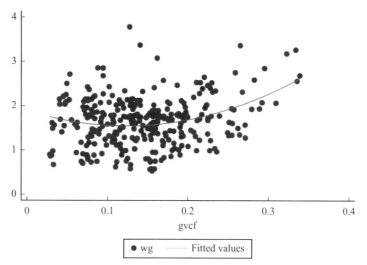

图4-1 全球价值链前向参与度与劳动收入差距的拟合

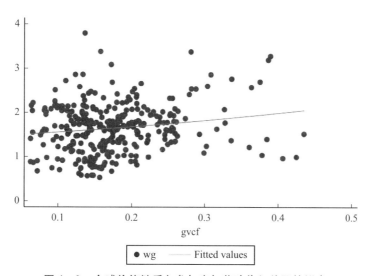

图4-2 全球价值链后向参与度与劳动收入差距的拟合

二、理论分析

依据中国制造业在不同阶段的全球价值链参与过程中行业劳动收入差距

所表现出的先缩小后扩大而后进一步扩大的阶段性特征，本研究构造了三阶段机制理论（见图4-3）。

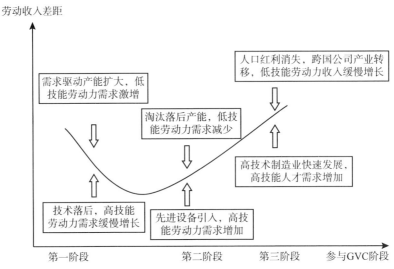

图4-3　制造业参与 GVC 对行业收入差距的影响机制

在参与全球价值链第一阶段，中国制造业在国际分工中凭借劳动力、资源等比较优势从事加工组装环节的生产制造，出口劳动、资源密集型产品，从而提高该类产品密集使用的低技能劳动力的劳动收入，而包括高技能劳动力在内的其他生产要素的实际报酬则相对增速较低，从而缩小不同技能劳动力劳动收入差距。而在 2001 年加入 WTO 后，制造业在全球分工中遭遇的贸易壁垒进一步降低，基础工业迅速扩张，中国发展成为世界主要的加工制造基地。如胡昭玲和李红阳（2016）指出，发展中国家以相对丰裕的低技能劳动力对其他生产要素产生正的替代效应。

在参与全球价值链第二阶段，制造业全球价值链长度有所延长，上游度水平有所提升。传统要素如土地、能源等的成本不断攀升，人们对高端工业品的需求持续增长，推动工业结构优化升级、高技术行业快速发展。在此背景下，制造业淘汰落后产能，同时低技能劳动力由于机器设备的大规模引进而被加速替代，需求减少；高技能劳动力的需求则由于先进设备的引进而增加，劳动收入提高。生产技术进步以及技术溢出导致发展中国家对高技能劳动力相对需求增加，进而提高高技能劳动相对工资的要素需求创造效应，这导致不同技能劳动力劳动收入差距扩大。

在参与全球价值链第三阶段，随着中国人口红利逐渐衰减、环境保护标准提高、中美经贸摩擦等因素影响，不少跨国公司将一部分低端产业由中国转移到劳动力成本更低的东南亚以及非洲国家（段玉婉，2018），使得制造业对我国低技能工人相对需求减少。与此同时，我国制造业进入工业化中期的后半段，据工业和信息化部数据，2017 年全国规模以上高技术制造业增加值增速为 13.4%，比规模以上工业增速高 6.8 个百分点，比 GDP 增速高6.5 个百分点。高技术制造业发展速度相对较快，使得对高技能人才的需求增加，导致高技能劳动力劳动收入增长，不同技能劳动力劳动收入差距进一步扩大。

第二节　制造业参与全球价值链分工影响劳动收入的实证

一、模型设定

基于前述基本事实和理论分析，制造业全球价值链参与度与行业劳动收入差距间可能存在非线性关系，因此本研究将全球价值链参与度指数二次项纳入模型，构造非线性模型如下：

$$wg_{it} = \alpha_0 + \alpha_1 gvc\_index_{it} + \alpha_2 gvc\_index_{it}^2 + \lambda x_{it} + \delta_t + \theta_i + \varepsilon_{it} \quad (4-1)$$

其中，wg_{it} 表示行业 i 在时间 t 的不同技能劳动收入差距，本研究借鉴程惠芳等（2014）关于不同技能劳动力收入差距的测算方法，将《中国科技统计年鉴》中各细分工业行业科技人员劳务费作为高技能劳动力的劳动收入，用剩下的从事非科技活动的工人的平均工资表示低技能劳动力的劳动收入，高技能劳动力与低技能劳动力的劳动收入差距即为行业劳动收入差距 wg_{it}。工业细分行业的从业人数和劳动收入数据来自《中国劳动统计年鉴》。

gvc_index$_{it}$ 表示行业 i 在 t 时期的全球价值链参与度，按照 WWYZ 分解法，该指标被分为 gvcf（全球价值链前向参与度）和 gvcb（全球价值链后向参与度），具体计算公式如下。

前向联系的 GVC 参与度指数：

$$gvcf\_index_{it} = \frac{v\_gvc_{it}}{\stackrel{\Lambda\Lambda}{vx}_{it}} \tag{4-2}$$

后向联系的 GVC 参与度指数：

$$gvcb\_index_{it} = \frac{y\_gvc_{it}}{\stackrel{\Lambda}{y}_{it}} \tag{4-3}$$

v_gvc$_{it}$ 表示行业 i 在 t 时期隐含在中间产品出口中的国内增加值，$\stackrel{\Lambda\Lambda}{vx}_{it}$ 表示行业部门 i 在时期 t 的增加值。基于前向联系的 GVC 参与程度指数可以理解为：国家行业部门的国内要素占跨国生产分割活动的比重。y_gvc$_{it}$ 表示行业 i 在时期 t 隐含在中间产品进口中的国内国外价值增值，$\stackrel{\Lambda}{y}_{it}$ 表示行业部门 i 在时期 t 的最终产品。基于后向联系的 GVC 参与程度指数可以理解为：一国（地区）的最终产品来自 GVC 相关的生产和贸易活动的比重。

考虑相关理论关系，本研究最终选择了如表 4-1 所示的 6 个控制变量。贸易开放度（openness）：出口贸易越大，贸易开放程度越高，出口贸易指标选择各行业出口贸易额占该行业工业产值的比重。资本产出比（k/y）：行业生产部门的资本总存量与行业总产出的比重，反映行业资本深化程度。由于资本和劳动力之间存在一定的替代效应，一般来讲，资本深化程度越高，行业用机器替代非熟练劳动力的程度越大。研发投入占 GDP 的比重采用各行业研发经费总支出占行业总产值的比重来表示；资本存量 lnk 采用取对数的行业固定资本存量表示；行业全员劳动生产率 lnpr 采用行业附加值与全部从业人员之比取对数来表示；人均资本（lnk/l）采用行业固定资本投入与全部从业人员的比值取对数来表示。

表 4 - 1　　　　　　　　　　　　　控制变量的选取

控制变量	变量描述	数据来源
openness	行业出口贸易额占该行业工业总产值的比重	UNCOMTRADE
lnpr	行业增加值与全部从业人员之比	中国劳动统计年鉴
rd	各行业研发经费总支出占行业总产值比重	中国科技统计年鉴
lnk	行业固定资本投入	中国工业统计年鉴
k/y	行业生产部门的固定资本投入与行业总产值的比	中国工业统计年鉴
lnk/l	行业生产部门的固定资本投入与行业全部从业人员的比	中国工业统计年鉴

二、数据整合与统计分析

UIBE GVC Indicators 分别基于 WIOD、ADB 原始数据库测算了 1995 ~ 2011 年、2007 ~ 2019 年中国制造业全球价值链参与度指数。本研究对两个原始数据库均有的 2000 年、2005 ~ 2011 年参与度指数进行了 Pearson 相关系数检验，检验结果显示（见表 4 - 2），基于两个数据库测算出的全球价值链前向参与度指数（gvcf）的相关系数为 0. 949，全球价值链后向参与度指数（gvcb）的相关系数为 0. 887，参与度指数显示出高度相关性。因此本研究将基于两个数据库的全球价值链参与度指数进行了合并，得到 1995 ~ 2019 年全球价值链前向参与度指数与全球价值链后向参与度指数。

表 4 - 2　　　　　基于不同数据库的 gvc 参与度相关系数检验

	gvcf - WIOD	gvcb - WIOD
gvcf - ADB	0. 949 ***	
gvcb - ADB		0. 887 ***

分析 1995 ~ 2019 年中国制造业在全球价值链中参与度的变化趋势可知：总体上各行业内的 gvcf 指数在 1995 ~ 2019 年呈现出先上升后下降最后降中趋稳的特点（见图 4 - 4）；行业间 gvcf 指数的差距明显，全球价值链前向参

与度高的行业 gvcf 指数在 0.2~0.35 之间，而大部分行业的 gvcf 指数则在 0.1~0.2 之间。

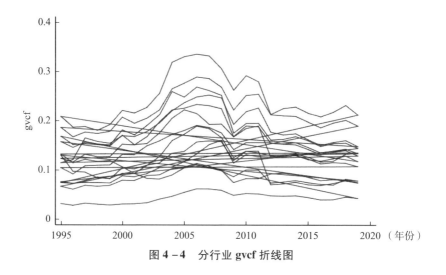

图 4-4　分行业 gvcf 折线图

1995~2019 年分行业 gvcb 指数的变化趋势（见图 4-4）与 gvcb 指数的变化趋势大体保持一致，且这一趋势与金钰莹和叶广宇（2020）基于 ADB 数据库，采用 Koopman et al.（2014）方法测算得出的 2000~2019 年中国整体及内部制造业 GVC 参与指数呈现"N"型变化轨迹的结论有较高的一致性。将图 4-4 与图 4-5 进行对比发现，1995~2019 年中国大部分行业的 gvcf 指数均低于 gvcb 指数，说明中国生产的最终产品中，来自全球价值链相关的生产和贸易活动的比重相较于国内要素占跨国生产分割活动的比重要高。这与中国企业自身缺乏吸收再创新能力、过度依赖国外中间品，从而在全球价值链中更多地从事低附加值的加工生产有关；也和大型跨国公司通过掌握核心技术、利用品牌增值效应挤压中国本土企业的利润空间，将低附加值的本土企业长期锁定在价值创造的底部有关。正如吕越等（2018）采用中国制造业企业数据研究发现的那样：嵌入全球价值链显著抑制了企业研发创新行为，且对高价值链嵌入度企业的抑制作用逐年递增，中国制造面临低端锁定风险。

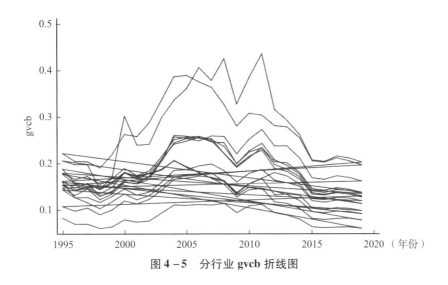

图 4 – 5　分行业 gvcb 折线图

　　分阶段看 1995～2019 年中国制造业 gvcf 指数与 gvcb 指数。2008 年前中国制造业参与全球价值链程度的提高得益于其抓住加入 WTO 的机遇，积极融入全球价值链的生产；凭借"人口红利"、国家制定出口导向型战略的"政策红利"，制造业出口大量本国具有比较优势的劳动密集型产品、进口大量先进生产设备和核心零部件，行业参与国际贸易分工的程度不断加深；但该阶段的 gvcf 指数远低于 gvcb 指数，这可能是由于该阶段制造业技术落后，多进口中间品，从事低附加值的加工贸易，难以在全球价值链经济活动中占主导地位。2008～2009 年制造业参与全球价值链程度出现短暂下降，这是由于 2008 年全球金融危机的冲击，使得世界范围参与国际生产分工的国家均受到影响。2011～2019 年行业 GVC 参与度呈现降中趋稳的态势，原因在于世界范围内贸易保护主义抬头、欧美"再工业化"和其他新兴经济体崛起等使得中国制造业全球价值链的扩张受到限制。对比图 4 – 4、图 4 – 5，发现虽然制造业 GVC 参与度存在明显的下降，但 gvcb 指数与 gvcf 指数间的差距也在逐渐缩小，这与制造业正积极探索从单一的出口导向型发展模式向扩大内需和产业升级并重方向的转变有关；同时随着国内中间品自主创新能力增强，制造业能够以更低的价格获得更多种类的国内材料（Kee and Tang，2015），国内中间品逐步替代进口中间品，出口贸易中的国内增加值占比上升，行业的 gvcf 指数提高。

本研究数据来自对外经济贸易大学全球价值链研究院基于世界投入产出表计算而成的 UIBE GVC Index 派生数据库、《中国劳动统计年鉴》、《中国工业统计年鉴》以及《中国科技统计年鉴》等。由于世界投入产出数据库中的行业是按照 NACE 标准分类的，而中国各统计年鉴是按照国民经济行业分类标准对行业进行分类的，因此本研究借鉴高运盛等的分类方法将制造业合并为 13 个行业，从而使得世界投入产出数据库与中国各统计年鉴的统计口径相一致。最终，我们选取了 13 个制造业行业 1995～2019 年的数据作为分析的样本，共计 325 组，样本描述性统计如表 4 - 3 所示。

表 4 - 3　　　　　　　　　变量描述性统计

变量	N	mean	sd	min	max
观测值	325	9	3.747	3	15
wg	317	1.655	0.552	0.537	3.785
wp	317	0.0623	0.0494	0.00224	0.251
gvcf	325	0.144	0.0629	0.0287	0.337
gvcb	325	0.177	0.0677	0.0617	0.435
openness	325	0.159	0.162	0.00158	0.783
k/y	211	0.306	0.149	0.120	0.834
lnk	211	8.801	0.983	5.583	10.72
lnpr	325	12.33	0.928	9.815	15.15
gvcf∧2	325	0.0247	0.0208	0.000827	0.113
gvcb∧2	325	0.0357	0.0298	0.00380	0.190
lnk/l	197	11.85	0.722	9.871	13.49
rd	317	0.00894	0.00638	0.00121	0.0361
行业数	13	13	13	13	13

第三节　制造业参与全球价值链影响劳动收入的实证

一、基准回归

基于前面构建的实证模型，本研究进行了方差膨胀因子检验，检验结果显示各个变量间方差膨胀因子均小于 10，说明各变量间不存在严重的多重共线性；采用 Hausman 检验最终确定选择固定效应模型，控制了时间和行业层面的固定效应进行聚类稳健性检验。同时本研究也采用了 FGLS 模型进行回归。

基准回归的结果见表 4-4 中（1）（2）列，显示 gvcf 的系数为正，gvcf 平方系数为负，且均通过显著性水平检验，说明制造业全球价值链前向参与度与行业劳动收入差距呈抛物线的正"U"型关系，意味着随着制造业前向参与全球价值链程度不断加深，行业劳动收入差距首先是下降的，但当 gvcf 指数提高到大于临界值 0.2 或不断降低且小于临界值 0.2 时均会显著扩大中国高技能与低技能劳动收入差距，这一结果与前文的理论分析相一致。表 4-4 的基准回归中，由于部分控制变量数据缺失导致回归总样本量缺失，从而使得估计结果可能产生偏误。因此，（3）~（5）列在剔除了影响总样本量的部分控制变量后，对模型再次进行了固定效应、FGLS 以及 2SLS 回归，结果与基准回归结果保持一致。

表 4-4　　制造业全球价值链参与度对行业劳动收入差距的影响

变量	（1）	（2）	（3）	（4）	（5）
	FE	FGLS	FE	FGLS	2SLS
gvcf	-7.800 *** （2.305）	-5.786 ** （2.392）	-9.476 *** （2.036）	-7.159 *** （2.105）	-9.476 *** （1.530）

续表

变量	（1）	（2）	（3）	（4）	（5）
	FE	FGLS	FE	FGLS	2SLS
gvcf∧2	17. 775 *** （5. 337）	14. 031 *** （5. 196）	22. 637 *** （5. 344）	18. 514 *** （4. 770）	22. 637 *** （3. 863）
openness	− 0. 054 （0. 483）	− 0. 422 （0. 338）	− 0. 105 （0. 531）	− 0. 158 （0. 351）	− 0. 105 （0. 278）
lnk	0. 404 ** （0. 156）	0. 308 ** （0. 153）			
lnpr	− 0. 059 （0. 094）	− 0. 094 （0. 094）	− 0. 021 （0. 125）	− 0. 080 （0. 080）	− 0. 021 （0. 064）
k/y	− 0. 326 （0. 302）	− 0. 419 （0. 330）			
rd	16. 524 ** （6. 054）	8. 178 （6. 686）	8. 819 （5. 278）	7. 028 （6. 844）	8. 819 （5. 422）
lnk/l	− 0. 171 （0. 107）	− 0. 135 （0. 122）			
常数项	0. 894 （1. 603）	1. 363 （1. 768）	1. 991 （1. 361）	2. 194 ** （0. 885）	1. 620 ** （0. 705）
时间效应	YES	YES	YES	YES	YES
行业效应	/	YES	/	YES	YES
观测值	190	190	317	317	304
R^2	0. 878	0. 878	0. 830	0. 783	0. 868

注：（ ）内为 t 值；＊、＊＊、＊＊＊分别表示在 10%、5%、1% 的显著性水平下显著。下同。

本研究也实证检验了制造业全球价值链后向参与度（gvcb）及其平方项对行业劳动收入差距产生的影响，结果显示制造业后向参与全球价值链的程度与行业劳动收入差距间也呈现"U"型关系，但这一结果不显著。基于 Wang et al.（2016）对后向联系参与程度指数的理解：一国（地区）的最终产品来自 GVC 相关的生产和贸易活动的比重即中间品进口比重，我们认为制造业 gvcb 指数的变化未能对行业劳动收入差距产生显著影响的原因在于进口中间品可能将制造业锁定在低附加值的加工贸易环节，不利于激励行业技术进步与创新，从而对技能劳动力的相对需求少，对行业劳动收入差距所产生的影响也就不甚明显。

二、稳健性检验

观察本研究在基础回归中引入的六个控制变量，发现仅有两个控制变量结果显著，因此有理由怀疑模型的随机干扰项可能包含部分未被列出但会影响结果的因素，即模型可能存在内生性问题。针对该问题，本研究对模型进行了相关内生性检验，采用通常的做法选取关键变量 gvcf 指数的滞后项作为工具变量进行 Hausman 检验，p 值大于 0.9，检验结果并不能拒绝"所有变量均为外生"的原假设。此外，由于 Hausman 检验内生性需建立在同方差前提下，因此本研究对上述结果进行了异方差稳健的 DWH 检验，p 值约为 0.13，检验结果也不能拒绝"变量均为外生"的原假设，因此计量模型的变量选择不存在明显的内生性问题。

对计量模型进行了相关内生性检验后，本部分设计了两个方面的稳健性检验：（1）替换被解释变量，将高技能劳动力与低技能劳动力劳动收入之比替换为高技能劳动力劳动收入占总劳动收入的比重；（2）替换控制变量，使用固定资产净值与工业增加值的比重替换资本产出比、研发支出中用于开发新产品的支出替换研发支出占工业总产值的比重。

表 4-5 中（1）（2）列是以高技能劳动力劳动收入占总劳动收入的比重代替高技能劳动力与低技能劳动力劳动收入之比后的回归结果，（3）（4）列是以固定资产净值与工业增加值的比重（ksva）替换资本产出比、研发支出中用于开发新产品的支出（lnnp）替换研发支出占工业总产值比重的回归结果。从回归结果可以看出，四列回归中有三列显示制造业前向参与全球价值链的程度与行业劳动收入差距之间呈现显著的正"U"型关系，与基础回归的结论相一致。

表 4 -5 稳健性检验

变量	(1)	(2)	(3)	(4)
	FE	FGLS	FE	FGLS
	wp	wp	wg	wg
gvcf	- 0. 145 (0. 203)	- 0. 283 ** (0. 142)	- 7. 525 *** (2. 454)	- 5. 824 ** (2. 419)
gvcf∧2	1. 241 (0. 734)	1. 013 *** (0. 320)	16. 269 *** (5. 149)	14. 288 *** (5. 229)
openness	0. 050 (0. 042)	- 0. 016 (0. 024)	0. 151 (0. 459)	- 0. 473 (0. 340)
lnk			0. 291 (0. 188)	0. 249 * (0. 150)
lnpr	0. 015 (0. 012)	0. 043 *** (0. 006)	- 0. 030 (0. 153)	- 0. 139 (0. 115)
ksva			0. 038 (0. 121)	- 0. 110 (0. 125)
rd	0. 422 (0. 664)	0. 878 ** (0. 376)		
lnnp			0. 073 (0. 053)	0. 050 (0. 066)
lnk/l			- 0. 174 (0. 112)	- 0. 039 (0. 129)
常数项	- 0. 160 (0. 135)	- 0. 468 *** (0. 069)	1. 176 (2. 140)	1. 104 (1. 754)
时间效应	YES	YES	YES	YES
行业效应	YES	/	/	YES
观测值	317	317	190	190
R^2	0. 771	0. 739	0. 875	0. 879

三、异质性分析

（一）基于全球价值链参与度分类

基于 WWYZ 方法，制造业参与全球价值链可分为浅参与和深参与。浅参与 GVC 指的是简单的 GVC 活动，本国的国内增加值仅跨越边境一次；深度参与度即指复杂 GVC 活动，国内增加值跨越边境两次及以上。基于世界多个国家产出数据研究发现浅度全球价值链参与度占全球价值链总参与度的比重较大，但其重要性正在减弱；而深度全球价值链参与度所产生的国内价值增值正在迅速增加（Wang et al.，2016）。因此本章在基准回归的基础上研究制造业参与全球价值链深浅度对于行业收入差距的影响，从而能更细致全面地分析制造业全球价值链参与度对行业劳动收入差距产生的影响。

首先，对制造业参与全球价值链的浅度和深度进行了区分。研究发现每个行业在本文的研究时段内全球价值链浅度 gvcf 均是大于深度 gvcf，但两者间的差距逐渐缩小，其中电器及光学仪器生产、纺织及纺织品生产行业在 2019 年深度 gvcf 甚至超过了浅度 gvcf（见图 4 - 6、图 4 - 7）；而全球价值链后向参与度并没有这一规律。这与 Wang et al.（2016）的研究结论相一致，深度 gvcf 的重要性正在逐渐增强。

其次，将制造业全球价值链参与度分为浅度和深度，分别代入模型进行实证检验。同基准模型一样分别采用固定效应、FGLS 和 2SLS 模型进行回归。表 4 - 6 中第（1）（2）列中显示制造业浅度 gvcf 与行业劳动收入差距为正"U"型关系，且通过显著性检验。在剔除影响总样本量的部分控制变量后，表 4 - 6 第（3）~（5）列中所得结果与前面保持一致。

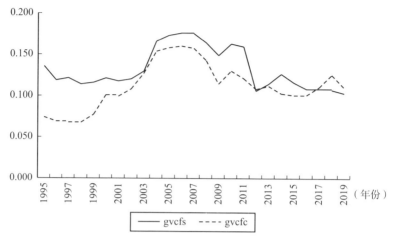

图 4 – 6　电器及光学仪器生产浅度和深度 **gvcf**

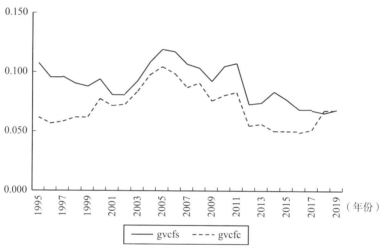

图 4 – 7　纺织及纺织品生产浅度和深度 **gvcf**

表 4 – 6　　　　　　　　制造业浅度 **gvcf** 对行业劳动收入差距的影响

变量	(1)	(2)	(3)	(4)	(5)
	FE	FGLS	FE	FGLS	2SLS
gvcfs	– 11.622 **	– 8.030 *	– 13.440 ***	– 9.945 **	– 13.440 ***
	(4.550)	(4.517)	(3.916)	(3.906)	(2.735)

变量	（1）	（2）	（3）	（4）	（5）
	FE	FGLS	FE	FGLS	2SLS
gvcfs∧2	43.733 * （20.648）	29.605 （18.485）	50.372 ** （19.409）	41.643 ** （16.434）	50.372 *** （11.949）
openness	-0.003 （0.576）	-0.337 （0.336）	-0.036 （0.493）	-0.100 （0.363）	-0.036 （0.282）
lnk	0.429 ** （0.184）	0.342 ** （0.152）			
lnpr	-0.043 （0.108）	-0.082 （0.096）	-0.005 （0.120）	-0.078 （0.085）	-0.005 （0.066）
k/y	-0.348 （0.292）	-0.463 （0.335）			
rd	15.267 * （7.106）	6.807 （6.771）	6.917 （6.363）	5.657 （7.006）	6.917 （5.459）
lnk/l	-0.198 * （0.108）	-0.165 （0.124）			
常数项	0.816 （1.622）	1.313 （1.803）	1.791 （1.334）	2.177 ** （0.936）	1.460 ** （0.728）
时间效应	YES	YES	YES	YES	YES
行业效应	/	YES	/	YES	YES
观测值	190	190	317	317	317
R^2	0.871	0.875	0.821	0.770	0.848

表4-7中第（1）~（5）列则显示了制造业深度 gvcf 与行业收入差距的关系，也为正"U"型，且系数值远大于浅度 gvcf 对行业收入差距的影响，这进一步证明中国制造业正在不断加深融入全球价值链的程度，而随着深度 gvcf 不断增加，其对行业收入差距的影响也将不断扩大。

表 4 - 7　　　　　　　制造业深度 gvcf 对行业劳动收入差距的影响

变量	(1)	(2)	(3)	(4)	(5)
	FE	FGLS	FE	FGLS	2SLS
gvcfc	- 16. 976 *** (5. 220)	- 13. 339 *** (4. 605)	- 23. 773 *** (5. 967)	- 19. 303 *** (4. 310)	- 23. 773 *** (3. 317)
gvcfc∧2	93. 500 *** (17. 491)	79. 355 *** (21. 023)	134. 235 *** (19. 262)	113. 798 *** (20. 264)	134. 235 *** (17. 038)
openness	- 0. 071 (0. 466)	- 0. 437 (0. 331)	- 0. 125 (0. 533)	- 0. 187 (0. 324)	- 0. 125 (0. 273)
lnk	0. 372 ** (0. 144)	0. 270 * (0. 151)			
lnpr	- 0. 076 (0. 095)	- 0. 104 (0. 089)	- 0. 036 (0. 097)	- 0. 069 (0. 073)	- 0. 036 (0. 057)
k/y	- 0. 358 (0. 337)	- 0. 422 (0. 319)			
rd	16. 501 ** (6. 151)	9. 309 (6. 520)	10. 614 * (5. 006)	8. 702 (6. 534)	10. 614 * (5. 467)
lnk/l	- 0. 171 (0. 120)	- 0. 125 (0. 117)			
常数项	1. 158 (1. 642)	1. 583 (1. 683)	1. 978 * (1. 029)	1. 954 ** (0. 801)	1. 602 ** (0. 626)
时间效应	YES	YES	YES	YES	YES
行业效应	/	YES	/	YES	YES
观测值	190	190	317	317	3
R^2	0. 887	0. 882	0. 847	0. 811	0. 880

（二）基于行业分类

考虑到制造业行业在要素密集度、参与全球价值链程度、技术水平可能存在差别，因此有必要对行业进行分类研究。

　　如前所述，不同行业的 gvcf 指数也会有很大的差异，本研究采用五种方法对制造业 13 个行业进行分类：一是根据资本密集程度（资本与劳动力的比率，资本指各行业的固定资产净值）将行业分为高资本密集型产业和低资本密集型行业；二是将行业 GVC 前向参与度排在前 50% 的作为全球价值链前向参与度较高的行业（赵晓霞和胡荣荣，2018），同时为了防止在不同的年份各行业 GVC 前向参与度出现变化，本研究采用的方法是计算在所有年份中参与度均排在前 50% 的行业作为前向参与度高的行业，该种方法有利于克服数据因时间跨度导致的"组别跳跃"问题；三是参照张少军（2015）将行业分为生产者驱动和消费者驱动；四是依据 UIBE GVC Indicators 数据库中行业出口附加值在所有研究年度的排名，将行业分为高附加值行业和低附加值行业；五是依据杨蕙馨和田洪刚（2020）门槛回归结果将行业划分为高中技术、低技术两大类。上述五种分类方法的实证研究结论，分别显示在表 4 - 8 和表 4 - 9 中。

　　表 4 - 8 报告了将行业按照资本密集度、前向参与度高低分类后的估计结果。表 4 - 8 中（1）（2）列显示资本密集度低的行业 gvcf 指数与行业劳动收入差距之间呈现的正"U"型关系显著。资本密集度低的行业人均拥有资本量少，开始时凭借劳动力优势参与全球生产分工，行业劳动收入差距缩小；而随着这些行业不断加深前向参与全球价值链的程度，对高技能劳动力的需求也会不断增加，但由于这些行业更多拥有的是低技能劳动力，因此使得高技能劳动力相对劳动收入增加，行业劳动收入差距扩大。表 4 - 8 中（3）（4）列则显示前向参与度高的行业 gvcf 指数与行业劳动收入差距之间呈现显著的正"U"型关系。前向参与度高的行业即中间品出口较高的行业，这类行业多处于产业链高端，而中国作为发展中国家，整体还处于全球产业链发展低端。在这一背景下，前向参与度高的行业对高技能劳动力的需求增加，高技能劳动力是"低产业链"国家的"稀缺商品"，这类劳动力的劳动收入自然会上升，而大量相对过剩的低技能劳动力的劳动收入则会下降，从而前向参与度高的行业劳动收入差距不断扩大。可以预见，在我国产业升级的过程中，不同技能劳动的收入差距将进一步扩大，高技能劳动力的收入将进一步快速增长，而低技能劳动力的收入将缓慢增长（赵晓霞和胡荣荣，2018）。

表 4 - 8 　　　　　　　　　　　行业分类检验

变量	资本密集度		前向参与度	
	（1）	（2）	（3）	（4）
	高	低	高	低
gvcf	-6.227 （6.497）	-7.296** （2.099）	-28.786*** （5.715）	-6.850 （3.619）
gvcf∧2	6.696 （12.439）	23.675*** （2.683）	52.919*** （10.156）	25.713* （12.589）
openness	1.313 （1.586）	-0.949* （0.487）	-0.468 （0.538）	0.042 （0.734）
lnpr	0.210 （0.125）	-0.090 （0.124）	-0.130 （0.302）	-0.251* （0.123）
k/y			-1.468* （0.726）	0.173 （0.331）
rd	22.332 （19.681）	14.137 （9.097）	12.342 （8.477）	5.231 （7.232）
lnk			0.468* （0.184）	0.259 （0.345）
lnk/l			-0.352 （0.180）	-0.065 （0.262）
常数项	-0.997 （1.305）	2.652* （1.340）	6.448 （6.926）	2.540 （2.009）
时间效应	YES	YES	YES	YES
观测值	146	171	91	99
R^2	0.913	0.849	0.899	0.933

表 4 - 9 报告了基于行业附加值高低、技术高低以及消费者驱动、生产者驱动分组的估计结果。表 4 - 9 中（1）（2）两列表明相较于生产者驱动型行业，消费者驱动型行业的全球价值链参与度对行业劳动收入差距造成的

"U"型影响更显著。中国自20世纪80年代改革开放开始，由原先的依赖劳动力优势到之后外向型经济发展模式下学习发达经济体的生产经验，以资本替代劳动，以现代化机器代替工人，形成了出口拉动、着重发展制造业的增长模式。这一发展模式使得中国在全球价值链上的地位迅速提升，但与此同时这一发展模式节省劳动力的特点使得生产型制造业参与全球价值链对行业收入差距的影响减弱。而随着制造业服务化的发展，消费驱动型行业对知识型、创新型工人的需求增长，使得行业收入差距随着行业参与全球价值链程度变化越大。表4-9中（3）（4）两列显示了以高低附加值划分的制造行业参与全球价值链与行业劳动收入差距的关系，表4-9中（5）（6）两列显示了以行业技术高低分组的结果。由实证结果可以看出，高附加值、低技术、高中技术行业全球价值链参与度与行业收入差距间具有显著的正"U"型关系。中国早期凭借劳动力、资源优势加快融入全球价值链的步伐，但随着中国人口红利下降，同时跨国公司技术封锁使得中国制造业产业技术水平低于全球价值链上同环节的竞争对手，中国制造业要想提高参与全球价值链的程度，就必须加快技术创新，使产品拥有更高附加值，而加快技术创新的核心在于高技术人才的引进，因此不难理解，高技术、高附加值行业正是由于对高科技人才需求的增长使得这类行业在参与全球价值链的过程中行业劳动收入差距不断扩大。

表4-9　　　　　　　　　　　行业分类检验

变量	驱动类型		附加值		技术	
	（1）	（2）	（3）	（4）	（5）	（6）
	消费者	生产者	高	低	低	高中
gvcf	-6.108 * (2.263)	-2.420 (2.838)	-7.748 ** (3.026)	-15.189 (7.699)	-32.920 * (11.114)	-5.829 ** (1.974)
gvcf∧2	26.473 *** (4.700)	5.360 (5.081)	18.537 *** (4.091)	23.312 (17.163)	80.834 * (25.407)	14.373 *** (4.402)
openness	-0.196 (0.477)	1.446 (0.777)	-0.011 (0.561)	1.748 (1.909)	7.779 *** (0.559)	-0.170 (0.439)

续表

变量	驱动类型		附加值		技术	
	(1)	(2)	(3)	(4)	(5)	(6)
	消费者	生产者	高	低	低	高中
lnpr	-0.254 (0.208)	-0.025 (0.162)	-0.031 (0.335)	0.183 (0.230)	0.456 (0.196)	0.128 (0.146)
k/y	1.251 (0.895)	-1.319** (0.425)	-0.521** (0.158)	-0.519 (0.516)	-0.713 (0.566)	-0.395 (0.266)
rd	11.726 (22.877)	-2.864 (7.682)	16.781** (5.504)	86.636*** (15.545)	155.470** (32.325)	15.125** (5.027)
lnk	-0.239 (0.234)	1.131*** (0.241)	0.376* (0.190)	0.065 (0.480)	1.032 (0.502)	0.496*** (0.145)
lnk/l	0.179 (0.223)	-0.466*** (0.104)	-0.305 (0.229)	0.226 (0.250)	-0.569* (0.193)	-0.424** (0.175)
常数项	3.065 (1.631)	-2.024 (3.091)	2.003 (4.753)	-2.991 (2.552)	-3.567 (5.634)	0.540 (1.903)
时间效应	YES	YES	YES	YES	YES	YES
观测值	66	124	121	69	40	150
R^2	0.971	0.895	0.899	0.937	0.902	0.956

（三）基于行业异质性与 gvcf 交互项

除了将行业进行分组回归外，本研究还将引入行业异质性因素与制造业全球价值链前向参与度的交互项检验全球价值链视角下影响制造业劳动收入差距的行业异质性因素。模型的具体设定如下：

$$wg_{it} = \alpha_0 + \alpha_1 (gvcf_{it} - \overline{gvcf_{it}})(\beta_{it} - \overline{\beta_{it}}) + \alpha_2 gvcf_{it}^2 + \lambda\chi_{it} + \varepsilon_{it} \quad (4-4)$$

对交互项中心化的式（4-4）中 β_{it} 为行业异质性影响因素，具体以 t 时期 i 行业中间投入品进口占比、外资投资占比表示。在基础回归模型中分别加入中间投入品进口占比、外资占比、技术密集度虚拟变量与行业全球价值链参与度的交互项进行固定效应回归，结果如表 4-10 所示。其中中间投入品进口占比（IMINT）数据来源于 OECD - TIVA 数据库，由于该数据库数据只更新到 2018 年且制造业行业分类中纺织品与皮革品被归为一类，因此在实际回归中删去这两个行业而只考虑 11 个行业。外资占比数据采用《中国工业统计年鉴》中规模以上工业企业中港澳台投资与外资占实收资本的比例表示，并且可获得数据的年限在 1999～2019 年。为体现行业技术密集度的影响，分类标准采用杨蕙馨和田洪刚（2020）的方法，将制造业分为劳动、资本以及技术密集型三种类型。具体估计结果如下：

表 4 - 10 中第（1）列中行业外资占比与全球价值链前向参与度交互项的回归系数显著为正，说明外资利用率高的行业，全球价值链前向参与度的提高显著扩大了行业劳动收入差距。在中国消费者购买力不断增长以及中国政府振兴产业的政策和积极投资高科技行业的国内背景下，选择在中国建设尖端工厂的外国企业越来越多。这一举措在推动我国产业结构转型升级、行业全球价值链前向参与度提高的同时，也使中低端人才"产能过剩"、专业高端人才短缺的新特征日益明显，行业劳动收入差距在外资企业和本土企业竞争加剧的背景下将进一步扩大。

制造业中间投入品占比与全球价值链前向参与度交互项的回归系数在表 4 - 10 第（2）列，为负但不显著，表明提高行业进口中间投入品占比、在一定时期内改善行业全球价值链分工位置将有利于促进收入分配结构的优化。在传统的"大进大出"的外贸增长模式下，中国从发达工业化国家进口高质量的中间投入品，经过加工装配后出口。在这一过程中，制造业通过"技术溢出效应""产品类别效应"和"中间产品质量效应"等渠道显著促进制造业参与全球价值链程度的提升，缩小劳动收入差距。但值得指出的是，从全球价值链的角度来看，如果一个国家仅仅依靠进口中间投入来改善其融入全球价值链的程度，一方面，它将高度依赖进口技术，抑制本土企业的自主创新（诸竹君等，2018）；另一方面，它会造成对国内中间投入的替代，从而降低优质产品出口的国内附加值，从长远来看不利于改善该国在全球价值链中的分工。因此，中国制造业通过进口高质量的中间投入来改善最终产品的出口质量，提高行业全球价值链前向参与度，缩小行业劳动收入差距的方式长期来看将导致出口产品的国内增加值率下降，行业全球价值链前向参与度难以进一步提高，从而不利于制造业的可持续发展。

表 4 - 10　　　行业异质性因素与全球价值链前向参与度交互项检验

变量	(1)	(2)	(3)	(4)	(5)
gvcf	- 0. 493 (2. 313)	- 4. 154 * (2. 129)	- 9. 139 ** (3. 218)	- 6. 085 *** (1. 481)	- 7. 952 *** (1. 590)
gvcf∧2	- 1. 625 (4. 950)	8. 511 ** (3. 340)	20. 913 ** (7. 078)	19. 391 *** (3. 258)	15. 353 *** (2. 215)
gvcf_f	14. 852 *** (1. 790)				
gvcf_i		- 0. 780 (1. 159)			
gvcf_la			2. 475 (1. 802)		
gvcf_ca				- 4. 252 *** (1. 366)	
gvcf_tech					2. 728 * (1. 295)
openness	- 0. 572 (0. 325)	1. 146 (0. 638)	- 0. 095 (0. 475)	- 0. 449 (0. 416)	- 0. 262 (0. 427)
lnk	0. 386 ** (0. 133)	0. 595 ** (0. 263)	0. 326 (0. 201)	0. 229 (0. 172)	0. 378 *** (0. 118)
lnpr	- 0. 152 (0. 145)	- 0. 030 (0. 126)	- 0. 085 (0. 101)	- 0. 101 (0. 097)	- 0. 058 (0. 095)
k/y	- 0. 824 ** (0. 303)	- 0. 730 (0. 424)	- 0. 416 (0. 314)	- 0. 639 (0. 417)	- 0. 428 (0. 379)
rd	16. 167 ** (7. 396)	- 1. 251 (6. 761)	19. 003 ** (6. 776)	16. 949 ** (7. 560)	14. 065 * (6. 601)

变　量	（1）	（2）	（3）	（4）	（5）
lnk/l	－0.111 （0.095）	－0.251 （0.142）	－0.161 （0.103）	－0.083 （0.089）	－0.125 （0.108）
常数项	1.275 （2.634）	－0.125 （2.086）	1.843 （1.779）	1.734 （1.753）	0.779 （1.822）
时间效应	YES	YES	YES	YES	YES
观测值	176	156	190	190	190
R^2	0.887	0.882	0.881	0.894	0.885

资本密集型行业参与全球价值链程度越高，行业劳动收入差距越小，表4－10中第（4）列中行业资本密集度与全球价值链参与度交互项的回归系数显著为负。主要原因在于资本密集型行业技术设备投入大，但对劳动力的容纳较少；同时该行业的简单加工业对低技术劳动力需求要大于对高技术劳动力需求，从而行业全球价值链前向参与度的提高有利于缩小行业劳动收入差距。表4－10中第（3）、第（5）列则表明劳动密集型和技术密集型行业参与全球价值链程度越高，行业劳动收入差距越大，但不显著。

第四节　研究结论与政策启示

从生产的角度来讲，中国经济开放的突出表现是参与了制造业全球分工，成为全球制造业第一大国，2021年中国制造业总量达31.4万亿元，占国内生产总值的比重为27.4%。本章主要就中国制造业参与全球价值链程度以及行业劳动收入差距的基本事实，基于SS定理创新性地提出中国制造业参与全球价值链程度对行业劳动收入差距的三阶段影响机制，并进一步基于数据实证分析。我们在构建全球价值链参与度指标的基础上，研究了制造业参与全球价值链对行业劳动收入差距的影响，发现：第一，中国制造业在全球价值链中的gvcf指数在1995～2019年间呈现先上升后下降而后降中趋稳的趋势。制造业全球价值链前向参与度与行业劳动收入差距之间存在显著的正"U"型关系，其中，制造业在参与全球价值链第一阶段 gvcf 指数不断提高，带来行业劳动收入差距的缩小；参与全球价值链第二阶段 gvcf 指数进一步提高，并超过临界值 0.2，使得行业劳动收入差距扩大；参与全球价值链的第三阶段 gvcf 指数小于临界值 0.2 且呈现出下降趋势，导致行业劳动收入差距进一步扩大，替换被解释变量、控制变量的稳健性检验结果与上述一致。第二，将行业全球价值链前向参与度按照国内增加值跨越国界的次数分为浅度和深度 GVC 前向参与度，研究发现浅度 gvcf 与深度 gvcf 与行业收入差距间均存在显著的正"U"型关系，且深度 gvcf 与行业收入差距的系数值远大于浅度 gvcf 对行业收入差距的影响。这证明中国制造业融入全球价值链的程度在不断加深，全球价值链深度前向参与度对行业收入差距的影响更大。第三，基于要素禀赋、参与全球价值链程度以及技术水平等因素对行业进行分类回归，结果显示资本密集度低、消费者驱动型行业、高技术、高附加值制造业的全球价值链前向参与度对行业劳动收入差距的影响更显著，而在引入外商投资占比、资本密集度与制造业全球价值链前向参与度的交互项检验后发现，外资利用率高的行业，全球价值链前向参与度的提高显著扩大了行业劳动收入差距，而资本密集度高的行业参与全球价值链程度越高，行业收入差距则越小。

从已有研究可知，制造业全球价值链参与度与行业劳动收入差距间存在显著的关联，且实证结果表明，中国制造业全球价值链前向参与度与行业差距有正"U"型关系，现阶段由于行业全球价值链前向参与度处于降中趋稳、小于阈值的状态，因此行业收入差距进一步扩大。而在对行业进行分组回归以及基于行业异质性进行交互项回归后，得出深度参与全球价值链、高技术、高附加值、资本密集型行业全球价值链前向参与度对行业收入差距的正"U"型影响更显著。基于上述研究结论，在当前我国既持续扩大对外开放、推动价值链向高端攀升，又要缓解国内收入不平等、扎实推进共同富裕的双重背景下，提出如下政策建议：一是制造业要持续深化对外开放，消化吸收技术外溢效应带来的前沿技术，提高行业生产效率，促进增量提升，使得不同类型劳动力的收入水平均有所提高。在对外开放的过程中制造业应积极培育国内自主研发品牌，强化核心研发能力，提升行业在全球价值链分工中的地位，不断提高国内出口增加值，向全球价值链高端攀升；此外，受到全球价值链参与度影响程度较大的高附加值、高技术行业更应积极提高应对行业全球价值链参与度在超过阈值时扩大行业劳动收入差距的能力。二是充分发挥中国超大国内市场的潜力和完整产业链的优势，通过国内经济的繁荣，大力促进制造业向中西部落后地区转移，尽力释放劳动力的要素市场空间，有效提高低端劳动力的工资水平。优化国内循环圈，有利于进一步巩固和开拓国内市场，对冲日益增长的国际风险，构建国内外双循环相互促进的新型发展模式，有利于制造业增值率的提高。三是增加资本技术密集制造业投资以及科技研发投入，减少行业对外资依赖度。由资本密集度高的行业参与全球价值链程度越高，行业收入差距则越小，可知资本深化将显著缩小行业劳动收入差距。由外资利用率高的行业，全球价值链前向参与度的提高显著扩大了行业劳动收入差距可知，行业在积极对外开放的过程中应减少对外资的依赖度，以防面临"卡脖子"以及"低端锁定"风险。四是寻求不同技能劳动收入分配公平的前提是效率，是把蛋糕做大，只有在此基础上才能实现共享与公平。因此制造业首先要淘汰落后产能，大力发展高技术制造业，通过云计算、大数据、物联网等推动制造业智能化转型，利用人工智能等新一代信息技术促进制造业整体结构优化升级、提高其全球价值链参与度，最终提高不同类型劳动力的生产效率与收入水平。同时针对中国制造业加工贸易占总的贸易比重较大的现实，中国应当重点推动优势产业和高端制造业加工制造环节的价值增值。此外政府应增加对教育行业的财政支持，大力发展高等教育和职业技能培训，通过增加技能劳动教育供给来提高劳动力整体质量和技能水平，以提高全体劳动力技能劳动收入水平。

第五章

人工智能与劳动收入及技能溢价

当前，我国人工智能技术在经济领域中的应用日益广泛，其不仅有利于提高生产效率，促进传统产业改造升级进而推动经济高质量发展，也是我国在面临适龄劳动力供给数量下降以及劳动力用工成本不断增加背景下的主动选择（陈秋霖等，2018；綦建红和付晶晶，2021）。我国政府出台了系列政策支持人工智能技术发展与应用，如《"互联网＋"人工智能三年行动方案》《新一代人工智能发展规划（2017）》等。习近平总书记在中央政治局第三十四次集体学习会议强调，为促进实施网络强国战略和国家大数据战略，要推动互联网、大数据、人工智能同产业深度融合。国际机器人联合会（IFR）统计数据显示，作为人工智能最重要载体的工业机器人在中国工业部门得到了广泛应用：2010～2021 年安装数量由 1.3 万台增长至 24.33 万台。

以人工智能为代表的新一轮科技革命在促进产业变革、提升经济发展质量的同时，人工智能作为一种智能生产要素，其与原有生产要素的结合、重组，意味着微观主体企业的生产组织方式必然发生调整，因此给原有要素的分配方式产生影响。一般而言，以智能设备为载体的人工智能技术具有技能偏向性，对不同技能劳动力的异质性影响可能会改变其相对工资水平，增大技能劳动与非技能劳动之间的工资溢价，导致劳动收入差距的扩大。现有部分文献考察人工智能技术对技能溢价的影响，根据研究结论可分为两类：第一类研究认为人工智能技术扩大了技能溢价。在理论上主要基于资本增进模型和自动化任务模型进行考察，前者认为智能资本与技能劳动的互补性提高其工资水平，而对非技能劳动的替代性引致其工资水平的下降，最终扩大技能溢价（Berg et al.，2016；Lankisch et al.，2017；Acemoglu and Restrepo，2018a；Jackson and Kanik，2019）；后者认为自动化替代非技能劳动的同时创造更多需要技能劳动的新任务，从而技能溢价上升（Acemoglu and Restrepo，2018c）。实证层面，主要通过观察美国不同技能劳动岗位就业份额的长期变化趋势，发现机器人应用过程中产生的自动化效应，减少了非技能劳动岗位就业需求，增加了技能劳动岗位就业需求，进而导致不同技能劳动收入差距扩大（Katz and Margo，2013；Bessen，2015；Autor，2015）。胡晟明等（2021）使用中国工业行业数据分析，结论表明工业机器人会通过劳动岗位更替效应、生产率效应以及行业间溢出效应增加技能溢价。第二类研究则认为技能溢价变动存在不确定性。这是因为，随着人工智能技术快速发展，一方面其对部分技能劳动力也存在潜在替代风险，从而对技能劳动力需求速度趋缓（Acemoglu and Restrepo，2018b）；另一方面，人工智能技术与技能劳动力间匹配程度的提高逐渐对非技能劳动力生产率产生溢出效应，从而减缓对非技能劳动力需求的下降程度（Acemoglu and Restrepo，2020）。

　　除了上述人工智能引致劳动力岗位更迭从而影响技能溢价水平，由于劳动力均衡工资水平取决于劳动力供需间的均衡，所以劳动力供给起到重要的调节作用。若劳动力供给数量增加，则工资水平有下降趋势，如果不同技能劳动力供给数量有相对变化则会使技能溢价水平发生变动。少数学者关注到技能劳动供给对收入水平的影响，如陆雪琴和文雁兵（2013）基于1997～2010年省份数据研究技术进步与技能结构对技能溢价的影响，结论表明在技术进步较慢时，技能劳动供给对技能溢价的反向作用占主导，从而技术进步降低技能溢价；当技术进步较快时，技能劳动供给速度不及技术进步对技能劳动需求的增加，从而技术进步增加技能溢价。李昕等（2019）在考察技能偏向型技术进步、教育投入和行业收入差距间关系时，发现从需求角度看，教育投入的增加通过偏向型技术进步扩大收入差距；但随着技能劳动供给数量占比的增加，对行业收入差距的正向扩大效应有所缓解。结合人工智能技术的技能偏向性特征可知，当技能劳动相对供给不足时，人工智能技术对技能劳动力的相对需求更大，从而导致更高的工资水平，进而促使技能溢价水平处于高位；反之，当技能劳动相对供给充足时，可能对技能溢价的扩大有抑制作用。

基于上述思考，本章拟研究人工智能应用对工业企业劳动收入技能溢价的影响，相较于现有文献，边际贡献如下：（1）首次构建了人工智能应用下劳动力需求引致的岗位更迭机制和劳动供给约束调节机制的供需分析框架，这一框架弥补了现有研究中只关注需求或者只关注供给情形下的研究不足，事实上，根据工资决定理论，工资的决定必然是在供求均衡上得到的。（2）劳动力供需结合的研究框架为从供给视角推动技能劳动力供给提供了政策依据，不仅有利于缓和人工智能应用需求引致下的技能溢价提升，降低劳动收入差距，也有利于劳动力整体技能和收入水平的提高。

第一节　人工智能影响劳动收入及技能溢价的理论机制

一、基础理论模型构建

本章借鉴克鲁塞尔（2000）的建模思想，将劳动力分为技能劳动力和非技能劳动力，进一步引入劳动力生产效率，同时将不同技能劳动力与人工智能资本的无限替代更改为常替代弹性，构建多要素嵌套 CES 生产函数表述人工智能技术与技能溢价间的关系。

生产函数设定为：

$$Y = K_S^{\alpha} \left\{ \mu (\varphi_L l_L)^{\sigma} + (1 - \mu) \left[\lambda K_A^{\rho} + (1 - \lambda)(\varphi_H l_H)^{\rho} \right]^{\frac{\sigma}{\rho}} \right\}^{\frac{1-\alpha}{\sigma}} \quad (5-1)$$

其中，K_S、K_A 分别表示传统资本与人工智能资本；l_H、l_L 分别为技能劳动力和非技能劳动力；φ_H、φ_L 分别为技能劳动力与非技能劳动力的生产效率。每种技能劳动力有效投入都是对应技能劳动力数量和生产效率的乘积：$H = \varphi_H l_H$、$L = \varphi_L l_L$。μ、$\lambda \in (0, 1)$ 为分配参数，表示生产要素对总产量的贡献度；σ、$\rho \in (-\infty, 1)$ 为替代系数，分别表示人工智能资本和非技能、技能劳动力间的替代弹性；其中，$1/(1-\sigma)$ 表示人工智能资本与非技能劳动力之间的替代弹性，$1/(1-\rho)$ 则表示人工智能资本与技能劳动力之间的替代弹性。

设定单位产品价格为1，在均衡条件下，劳动报酬等于劳动边际产出。根据式（5-1）中利润最大化条件计算出技能劳动力与非技能劳动力的劳动收入之比为：

$$\frac{\omega_H}{\omega_L} = \frac{(1-\mu)(1-\lambda)}{\mu} \left[\lambda\left(\frac{K_A}{H}\right)^\rho + (1-\lambda)\right]^{\frac{\sigma-\rho}{\rho}} \left(\frac{l_L}{l_H}\right)^{1-\sigma} \left(\frac{\varphi_L}{\varphi_H}\right)^\sigma \quad (5-2)$$

对式（5-2）进行对数处理并将技能溢价定义为ω，得：

$$\omega = \ln\left(\frac{\omega_H}{\omega_L}\right) \approx \frac{\sigma-\rho}{\rho}\ln\left[\lambda\left(\frac{K_A}{H}\right)^\rho + (1-\lambda)\right] + (1-\sigma)\ln\left(\frac{l_L}{l_H}\right) + \sigma\ln\left(\frac{\varphi_H}{\varphi_L}\right)$$

$$(5-3)$$

据此，技能溢价水平与人工智能资本、技能劳动相对生产率、技能劳动相对供给以及替代弹性有关。

二、理论机制分析

（一）人工智能技术对技能溢价的影响

由式（5-3）可知，技能溢价与人工智能资本有关。为考察人工智能技术对技能溢价的影响，对其进行求导，有：

$$\frac{\partial\omega}{\partial K_A} = \frac{\lambda(\sigma-\rho)}{H} \frac{\left(\frac{K_A}{H}\right)^{\rho-1}}{\lambda\left(\frac{K_A}{H}\right)^\rho + (1-\lambda)} \quad (5-4)$$

从式（5-4）可知，人工智能资本对于技能溢价影响取决于σ和ρ的相对大小。具体而言，当人工智能资本与技能劳动力间的替代弹性大于其与非技能劳动力间的替代弹性时，有$1/(1-\rho) > 1/(1-\sigma)$，即$\rho > \sigma$，人工智能资本缩小了技能溢价水平；当人工智能资本与技能劳动力间的替代弹性小于其与非技能劳动力间的替代弹性时，有$1/(1-\rho) < 1/(1-\sigma)$，即$\rho < \sigma$，人工智能资本扩大了技能溢价水平。综合而言，人工智能资本对劳动力重新配置的过程会扩大或缩小技能溢价水平。

关爱萍和谢晶（2020）、邓明和吴亮（2021）基于面板数据和标准化系统方程对资本与不同劳动力的替代弹性进行测算，以验证"资本—技能互补"假说的成立，结果发现资本设备与技能劳动力的替代弹性小于与非技能劳动力的替代弹性。工业机器人是人工智能资本的主要载体，所以通过观察工业机器人对异质性劳动力的影响可得出弹性大小关系。康茜和林光华（2021）使用工业面板数据考察工业机器人对不同技能劳动力就业影响，得出工业机器人显著促进技能劳动力就业，且估计系数大于非技能劳动力的结论，验证了"资本—技能互补"假说的成立。胡晟明等（2021）从工业行业层面出发，发现工业机器人更有利于提升技能劳动力的生产率且能创造更多技能型岗位。结合上述分析，本研究认为 $\rho < \sigma < 1$。

据此，提出假说1：人工智能技术会扩大劳动收入技能溢价水平。

（二）机制分析

1. 中介机制：岗位更迭效应

根据上述分析可知，内含人工智能技术的人工智能资本通过重塑劳动力配置进而作用于技能溢价水平。具体而言，其在生产活动中带来的岗位更迭效应会影响劳动力配置格局，从而引致技能溢价水平发生变动。

岗位更迭效应包括替代效应和创造效应。一方面，替代效应是人工智能技术自动化特性下所产生的效应，强调技术对劳动力的替代。由于劳动力自身技能的异质性，所以人工智能技术对劳动力的替代也存在异质性。从劳动力执行的工作任务和工作类型角度区分劳动力，将从事常规任务或生产性工作的劳动力称为非技能劳动力，从事非常规任务或身处管理层、技术层的劳动力定义为技能劳动力。常规任务或生产性工作以简单机械操作为主，而非常规任务需要更复杂的操作水平、更强的交流管理水平以及更精通的技术，所以面对新技术冲击时，技能人才更不易被替代。韩名春和乔刚（2020）从省际制造业层面进行考察，结果显示工业机器人应用抑制制造业就业，其中对非技能劳动的破坏作用更显著。

另一方面，从历次工业革命看，技术进步在长期并未减少劳动力就业规模，这是因为产生的创造效应间接增加对劳动力的需求（蔡跃洲和陈楠，2019）。根据任务模型可知，人工智能技术的位创造效应是指在生产过程中，创造出劳动力具有比较优势的新岗位，从而扩大对技能和非技能劳动力的需求。而大部分新岗位对劳动力技能要求较高（胡晟明等，2021），如智能设备的维护、维修以及升级等均需要具备一定专业技能水平的劳动力，所以技能劳动力更易受到青睐。

据此，提出假说 2：人工智能技术通过岗位更迭效应创造更多技能岗位增加对技能劳动力相对需求，进而扩大劳动收入技能溢价水平。

2. 调节机制：技能劳动相对供给

由式（5-4）可知，$\dfrac{\partial \omega}{\partial K_A} = \dfrac{\lambda(\sigma-\rho)}{H} \dfrac{\left(\dfrac{K_A}{H}\right)^{\rho-1}}{\lambda\left(\dfrac{K_A}{H}\right)^{\rho}+(1-\lambda)}$，其中 $H=\varphi_H l_H$，

即技能劳动供给数量（l_H）的变化会进一步通过调节效应影响人工智能资本对技能溢价的变化。

因人力资本投资需要较长的过程，所以技能劳动力供给相对缺乏弹性，表现为竖直线。将技能劳动的相对供给和需求结合，得到图 5-1 所示的供需曲线。由图 5-1 可知，在不考虑技能劳动供给因素时，人工智能资本带来的技能偏向型技术进步导致技能劳动需求曲线右移，从而扩大技能溢价。而考虑到技能劳动供给曲线变动时，技能溢价水平会发生变动。这是因为随着人力资本投资规模的扩大，技能劳动供给曲线逐渐右移，导致技能溢价的均衡点由 A 到 B 再到 C，可以发现技能劳动供给曲线的右移削弱了人工智能资本对技能溢价的扩大效应，技能溢价水平逐渐下降，但与初始均衡状态下的技能溢价水平相比，最终技能溢价的增减取决于人工智能技术产生的技能劳动相对需求和技能劳动相对供给的大小。当技能劳动相对供给足够大时，技能溢价最终会降低，反之则仍增加。

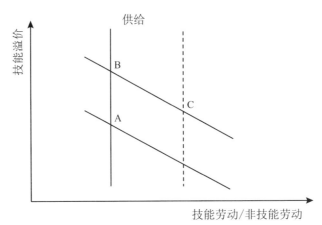

图 5 - 1 人工智能技术冲击下技能劳动市场供求关系

据此，提出假说 3：技能劳动相对供给的增加有利于缓解人工智能技术对劳动收入技能溢价的提升作用。

第二节 人工智能影响劳动技能溢价的实证研究设计

一、基准实证模型设定

为验证人工智能技术对劳动收入技能溢价的影响，本节建立如下基准实证模型：

$$\ln\omega_{it} = \alpha_0 + \alpha_1 \ln RI_{it} + \alpha_2 X_{it} + \varepsilon_{it} \qquad (5-5)$$

其中，i 表示省份；t 表示年份；α、β、δ 为系数；ω 为技能劳动与非技能劳动相对工资表示的劳动收入技能溢价指数；RI 指代工业机器人安装密度；X 表示由众多控制变量构成的向量集；ε_{it} 为随机误差项。

二、变量选取

被解释变量：劳动收入技能溢价（ω）。关于技能溢价指标测量，参考包群和邵敏（2008）、余东华和孙婷（2017）的设计思路，将行业研发人员视为技能劳动，研发人员报酬以研发经费内部支出中人员劳务费表征，则技能劳动平均工资 = 研发人员报酬/研发人员数；将非研发人员视为非技能劳动，则非技能劳动平均工资 = （劳动总报酬 – 研发人员报酬）/（就业总人数 – 研发人员数）。因此，以技能劳动和非技能劳动平均工资之比表征技能溢价。该值越大，则技能劳动相对工资越高。

关键解释变量：工业机器人是人工智能技术领域的最重要应用之一。文章基于"巴蒂克工具变量"（Bartik instrument）（Bartik，1991；陈秋霖等，2018），计算各省工业机器人安装密度和存量密度作为人工智能技术应用的代理指标。（1）工业机器人安装密度（RI）。计算公式为 $RI_{it} = \sum_j R_{jt} \times I_{ijt}$。其中 R_{jt} 是 j 行业在 t 年份的机器人安装密度，I_{ijt} 是 i 省在 t 年 j 行业就业人数占当年工业就业人数比例。（2）工业机器人存量密度（RS）。计算公式为 $RS_{it} = \sum_j S_{jt} \times I_{ijt}$。其中 S_{jt} 是 j 行业在 t 年份的机器人存量密度，I_{ijt} 是 i 省在 t 年 j 行业就业人数占当年工业就业人数比例。

控制变量：（1）技能劳动相对供给（SKILL）用大专及以上学历人数占高中人数比重增长率表征。（2）外资占比（FDI）用规模以上工业企业外商资本与实收资本之比表征。（3）经济发展水平（PGDP），以地区人均 GDP 水平表征。（4）所有制结构（OS），采用国企职工数占整个社会就业人数比重表征。（5）产业结构（INDU2），采用第二产业与第三产业产值之比表征。（6）对外开放程度（OPEN）是引致不同技能劳动者工资水平的重要因素，一般地区对外开放程度越高，该地区内部的高科技企业数量越多，从而通过增加技能劳动者需求数量作用于技能溢价；此外，不少研究均表明出口贸易的技能偏向性特征会影响我国技能工资差距（喻美辞，2010；赵春明和王春晖，2014；申朴等，2020），所以以进出口总额与地区 GDP 之比表征。（7）研发投入（RD）侧面反映一个地区对技能人才的重视和需求程度，本书使用各省份 R&D 经费投入强度表征。变量的描述性统计如表 5 – 1所示。

表 5 - 1 变量描述性统计

变量名称	变量符号	观测值	均值	标准差	最小值	最大值
劳动技能溢价	ω	310	1.967	1.013	0.292	8.535
安装密度	RI	310	10.459	7.849	1.591	27.894
技能劳动相对供给	SKILL	310	0.035	0.148	-0.483	0.827
外商占比	FDI	310	0.082	0.079	0.002	0.381
经济发展水平	PGDP	310	49523.087	26354.551	12882	164563
所有制结构	OS	310	0.089	0.034	0.039	0.206
产业结构	INDU2	310	0.417	0.081	0.160	0.620
对外开放程度	OPEN	310	8.956	1.154	4.222	12.782
研发投入	RD	310	0.016	0.011	0.002	0.063

三、数据及来源

本章使用 2010~2019 年省际数据进行分析，数据类型主要分为两大类：一是工业机器人数据来自国际机器人联合会（IFR），该数据库记录了相应年份各国行业层面的工业机器人使用数量，其中，中国层面的数据主要集中在工业行业，所以借鉴陈秋霖等（2020）、闫雪凌等（2020）等文献的处理方法。具体而言，本研究保留该数据库中工业行业大类数据①，即采矿业、制造业以及水电气供应业三大行业的工业机器人安装和存量数据。进一步，将该数据库分类标准与我国 31 个制造业两位数代码行业进行匹配，得到采

---

① IFR 数据库中的工业行业大类有采矿业、制造业以及水电气供应业。其中，制造业细分为食品饮料加工制造业、纺织及服装制品业、木制品及家具制造业、造纸及印刷制品业、化学制品业、橡胶和塑料制品业、非金属矿物制品业、金属加工冶炼业、金属制品业、通用及专用设备制造业、汽车制造业、铁路、船舶、航空航天和其他运输设备制造业、电子和电气设备制造业和其他制造业分支共 14 个行业。

矿业、制造业等 14 个细分行业以及电气供应业全国层面的工业机器人数据。最后基于"巴蒂克工具变量"，将行业层面数据匹配到省级层面。二是省际层面的数据。劳动就业、收入数据以及大专及以上学历占抽样人数比例数据均源于《中国劳动统计年鉴》；研发人员数量、研发经费内部支出和人员劳务费数据取自《中国科技统计年鉴》；控制变量均来自国家统计局、《中国统计年鉴》、《中国工业统计年鉴》以及各省份统计年鉴。

四、特征事实

为初步验证人工智能技术与技能溢价的关系，本研究首先基于人工智能技术代理变量—工业机器人安装密度，按其中位数分为高低两类，并依据核密度图来判断两者关系。如图 5 - 2 所示，在工业机器人安装密度较高的分组中，技能溢价的分布相较于工业机器人安装密度较低的组右偏。更进一步，使用工业机器人存量密度作为人工智能技术应用的代理变量，同样使用中位数进行分类，结果发现对于存量密度较高的组别，其技能溢价也向右偏。所以，核密度图初步表明人工智能技术与技能溢价之间的正相关关系，与上述理论假说相符。

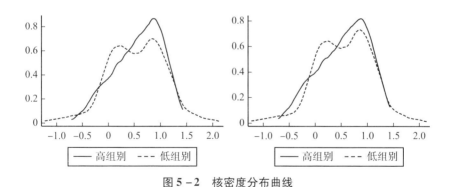

图 5 - 2　核密度分布曲线

注：左图为工业机器人安装密度与技能溢价，右图为工业机器人存量密度与技能溢价。

第三节 人工智能影响技能溢价的基准模型回归结果与分析

一、回归结果与分析

基于豪斯曼检验结果，本章选用固定效应模型进行实证回归。表 5 - 2 报告了人工智能应用影响技能溢价的基准回归结果。其中，表 5 - 2 中列 (1) 的解释变量是工业机器人安装密度，结果显示人工智能的估计系数是 0.156，且在 1% 水平上显著。表 5 - 2 中列 (4) 的解释变量是工业机器人存量密度，即每万人就业者所拥有的工业机器人存量数，结果显示人工智能的估计系数是 0.157，且在 1% 水平上显著。综合而言，表 5 - 2 实证结果表明人工智能技术会在一定程度上扩大技能溢价，前述研究假说 1 得到验证。因技能溢价衡量不同技能劳动收入差距，所以分别检验人工智能应用对两类劳动力劳动收入水平的影响，结果如表 5 - 2 中列 (2) (3) (5) (6) 所示：人工智能技术显著提高了技能劳动力劳动收入水平；而对非技能劳动力劳动收入水平则没有显著影响，且系数正负不确定。该结果表明，虽然人工智能技术对非技能劳动力存在替代，倾向于降低其劳动收入水平，但由于劳动力工资刚性，以及人工智能应用提高了整体经济的劳动生产率，人工智能对低技能劳动力劳动收入的影响具有不确定性。

表 5 - 2　　　　　　　人工智能应用影响劳动力技能溢价的回归结果

变量	$\ln\omega$	$\ln\omega_H$	$\ln\omega_L$	$\ln\omega$	$\ln\omega_H$	$\ln\omega_L$
	(1)	(2)	(3)	(4)	(5)	(6)
$\ln RI$	0.156 *** (0.058)	0.150 *** (0.042)	- 0.006 (0.043)			
$\ln RS$				0.157 *** (0.066)	0.237 *** (0.046)	0.079 (0.048)

续表

变量	lnω	lnω_H	lnω_L	lnω	lnω_H	lnω_L
	（1）	（2）	（3）	（4）	（5）	（6）
SKILL	-0.007 （0.084）	-0.027 （0.061）	-0.02 （0.062）	-0.008 （0.084）	-0.015 （0.06）	-0.023 （0.062）
FDI	-0.282 （0.61）	-0.033 （0.443）	0.249 （0.45）	-0.302 （0.612）	-0.048 （0.433）	0.254 （0.448）
lnPGDP	-0.624*** （0.142）	0.342*** （0.103）	0.966*** （0.105）	-0.753*** （0.205）	-0.031 （0.145）	0.722*** （0.15）
OS	-0.856 （1.641）	-2.935** （1.191）	-2.08* （1.211）	-0.535 （1.671）	-2.183* （1.182）	-1.648* （1.223）
INDU2	0.98 （0.609）	0.466 （0.442）	-0.513 （0.45）	1.144* （0.678）	1.203** （0.479）	0.059 （0.496）
OPEN	0.562** （0.191）	-0.104 （0.138）	0.666*** （0.141）	0.556** （0.191）	-0.07 （0.135）	-0.626*** （0.140）
RD	-3.282 （4.892）	-8.939** （3.549）	-5.657 （3.608）	-3.553 （4.9）	-8.564** （3.466）	-5.011 （3.587）
常数项	6.497*** （1.351）	-1.889* （0.980）	-8.385*** （0.997）	7.598*** （1.836）	1.254 （1.299）	-6.345*** （1.344）
观测值	310	310	310	310	310	310
R^2	0.193	0.671	0.795	0.188	0.686	0.797

注：括号内为标准误，***、**、*分别表示在1%、5%、10%的水平上显著，下同。

在控制变量中，经济发展水平影响劳动收入技能溢价的估计系数均在1%水平上显著为负，这符合库兹涅茨曲线下降部分，即经济发展到一定程度后，收入不平等将降低。产业结构与劳动收入技能溢价间存在正向关系，究其原因是因为当前我国工业机器人主要应用于第二产业，且第二产业技能劳动力较为缺乏，故对技能劳动相对需求的缺口较大，进而提高了技能溢价。对外开放水平影响劳动收入技能溢价的估计系数在1%水平上显著为正，说明对外开放程度的提高显著扩大了技能溢价，这可能是因为对外开放水平越高从而引进的国外设备等资本品越多，根据"资本—技能互补"假说，可以知道这将增加对技能劳动力的需求，从而拉大技能溢价水平，这与现有研究结论（Burstein and Vogel，2017）相符，即对外贸易是引致技能溢价增加的因素之一。

二、内生性检验

本研究采用两种方式进行内生性检验。其一，核心变量间的双向因果关系会造成内生性问题。在人工智能应用导致劳动力市场供需重新匹配，从而不同技能劳动力的工资水平发生变化时，人工智能高效生产的特性以及劳动力市场内部调整，可能反作用于人工智能应用程度。因此，为解决两者之间互为因果的关系，本研究将人工智能滞后一期作为工具变量进行估计，估计结果如表 5 – 3 中列（1）和列（2）所示。

其二，将其他国家机器人安装密度作为工具变量以便缓和内生性问题（Acemoglu and Restrepo，2020）。类似国内学者如魏下海等（2020）、芦婷婷和祝志勇（2021）也使用该方法进行工具变量构造。鉴于我国工业机器人进口数量比重大，其中主要进口国包括美国、德国、韩国、瑞典和日本。就相关性而言，进口国国家工业机器人存量直接关联我国工业机器人进口数及安装密度；而另一方面又不会直接作用于我国不同技能劳动者工资水平，从而满足工具变量的选择标准。为此，本节选取 2015 年①单一年份的就业结构，构造五个国家对我国工业机器人覆盖密度，具体计算如下：

$$IRB_{it} = \sum_j \frac{L_{i,j,t==2015}}{L_{i,t==2015}} \times \frac{IRB_{jt}}{L_{j,t==2015}} \qquad (5-6)$$

其中，j 表示细分行业，包括采矿业、制造业以及电力、热力、燃气及水生产和供应业，$L_{i,j,t==2015}$ 定义为 2015 年 i 省 j 行业就业人数，$L_{i,t==2015}$ 定义为 2015 年 i 省工业就业人数，$L_{j,t==2015}$ 定义为 2015 年 j 行业就业人数，IRB_{jt} 定义为进口国 j 行业 t 年工业机器人存量。进而工具变量表示如下：

① IFR 资料显示，2015 年中国工业机器人销量位列第一，所以 2015 年工业机器人发展处于加速期中期，加之选取的年份不影响工具变量的有效性，故选取 2015 年为基期。

$$IVIRB_{it} = \frac{1}{5}\sum_{n=1}^{5} IRB_{itn} \qquad (5-7)$$

其中，n 是五个主要进口来源国。使用此工具变量法的具体估计结果如表 5-3 中列（3）和列（4）所示。

表 5-3　　　　人工智能技术影响技能溢价的内生性检验

变量	lnω			
	（1）	（2）	（3）	（4）
	解释变量滞后一期（Ⅳ1）		进口国覆盖密度（Ⅳ2）	
lnRI	0.308 *** (0.132)		0.424 *** (0.15)	
lnRS		0.194 ** (0.081)		0.269 *** (0.092)
SKILL	-0.125 (0.084)	-0.103 (0.081)	-0.038 (0.088)	0.005 (0.084)
FDI	-0.52 (0.609)	-0.592 (0.589)	-0.233 (0.626)	-0.297 (0.606)
lnPGDP	-0.776 ** (0.33)	-0.649 ** (0.269)	-1.193 *** (0.327)	-1.079 *** (0.279)
OS	-0.9 (1.758)	-0.774 (1.711)	0.004 (1.738)	0.046 (1.69)
INDU2	2.452 *** (0.937)	1.983 *** (0.753)	2.537 ** (1.016)	1.901 ** (0.806)
OPEN	0.557 *** (0.201)	0.489 *** (0.188)	0.697 *** (0.207)	0.607 *** (0.192)
RD	1.587 (8.233)	-1.75 (7.611)	-0.797 (5.171)	-2.723 (4.88)
K-Prk LM statistic	50.319 *** (0.000)	174.843 *** (0.000)	43.096 *** (0.000)	138.286 *** (0.000)
C-D Wald F statistic	61.092 [16.38]	573.587 [16.38]	49.508 [16.38]	266.323 [16.38]
观测值	279	279	310	310

注：方括号内为 Stock-Yogo 在 10% 水平的上临界值。

可以发现，在分别采用解释变量滞后一期和进口国覆盖密度作为工具变量进行估计时，Kleibergen - Paap rk LM 统计量的 p 值均为 0.000，拒绝了工具变量识别不足的假设；Cragg - Donald Wald F 统计量大于 Stock - Yogo 的 F 检验在 10% 显著性水平上的临界值 16.38，故拒绝了弱工具变量的假设，这表明选取的工具变量是有效的。进一步，使用不同工具变量的回归结果与基准回归结果大致相符，从而人工智能应用对劳动收入技能溢价的回归结果稳健。

第四节　人工智能影响技能溢价的作用机制检验

一、人工智能影响技能溢价的中介机制检验：岗位更迭效应

（一）模型设定

为检验岗位更迭效应的中介机制，本节设立如下中介效应模型：

$$UP_{it} = \beta_0 + \beta_1 \ln RI_{it} + \beta_2 X_{it} + \varepsilon_{it} \qquad (5-8)$$

$$\ln \omega_{it} = \delta_0 + \delta_1 \ln RI_{it} + \delta_2 UP_{it} + \delta_3 X_{it} + \varepsilon_{it} \qquad (5-9)$$

其中，UP 表示中介机制岗位更迭效应，参照胡晟明等（2021）设计的劳动岗位更替效应指标，即 $UP = (K_{Lit}/L_{it})/(K_{Hit}/H_{it})$。其中研发资本存量 K_{Hit} 以研发经费内部支出表征，总资本存量用固定资产衡量，非研发资本存量 K_{Lit} 为总资本存量减去研发资本存量测算。当 UP 增加时，表明工业机器人应用替代更多非技能劳动，且创造更多技能劳动岗位，从而扩大技能劳动相对需求；反之则表明工业机器人应用减少技能劳动相对需求。

（二）回归结果分析

由前面基准回归结果可知，人工智能技术会增加技能溢价，所以中介效应第一步成立。进一步考察其中的作用机制，基于模型（5-8）和模型

(5-9) 进行回归分析，表 5-4 中列（1）和列（3）为中介效应检验第二步结果，列（2）和列（4）为第三步结果。根据表 5-4 中列（1）和列（3）可知，工业机器人安装密度和存量密度均显著通过创造更多技能型岗位扩大对技能劳动相对需求；由列（2）和列（4）可知，岗位更迭效应的估计系数都在 1% 水平上显著为正，且 β_1 和 δ_2 乘积方向与 α_1 一致，所以，人工智能应用产生的岗位更迭效应扩大了对技能劳动相对需求，进而提高技能溢价，即假说 2 得到验证。

表 5-4　　　　　　中介机制检验：技能劳动相对需求

变量	UP	lnω	UP	lnω
	（1）	（2）	（3）	（4）
UP		2.028 ** (0.954)		1.866 * (0.977)
lnRI	0.006 * (0.004)	0.143 ** (0.058)		
lnRS			0.015 *** (0.004)	0.129 * (0.067)
SKILL	-0.001 (0.005)	-0.005 (0.084)	-0.0003 (0.005)	0.008 (0.084)
FDI	-0.077 ** (0.039)	-0.126 (0.611)	-0.077 ** (0.038)	-0.158 (0.614)
lnPGDP	0.035 *** (0.009)	-0.696 *** (0.145)	0.005 (0.013)	-0.763 *** (0.204)
OS	0.474 *** (0.104)	-1.816 (1.693)	0.532 *** (0.103)	-1.527 (1.742)
INDU2	-0.049 (0.039)	1.08 * (0.607)	0.015 (0.042)	1.115 * (0.675)
OPEN	0.015 (0.012)	0.532 *** (0.19)	0.018 (0.012)	0.521 ** (0.191)

变量	UP	lnω	UP	lnω
	（1）	（2）	（3）	（4）
RD	1.537 *** (0.309)	-6.399 (5.077)	1.59 *** (0.303)	-6.519 (5.118)
常数项	-0.381 *** (0.085)	7.27 *** (1.391)	-0.127 (0.114)	7.835 *** (1.831)
观测值	310	310	310	310
R^2	0.577	0.206	0.593	0.199

二、人工智能影响技能溢价的调节机制检验：技能劳动相对供给

（一）模型设定

为检验技能劳动相对供给的调节效应，本节基于基准回归模型引入交互项，设立模型：

$$\ln\omega_{it} = \gamma_0 + \gamma_1 \ln RI_{it} + \gamma_2 SKILL_{it} + \gamma_3 \ln RI_{it} \times SKILL_{it} + \gamma_4 X_{it} + \varepsilon_{it}$$

$$(5-10)$$

其中，SKILL 表示技能劳动相对供给，用大专及以上学历人数占高中人数比重增长率表征。根据理论分析，预期 γ_3 为负数，γ_1 为正数。

（二）回归结果分析

表 5-5 报告了技能劳动相对供给的调节效应检验结果。表 5-5 列（1）和列（2）交互项系数分别在 5% 和 1% 水平上显著为负，技能劳动相对供给的增长负向调节人工智能技术与技能溢价间正向作用，从而假说 3 得到验证。此外，人工智能应用与技能溢价间的估计系数仍在 1% 水平上显著为正，这表明虽然技能劳动相对供给的增长削弱了人工智能技术对技能溢价的提高，但是由于当前我国技能劳动供给未能弥补人工智能应用对技能劳动相对需求的缺口，所以尽管技能溢价增加幅度有所下降，人工智能应用仍旧提高了技能溢价。

表 5 – 5   调节机制检验：技能劳动相对供给

变量	lnω	
	（1）	（2）
lnRI	0.159 ***	
	（0.057）	
lnRI × SKILL	– 0.271 **	
	（0.105）	
lnRS		0.148 ***
		（0.065）
lnRS × SKILL		– 0.235 ***
		（0.085）
SKILL	0.476 **	0.697 ***
	（0.206）	（0.263）
FDI	– 0.229	– 0.251
	（0.605）	（0.605）
lnPGDP	– 0.585 ***	– 0.671 ***
	（0.141）	（0.204）
OS	– 0.705	– 0.336
	（1.626）	（1.652）
INDU2	1.049 *	1.15 *
	（0.604）	（0.67）
OPEN	0.539 ***	0.528 ***
	（0.189）	（0.189）
RD	– 3.82	– 4.102
	（4.846）	（4.845）
常数项	6.046 ***	6.739 ***
	（1.349）	（1.84）
观测值	310	310
R^2	0.212	0.211

第五节　人工智能影响技能溢价稳健性检验与异质性分析

一、稳健性检验

本节分别替换被解释变量和解释变量衡量指标进行稳健性检验。首先，将技能劳动与非技能劳动平均工资水平之比衡量的技能溢价指标，更换为技能劳动报酬之比，进而分别对两种机制进行稳健性检验。

表 5-6 是中介机制的稳健性回归结果，在替换技能溢价测量指标后，列（1）和列（4）所表示的中介机制的第一步结果仍表明人工智能技术与技能溢价间呈正向关系，且在 1% 水平上显著，列（2）和列（5）回归结果显示人工智能应用分别在 10% 和 1% 水平上显著扩大对技能劳动相对需求，列（3）和列（6）均表示技能劳动需求的增加进一步在 1% 水平上显著增加技能溢价。

表 5-6　　　　　　　　中介作用机制稳健性检验：更换被解释变量

变量	$\ln\varpi$	UP	$\ln\varpi$	$\ln\varpi$	UP	$\ln\varpi$
	（1）	（2）	（3）	（4）	（5）	（6）
UP			6.986 *** (0.814)			6.915 *** (0.837)
lnRI	0.182 *** (0.055)	0.006 * (0.004)	0.137 *** (0.049)			
lnRS				0.202 *** (0.063)	0.015 *** (0.004)	0.098 * (0.057)
SKILL	0.026 (0.08)	-0.001 (0.005)	0.031 (0.071)	0.043 (0.08)	-0.0003 (0.005)	0.045 (0.072)

续表

变量	lnϖ	UP	lnϖ	lnϖ	UP	lnϖ
	（1）	（2）	（3）	（4）	（5）	（6）
FDI	-0.678 （0.582）	-0.077** （0.039）	-0.142 （0.521）	-0.701 （0.583）	-0.077** （0.038）	-0.167 （0.525）
lnPGDP	0.093 （0.135）	0.035*** （0.009）	-0.153 （0.124）	-0.111 （0.195）	0.005 （0.013）	-0.146 （0.175）
OS	1.955 （1.566）	0.474*** （0.104）	-1.355 （1.443）	2.425 （1.591）	0.532*** （0.103）	-1.252 （1.492）
INDU2	0.525 （0.581）	-0.049 （0.039）	0.87* （0.518）	0.84 （0.645）	0.015 （0.042）	0.734 （0.578）
OPEN	0.484*** （0.182）	0.015 （0.012）	0.382** （0.162）	0.486*** （0.182）	0.018 （0.012）	0.359** （0.164）
RD	10.307** （4.666）	1.537*** （0.309）	-0.433 （4.328）	10.126** （4.666）	1.59*** （0.303）	-0.866 （4.383）
常数项	-4.997*** （1.289）	-0.381*** （0.085）	-2.333* （1.186）	-3.267* （1.748）	-0.127 （0.114）	-2.388 （1.568）
观测值	310	310	310	310	310	310
R^2	0.349	0.577	0.488	0.348	0.593	0.479

其次，人工智能技术基于自动化和计算机等设备的支持作用于经济生产活动。为此，韩君等（2022）认为信息传输、计算机服务和软件业全社会固定资产投资额可在一定程度上反映人工智能技术发展水平，进而体现其应用水平。回归结果如表5-7所示，其中，列（2）人工智能应用系数不显著，因此使用Bootstrap法进行检验，结果显示间接效应95%置信区间为[0.003644，0.029908]，不包含0，且P值为0.012，所以替换解释变量后中介效应依旧成立，结果稳健。

表 5 – 7　　　　　　　　中介作用机制稳健性检验：更换解释变量

变量	lnω	UP	lnω
	（1）	（2）	（3）
UP			2. 132 ** （0. 929）
lnAI	0. 103 *** （0. 024）	0. 001 （0. 002）	0. 101 *** （0. 024）
SKILL	– 0. 007 （0. 082）	– 0. 0001 （0. 005）	– 0. 006 （0. 082）
FDI	– 0. 592 （0. 601）	– 0. 081 ** （0. 039）	– 0. 42 （0. 601）
lnPGDP	– 0. 508 *** （0. 086）	0. 047 *** （0. 006）	– 0. 609 *** （0. 096）
OS	– 0. 759 （1. 603）	0. 459 *** （0. 104）	– 1. 737 （1. 647）
INDU2	0. 022 （0. 499）	– 0. 087 *** （0. 032）	0. 208 （0. 502）
OPEN	0. 476 ** （0. 185）	0. 011 （0. 012）	0. 452 ** （0. 184）
RD	– 3. 128 （4. 777）	1. 492 *** （0. 31）	– 6. 309 （4. 938）
常数项	5. 534 *** （0. 963）	– 0. 479 *** （0. 062）	6. 555 *** （1. 054）
观测值	310	310	310
R^2	0. 225	0. 573	0. 24

表 5 – 8 显示了调节机制的稳健性检验结果，其中，列（1）和列（2）是更换被解释变量的调节机制稳健性检验回归结果，在更换技能溢价测量指标后，技能劳动相对供给与工业机器人安装密度和存量密度的交互项均在

1%水平上显著为负，表明技能劳动相对供给具有负向调节作用，结果具有
稳健性。列（3）是更换解释变量的调节机制稳健性检验回归结果，在更换
人工智能指标后，交互项系数在5%水平上显著为负，人工智能应用系数在
1%水平上显著为正，该结果依旧稳健。

表5-8　　　　　　　　　　　调节机制作用稳健性检验

变量	更换被解释变量		更换解释变量
	（1）	（2）	（3）
lnRI	0. 185 *** （0. 054）		
lnRI × SKILL	- 0. 311 *** （0. 1）		
lnRS		0. 192 *** （0. 061）	
lnRS × SKILL		- 0. 27 *** （0. 08）	
lnAI			0. 011 *** （0. 024）
lnAI × SKILL			- 0. 23 ** （0. 059）
SKILL	0. 581 *** （0. 195）	0. 833 *** （0. 248）	0. 036 （0. 252）
FDI	- 0. 617 （0. 573）	- 0. 642 （0. 572）	- 0. 588 （0. 603）
lnPGDP	0. 138 （0. 134）	- 0. 016 （0. 193）	- 0. 508 *** （0. 086）
OS	2. 128 （1. 542）	2. 652 * （1. 563）	- 0. 752 （1. 601）

变量	更换被解释变量		更换解释变量
	（1）	（2）	（3）
INDU2	0.605 （0.573）	0.847 （0.633）	0.623 （0.5）
OPEN	0.459 ** （0.179）	0.453 *** （0.179）	0.476 * （0.185）
RD	9.689 ** （4.598）	9.496 ** （4.584）	−3.132 （4.785）
常数项	−5.515 *** （1.279）	−4.253 ** （1.741）	−4.253 ** （1.741）
观测值	310	310	310
R^2	0.371	0.374	0.226

二、异质性分析

（一）政策对低技能劳动力工资水平的保护

我国存在着较为完善的地区工资最低保护制度安排，各地区根据经济发展水平确定各自的最低劳动报酬水平，大中型企业一般也设有工会等组织，这可能对于技能溢价产生较为明显的影响。如姜雪和肖海霞（2015）发现工会强度等制度的差异化导致不同的技能溢价，在工会组织力量更加强大的欧洲国家，其技能溢价水平相比追求自由市场机制的美国更低。因此，本节以地区基层劳动争议调解委员会工会数量的均值为界，分为两组检验异质性。表5-9中列（1）和列（2）结果显示，相比工会数量更低的组别，工会数量越多意味着对劳动者的保护更加全面；为减少人工智能对非技能劳动的替代规模，通过对非技能劳动进行职业培训来提升其技能水平，从而技能劳动相对供给曲线右移，技能劳动相对供给起到的负向调节作用更大，所以技能溢价的上升幅度减小。

表 5 - 9 异质性检验

变量	lnω			
	工会数量		老龄化程度	
	少	多	低	高
	(1)	(2)	(3)	(4)
lnRI	0.168 ** (0.069)	0.177 (0.107)	0.265 *** (0.089)	0.055 (0.086)
lnRI × SKILL	-0.301 ** (0.126)	-0.582 *** (0.216)	-0.174 (0.161)	-0.424 ** (0.194)
SKILL	0.428 * (0.227)	1.422 *** (0.486)	0.279 (0.268)	0.949 ** (0.473)
FDI	-0.523 (0.73)	-0.134 (1.098)	-0.684 (0.806)	0.354 (1.07)
lnPGDP	-0.549 *** (0.163)	-0.614 (0.385)	-0.996 *** (0.214)	-0.327 (0.232)
OS	3.137 (1.997)	-3.861 (3.81)	1.541 (2.475)	-4.923 (3.239)
INDU2	0.547 (0.662)	0.728 (1.786)	0.96 (1.009)	0.494 (1.291)
OPEN	0.138 (0.222)	1.647 *** (0.384)	0.493 (0.317)	1.233 *** (0.359)
RD	-1.228 (5.103)	-10.583 (17.465)	-10.511 (6.654)	8.1 (8.869)
常数项	5.392 *** (1.534)	6.715 (4.178)	9.983 *** (2.093)	3.787 (2.433)
观测值	210	100	163	147
R^2	0.171	0.512	0.299	0.259

（二）人口年龄结构

人口老龄化程度的加深通过促使产业结构转型升级减少非技能劳动就业比重以及增加技能劳动就业比重，进而推动劳动力技能结构升级，优化技能劳动相对供给（张卫，2021）。本节以抚养比表征老龄化程度的均值为界，分为两组检验异质性。表6-9中列（3）和列（4）结果显示，相较于人口老龄化程度较低的组别，老龄化程度更高意味着与人工智能技术应用需求相匹配的技能劳动越多，技能劳动相对供给对人工智能技术与技能溢价的负向调节效应更大，从而技能溢价上升幅度更小。

第六节　结论与政策建议

本章构建了一个人工智能应用对技能劳动需求引致，以及人工智能供给约束的分析框架，探究人工智能影响技能工资溢价的作用机制，并使用2010～2019年省际面板数据进行了实证检验，研究发现：第一，以工业机器人安装密度或存量密度衡量的人工智能应用显著提高了技能溢价。第二，人工智能应用需求引致的岗位更迭效应通过创造更多技能型岗位增加对技能劳动力相对需求，进而导致技能溢价上升。第三，技能劳动相对供给的调节机制在人工智能应用影响技能溢价中起到负向调节作用。第四，分组回归发现，在劳动力保护程度更高以及老龄化程度越深的地区中，调节机制的负向效应越显著，从而人工智能技术对技能溢价的扩大作用越小。

上述结论有如下政策启示：第一，人工智能技术应用与技能溢价间的正向关系，从侧面表明不同技能劳动力在人工智能应用下的机会不平等性，面对其引发的"技术性失业"问题，政府和企业应当对非技能劳动进行职业技能培训以提升其技能水平。第二，鉴于技能劳动相对供给对技能溢价的负向调节作用，政府应持续增加对各级教育经费的投入，继续推进高等教育规模和质量，以增加与人工智能技术发展相匹配的技能劳动力。此外，高校应充分发挥人才孕育媒介作用，重视基础研究和应用研究统筹发展，满足人工智能技术对不同层次人才的需求。第三，因势利导完善人工智能技术与技能劳动相对供给的协调发展。应通过建立和完善劳动力保护体系以及相关人才引进制度政策等吸引劳动力集聚，为技术发展输送源源不断的各层次劳动力。

第六章

互联网与劳动收入及性别溢价

　　近些年来，互联网作为一种数字生产要素，对经济运行和生产效率产生了极大影响。中国互联网络信息中心（CNNIC）发布的第 48 次《中国互联网络发展状况统计报告》显示，截至 2021 年 6 月，我国网民规模已达 10.11 亿，互联网普及率达到 71.6%。其中，互联网的女性用户占比由 2000 年的 30.4% 快速提升至 2021 年的 48.8%。已有研究发现互联网等数字经济的发展有利于提高工作效率、丰富信息资源和提升人力资本（Krueger，1993）。为此，不少学者聚焦互联网与就业和收入间的关系研究，认为互联网应用会重塑劳动力就业数量和结构，并影响收入分配格局。

　　关于互联网的就业效应的研究主要从三个角度进行：一是从微观企业层面着手，研究认为信息技术的就业替代效应会减少就业（Jung et al.，2017），而互联网的知识溢出效应和技能溢价效应会提高就业质量（Brynjolfsson and Mcafee，2014；蔡跃洲和张钧南，2015）。二是基于新古典模型，从宏观层面着手，研究发现互联网减少重复性岗位的就业（Karabarbounis and Neiman，2014；Akerman et al.，2015），而通过创造新的就业形态和降低生产成本等补偿效应增加就业量（Atasoy，2013；Vivarelli，2014；Bloom et al.，2016）。三是从部门经济着手，如研究发现互联网普及有利于增加农村非农就业，且这一效应对技能认知水平更高的劳动力而言促进效果更加显著（周冬，2016；马俊龙和宁光杰，2017；赵羚雅和向运华，2019）。

　　关于互联网劳动收入效应的研究中，一般认为，互联网应用与收入之间呈现正向关系（刘晓倩和韩青，2018；杨柠泽和周静，2019）。其作用机制在于：首先，因互联网应用技能较高，所以有利于人力资本水平的提高，从而增加个体劳动收入（Dimaggio and Bonikowski，2008；赵建国和周德水，2019；左孝凡和陆继霞，2020）；其次，互联网应用通过改善网络基础设施、促进平台经济发展，有助于提高农村非农就业收入（赵羚雅和向运华，2019；苏岚岚和孔荣，2020）；最后，互联网应用有效拓展就业信息获取渠道，促进机会性创业和标准就业，进而提高收入水平（周洋和华语音，2017；史晋川和王维维，2017；毛宇飞等，2019）。

此外，不少研究关注互联网应用对女性就业、性别工资收入差距的影响，其逻辑在于：互联网的普及可以弱化劳动力市场存在的信息不平等程度（Czernich et al.，2011；蒋琪等，2018），减少对体力劳动的需求，且其灵活的工作方式有利于促进女性就业，进而缓解男女间劳动收入差异（Weinberg，2000；Atasoy，2013；Moreno - Galbis and Wolff，2008；Postar，2013；毛宇飞等，2018；戚聿东和刘翠花，2020）。

随着互联网普及率的提高以及女性用户占比的快速提升，互联网应用对于缩小性别工资收入差距，促进收入均等增长提供了新的机遇。基于以上分析，本章使用微观层面的家庭调查数据，从性别差异视角考察互联网应用的劳动收入影响及其溢价效应，可能的边际贡献是：从劳动力需求、供给以及市场这三个角度分析互联网对不同性别劳动收入水平的影响，并结合中国劳动力动态调查（CLDS）数据进行验证。经过分样本回归、分位数回归以及一系列稳健性检验后发现，互联网应用存在劳动收入溢价效应，且对女性劳动收入水平正向影响更大；通过引入互联网与性别的交互项等稳健性检验，发现互联网有利于缩小性别劳动收入差距。

第一节　互联网对劳动收入的影响机制及性别差异

根据工资决定理论，劳动力的收入水平取决于一定情形下的劳动力供需市场均衡，本章将互联网应用纳入这一供需分析框架下，从市场、需求和供给角度考察互联网应用对劳动收入水平的影响以及性别差异。

其一，互联网应用减少劳动力市场信息不对称和搜寻成本引致劳动收入变化。在劳动力市场中，一方面，劳动者为获取就业信息，需要付出一定的时间成本；另一方面，雇主发布信息也需要承担一定的成本，降低岗位需求和劳动力供给间的匹配效率。由于劳动者和雇主间存在无法避免的信息不对称问题，且女性可能在劳动力市场中受到更多歧视，因而承担更多的搜寻成本。相较于线下获取就业信息，互联网信息传播效率高，雇主可以通过平台及时发布岗位需求信息，劳动者即时获取信息资源，通过线上交流劳动者技能与岗位的匹配度，可有效降低劳动力市场信息不对称问题，降低搜寻成本。所以，互联网应用有利于降低摩擦性失业，从而提高劳动力工资收入，特别是可能更有利于提高女性劳动力工资收入。

其二，互联网应用对劳动力需求影响引致的劳动收入变化。"肌肉—大脑"理论认为劳动力由两部分组成，即体力劳动与脑力劳动（Welch，2000）。互联网发展有利于生产率大幅提高，男性和女性劳动力均可受益，有助于提高劳动收入水平。但相较于体力劳动而言，互联网对脑力劳动的需求较高，要求劳动力拥有较高的技能认知水平，如非常规工作中的研究分析与组织管理等高薪职业。其中，就劳动力性别差异而言，男性在体力劳动方面占据比较优势，女性则在认知技能、社交技能以及细腻程度方面优势更大，所以互联网有助于改善女性在劳动力市场中的弱势地位，相对增加对女性劳动力的需求，导致女性劳动收入水平提高，从而也可能缓解了性别劳动收入差距。

其三，互联网应用对劳动力供给影响引致的劳动收入变化。互联网的出现及其大规模的应用提高了工作时间、工作地点以及工作方式的灵活性，有利于"零工经济"的发展。由于部分女性劳动力难以在工作和家庭间平衡，而生育带来的职业间断影响她们工作经验的积累，使其在劳动力市场中受到更多歧视，进而导致女性收入低于男性（Goldin，2014；於嘉和谢宇，2014；Gafni and Siniver，2015）。互联网有利于实现线上办公或者借助互联网平台进行自主创业，一定程度上弥补因家庭因素导致的工作机会的丧失，得益于此，女性就业的积极性将会提高，对就业的正向激励作用有助于缓解性别劳动收入差距问题。

第二节　互联网影响劳动收入的实证设计

一、模型构建

通过构建如式（6-1）所示模型检验全样本下互联网的劳动收入溢价效应，再分别基于男性和女性两个分样本检验对男性和女性劳动收入的影响：

$$\text{lnincome}_{ij} = \alpha_0 + \alpha_1 \text{Internet}_{ij} + \alpha_2 X_{ij} + \alpha_3 \theta_{ij} + \varepsilon_{ij} \qquad (6-1)$$

其中，income_{ij} 为省份 j 个体 i 的工资水平，Internet_{ij} 为是否使用互联网，X_{ij} 为个体层面控制变量集合，θ_{ij} 为省份层面控制变量集合，ε_{ij} 为随机扰动项。

通过构建分位数回归模型，剖析互联网使用对劳动收入水平处于不同位置上的劳动收入水平的影响差异，如式（6-2）所示：

$$Q_\vartheta(Y \mid X) = X'\delta_\vartheta \qquad (6-2)$$

其中，Y 为被解释变量男性和女性劳动收入水平，X 为互联网使用、年龄等个人层面及地区人均生产总值等省份层面变量，$Q_\vartheta(Y \mid X)$ 表示在给定变量 X 的情况下，被解释变量劳动收入水平第 ϑ 分位点上的值，选取的分位数包括 0.3，0.5 和 0.7。

二、变量选取、测度与数据来源

被解释变量：劳动收入。依据中国劳动力动态调查（CLDS）的问卷设置，选取不扣除个人所得税、社会保险和住房公积金后的个人劳动收入表征。

解释变量：互联网应用。依据问卷设计中的问题"是否使用互联网"表征其使用状态。

控制变量。控制变量包括个人层面以及个人所在省份层面的相关变量。具体而言，个人层面的控制变量包括性别、年龄、年龄的平方、政治面貌、婚姻状况、教育水平、户籍、健康状态；省份层面选取的控制变量有地区人均生产总值和城镇化率。

变量的相关描述如表 6-1 所示。

表 6-1　　　　　　　　　　变量选取及说明

变量名称	变量描述	全样本	女性样本	男性样本
劳动收入	不扣除个人所得税、社会保险和住房公积金后的个人工资性收入	44330.63 (46851.57)	38414.5 (49904.15)	49944.27 (43037.23)
互联网	使用为1，否则为0	0.52 (0.50)	0.55 (0.50)	0.49 (0.50)
性别	女性为1，男性为0	—	—	—
年龄	依据调查年份计算实际年龄（岁）	37.41 (10.93)	36.95 (10.15)	37.84 (11.61)
年龄的平方	实际年龄的平方	1518.88 (862.82)	1468.3 (780.12)	1566.87 (932.40)
政治面貌	党员为1，否则为0	0.06 (0.24)	0.05 (0.22)	0.07 (0.26)
婚姻状况	已婚为1，否则为0	0.79 (0.41)	0.82 (0.38)	0.76 (0.42)
教育水平	大专及以上学历为3，初中至高中为2，小学及以下为1	2.01 (0.65)	2.05 (0.64)	1.96 (0.65)
户籍	城镇户口为1，否则为0	0.36 (0.48)	0.39 (0.49)	0.34 (0.47)
健康状态	非常健康为5，健康为4，一般为3，比较不健康为2，非常不健康为1	3.90 (0.82)	3.84 (0.81)	3.95 (0.81)
人均生产总值	地区生产总值/年平均人口	61519.64 (19939.04)	61519.64 (19939.04)	61519.64 (19939.04)

变量名称	变量描述	全样本	女性样本	男性样本
城镇化率	城镇人口/年末常住人口	62.38 (10.07)	62.38 (10.07)	62.38 (10.07)
观测值	—	1982	965	1017

注：以上变量均未进行对数处理；表中汇报了平均值以及标准差。

　　本研究使用的数据来自于 2016 年中国劳动力动态调查（CLDS），该调查数据涉及 29 个省、区、市（除港澳台、海南和西藏），对各地区男性和女性劳动力相关情况统计较为全面。省级层面的控制变量来源对应年份的《中国统计年鉴》和国家统计局。在有关个体选取时，进行如下处理：首先，根据我国男性和女性适龄劳动年龄，剔除男性 65 岁以上的样本，剔除女性 55 岁以上的样本，年龄最小值为 18 岁；其次，剔除调查时还未毕业的样本，保留身份为雇员且目前有工作的样本；然后，进一步将本研究涉及变量中数据缺失、数据异常的个体信息剔除。基于以上处理，最终所得样本总数为 1982 个，其中女性样本和男性样本分别为 965 个和 1017 个。

第三节　互联网影响劳动收入的实证结果与分析

一、基础回归结果与分析

　　基于前文中分析，首先在全样本下考察互联网的劳动收入溢价效应；其次通过分样本回归，分别检验对男性和女性劳动收入水平的影响，回归结果如表 6 - 2 所示。

表 6 – 2　　　　　　　互联网应用影响劳动收入的基础回归结果

变量名称	全样本	女性样本	男性样本
	（1）	（2）	（3）
互联网	0. 293 ***	0. 334 ***	0. 245 ***
	（0. 034）	（0. 051）	（0. 047）
性别	− 0. 409 ***	—	—
	（0. 031）		
年龄	0. 082 ***	0. 067 ***	0. 101 ***
	（0. 012）	（0. 019）	（0. 016）
年龄平方	− 0. 001 ***	− 0. 001 ***	− 0. 001 ***
	（0. 0002）	（0. 0002）	（0. 0002）
教育水平	0. 129 ***	0. 146 ***	0. 115 ***
	（0. 024）	（0. 035）	（0. 035）
政治面貌	0. 338 ***	0. 334 ***	0. 294 ***
	（0. 066）	（0. 098）	（0. 090）
户籍	0. 244 ***	0. 312 ***	0. 180 ***
	（0. 0367）	（0. 051）	（0. 053）
健康状态	0. 050 **	0. 075 **	0. 024
	（0. 021）	（0. 031）	（0. 029）
婚姻状况	0. 066	− 0. 035	0. 131 **
	（0. 049）	（0. 080）	（0. 060）
人均生产总值	0. 592 ***	0. 698 ***	0. 516 ***
	（0. 095）	（0. 137）	（0. 127）
城镇化率	− 0. 036	0. 025	− 0. 090
	（0. 201）	（0. 293）	（0. 274）
常数项	2. 108 ***	0. 512	2. 922 ***
	（0. 587）	（0. 837）	（0. 823）
观测值	1982	965	1017
R^2	0. 271	0. 304	0. 208

注：括号内为稳健标准误，*** 表示 $p < 0.01$，** 表示 $p < 0.05$，* 表示 $p < 0.1$，下表同。

其中，表6－2中列（1）为全样本下的回归结果，互联网估计系数在1%水平下显著为正，表明与不使用互联网的劳动力相比，使用互联网可以增加劳动收入。表6－2中列（2）和列（3）结果表明，互联网均可促进男性和女性劳动收入的提高，且对女性的影响大于男性。

关于控制变量，全样本中性别估计系数在1%水平上显著为负，表明当前女性的劳动收入水平低于男性；无论是全样本还是分样本，年龄的一次项系数均在1%水平上为正，二次项系数均在1%水平上显著为负，说明劳动收入水平随年龄的增长先增大后减小；教育水平估计系数均在1%水平上显著为正，说明教育水平的提高有利于促进人力资本水平，进而有助于劳动收入水平的上升；政治面貌和户籍估计系数也均显著为正，说明党员以及城镇户口与劳动收入水平间呈正相关；在全样本和女性样本中，健康状态系数显著为正，表明健康程度越高，越有利于女性劳动收入水平的上涨；在男性样本中，婚姻状况系数在5%水平上为正，表明相较于女性而言，已婚男性的劳动收入水平高于未婚男性的劳动收入水平，这可归结为已婚男性的工作经验以及技能水平更高，相应的劳动收入水平更高。

二、互联网应用对劳动收入的分位数实证

为考察互联网应用对处于不同劳动收入水平位置上的劳动收入的影响差异，绘制了5个分位数数值上互联网应用对劳动收入水平的影响，如图6－1所示，可以发现：第一，互联网应用对劳动收入水平的影响整体呈上升趋势，且整体对高收入劳动力劳动收入水平的正向促进作用更大；第二，在任何分位数数值上，互联网应用对女性劳动力劳动收入水平的影响系数均大于男性，这表明在任何收入水平上均有利于减少性别劳动收入差距。

进一步将劳动收入水平分为30、50、70等三个分位进行回归分析，结果如表6－3所示。互联网应用对女性劳动收入水平和男性劳动收入水平的影响均大致呈U型，且都在70分位数处系数最大，在50分位数处系数最小，表明互联网应用对低收入劳动力和高收入劳动力劳动收入水平影响更大。

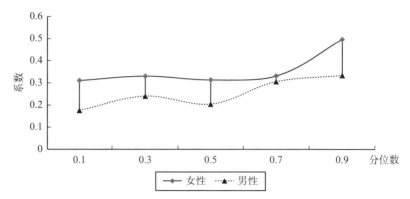

图 6−1　互联网在不同劳动力工资收入水平分位数下对劳动力工资收入的影响

表 6−3　　　　　　　　　　　　　分位数回归结果

变量名称	女性样本			男性样本		
	30 分位数	50 分位数	70 分位数	30 分位数	50 分位数	70 分位数
互联网	0.330 *** (0.060)	0.313 *** (0.045)	0.331 *** (0.049)	0.240 *** (0.054)	0.204 *** (0.050)	0.306 *** (0.049)
年龄	0.0643 *** (0.020)	0.0391 *** (0.015)	0.0174 (0.016)	0.0852 *** (0.017)	0.0537 *** (0.016)	0.0694 *** (0.015)
年龄平方	−0.001 *** (0.0002)	−0.0007 *** (0.0002)	−0.0003 (0.0002)	−0.0012 *** (0.0002)	−0.0008 *** (0.0002)	−0.001 *** (0.0002)
教育水平	0.125 *** (0.042)	0.132 *** (0.031)	0.140 *** (0.035)	0.116 *** (0.040)	0.103 *** (0.037)	0.107 *** (0.036)
政治面貌	0.297 ** (0.117)	0.390 *** (0.088)	0.311 *** (0.097)	0.172 * (0.095)	0.197 ** (0.088)	0.075 (0.085)
户籍	0.286 *** (0.058)	0.282 *** (0.043)	0.288 *** (0.048)	0.115 ** (0.057)	0.196 *** (0.053)	0.216 *** (0.052)
健康状态	0.006 (0.032)	0.012 (0.024)	0.052 ** (0.026)	0.066 ** (0.030)	0.036 (0.028)	0.065 ** (0.027)
婚姻状况	−0.031 (0.081)	0.031 (0.061)	0.030 (0.067)	0.194 *** (0.071)	0.149 ** (0.067)	0.169 *** (0.064)

续表

变量名称	女性样本			男性样本		
	30 分位数	50 分位数	70 分位数	30 分位数	50 分位数	70 分位数
人均生产总值	0.717 *** (0.161)	0.724 *** (0.120)	0.786 *** (0.133)	0.462 *** (0.142)	0.583 *** (0.132)	0.531 *** (0.127)
城镇化率	-0.060 (0.340)	-0.175 (0.255)	-0.333 (0.283)	-0.019 (0.298)	-0.448 (0.278)	-0.384 (0.268)
常数项	0.838 (0.886)	1.901 *** (0.663)	2.249 *** (0.737)	3.105 *** (0.856)	4.621 *** (0.798)	4.685 *** (0.769)
观测值	965	965	965	1017	1017	1017

三、稳健性检验

本节通过更换实证模型和变量度量方法进行稳健性检验。

其一，更换实证模型。在基准模型中，采用分样本回归，此处使用交互项进行稳健性检验。模型如式 6 – 3 所示：

$$\text{lnincome}_{ij} = \beta_0 + \beta_1 \text{Internet}_{ij} + \beta_2 \text{Internet}_{ij} \times \text{gender}_{ij}$$
$$+ \beta_3 \text{gender}_{ij} + \beta_4 X_{ij} + \beta_5 \theta_{ij} + \varepsilon_{ij} \qquad (6-3)$$

其中，$\text{Internet}_{ij} \times \text{gender}_{ij}$ 为互联网与性别的交互项，主要关注交互项系数 β_2 的正负性以及显著性。回归结果如表 6 – 4 中列（1）所示，虽然女性虚拟变量的系数显著为负，女性劳动收入水平低于男性，但交互项系数显著为正，表明互联网有助于缩小性别劳动收入差距。

其二，替换被解释变量。依据问卷设计中，雇员在过去一年中的工作月份数以及每月工作的小时数，计算得出小时劳动收入数，将其取对数进而替换被解释变量，回归结果如表 6 – 4 中列（2）至列（4）所示。由结果可知，互联网系数与交互项系数均显著为正，且女性估计系数大于男性，与基准回归结果相一致。

表 6 - 4　　　　稳健性检验：更换模型、替换被解释变量

变量名称	更换实证模型		替换被解释变量（小时劳动收入数）	
	交互项	全样本	女性样本	男性样本
	（1）	（2）	（3）	（4）
互联网	0.197 *** (0.046)	0.320 *** (0.042)	0.363 *** (0.066)	0.269 *** (0.054)
性别	-0.515 *** (0.042)	-0.346 *** (0.037)	—	—
互联网 * 性别	0.201 ** (0.062)	—	—	—
年龄	0.085 *** (0.124)	0.059 *** (0.015)	0.034 (0.025)	0.085 *** (0.019)
年龄平方	-0.001 *** (0.0002)	-0.0008 *** (0.0002)	-0.0005 (0.0003)	-0.001 *** (0.0002)
教育水平	0.130 *** (0.024)	0.100 *** (0.030)	0.138 *** (0.044)	0.070 * (0.041)
政治面貌	0.337 *** (0.060)	0.393 *** (0.080)	0.330 *** (0.108)	0.394 *** (0.114)
户籍	0.243 ** (0.037)	0.341 *** (0.044)	0.442 *** (0.064)	0.249 *** (0.060)
健康状态	0.05 ** (0.021)	0.032 (0.025)	0.061 (0.037)	-0.0004 (0.033)
婚姻状况	0.061 (0.049)	-0.003 (0.057)	-0.027 (0.086)	0.001 (0.075)
人均生产总值	0.602 *** (0.094)	0.431 *** (0.111)	0.496 *** (0.161)	0.395 *** (0.153)
城镇化率	-0.039 (0.201)	-0.100 (0.235)	0.0948 (0.349)	-0.282 (0.317)

续表

变量名称	更换实证模型		替换被解释变量（小时劳动收入数）	
	交互项	全样本	女性样本	男性样本
	（1）	（2）	（3）	（4）
常数项	2.005 ** (0.586)	-1.576 ** (0.712)	-3.157 *** (1.014)	-0.724 (1.017)
观测值	1982	1982	965	1017
R^2	0.275	0.190	0.234	0.134

其三，替换解释变量。将是否使用互联网更换为互联网使用频率，问卷中互联网使用频率分为"经常""有时""很少"和"从不"四个选项，将经常使用设为3，有时使用设为2，很少使用设为1，从不使用设为0，通过替换解释变量进行稳健性检验，结果如表6-5所示。可以发现，无论全样本还是分样本回归，与从不使用互联网相比，互联网应用均存在劳动收入溢价效应，且随着互联网使用频率的增加，对劳动收入的正向促进作用更为明显，对女性劳动收入水平的积极影响一直大于男性，表明上述回归结果稳健。

表6-5　　　　　　　　　　稳健性检验：替换解释变量

变量名称	很少使用互联网		
	全样本	女性样本	男性样本
	（1）	（2）	（3）
互联网	0.125 ** (0.049)	0.194 *** (0.075)	0.072 (0.066)
性别	-0.467 *** (0.039)	—	—
控制变量	控制	控制	控制
观测值	1195	539	656
R^2	0.207	0.176	0.140

续表

变量名称	有时使用互联网		
	全样本	女性样本	男性样本
	（1）	（2）	（3）
互联网	0.173 ** （0.058）	0.211 *** （0.087）	0.143 * （0.079）
性别	−0.484 *** （0.0404）	—	—
控制变量	控制	控制	控制
观测值	1159	533	626
R^2	0.207	0.167	0.137
变量名称	经常使用互联网		
	全样本	女性样本	男性样本
	（1）	（2）	（3）
互联网	0.474 ** （0.044）	0.483 *** （0.062）	0.443 *** （0.063）
性别	−0.446 *** （0.035）	—	—
控制变量	控制	控制	控制
观测值	1531	758	773
R^2	0.323	0.366	0.255

四、异质性检验

其一，婚姻状况异质性。考虑到婚后的男性和女性由于需要花费相当多的时间和精力去照顾家庭，且女性承担的家庭照料任务更多，婚姻成为制约女性就业的重要因素之一，因此婚姻状况异质性会对劳动收入水平产生不同影响，互联网对未婚劳动力劳动水平促进效应可能更大。为此，将样本分为已婚和未婚，进行分组回归。如表6-6所示的回归结果可知，在女性和男性样本中，互联网估计系数均显著为正，但是已婚状态的劳动力的系数值小于未婚状态的系数值，说明婚姻削弱了互联网的劳动收入溢价效应。然而不论婚姻状况如何，互联网对女性劳动力收入水平的影响系数均大于男性，进一步证实了前述研究。

表 6－6　　　　　　　　　　　异质性检验：婚姻状况

变量名称	女性样本		男性样本	
	已婚	未婚	已婚	未婚
	（1）	（2）	（3）	（4）
互联网	0.312 ***	0.333 **	0.229 ***	0.301 ***
	（0.054）	（0.158）	（0.052）	（0.105）
年龄	0.047 **	0.204 ***	0.086 ***	0.119 ***
	（0.021）	（0.057）	（0.019）	（0.033）
年龄平方	－ 0.0007 ***	－ 0.003 ***	－ 0.001 ***	－ 0.002 ***
	（0.0003）	（0.0008）	（0.0002）	（0.0004）
教育水平	0.170 ***	－ 0.025	0.092 **	0.173 **
	（0.037）	（0.094）	（0.039）	（0.075）
政治面貌	0.382 ***	0.234	0.298 ***	0.334
	（0.101）	（0.190）	（0.098）	（0.208）
户籍	0.334 ***	0.212	0.184 ***	0.157
	（0.055）	（0.135）	（0.059）	（0.115）
健康状态	0.043	0.179 *	0.027	0.022
	（0.032）	（0.097）	（0.032）	（0.061）
人均生产总值	0.793 ***	0.254	0.571 ***	0.336
	（0.125）	（0.509）	（0.139）	（0.329）
城镇化率	－ 0.183	0.943	－ 0.227	0.359
	（0.285）	（0.930）	（0.299）	（0.663）
常数项	0.719	－ 0.455	3.382 ***	2.554
	（0.880）	（2.719）	（0.875）	（2.124）

变量名称	女性样本		男性样本	
	已婚	未婚	已婚	未婚
	(1)	(2)	(3)	(4)
观测值	795	169	777	240
R^2	0.319	0.326	0.217	0.186

其二，年龄异质性。《中国互联网络发展状况统计报告（2022）》显示，截止到 2022 年 6 月，我国网民年龄分布呈倒"U"型，以 30 ~ 39 岁年龄段的网民占比最高。考虑到不同年龄段使用互联网频率的高低可能带来的异质性影响，按劳动力年龄将其分为四个部分，分别是 60 后、70 后、80 后以及90 后。如表 6 - 7 所示的回归结果可知，相比于其他年龄段，互联网对 90后的女性和男性的劳动收入水平均无显著影响，这可能是因为 90 后的年龄偏低，使用互联网更多的是基于社交需求，且其工龄较低，所以没有显著影响。除去 90 后，在女性样本中，互联网对 80 后的影响最大，呈现上升趋势，这可能是因为女性利用互联网更多的是进行学习或创业，且年轻女性在使用互联网时的边际效应更大。男性样本中，互联网的劳动收入溢价效应呈倒"U"型，对 70 后男性的劳动收入水平影响系数最大，这可能是因为相较于 46 ~ 55 岁的男性，35 ~ 45 岁阶段的男性会花更多的时间在线上社交，且随着年龄的增加，男性有更充足的个人时间利用互联网发展副业，从而获得更高的劳动收入水平。

表 6 - 7 　　　　　　　　　　异质性检验：年龄层次

变量名称	女性样本			
	60 后	70 后	80 后	90 后
	(1)	(2)	(3)	(4)
互联网	0.267 *** (0.087)	0.307 *** (0.089)	0.322 *** (0.096)	0.232 (0.165)

续表

变量名称	女性样本			
	60 后	70 后	80 后	90 后
	(1)	(2)	(3)	(4)
控制变量	控制	控制	控制	控制
观测值	181	280	308	117
R^2	0.336	0.350	0.310	0.196

变量名称	男性样本			
	60 后	70 后	80 后	90 后
	(1)	(2)	(3)	(4)
互联网	0.256 *** (0.089)	0.391 *** (0.083)	0.261 *** (0.082)	0.121 (0.173)
控制变量	控制	控制	控制	控制
观测值	295	225	348	122
R^2	0.141	0.212	0.153	0.074

第四节　结论与政策建议

本章使用 2016 年中国劳动力动态调查数据（CLDS），探讨互联网使用的劳动收入溢价效应以及其对不同性别劳动力劳动收入的影响，结果显示：（1）互联网存在劳动收入溢价效应，且对女性劳动力收入水平的正向效应大于男性；（2）分位数回归结果表明，无论性别，互联网对劳动收入处于较高水平的劳动力的劳动收入溢价效应最大，在 70 后分位数值处性别劳动收入差距最小，且随着劳动收入水平的提高，劳动收入差距呈现缩小趋势；（3）异质性分析表明，婚姻削弱了互联网的劳动收入溢价效应；70 后以及 80 后是互联网劳动收入溢价的最主要受益者。

基于上述结论，提出如下建议：第一，在新一轮科技革命浪潮中，积极推进和完善互联网产业发展，完善和优化 5G 通信基础设施建设，推动数字技术、智能化与实体经济深度融合，充分释放互联网劳动力溢价效应，缩小性别劳动收入差距，加快共同富裕进程。第二，有针对性地帮助女性群体，尤其是已婚女性，使女性获得互联网等数字经济的红利效应。丰富网络应用，结合教育资源，积极开展线上平台培训课程，扩大优质资源覆盖面，提高女性使用互联网频率和提升其知识水平；鼓励女性参与线上平台就业体系，借助平台经济积极就业和创业。第三，大力发展互联网催生出的新型就业形式，加快实现产业结构转型升级，为劳动者创新创业提供广阔市场空间。

第三篇　财产性收入特征、来源与渠道

　　居民财产性收入最终意义上来源于企业等生产经营单位的资本收入，但两者的对应关系较为复杂，其中的原因是：企业等生产经营单位的资本收入并未全部分配给居民，分配给居民的资本收入一部分需要借助金融中介机构完成。从居民角度而言，财产性收入的获得又和经济发展影响下的居民资本积累及投资能力相关。本篇从企业和居民两个角度展开，分别探讨了企业资本要素收入分项分配、影响因素及向居民财产性收入的转化和居民财产性收入特征及影响因素两个方面。相关内容组成第七章和第八章。

第七章

我国居民财产性收入特征
及微观影响因素分析

近些年我国居民财产性收入虽然有较快增长，但居民财产总体依然处于积累阶段，财产性收入在总收入中所占比重较低、财产性收入在不同收入组之间分配较为不均。而居民财产性收入过低或者分配不均问题，不仅会抑制需求的增长，还可能影响人们的幸福感、影响社会和政治的稳定，因此，增加居民财产收入是"十四五"时期促进居民收入增长的重要方向。自党的十八大以来，中央多次对此做出重要论述：党的十八大报告强调了要多渠道增加城乡居民财产性收入；党的十九大报告指出拓宽居民财产性收入渠道；党的二十大报告提出探索多种渠道增加中低收入群众要素收入，多渠道增加城乡居民财产性收入。

探究居民财产性收入的特征、推动居民财产性收入的增长是当前需要探讨的重要课题。本章首先分析了省际之间的财产性收入的差距变化，并利用分解分析的方法探究了四大区域之间、省际之间以及城乡之间的财产性收入差距关系。其后使用中国微观家庭财产性收入数据，从微观家庭层面细致剖析居民财产性收入及其分项构成，并从不同层面描述家庭财产收入特征，在此基础上实证分析家庭特征因素对财产性收入的影响。

第一节　省级居民财产性收入的基本特征分析

由于《中国统计年鉴》数据统计口径的改变，本节选取 2014 年之后的财产净收入作为研究对象。为了表述上的一致性，本节统一将财产净收入称为财产性收入。从全国角度来看，居民人均财产性收入从 2014 年的 1587.8 元上升到 2021 年的 3075.5 元，增长近 1 倍，年均增速为 0.1165。与此同时，工资性收入、经营性收入、转移性收入等其他三类收入的增长也较快，财产性收入占可支配收入的比重提升了 1%。

一、不同区域居民人均财产性收入变化情况

(一) 东部地区居民人均财产性收入情况

如表 7-1 所示，居民人均财产性收入平均增速超过全国水平的有河北、江苏、福建、广东、海南 5 个省。从居民人均财产性收入增长的绝对数量来看，大小依次为北京、上海、广东、浙江、江苏、福建、天津、海南、河北和山东，东部地区明显呈现出经济越发达、居民人均财产性收入水平越高、居民人均财产性收入增长量越大的强者恒强的特征。

表 7-1　　　　　　　　东部地区居民人均财产性收入情况

省份	2014 年（元）	2021 年（元）	绝对量差距（元）	报告期/基期	平均增速
北京	7000.9	12459.8	5458.9	1.7797	0.1008
天津	2781.7	4576.2	1794.5	1.6451	0.0865
河北	1138.5	2273.0	1134.5	1.9965	0.1221
上海	6504.1	10208.5	3704.4	1.5695	0.078
江苏	2299.9	5315.8	3015.9	2.3113	0.1499

省份	2014 年（元）	2021 年（元）	绝对量差距（元）	报告期/基期	平均增速
浙江	3586.2	6905.5	3319.3	1.9256	0.1154
福建	2238.6	4540.3	2301.7	2.0282	0.1251
山东	1314.9	2441.4	1126.5	1.8567	0.1086
广东	2376.2	5831.3	3455.1	2.454	0.1614
海南	1253.9	2614.0	1360.1	2.0847	0.1302

资料来源：《中国统计年鉴》。

（二）中部地区居民人均财产性收入情况

表 7-2 是中部地区 2014~2021 年居民人均财产性收入统计情况，期间居民人均财产性收入平均增速超过全国水平的省份有安徽、河南、湖北。从居民人均财产性收入增长的绝对数量来看，大小依次为安徽、湖北、湖南、江西、河南、山西。综合来看，山西增长相对缓慢、安徽增长相对较快。

表 7-2　　　　　　　中部地区居民人均财产性收入情况

省份	2014 年（元）	2021 年（元）	绝对量差距（元）	报告期/基期	平均增速
山西	935.5	1509.0	573.5	1.6130	0.0829
安徽	904.5	2167.6	1263.1	2.3965	0.1568
江西	1242.7	2306.6	1063.9	1.8561	0.1086
河南	863.2	1686.2	823.0	1.9534	0.1181
湖北	1079.4	2214.7	1135.3	2.0518	0.1273
湖南	1293.6	2413.5	1119.9	1.8657	0.1095

资料来源：《中国统计年鉴》。

（三）东北地区居民人均财产性收入情况

如表 7-3 所示，东北三省中 2014~2021 年期间居民人均财产性收入增速均远低于全国水平，增速大小依次为吉林、黑龙江、辽宁，增长的绝对量大小依次为吉林、黑龙江、辽宁，显示出人均财产性收入水平越低、增速和增长绝对量越大的特征。

表 7 - 3　　　　　　　　东北地区居民财产性收入情况

省份	2014 年（元）	2021 年（元）	绝对量差距（元）	报告期/基期	平均增速
辽宁	1478.2	1605.1	126.9	1.0858	0.0138
吉林	754.2	1163.8	409.6	1.5431	0.0750
黑龙江	973.1	1251.1	278.0	1.2857	0.0428

资料来源：《中国统计年鉴》。

（四）西部地区居民人均财产性收入情况

如表 7 - 4 所示，在西部地区的 12 个省份中，2014～2021 年期间有 4 个省份的居民人均财产性收入平均增速超过了全国水平，分别是广西、四川、贵州、西藏。而内蒙古、重庆、甘肃、青海、宁夏、新疆等省份 2014～2021 年的居民人均财产性收入的平均增速不足 0.1，相对较低。

表 7 - 4　　　　　　　　西部地区居民财产性收入情况

省份	2014 年	2021 年	绝对量差距（元）	报告期/基期	平均增速
内蒙古	1202.8	1780.3	577.5	1.4801	0.0675
广西	1003.9	2082.2	1078.3	2.0741	0.1293
重庆	1256.2	2090.2	834.0	1.6639	0.0886
四川	918.5	1905.3	986.8	2.0744	0.1293
贵州	672.5	1511.3	838.8	2.2473	0.1445
云南	1450.0	2323.8	873.8	1.6026	0.0818
西藏	453.6	1711.4	1257.8	3.7729	0.2477
陕西	1033.4	1840.4	807.0	1.7809	0.1010
甘肃	872.2	1301.3	429.1	1.4920	0.0690

续表

省份	2014 年	2021 年	绝对量差距（元）	报告期/基期	平均增速
青海	699.3	1026.3	327.0	1.4676	0.0660
宁夏	589.9	866.7	276.8	1.4692	0.0662
新疆	673.6	938.3	264.7	1.3930	0.0568

资料来源：《中国统计年鉴》。

二、各省居民人均财产性收入排位变化明细比较

如表 7-5 所示，从 2014 年人均财产性收入来看，排名第一的北京（7000.9 元）是排名末位的西藏（453.6 元）的 15.43 倍，而 2021 年排名第一的北京（12459.8 元）是排名末位的宁夏（866.7 元）的 14.38 倍，可见各省份人均财产性收入的极端值的倍差没有较大变化，说明各地区人均财产性收入差距依然较大。比较 2014 年和 2021 年人均财产性收入排名，可以观察到多数省份排名没有明显的变化，浮动范围不超过 5 位。从财产性收入占可支配收入比情况来看，各地区财产性收入占可支配收入的比重集中在 3%~17% 之间，存在一定的差异性，但是 2014 年与 2021 年间，多数省份波动不超过两个百分点，只有较为发达的江苏和广东的财产性收入占比分别上涨了 3% 和 4%，排名也分别上升了 3 位和 4 位。

此外，比较 2014 年和 2021 年，值得关注的是，辽宁和黑龙江的居民人均财产性收入排名分别从第 8 名、第 20 名降至第 23 名、第 27 名；安徽省的居民人均财产性收入排名从第 23 名上升至 15 名，财产性收入占比排名也从第 26 名跃升到第 15 名；西藏居民人均财产性收入从 453.6 元上涨到 1711.4 元，排名从第 31 位上升到第 21 名，财产性收入占可支配收入比从 0.04 上升到 0.07，排名从第 30 名跃升到第 16 名。

综合财产性收入绝对值和比重情况来看，东部地区居民人均财产性收入相对较高，部分西部地区和东北地区居民人均财产性收入排名靠后，地区之间居民人均财产性收入存在较大差距。

表 7 – 5 居民人均财产性收入及其比重的省份排位

地区	2014 年				2021 年			
	财产性收入（元）	排位	财产性收入比重（%）	排位	财产性收入（元）	排位	财产性收入比重（%）	排位
全国	1587.8		0.08		3075.5		0.09	
北京	7000.9	1	0.16	1	12459.8	1	0.17	1
天津	2781.7	4	0.10	5	4576.2	6	0.10	7
河北	1138.5	16	0.07	14	2273.0	13	0.08	11
山西	935.5	21	0.06	22	1509.0	25	0.06	24
内蒙古	1202.8	15	0.06	20	1780.3	20	0.05	25
辽宁	1478.2	8	0.06	16	1605.1	23	0.05	27
吉林	754.2	26	0.04	29	1163.8	28	0.04	28
黑龙江	973.1	20	0.06	23	1251.1	27	0.05	26
上海	6504.1	2	0.14	2	10208.5	2	0.13	2
江苏	2299.9	6	0.08	8	5315.8	5	0.11	5
浙江	3586.2	3	0.11	3	6905.5	3	0.12	4
安徽	904.5	23	0.05	26	2167.6	15	0.07	15
福建	2238.6	7	0.10	6	4540.3	7	0.11	6
江西	1242.7	14	0.07	9	2306.6	12	0.08	13
山东	1314.9	10	0.06	18	2441.4	9	0.07	17
河南	863.2	25	0.05	24	1686.2	22	0.06	21
湖北	1079.4	17	0.06	19	2214.7	14	0.07	14
湖南	1293.6	11	0.07	10	2413.5	10	0.08	12
广东	2376.2	5	0.09	7	5831.3	4	0.13	3
广西	1003.9	19	0.06	17	2082.2	17	0.08	10
海南	1253.9	13	0.07	11	2614.0	8	0.09	9
重庆	1256.2	12	0.07	13	2090.2	16	0.06	22
四川	918.5	22	0.06	21	1905.3	18	0.07	18
贵州	672.5	29	0.05	25	1511.3	24	0.06	20

地区	2014 年				2021 年			
	财产性 收入（元）	排位	财产性收入 比重（%）	排位	财产性 收入（元）	排位	财产性收入 比重（%）	排位
云南	1450.0	9	0.11	4	2323.8	11	0.09	8
西藏	453.6	31	0.04	30	1711.4	21	0.07	16
陕西	1033.4	18	0.07	15	1840.4	19	0.06	19
甘肃	872.2	24	0.07	12	1301.3	26	0.06	23
青海	699.3	27	0.05	27	1026.0	29	0.04	29
宁夏	589.9	30	0.04	31	866.7	31	0.03	31
新疆	673.6	28	0.04	28	938.3	30	0.04	30

资料来源：《中国统计年鉴》，可支配收入由工资性收入、财产性收入、转移性收入和经营性收入四部分构成。不包含我国港澳台地区数据，下同。

三、各省城乡居民财产性收入比变化特征

将城乡居民财产性收入比划分为 5 个档次区间，分别为：（0~6）（7~12）（12~18）（18~24）（24~30），数值范围即为比值范围，数值越大即为收入比越大。表 7-6 中分别统计了 2014 年、2017 年和 2021 年城乡居民财产性收入比的省份数量。可以看出，处于第一档城乡收入比的省份数量从 2014 年的 5 个省份，上升到 2017 年的 7 个省份，再到 2021 年的 11 个省份，呈现较为明显的比值下降趋势。同年份比较来看，2014 年城乡居民财产性收入比处于第二档位置的省份居多，达到了 14 个省份，且主要集中在东北地区和东部地区；2017 年呈现居民财产性收入比集中在第二档和第三档；2021 年呈现居民财产性收入比主要集中在第一档和第二档，有 21 个省份的居民城乡财产性收入差距不超过 12 倍。

表 7 – 6　　　　2014 年、2017 年、2021 年城乡居民财产性收入比的
省份数量统计分布

年份	第一档 （0~6）	第二档 （7~12）	第三档 （12~18）	第四档 （18~24）	第五档 （24~30）
2014	5	14	7	2	3
2017	7	11	10	2	1
2021	11	10	7	1	2

注：城乡居民财产性收入比 = 城镇居民财产性收入/农村居民财产性收入。表格中数值代表城乡财产性收入比在对应范围的省份个数。

第二节　省级居民财产性收入差距及特征分析

一、基于静态偏离—份额分析法的分析

（一）静态偏离—份额分析法简介

偏离—份额分析法由佩罗夫等学者总结完善，现被广泛应用于区域经济学，例如产业结构演进、区域经济增长差异、区位竞争力等方面。其原理就是将特定区域某段时期的经济总量变动分为三个部分，即区域增长份额分量（N）、区域结构偏离分量（P）和区域竞争偏离分量（D），通过这三个分量来解释经济结构的优劣势和竞争力的强弱差距，为区域未来的发展方向提供结构调整依据。

本节借鉴偏离—份额分析法进一步分析居民收入。以省级分析为例，假设某省份可支配收入来源 i 的人均基期为 bi_0，该省居民人均可支配收入总额为 b_0；经过 t 年后，该省居民可支配收入来源 i 的人均现值为 b_t；全国居民可支配收入来源 i 的人均基期为 Bi_0，基期人均可支配收入总额为 B_0；经过 t 年，全国居民可支配收入来源 i 的人均现值为 Bi_t，现期居民人均可支配收入总额为 B_t，可以得到在样本研究期间内，某省份收入来源 i 变化率为 ri

和全国收入来源 i 的变化率 Ri 分别为：

$$ri = (bi_t - bi_0)/bi_0 \qquad (7-1)$$

$$Ri = (Bi_t - Bi_0)/Bi_0 \qquad (7-2)$$

其中，i=c 时，表示居民可支配收入来源为财产性收入，当 i=j 时，表示可支配收入来源于其他三类收入（经营性收入、工资性收入、转移性收入）。考虑到省份收入增长速度和全国增长速度之间的差异性，引入标准化量 bi_0'。根据全国居民不同收入来源占可支配收入的份额，可以得到各省份不同可支配收入来源 i 的标准化规模，即：

$$bi_0' = b_0 \times (Bi_0/B_0) \qquad (7-3)$$

由此某省份可支配收入来源 i 的增长量可以分解为三部分，其各分量的表达式为：

$$Gi = Ni + Pi + Di \qquad (7-4)$$

$$Ni = bi_0' \times Ri \qquad (7-5)$$

$$Pi = (bi_0 - bi_0') \times Ri \qquad (7-6)$$

$$Di = bi_0 \times (ri - Ri) \qquad (7-7)$$

其中，Gi 为增长量，表示全国收入来源 i 经济增长量；Ni 为份额分量，表示各省居民可支配收入来源 i 按全国平均增长率 Ri 增长所实现的增长量，通常将该增长水平与实际增长水平（Gi）比较，若高于实际增长水平，则总偏离（Gi-Ni）为正，反之，则为负；Pi 为结构偏离分量，表示不考虑各省和全国增长速度差异，各省按照全国收入来源 i 的增长率计算的增长量与全国收入来源 i 的增长率 Ri 实现的增长额之差，反映出各省居民可支配收入结构对居民可支配收入增长的贡献，当 Pi>0，数值越大，表明收入结构对收入增长的优势贡献越大，反之表明数值越小，收入结构对收入增长的损失越大；Di 竞争力偏离分量，表明各省居民可支配收入来源 i 按实际增长率 ri 实现的增长量与全国居民可支配收入来源 i 按增长率 Ri 所实现的增长量之差，反映了各省与全国相比，各省在全国收入来源 i 具有的区位优势或劣势，若 Di>0，表明数值越大某省收入来源 i 的竞争优势对全国收入增长的贡献越大，反之，表明数值越小，某省收入来源 i 的竞争劣势对全国收入增长的负面效应越大。

（二）居民财产性收入结构偏离—份额总体比较

本节选取了全国 31 个省份的财产性收入为研究样本，以 2014 年为研究基期，2021 年为研究报告期。

图 7 – 1 为 2014～2021 年部分省份居民财产性收入增量及增长率，表 7 – 7 为同期 31 个省份居民可支配收入偏离—份额测算。从中可以看出，各省份的财产性收入均呈现增长趋势，增长率、增长量和总偏离分量均呈现出一定的区域差异性。从全国来看，北京财产性收入绝对增长量最大为5458.90 元，西藏财产性收入增速最快达到 2.77，总偏离量最大的是北京，最小的是安徽。从财产性收入增长量来看，高于全国平均财产性收入增长量水平的有七个省份，分别为北京、上海、广东、浙江、江苏、福建、天津，这几个省份均位于东部地区。

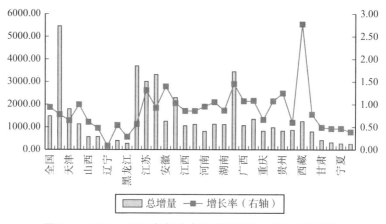

图 7 – 1　2014～2021 年部分省份财产性收入增量及增长率

从财产性收入增长率来看，与全国平均增长率 0.94 相比，有 12 个省份的增速超过了全国水平，分别是河北、江苏、安徽、福建、河南、湖北、广东、广西、海南、四川、贵州、西藏，多数分布在东部和西部地区，其中财产性收入增长率最快的省份是西藏为 2.77，总偏离分量为 450.9 元。此外，河南以较微弱的优势略高于全国平均财产性收入增长率水平。整体来看，低

表 7－7　2014～2021 年 31 个省份居民可支配收入偏离一份额测算

单位：元

省份	Nc	Nj	Pc	Pj	Dc	Dj	Pc + Di	Pj + Dj	Gc	Gj
北京	3345.54	29878.54	3235.30	-2512.52	-1121.95	-2311.32	2113.36	-4823.84	4226.71	25054.70
天津	2168.19	19363.77	446.61	-346.83	-820.30	-2194.34	-373.69	-2541.17	-747.38	16822.60
河北	1251.88	11180.39	-181.69	141.10	64.31	279.60	-117.38	420.71	-234.77	11601.10
山西	1243.68	11107.12	-364.31	282.92	-305.87	-1075.94	-670.18	-793.02	-1340.36	10314.10
内蒙古	1546.06	13807.63	-415.43	322.62	-553.13	-1158.65	-968.56	-836.03	-1937.12	12971.60
辽宁	1716.08	15326.05	-326.57	253.61	-1262.61	-3415.06	-1589.18	-3161.45	-3178.36	12164.60
吉林	1317.53	11766.70	-608.59	472.63	-299.35	-2399.53	-907.93	-1926.90	-1815.87	9839.80
黑龙江	1308.81	11688.80	-394.10	306.05	-636.71	-2518.25	-1030.81	-2212.20	-2061.62	9476.60
上海	3456.63	30870.63	2657.23	-2063.59	-2409.45	-450.64	247.77	-2514.23	495.54	28356.40
江苏	2043.39	18249.25	118.51	-92.04	853.99	-847.62	972.51	-939.65	1945.01	17309.60
浙江	2455.85	21932.84	915.18	-710.72	-51.73	341.48	863.45	-369.24	1726.90	21563.60
安徽	1263.02	11279.86	-412.79	320.57	412.87	1245.27	0.08	1565.84	0.16	12845.70
福建	1754.48	15669.03	349.80	-271.65	197.42	-370.68	547.22	-642.33	1094.43	15026.70
江西	1258.41	11238.69	-90.27	70.11	-104.24	1503.01	-194.51	1573.11	-389.02	12811.80
山东	1568.99	14012.40	-332.98	258.59	-109.51	-556.59	-442.49	-298.00	-884.98	13714.40
河南	1180.28	10540.90	-368.87	286.46	11.59	-534.36	-357.28	-247.90	-714.56	10293.00
湖北	1374.90	12279.00	-360.26	279.78	120.66	-1147.97	-239.60	-868.20	-479.19	11410.80
湖南	1325.15	11834.73	-109.17	84.78	-96.08	1331.59	-205.25	1416.37	-410.50	13251.10

续表

省份	Nc	Nj	Pc	Pj	Dc	Dj	Pc + Di	Pj + Dj	Gc	Gj
广东	1931.51	17250.05	302.12	-234.62	1221.47	-1162.22	1523.59	-1396.85	3047.18	15853.20
广西	1169.89	10448.15	-226.23	175.69	134.63	-532.54	-91.59	-356.85	-183.19	10091.30
海南	1314.23	11737.22	-135.57	105.28	181.43	-222.30	45.87	-117.02	91.73	11620.20
重庆	1380.06	12325.14	-199.23	154.72	-346.83	2136.84	-546.06	2291.56	-1092.13	14616.70
四川	1184.32	10577.03	-320.93	249.24	123.41	1518.04	-197.52	1767.27	-395.05	12344.30
贵州	930.31	8308.43	-298.16	231.55	206.65	2246.32	-91.51	2477.87	-183.01	10786.30
云南	1035.67	9249.41	327.33	-254.20	-489.20	2024.99	-161.87	1770.79	-323.74	11020.20
西藏	806.91	7206.40	-380.53	295.52	831.42	5459.98	450.89	5755.50	901.78	12961.90
陕西	1190.92	10635.93	-219.52	170.48	-164.40	1117.89	-383.92	1288.37	-767.84	11924.30
甘肃	916.29	8183.24	-96.42	74.88	-390.77	1194.08	-487.19	1268.96	-974.38	9452.20
青海	1080.92	9653.58	-423.58	328.95	-330.34	1235.97	-753.92	1564.92	-1507.85	11218.50
宁夏	1196.19	10683.01	-641.69	498.33	-277.71	539.56	-919.39	1037.89	-1838.78	11720.90
新疆	1135.26	10138.88	-502.08	389.91	-368.48	184.91	-870.56	574.82	-1741.13	10713.70

资料来源：中国统计年鉴，经作者计算所得。

于全国平均水平的有 19 个省份，其中增长率最低的是辽宁省为 0.09，总偏离分量损失为 1589.2 元。居民财产性收入增长率没有呈现出明显的区域分布特征。

从财产性收入结构偏离分量来看，结构偏离分量为正的省份有 8 个，且多数为东部地区，其中结构偏离分量最大值北京为 3235.30 元，而最小值江苏也有 118.51 元，可见在可支配收入增长中，结构优势起到了推动作用。而有 23 个省份的结构偏离分量为负数，说明全国多数省份的财产性收入结构偏离分量对居民可支配收入增长起到了负面作用，其中结构偏离损失最高的是宁夏为 641.68 元，损失最低的是江西为 90.27 元。

从财产性收入竞争力偏离分量来看，竞争偏离分量为正的有 12 个省份，且竞争偏离分量的变动范围为 11.59 ～ 1221.47 元（河南—广东），表明了这个 12 个省份居民收入增长速度比其他省更快。而其他 19 个省份的竞争偏离分量为负数，且竞争偏离分量带来的损失在 51 ～ 2400 元不等，差异较大，说明这些地区的居民可支配收入的增长速度低于全国平均增长水平，地区经济发展失衡。

（三）静态偏离—份额居民收入增长类型划分

根据结构偏离分量和竞争偏离分量的优劣势，可以将 31 个省市的居民可支配收入增长过程分为四个结构类型：收入快速增长型、收入增长滞后型、结构优势推动型、竞争优势推动型（见图 7 - 2）。

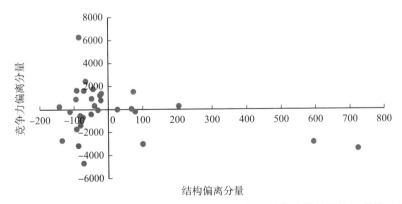

图 7 - 2　31 个省份可支配收入结构偏离分量和竞争力偏离分量的数值（单位：元）

收入快速增长型。此类型在居民可支配收入增长过程中结构偏离分量和区位竞争偏离分量均发挥正向作用，有江苏、广东、云南、浙江 4 个省份。主要原因是这些省份居民可支配收入快速增长，结构优势逐渐凸显。从结构偏离分量来看，居民财产性收入结构偏离分量对居民可支配收入结构偏离分量贡献较其他三类收入更大，体现了财产性收入绝对的结构优势。从竞争偏离分量来看，广东和江苏居民财产性收入结构偏离分量对居民可支配收入竞争偏离贡献较大，分别为 1221.47 元和 853.99 元，以略微的优势抵消了其他三类收入带来的竞争偏离分量劣势，导致居民可支配收入偏离分量较小，居民财产性收入对于居民可支配收入的增长具有较大贡献；而对于浙江和云南两省，居民其他三类收入结构偏离分量对居民可支配收入竞争偏离贡献较大，分别为 341.48 元和 2024.99 元，是财产性收入竞争力偏离分量的 6.6 倍和 4.1 倍，居民财产性收入主要以结构优势对居民可支配收入增长做出较大贡献。

收入增长滞后型。结构偏离分量和竞争偏离分量均为负数的有吉林、新疆、内蒙古、黑龙江、河南、山西、湖北、山东、辽宁、广西、海南 11 个省份。原因主要有两方面：一是结构偏离分量为负，源于其他三类收入结构竞争优势不足以弥补财产收入结构劣势带来的损失，进而导致该省份的居民可支配收入增长率低于全国平均水平，进而使得增长量低于结构和竞争偏离份额份量之和；二是多数省份居民收入来源中其他三类收入竞争力偏离分量劣势明显大于财产性收入竞争力偏离分量，例如，河南、湖北、广西、海南带来的竞争力损失分别为 534.35 元、1147.97 元、532.54 元、222.30 元的情况下，即使财产性收入竞争力优势呈现出正向贡献，分别为 11.59 元、120.66 元、134.63 元、181.43 元，但仍不能够抵消非财产性收入带来的竞争力负向贡献。只有新疆除外，其财产性竞争力分量对居民可支配收入偏离分量造成的损失为 368.48 元，超过其他三类收入带来的竞争力优势 184.91 元。

结构优势推动型。结构偏离分量发挥正向作用、竞争偏离分量产生负向作用的省份有福建、天津、上海、北京 4 个省份，说明这 4 个省份的居民可支配收入按照全国平均增长速度所带来增长量，居民的可支配收入结构合理，但是福建和天津的可支配收入的结构优势并不明显，其结构偏离分量不足 100 元，说明该两省份对于财产性收入和非财产性收入的分配不够完善，使其财产性收入发挥的作用不到位。同时，福建、天津、北京的竞争偏离分量的负向作用主要是由其他三类收入引起的，较低的财产性收入竞争力优势不能扭转非财产性收入的竞争劣势，使得竞争偏离分量呈现负值。值得注意的是，上海财产性收入竞争力偏离分量明显大于非财产性收入竞争偏离分量。

竞争优势推动型。结构偏离分量发挥负向作用，竞争偏离分量产生正向作用，有宁夏、青海、安徽、西藏、四川、贵州、陕西、重庆、河北、河南、甘肃、江西 12 个省份。在竞争优势推动型中，有 7 个省份的其他三类收入较财产性收入竞争性优势弥补了财产性收入的竞争劣势，比如：甘肃、青海财产性竞争偏离分量分别为 -390.77 元、-330.34 元，非财产性收入的竞争偏离分量分别为 1194.08 元、1235.97 元，弥补了财产性收入竞争劣势。有 5 个省份的财产性收入和其他三类收入均呈现出竞争优势，而结构优势呈现负向作用，由于财产性收入的结构劣势略大于其他三类收入的结构优势。整体来看，该类型省份的居民可支配收入结构劣势并不明显，因为多数省份居民可支配收入结构偏离分量没有超过 100 元。

二、居民收入地区分解法

（一）GE 指数分解法简介

地区分解时采用 GE 指数分解法，该方法作为累积性分解，可以分析地区内部以及不同地区之间的差距对于可支配收入不平等的贡献程度。GE 指数计算公示如下（Shorricks，1984）：

$$I(y) = \begin{cases} \sum_{i=1}^{n} f(y_i) \left[\left(\frac{y_i}{\mu} \right)^c - 1 \right] c \neq 0,1 \\ \sum_{i=1}^{n} f(y_i) \left(\frac{y_i}{\mu} \right) \log \left(\frac{y_i}{\mu} \right) c = 1 \\ \sum_{i=1}^{n} f(y_i) \log \left(\frac{y_i}{\mu} \right) c = 0 \end{cases} \quad (7-8)$$

其中，y_i 代表第 i 个地区的人均可支配收入；n 代表该地区的人口数量，μ 代表样本收入的均值，$f(y_i)$ 代表 i 地区占总人口比重。当 c = 0 时，GE 指数及视为均值对数偏差指数（MLD 指数）；当 c = 1 时，GE 指数为泰尔系数；当 c = 2 时，GE 指数代表半平方变异系数，参数 c 一般不会大于 2，且 c 越小，代表在收入 I 中低收入群体收入分配的权重越小。

接下来，将总体样本数据分为 k 个组，k 是外生的，满足互相独立，用 g 表示地区数。则 GE 指数的地区分解公式为：

$$I(y) = \sum_{g=1}^{k} w_g I(y_g) + I(\mu_1 e_1, \mu_2 e_2, \cdots, \mu_k e_k) \qquad (7-9)$$

其中，$w_g = \begin{cases} f(g)\left(\dfrac{\mu_g}{\mu}\right)^c c \neq 0, 1 \\ f(g)\left(\dfrac{\mu_g}{\mu}\right) c = 1 \\ f(g) c = 0 \end{cases}$ ，$\sum_{g=1}^{k} w_g I(y_g)$ 衡量的是地区内或组内差

距，$I(\mu_1 e_1, \mu_2 e_2, \cdots, \mu_k e_k)$ 衡量的是地区间或组间差距。

其中，y_g 表示 g 组的不平等指数，μ_g 表示 g 组的人均收入的平均值；$f(g)$ 表示 g 组的人口数占总人口数的比重；e_g 表示单位向量，依据 g 组的人数确定。为了方便分析，本节在探究地区分解时间使用当 c = 1 时的 GE 指数，即泰尔指数。

（二）省际间财产性收入总体差距变动趋势

从表 7-8 中可以看出，31 个省份的居民财产性收入平均值在增大，标准差虽然在增大，但是变异系数（标准差与平均值的比值）先下降再上升，说明财产性收入分配差距近年来有增大的趋势，极端值增多。从财产性收入最大值与最小值比值来看，也印证了居民财产性收入的上述变化特征，最大省份与最小省份的倍差值在 2017 年波谷为 12.59，在 2021 年倍差值则为 14.38。

表 7 - 8　　　　　　　　2014 ~ 2021 年 31 个省份财产性收入描述性统计

年份	Obs	Mean（元）	Std. dev.	Min	Max	Max/Min
2014	31	1640. 168	1531. 260	453. 6	7000. 9	15. 43
2015	31	1780. 919	1671. 739	498. 8	7498. 9	15. 03
2016	31	1911. 503	1827. 173	527. 0	8229. 6	15. 62
2017	31	2129. 416	2106. 510	739. 3	9305. 9	12. 59
2018	31	2395. 023	2315. 595	784. 3	10611. 8	13. 53
2019	31	2601. 868	2455. 885	838. 8	11257. 0	13. 42
2020	31	2733. 794	2545. 528	873. 5	11789. 4	13. 50
2021	31	2995. 513	2683. 314	866. 7	12459. 8	14. 38

　　为了探究省际间财产性收入差距及变动趋势，本节刻画了多种不平等指标，列示了 2014 ~ 2021 年间省际人均财产性收入泰尔指数和基尼系数以及其他两种指标的测算结果。比较图 7 - 3 中四种指标的数值和变动趋势，可以发现各种指标测度的不平等程度存在一定的差异性，但所表现出的变动趋势几乎是一致的。不平等指标呈现出小幅的波动状态，即没有显著的增长或缩小趋势，且不平等指数扩大的年份少于缩小的年份，说明不平等差距逐渐

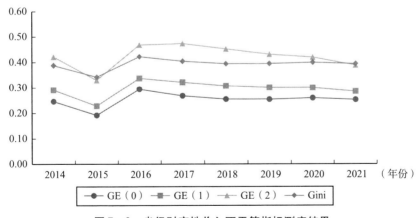

图 7 - 3　省级财产性收入不平等指标测度结果

减小。比如从基尼系数来看，2014 年为 0.3879，在 2015 年下降至 0.3424，紧接着 2016 年上升至 0.4223 且达到最大值，在 2017 年有所下降后，逐渐呈现平稳的态势。

（三）地区间财产性收入差距变动趋势

如本章前述第一节区域划分一致，将全国划分为东部、中部、西部和东北四个地区。对四个地区居民财产性收入差距进行分解，如图 7 - 4 所示，可以看出，居民财产性收入差距主要来源于四大地区之间和东部地区的内部。在 2014 年，东部地区的泰尔指数值为 0.1900，远超其他三个地区，且

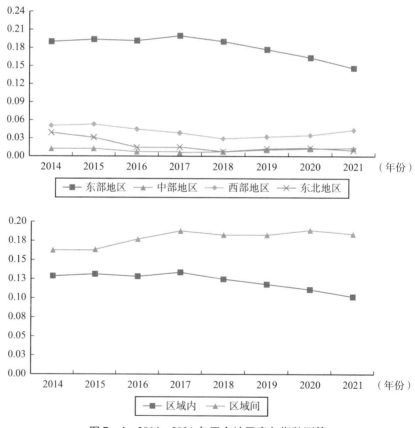

图 7 - 4　2014～2021 年四个地区泰尔指数测算

东部地区的泰尔指数近些年下降幅度最大，至 2021 年下降至 0.1466，下降幅度达到 23% 。但是 2021 年，东部地区的泰尔指数仍然是西部地区的 3.3 倍多，同时区域间的泰尔指数呈小幅的增大趋势，验证了中国区域间经济发展不平衡的现实，也指出了居民财产性收入差距主要体现在区域间。

为了分析省际间居民财产性收入差距的地区间和地区内的贡献，将 31 个省份按照东部、中部、西部、东北地区进行了地区层面的分解，如表 7 - 9 所示。从四个区域泰尔指数贡献度看出，四个区域的居民财产性收入差距主要来源于地区间的不平等，四大区域间的不平等贡献程度均在 55% 以上，且呈现出逐渐增大的态势，至 2021 年已经达到了 64.40% 。就区域内的不平等贡献度来看，东部不平等贡献度最大，其次是西部地区，最后是中部地区、东北地区。此外，东部和东北地区的不平等贡献度呈现下降趋势，东部地区的不平等贡献度从 2014 年的 39.11% 下降到了 2021 年的 31.61% ，东北地区的不平等贡献度则从 0.85% 下降到了 0.15% ，而中部和西部两个地区呈现出先下降后上升的态势。

表 7 - 9　　　　　　　　2014～2021 年地区泰尔指数贡献率测算

年份	泰尔指数贡献率（%）					
	东部地区	中部地区	西部地区	东北地区	区域内	区域间
2014	39.11	0.53	3.71	0.85	44.20	55.80
2015	39.50	0.53	3.89	0.63	44.55	55.45
2016	38.40	0.31	3.06	0.25	42.02	57.98
2017	38.61	0.24	2.49	0.23	41.57	58.43
2018	38.16	0.32	2.00	0.12	40.59	59.41
2019	36.31	0.46	2.27	0.19	39.23	60.77
2020	33.88	0.54	2.41	0.20	37.03	62.97
2021	31.61	0.64	3.20	0.15	35.60	64.40

资料来源：作者测算所得。

三、居民收入来源分解法

(一) 来源结构分解法简介

假设总收入由 x_1，x_2，$\cdots$，x_k 个部分构成 F 为总收入的累计分布函数，F_k 为收入来源 k 的累计分布函数。提出了将总体基尼系数分解为某单项收入来源占总收入的比重与拟基尼系数（也称为集中指数）两部分（Fei，Rains and Kuo，1978），具体分解公式为：

$$G = \sum_{k=1}^{k} S_k \bar{G}_k \qquad (7-10)$$

其中，S_k 表示收入来源 k 在总收入中的比重。$\bar{G}_k$ 表示收入来源 k 的集中指数，也称为拟基尼系数，收入来源 k 集中指数越高意味着该项收入越是向富人集中。它是根据总收入的排序计算的，一般而言，如果一种分项收入的集中指数（$\bar{G}_k$）高于总收入的基尼系数（G），则认为该项收入的分布对总收入不平等差距具有促进效应，反之则被认为具有减缓作用。为了进一步分析各收入组成部分 x 对总体收入不平等基尼系数的贡献（Lerman and Yitzhaki，1985），将基尼系数进一步分解为：

$$G = \sum_{k=1}^{k} \left[\frac{cov(x_k, F)}{cov(x_k, F_k)} \cdot \frac{2cov(x_k, F_k)}{m_k} \cdot \frac{m_k}{m} \right] = \sum_{k=1}^{k} S_k \cdot G_k \cdot R_k$$

$$(7-11)$$

其中，G_k 表示收入来源 k 的基尼系数，代表了收入来源 k 分布的不平等情况；S_k 表示收入来源 k 在总收入中所占的比重，代表了收入来源对总体收入的重要程度和规模大小；R_k 表示收入来源 k 与总收入之间的基尼相关系数，取值介于 -1 到 1 之间，若 $R_k > 0$ 时，说明收入来源 k 的增加对总收入的贡献为正向作用；$R_k < 0$ 时，说明收入来源 k 的增加对总收入的贡献为负向作用。同时说明 R_k 越接近于 0，则该收入来源 k 占总收入的比重越大，越有利于消除地区之间的差异。

居民收入来源 k 对总收入差距的贡献程度可以表示为：

$$\nu_k = S_k \cdot G_k \cdot R_k / G \qquad (7-12)$$

若每个样本收入来源 k 的变动幅度为 e，则

$$Y_k(e) = (1+e)Y_k \qquad (7-13)$$

进一步可以推出，收入来源 k 的变动对总收入不平等的边际影响为：

$$\frac{\partial G}{\partial e} = S_k \cdot (G_k \cdot R_k - G) \qquad (7-14)$$

说明收入来源 k 变动 eY_k 时，基尼系数将变动 $S_k \cdot (G_k \cdot R_k - G)$，由此可以得到基尼系数弹性为：

$$\theta_k = \frac{1}{G} \frac{\partial G}{\partial e} = S_k \cdot \left(\frac{G_k \cdot R_k}{G} - 1 \right) \qquad (7-15)$$

该式表示当收入来源 k 增加 1%，则总基尼系数增加 θ_k。

（二）省际间的居民收入来源结构分解

1. 省际居民财产性收入特点分析

对各省居民可支配收入进行收入来源分解，结果如表 7-10 所示，财产性收入具有以下特点：

首先，财产性收入占居民可支配收入的比重较小。从统计指标 S_k 可知，工资性收入在可支配收入中占比最大，达到 50% 以上；其次是经营性收入和转移性收入，所占比重均达到 15% 以上，最后是财产性收入，所占比重不足 10%。居民财产性收入占可支配收入的比重在 2014～2021 年间从0.0816 变化到 0.0856，有所提升。

其次，财产性收入增加的同时导致了居民可支配收入差距扩大，甚至超过了工资性收入的影响。一方面，工资性收入和财产性收入的集中指数 $\bar{G}_k$ 指标大于可支配收入整体的基尼系数 G，以 2021 年为例，整体基尼系数为0.1795，财产性收入的拟基尼系数为 0.3634，大于工资性收入的拟基尼系数 0.2113。而经营性收入（0.0088）和转移性收入（0.1457）的集中指数 $\bar{G}_k$ 小于整体的基尼系数 G。这反映了居民可支配收入的不平等程度加剧与居民财产性收入的不断增加呈正相关。另一方面，以 2021 年为例，经营性收入和转移性收入的基尼系数的弹性为负数，分别为 -0.1499、-0.0371，

这意味着这两类收入的增加有助于缓解收入差距，从数值上来说，因为 $\theta_4 > \theta_2$，所以转移性收入对于减少居民收入差距有着更为积极的作用。与之相反的是，工资性收入和财产性收入的基尼系数弹性为正数，即 θ_1、$\theta_3 > 0$，这说明该两类收入的增加，会进一步加剧居民可支配收入的差距，而且财产性收入对居民收入的不平等影响在逐渐增大，工资性收入对居民收入的不平等影响在减小。

最后，财产性收入对于居民可支配收入不平等的贡献逐渐增大。从四类收入来源自身的基尼系数看，财产性收入的基尼系数（G_3）最大，达到了 0.3 以上，说明财产性收入在各省份之间的分配情况是失衡的。但是由于其在各省份居民可支配收入中的占比较低，并没有对可支配收入的整体基尼系数造成大幅度的波动。此外，财产性收入的不平等对于可支配收入的不平等的贡献度在逐渐增大，从 2014 年的 0.1529 增长到了 2021 年的 0.1734，提高了 2%，其余三类收入的不平等贡献度均在减少。

2. 省际居民收入来源的变动趋势分析

如表 7-10 所示，从 2014~2021 年省际居民收入来源不平等贡献度可以看出，造成居民可支配收入不平等贡献度最大的是工资性收入，不平等贡献度 2014 年为 0.6660，2021 年为 0.6589，整体上呈现微弱的下降趋势。其次是财产性收入和转移性收入，2014 年时不平等贡献度基本相当，分别为 0.1529、0.1555，财产性收入的增长势头强劲使得其在 2021 年度不平等贡献度达到了 0.1734，超过转移性收入的不平等贡献度。

从分项收入对居民可支配收入的不平等影响的指标分析。工资性收入的基尼系数在 2014~2021 年间呈现下降趋势，从 0.2373 下降到了 0.2162，由于工资性收入占可支配收入的比重也在下降，导致了对居民可支配收入不平等贡献度下降，但是每年的基尼相关系数均在 0.9 以上，略有上涨变化，说明工资性收入对居民可支配收入呈现正向影响，并且基尼系数弹性为正值，说明工资性收入提高，有助于居民可支配收入不平等程度缩小。从经营性收入来看，对可支配收入的不平等贡献度在下降，从 0.0256 下降到不足 0.01，但是其自身的基尼系数却在以微小的幅度上升，其在可支配收入中的比重从 0.1759 下逐年下降到了 0.1577，下降了两个百分点。同时经营性收入和可支配收入的相关系数显著下降，从 0.1786 下降到了 0.0524，致使最终其对居民可支配收入不平等贡献度降低。财产性收入的基尼系数最大并有所上涨，财产性收入在可支配收入中的占比较小，尽管与可支配收入的相关系数值有降低，但是由于自身基尼系数较大，对于居民收入的不平等贡献度仍然是上升了。

表 7－10 　　　　　　　2014～2021 年省际基尼系数收入来源分解

来源	指标	年份							
		2014	2015	2016	2017	2018	2019	2020	2021
总收入	G	0.1954	0.1922	0.1911	0.1896	0.1883	0.1861	0.1813	0.1795
工资性收入 k＝1	S_k	0.5629	0.5648	0.5643	0.5615	0.5599	0.5598	0.5563	0.5596
	$\bar{G}_k$	0.2312	0.2257	0.2244	0.2189	0.2164	0.2127	0.2079	0.2113
	G_k	0.2373	0.2318	0.2299	0.2246	0.2215	0.2180	0.2126	0.2162
	R_k	0.9743	0.9735	0.9763	0.9749	0.9771	0.9757	0.9780	0.9774
	v_k	0.6660	0.6630	0.6629	0.6485	0.6435	0.6398	0.6378	0.6589
	θ_k	0.1030	0.0983	0.0985	0.0870	0.0836	0.0799	0.0815	0.0993
经营净收入 k＝2	S_k	0.1759	0.1707	0.1666	0.1629	0.1609	0.1592	0.1540	0.1577
	$\bar{G}_k$	0.0285	0.0195	0.0161	0.0167	0.0195	0.0198	0.0055	0.0088
	G_k	0.1595	0.1594	0.1595	0.1625	0.1665	0.1691	0.1686	0.1688
	R_k	0.1786	0.1222	0.1012	0.1025	0.1170	0.1173	0.0326	0.0524
	v_k	0.0256	0.0173	0.0141	0.0143	0.0166	0.0170	0.0047	0.0078
	θ_k	－0.1503	－0.1534	－0.1525	－0.1486	－0.1443	－0.1423	－0.1494	－0.1499
财产净收入 k＝3	S_k	0.0816	0.0813	0.0803	0.0821	0.0850	0.0849	0.0852	0.0856
	$\bar{G}_k$	0.3662	0.3671	0.3742	0.3822	0.3677	0.3694	0.3741	0.3634
	G_k	0.3879	0.3899	0.3958	0.4042	0.3942	0.3949	0.3993	0.3940
	R_k	0.9440	0.9413	0.9455	0.9456	0.9329	0.9356	0.9368	0.9223
	v_k	0.1529	0.1552	0.1573	0.1656	0.1661	0.1685	0.1758	0.1734
	θ_k	0.0713	0.0739	0.0770	0.0835	0.0810	0.0836	0.0906	0.0878

来源	指标	年份							
		2014	2015	2016	2017	2018	2019	2020	2021
转移净收入 k = 4	S_k	0.1796	0.1833	0.1887	0.1935	0.1941	0.1960	0.2044	0.1970
	$\bar{G}_k$	0.1692	0.1725	0.1678	0.1681	0.1685	0.1659	0.1612	0.1457
	G_k	0.2206	0.2235	0.2208	0.2218	0.2217	0.2200	0.2190	0.2103
	R_k	0.7672	0.7720	0.7601	0.7580	0.7599	0.7543	0.7361	0.6927
	v_k	0.1555	0.1645	0.1657	0.1716	0.1737	0.1747	0.1818	0.1599
	θ_k	− 0.0241	− 0.0188	− 0.0230	− 0.0219	− 0.0204	− 0.0213	− 0.0227	− 0.0371

资料来源：基础数据来源于历年《中国统计年鉴》，经作者计算所得。

（三）省际城乡间的居民收入来源分解

如果考虑时间因素，为了便于考察基尼系数的动态变化，参照万广华（1998）推导的收入来源分解的基尼系数动态变化分解式，将 31 个省份间的居民收入不平等进一步分解为：

$$\Delta G = \sum_{k=1}^{k} S_k^{t+1} \bar{G}_k^{t+1} - \sum_{k=1}^{k} S_k^{t} \bar{G}_k^{t} = \sum_{k=1}^{k} (S_k^{t} \Delta \bar{G}_k + \Delta S_k \bar{G}_k^{t} + \Delta \bar{G}_k \Delta S_k)$$

(7 − 16)

其中，$\Delta G = G^{t+1} - G^{t}$ 表示为第 t + 1 期与第 t 期的总收入基尼系数的变化，$\Delta S_k = S_k^{t+1} - S_k^{t}$ 表示收入来源 k 的比重变化，$\Delta \bar{G}_k = \bar{G}_k^{t+1} - \bar{G}_k^{t}$ 表示收入来源 k 的集中指数变化。$S_k^{t} \Delta \bar{G}_k$ 表示收入来源 k 的集中指数引起的集中效应；$\Delta S_k \bar{G}_k^{t}$ 表示收入来源 k 的比重变化产生的结构效应；$\Delta \bar{G}_k \Delta S_k$ 表示集中指数和收入比重变化引起的交叉效应。由此可以分析出基尼系数的变化是源于收入结构还是集中指数的变化。

1. 省际城乡居民财产性收入特点比较分析

如表 7 − 11 所示，根据 2014 ~ 2021 年省际城乡居民不平等的来源分解结果可以看出，各分项收入占可支配收入的比重变化不大。对于城镇居民而言，收入来源中工资性收入一头独大，但占比在逐渐下降。农村居民形成经营性收入和工资性收入双头并重的模式，且工资性收入的比重和地位提升。从经营性收入来看，城乡和农村的占比均在下降，且农村持续下降，在四个收入来源中财产性收入所占比重最小，至 2021 年城镇居民财产性收入占比仅有 0.098，而农村居民仅有 0.0303，但城乡均呈现上升的趋势。

表 7 - 11　　2014 ~ 2021 年各省份城乡居民可支配收入来源所占比重

年份	收入占可支配收入比重							
	工资性收入		经营性收入		财产性收入		转移性收入	
	城镇	农村	城镇	农村	城镇	农村	城镇	农村
2014	0.6205	0.4287	0.1062	0.3814	0.0942	0.0249	0.1791	0.1650
2015	0.6207	0.4344	0.1034	0.3720	0.0932	0.0261	0.1828	0.1675
2016	0.6175	0.4374	0.1036	0.3583	0.0915	0.0263	0.1873	0.1781
2017	0.6129	0.4398	0.1027	0.3492	0.0931	0.0268	0.1914	0.1842
2018	0.6091	0.4352	0.1040	0.3409	0.0964	0.0282	0.1905	0.1956
2019	0.6079	0.4344	0.1043	0.3345	0.0966	0.0284	0.1912	0.2027
2020	0.6061	0.4272	0.0979	0.3310	0.0966	0.0308	0.1995	0.2111
2021	0.6057	0.4377	0.1039	0.3282	0.0980	0.0303	0.1925	0.2037

资料来源：经作者测算所得。

如表 7 - 12 所示，从总的基尼系数来看，省际城镇居民可支配收入基尼系数从 0.1163 变化到 0.1231，呈现上升趋势，而省际农村居民可支配收入基尼系数从 0.1717 变化到 0.1582，呈现下降趋势，说明这期间城镇省际之间收入差距有所扩大，而农村则相反，期间农村省际之间收入差距有所扩大。省际城乡基尼系数比从 1.476 倍降至 1.285 倍，但是省际农村基尼系数一直高于城镇，即省际农村居民收入差距大于城镇。

表 7 – 12　　　　2014～2021 年各省份城乡居民可支配收入来源集中指数

年份	总基尼系数		集中指数							
			工资性收入		经营性收入		财产性收入		转移性收入	
	城镇	农村	城镇	农村	城镇	农村	城镇	农村	城镇	农村
2014	0.1163	0.1717	0.1046	0.3282	0.1010	0.0441	0.2512	0.2982	0.0949	0.0410
2015	0.1141	0.1701	0.1045	0.3245	0.0863	0.0365	0.2560	0.2978	0.0902	0.0466
2016	0.1155	0.1700	0.1087	0.3231	0.0842	0.0287	0.2645	0.3003	0.0825	0.0591
2017	0.1167	0.1689	0.1086	0.3211	0.0836	0.0230	0.2764	0.2916	0.0826	0.0642
2018	0.1184	0.1673	0.1125	0.0474	0.0736	0.0171	0.2704	0.2627	0.0848	0.0983
2019	0.1199	0.1650	0.1128	0.2964	0.0766	0.0184	0.2809	0.2922	0.0849	0.1075
2020	0.1209	0.1591	0.1171	0.2866	0.0586	0.0110	0.2901	0.3236	0.0810	0.1095
2021	0.1231	0.1582	0.1264	0.2845	0.0514	0.0158	0.2858	0.3280	0.0683	0.0911

资料来源：经作者测算所得。

从构成可支配收入的各项来源看，省际居民财产性收入集中指数最高，不仅超过同时也在上升中的工资性收入集中指数，也超过整体基尼系数，说明财产性收入对省际居民收入差距起到促进作用。同时省际农村居民财产性收入集中指数大于城镇，说明农村的财产性收入增长对省际居民收入差距的影响更大。省际经营性收入和转移性收入集中指数多数呈下降态势，起到缩小省际收入差距的作用。无论是城镇还是农村，在居民可支配收入占比最高的是工资性收入，但是城乡集中指数变化趋势却相反，工资性收入集中指数在城镇中上涨，在农村中下降。

2. 省际城乡居民收入来源的变动趋势比较分析

从基尼系数的动态变化来看，省际城镇居民收入的基尼系数变化呈现上升趋势，而省际农村居民的基尼系数变化呈现下降趋势，这意味着省际城镇居民之间的收入差距在增加，而省际农村居民之间的收入差距在减小。观察结构效应和集中效应，如表 7 – 13、7 – 14 所示，发现城镇居民收入结构中主要是集中效应起作用，其变化趋势和整体基尼系数变化方向一致。说明 2015 年以来城镇省际居民可支配收入的不平等变化主要是源于各分项收入的不平等变化，收入来源的比重产生的结构效应影响不大。但就结构效应来看，财产性收入变化与其一致，2015 年和 2016 年财产性收入比重变化为负值，呈现微弱的减少趋势，在 2017 年后为正值，呈现微小的上升趋势，说明城镇居民的财产性收入比重变动较为稳定，财产性收入占比稳步上涨。在农村居民收入结构中，集中效应为主要作用，以工资性收入的影响为主，因为其变化和农村的集中效应变化一致，负的集中效应导致了基尼系数的减小，结构效应起次要作用。可以注意到农村居民可支配收入来源中，财产性收入的结构效应多为正数，由于农村居民财产性收入基数较小，财产性收入增长有助于促进其比重上升；集中效应呈现先缩小后增大的态势，2018 年之前省际农村居民的财产性收入差距有所缩小，但 2019 年后财产性收入差距有所扩大。从 2021 年的数据来看，农村居民财产性收入结构效应小于城镇，且集中效应大于城镇。

表 7 - 13　　2015 ~ 2021 年间省际城镇居民可支配收入结构效应和集中效应

年份	整体基尼系数	城镇结构效应				结构效应合计
		工资性收入	经营净收入	财产净收入	转移净收入	
2015	- 0. 0022	0. 0000	- 0. 0003	- 0. 0003	0. 0003	- 0. 0003
2016	0. 0014	- 0. 0003	0. 0000	- 0. 0004	0. 0004	- 0. 0003
2017	0. 0012	- 0. 0005	- 0. 0001	0. 0004	0. 0003	0. 0001
2018	0. 0017	- 0. 0004	0. 0001	0. 0009	- 0. 0001	0. 0005
2019	0. 0015	- 0. 0001	0. 0000	0. 0000	0. 0001	0. 0000
2020	0. 0010	- 0. 0002	- 0. 0005	0. 0000	0. 0007	0. 0000
2021	0. 0022	0. 0000	0. 0004	0. 0004	- 0. 0006	0. 0002

年份	交叉效应	城镇集中效应				集中效应合计
		工资性收入	经营净收入	财产净收入	转移净收入	
2015	0. 0000	- 0. 0001	- 0. 0016	0. 0005	- 0. 0009	- 0. 0021
2016	0. 0000	0. 0026	- 0. 0002	0. 0008	- 0. 0014	0. 0018
2017	0. 0000	- 0. 0001	- 0. 0001	0. 0011	0. 0000	0. 0009
2018	0. 0000	0. 0024	- 0. 0010	- 0. 0006	0. 0004	0. 0012

续表

年份	交叉效应	城镇集中效应				集中效应合计
		工资性收入	经营净收入	财产净收入	转移净收入	
2019	0.0000	0.0002	0.0003	0.0010	0.0000	0.0015
2020	0.0000	0.0026	− 0.0019	0.0009	− 0.0007	0.0009
2021	0.0000	0.0057	− 0.0007	− 0.0004	− 0.0025	0.0021

资料来源：经作者测算所得，交叉效应一般较小，可以忽略不计。

表 7 – 14　　　2015～2021 年间省际农村居民可支配收入结构效应和集中效应

年份	整体基尼系数	农村结构效应				结构效应合计
		工资性收入	经营净收入	财产净收入	转移净收入	
2015	− 0.0016	0.0019	− 0.0004	0.0004	0.0001	0.002
2016	− 0.0001	0.001	− 0.0005	0.0001	0.0005	0.0011
2017	− 0.0011	0.0008	− 0.0003	0.0002	0.0004	0.0011
2018	− 0.0016	− 0.0015	− 0.0002	0.0004	0.0007	− 0.0006
2019	− 0.0023	0	− 0.0001	0	0.0007	0.0006
2020	− 0.0059	− 0.0022	− 0.0001	0.0007	0.0009	− 0.0007
2021	− 0.0009	0.003	0	− 0.0001	− 0.0008	0.0021

年份	交叉效应	城镇集中效应				集中效应合计
		工资性收入	经营净收入	财产净收入	转移净收入	
2015	0.0000	− 0.0016	− 0.0029	0	0.0009	− 0.0036
2016	0.0000	− 0.0006	− 0.0029	0.0001	0.0021	− 0.0013
2017	0.0000	− 0.0009	− 0.002	− 0.0002	0.0009	− 0.0022
2018	0.0001	− 0.1203	− 0.0021	− 0.0008	0.0063	− 0.1169
2019	0.0001	0.1084	0.0004	0.0008	0.0018	0.1114
2020	0.0000	− 0.0043	− 0.0025	0.0009	0.0004	− 0.0055
2021	0.0000	− 0.0009	0.0016	0.0001	− 0.0039	− 0.0031

资料来源：经作者测算所得，交叉效应一般较小，可以忽略不计。

第三节 微观家庭财产性收入统计分析

一、微观家庭财产性收入总量及来源结构

根据西南财经大学 2015 年、2017 年、2019 年《中国家庭金融调查》CHFS 的相关统计数据，本部分测算微观家庭财产性收入总量以及分项的特征。《中国家庭金融调查》2015 年的调查家庭数量为 37289 户，家庭财产性收入总和为 16139.62 万元，户均财产性收入为 4328.25 元；2017 年的调查家庭数量为 40011 户，家庭财产性收入总和为 15040.06 万元，户均财产性收入为 3758.15 元；2019 年的调查家庭数量为 34643 户，家庭财产性收入总和 7385.37 万元，户均财产性收入为 2384.76 元。如表 7 - 15 所示，CHFS 界定的财产性收入分类为利息收入、金融资产投资收益、保险收益、租金收益，2017 年的统计中还包含知识产权收入。中国家庭户均财产性收入在 2015 年、2017 年、2019 年依次有所下降，其原因在于：2015 年、2017 年、2019 年家庭金融资产投资收益处于下降状态，其中的股票、基金和金融衍生品的收入下跌幅度较大。《中国家庭金融调查》CHFS 的数据年份是 2015 年、2017 年、2019 年，调查事项的实际发生时间为 2014 年、2016 年、2018 年，居民财产性收入的变化与股票市场的运行状况有明显的因果关系，其中上证综合指数 2014 年大涨 52.87%、2016 年下跌 12.31%、2018 年大跌 24.59%。

表 7 - 15 2015 年、2017 年、2019 年 CHFS 数据调查家庭

户均财产性收入分项构成

单位：元

财产性收入构成	2015 年	2017 年	2019 年
财产性收入	4328.25	3509.05	2384.76
1. 利息	552.46	410.20	422.43

续表

财产性收入构成	2015 年	2017 年	2019 年
2. 金融资产投资收益	2391. 27	1452. 21	− 66. 35
股票	1683. 94	196. 03	− 1221. 17
债券	28. 80	31. 95	13. 47
基金	324. 25	193. 94	− 0. 58
互联网理财	0. 00	184. 00	82. 47
金融理财	157. 01	485. 94	870. 63
金融衍生品	150. 37	9. 94	1. 13
非人民币资产	24. 34	37. 18	0. 89
贵金属/黄金	8. 76	22. 91	6. 09
其他金融产品	13. 81	18. 76	− 3. 60
借出款收入	0. 00	271. 55	184. 33
3. 保险收益	14. 75	69. 93	55. 49
4. 知识产权收入	0. 00	0. 28	0. 00
5. 租金收益	1369. 77	1576. 43	1973. 20

资料来源:《中国家庭金融调查》CHFS2015、2017、2019。本节其他表中数据均源于此。其中,2015 年财产性收入根据 2017 年和 2019 年的调查数据的计算方式进行, 在租金收益部分除房屋出租和商铺出租收入外, 还包括因土地转出、宅基地出租和出售、和同村村民互换宅基地、宅基地上交给村集体以及其他(注明)使用宅基地而获得的收入, 互联网理财收入无数据未计入。2017 年和 2019 年财产性收入计算方式以调查数据计算方式为准。

家庭财产性收入的分项构成情况如表 7 – 16 所示。其中 2015 年、2017 年的结构特征较为一致, 金融资产投资收益占比最高, 其次是租金收益, 第三是利息收入, 保险收益最小, 金融资产投资收益和租金收益之和约占财产性收入的 80% 到 90%, 构成居民财产性收入的主要来源。但金融资产投资收益波动较大, 2019 年的数据中, 金融资产投资收益占比为负值, 主要是由于股票的投资亏损所致, 所以增加居民财产性收入的前提之一是要维护股票市场的稳定发展。

表 7 - 16　　　　2015 年、2017 年、2019 年 CHFS 数据调查家庭
财产性收入分项构成比例

财产性收入构成	2015 年（%）	2017 年（%）	2019 年（%）
财产性收入			
1. 利息	12.76	11.69	17.71
2. 金融资产投资收益	55.25	41.38	- 2.78
股票	38.91	5.59	- 51.21
债券	0.67	0.91	0.56
基金	7.49	5.26	- 0.02
互联网理财		5.24	3.46
金融理财	3.63	13.85	36.51
金融衍生品	0.56	0.28	0.05
非人民币资产	0.17	1.06	0.04
贵金属/黄金	0.20	0.65	0.26
其他金融产品	0.32	0.53	- 0.15
借出款收入		7.74	7.73
3. 保险收益	0.34	1.99	2.33
4. 知识产权收入		0.01	
5. 租金收益	31.65	44.92	82.74

为了呈现家庭财产性收入的变动情况，表 7 - 17 显示了 2015 年、2019 年中国微观家庭户均财产性收入及分项部分增加值和年均增速。从中可见，2019 年比 2015 年户均财产性收入下降了 1943.49 元，其中金融资产投资收益下降了 2457.63 元，主要是由于股票投资收益下降较大所致，金融理财收益增幅较大，增加了 713.62 元；利息收益下降了 130.03 元；租金收益增加了 603.43 元；保险收益由于总金额不大，变化相对较小，增加 40.74 元。

从变化率指标看，在样本区间家庭财产性收入以年均 14.19% 的速度减少，其中，占财产性收入比重较大的金融资产投资收益以年均 54.25% 的速度减少，租金收益以年均 9.55% 的速度增加，互联网理财与借出款收入增

幅较大，年均增速达到 201.35% 和 268.47%。总体来看，利息收入和租金收益较为稳定，金融资产投资收益波动较大。

表 7-17　2015 年、2019 年 CHFS 数据调查家庭财产性收入及分解
部分增加值与年均增速

财产性收入构成	2015 年（元）	2019 年（元）	增加值（元）	年均增速（%）
财产性收入	4328.25	2384.76	-1943.49	-13.84
1. 利息	552.46	422.43	-130.03	-6.49
2. 金融资产投资收益	2391.27	-66.35	-2457.63	-59.19
股票	1683.94	-1221.18	-2905.11	-7.72
债券	28.80	13.47	-15.33	-17.31
基金	324.25	-0.58	-324.82	-79.47
互联网理财	1.00	82.47	81.47	201.35
金融理财	157.01	870.63	713.62	53.45
金融衍生品	150.37	1.13	-149.23	-70.53
非人民币资产	24.34	0.89	-23.45	-56.30
贵金属/黄金	8.76	6.09	-2.67	-8.70
其他金融产品	13.81	-3.60	-17.41	-28.55
借出款收入	1.00	184.33	183.33	268.47
3. 保险收益	14.75	55.49	40.74	39.27
4. 知识产权收入	0.00	0.00	0.00	0.00
5. 租金收益	1369.77	1973.20	603.43	9.55

二、城镇和乡村微观家庭财产性收入总量及分项来源结构

本节把居民分为城镇居民和乡村居民，分别统计考察了财产性收入分项数据特征，表 7-18 列示了 2015 年、2017 年、2019 年城镇和乡村家庭户均财产性收入及分项来源的基本情况，从中可见，城镇和乡村家庭财产性收入总量及分项结构有着明显差异：首先，城镇家庭户均财产性收入远大于乡村家庭，从 2015 年、2017 年、2019 年变化看，城镇家庭户均财产性收入波动

远大于农村家庭。其次，从财产性收入的分项构成结构来看，城镇居民的分项来源构成中，2015 年大小依次为金融资产投资收益、租金收益、利息收入和保险收益，2017 年大小依次为租金收益、金融资产投资收益、利息收入和保险收益，2019 年因为前述股市行情原因导致金融资产投资收益较小，分项财产性收入大小依次为租金收益、利息收入、保险收益和金融资产投资收益；乡村居民家庭财产性收入分项构成较为稳定，其租金收益最高，利息收入和金融资产投资收益较为接近，保险收益最低。最后，从城乡居民财产性收入分项比较来看，城镇居民的利息收入大致是农村居民利息收入的 4 ~ 5 倍，但两者差距总体有缩小趋势；城镇居民和农村居民的金融资产投资收益相差较大，2015 年城镇居民金融资产投资收益约为农村居民的 20 倍，2017 年约为 15 倍，2019 年由于股票、基金投资收益为负值，从而使得城镇居民金融资产投资收益反而低于乡村居民；城镇居民和乡村居民的保险收益在 2015 年比较接近，2017 年和 2019 年相差较大，城镇居民保险收益约为乡村居民的 5 ~ 7 倍，但数额均相对较小；城镇居民的租金收益远大于乡村居民，数额相差约为 1500 ~ 2000 元，城镇居民租金收益约为农村居民的 6 ~ 10 倍。

表 7 - 18　　　　2015 年、2017 年、2019 年 CHFS 数据城镇和乡村
家庭户均财产性收入

单位：元

财产性收入构成	2015 年		2017 年		2019 年	
	城镇	乡村	城镇	乡村	城镇	乡村
财产性收入	6005.73	638.36	4912.96	501.09	3493.55	542.28
1. 利息	734.71	151.57	540.28	131.50	580.45	159.84
2. 金融资产投资收益	3405.95	159.30	2065.94	137.25	-150.27	73.09
股票	2384.86	142.13	282.93	9.83	-1927.50	-47.47
债券	39.08	6.18	46.19	1.45	21.57	0.00
基金	467.01	10.22	278.75	12.23	0.17	-1.82
互联网理财	0.00	0.00	260.33	20.47	122.92	15.24
金融理财	228.27	0.26	704.05	18.61	1354.61	66.39

财产性收入构成	2015 年		2017 年		2019 年	
	城镇	乡村	城镇	乡村	城镇	乡村
金融衍生品	218.72	0.00	14.59	0.00	1.82	0.00
非人民币资产	35.40	0.00	54.54	0.00	1.52	−0.15
黄金	12.51	0.51	32.35	2.68	9.75	0.00
其他金融产品	20.09	0.00	27.52	0.00	−5.77	0.00
借出款收入	0.00	0.00	364.69	71.98	270.64	40.90
3. 保险收益	13.94	16.54	96.36	13.28	79.75	15.18
4. 知识产权收入	0.00	0.00	0.41	0.00	0.00	0.00
5. 租金收益	1843.61	327.48	2209.96	219.06	2983.62	294.17

三、不同区域下微观家庭财产性收入总体情况

不同地理区域 2015 年、2017 年和 2019 年家庭户均财产性收入情况如表 7 – 19、7 – 20 和 7 – 21 所示。从财产性收入总体区域比较来看：三年数据中均显示东部地区家庭户均财产性收入水平最高；2015 年数据中中部财产性收入水平排序第二，西部和东北地区财产性收入水平较为接近；2017 年数据中中部、西部和东北三地财产性收入水平较为接近；2019 年数据中因中部地区居民股票投资收益为较大负值，导致其财产性收入低于西部和东北地区。从财产性收入分项数据区域比较来看：在所有三年年份中，东部地区的利息收入和租金收益均远远高于其他中部、西部和东北地区，在股票投资收益为正值的 2015 年和 2017 年，东部地区金融资产投资收益高于其他中部、西部和东北地区，但在股票投资收益为负值的 2019 年，东部地区金融资产投资收益远低于西部和东北地区，仅亏损额稍低于中部地区；三年数据所显示的其他中部、西部和东北地区财产性分项收入关系中，东北地区利息收入相对较高，西部地区租金收益相对较高，金融资产投资收益区域特征不甚明显。保险投资收益数额相对较小，区域差距不明显。

表 7 - 19　2015 年不同区域下微观家庭户均财产性收入以及分解情况　　单位：元

财产性收入构成	东	中	西	东北
财产性收入	6762.82	2514.81	2320.41	2153.64
1. 利息	799.84	392.14	286.56	414.46
2. 金融资产投资收益	3921.21	1445.90	1081.03	811.21
股票	2751.36	811.13	911.73	642.38
债券	44.84	18.26	14.54	14.26
基金	592.40	80.40	127.79	106.42
互联网理财	0.00	0.00	0.00	0.00
金融理财	238.36	220.28	23.62	17.44
金融衍生品	197.74	306.40	0.00	22.08
非人民币资产	52.07	0.10	0.08	7.97
黄金	13.93	9.18	2.93	0.44
其他金融产品	30.52	0.14	0.34	0.22
借出款收入	0.00	0.00	0.00	0.00
3. 保险收益	12.68	20.93	16.23	9.67
4. 知识产权收入	0.00	0.00	0.00	0.00
5. 租金收益	2029.09	655.84	936.59	918.30

注：东中西以及东北地区的划分依据 2019 年家庭金融调查数据的划分方法，具体而言，东部地区包括北京、天津、河北、上海、江苏、浙江、福建、山东、广东和海南；中部包括：山西、安徽、江西、河南、湖北和湖南；西部包括：内蒙古、广西、重庆、四川、贵州、云南、西藏、陕西、甘肃、青海、宁夏和新疆；东北包括：辽宁、吉林和黑龙江。下表同。

表 7 - 20　2017 年不同区域下微观家庭户均财产性收入以及分解情况　　单位：元

财产性收入构成	东	中	西	东北
财产性收入	5589.89	1848.98	1808.84	1862.80
1. 利息	598.78	275.28	226.59	293.49
2. 金融资产投资收益	2499.69	715.29	481.69	691.24
股票	384.38	14.67	15.14	145.45
债券	62.16	6.14	5.88	13.30

财产性收入构成	东	中	西	东北
基金	363.94	63.47	41.90	76.54
互联网理财	313.19	113.62	64.76	58.18
金融理财	833.69	240.98	192.34	179.51
金融衍生品	21.25	0.08	1.82	0.20
非人民币资产	45.36	0.52	7.82	119.50
黄金	41.38	19.76	2.08	1.59
其他金融产品	37.57	0.00	8.44	0.00
借出款收入	396.77	256.04	141.52	96.97
3. 保险收益	83.44	32.13	63.45	91.60
4. 知识产权收入	0.34	0.67	0.00	0.00
5. 租金收益	2407.65	825.61	1037.10	786.48

表 7 – 21　2019 年不同区域下微观家庭户均财产性收入以及分解情况　　单位：元

财产性收入构成	东	中	西	东北
财产性收入	4037.40	530.51	1829.70	1126.37
1. 利息	679.94	278.47	252.34	315.92
2. 金融资产投资收益	− 301.84	− 555.46	110.06	365.93
股票	− 2337.77	− 1098.16	− 364.11	− 86.04
债券	33.62	0.54	2.40	2.20
基金	− 53.91	40.05	14.23	56.93
互联网理财	149.88	49.23	38.84	43.12
金融理财	1828.13	294.23	331.71	295.57
金融衍生品	37.63	0.00	− 29.71	− 33.86
非人民币资产	3.38	0.30	− 3.50	5.94
黄金	5.79	5.61	1.61	20.58
其他金融产品	3.38	− 17.72	− 3.18	0.00
借出款收入	28.05	170.48	121.77	61.48

财产性收入构成	东	中	西	东北
3. 保险收益	106.92	21.60	24.37	36.56
4. 知识产权收入	0.00	0.00	0.00	0.00
5. 租金收益	3552.39	785.88	1442.92	407.96

四、不同收入水平下微观家庭财产性收入情况

为了考察不同收入水平下居民财产性收入的特征，进行了数据整理：2017 年按问卷中"每月工作收入"计算得到年收入，并剔除年收入为 0 的样本。2019 年按问卷中"去年，扣除税和五险一金（若有），该工作实际到手获得多少税后货币工资？不包括绩效奖金、补贴等"这一问题筛选出非 0 样本。依据百分数排名收入大小序数，将 2017 年和 2019 年筛选出的家庭收入按照收入大小水平划分为"0 ~ 20%""20 ~ 40%""40 ~ 60%""60 ~ 80%""80 ~ 100%"五个数段，然后计算每个百分数段下户均财产性收入和该百分数段下户均财产性收入与当年全部户均财产性收入的比值。

表 7 - 22 展示了 2017 年、2019 年不同收入下微观家庭财产性收入的情况。首先比较收入最高和最低的两组情况，2017 年，排名前 0 ~ 20% 高收入家庭户均财产性收入高达 11328.76 元，排名"80 ~ 100%"低收入家庭户均财产性收入为 1518.37 元，两者比值为 7.46 倍；2019 年，排名前"0 ~ 20%"高收入家庭户均财产性收入高达 6957.16 元，排名"80 ~ 100%"低收入家庭户均财产性收入为 1541.88 元，两者比值为 4.51 倍。其次对各组财产性收入与全部户均财产性收入进行比较，2017 年和 2019 年两年中均显示"0 ~ 20%"和"20 ~ 40%"收入段的财产性收入与对应年份全部户均财产性收入比值大于 1，排序靠后的三组，即"40 ~ 60%""60 ~ 80%""80 ~ 100%"收入组，比值小于 1，显示出财产性收入的分配更倾向于高收入家庭。

表 7 - 22   2017 年和 2019 年不同收入下家庭户均财产性收入情况   单位：元

百分位数段	2017 年		2019 年	
	户均财产性收入	与全部户均财产性收入比	户均财产性收入	与全部户均财产性收入比
0 ~ 20%	11328. 76	2. 9882	6957. 16	3. 3169
20% ~ 40%	4095. 17	1. 0802	3205. 49	1. 5282
40% ~ 60%	3112. 43	0. 8210	2057. 17	0. 9808
60% ~ 80%	1863. 64	0. 4916	1437. 15	0. 6852
80% ~ 100%	1518. 37	0. 4005	1541. 88	0. 7351

在前文的分析中可知，2019 年的分项财产性收入数据中显示股票等权益类金融资产投资收益为负值，导致 2019 年财产性收入相对 2017 年是下降的，这一现象在不同收入组下呈现了不同的特征，如表 7 - 23 所示，最高收入段 "0 ~ 20%" 家庭户均财产性收入下降幅度最大，而最低收入段 "80 ~ 100%" 家庭户均财产性收入下降幅度最小，这反映了不同收入水平家庭所拥有的财产类型存在较大差异，越是高收入家庭所拥有的权益类资产的数额占比可能越高，考虑到从长期来看权益类资产的收益率高于风险程度较低的债务类资产的收益率，那么高低收入段居民的财产性收入差距从长期而言可能有持续扩大的趋势。

表 7 - 23   2017 年和 2019 年不同收入下家庭户均财产性收入变化情况

百分位数段	2017 年（元）	2019 年（元）	增加值（元）	年均增长率（%）
0 ~ 20%	11328. 76	6957. 16	- 4371. 6	- 21. 63
20% ~ 40%	4095. 17	3205. 49	- 889. 68	- 11. 53
40% ~ 60%	3112. 43	2057. 17	- 1055. 26	- 18. 70
60% ~ 80%	1863. 64	1437. 15	- 426. 49	- 12. 18
80% ~ 100%	1518. 37	1541. 88	23. 5072	0. 77

第四节　微观家庭因素对财产性收入的影响分析

上述内容从微观家庭财产性收入构成角度出发，分析了家庭财产性收入各个部分的权重、城乡和不同地区之间的差异，这一节将着重考察家庭特征因素对家庭财产性收入的影响。

已有研究表明家庭特征会在一定上影响家庭财产性收入的多少，本部分主要考虑到的家庭特征包括：户主户籍、户主年龄、所在地区、文化程度、是否拥有股票账户、拥有住房数量、对经济金融的关注度、投资倾向类型，这些特征可反映个体能力和宏观政策制度的差异，基于此，本节构建如下实证模型：

$$Y = \alpha_0 + \beta_1 X_1 + \beta_2 X_2 + \beta_3 X_3 + \beta_4 X_4 + \beta_5 X_5 + \beta_6 X_6 + \beta_7 X_7 + \varepsilon \qquad (7-17)$$

式（7-17）中 Y 表示家庭财产性收入，为了保证数值为正，将筛选后样本的财产性收入值加上组内最大负值的相反数，后取自然对数表示；ε 为随机扰动项。家庭特征变量如表 7-24 所示。

表 7-24　　　　　影响家庭财产性收入的家庭特征变量设定

变量	取值方式
户主户籍的虚拟变量	若户住户籍为乡村取值为 1，否则为 0
户主年龄	
户主所在地区的虚拟变量	东部为 1，中部为 2，东北为 3，西部为 4
户主文化程度的虚拟变量	没上过学为 1，小学为 2，初中为 3，高中为 4，中专/职高为 5，大专/高职为 6，大学本科 7，硕士研究生为 8，博士研究生为 9
户主拥有股票账户的虚拟变量	若拥有则为 1，否则为 2
户主拥有住房数量	
户主对经济金融关注程度的虚拟变量	非常关注为 1，很关注为 2，一般为 3，很少关注为 4

续表

变量	取值方式
户主投资倾向类型的虚拟变量	高风险、高回报项目为1，略高风险，略高回报为2，平均风险、平均回报为3，略低风险、略低回报为4，不愿意承担任何风险为5

首先对数据进行了筛选，将 2015 年、2017 年和 2019 年三年中家庭金融数据在家庭层面、个体层面的数据进行匹配；其次筛选出被访问者为户主的样本；最后剔除缺失数据，得到每年的样本观测值。表 7-25 给出了三年数据各自的回归结果。

表 7-25　　　　　　家庭财产性收入与家庭特征的关系回归结果

变量名称	财产性收入		
	2015 年	2017 年	2019 年
户主户籍	-0.0133 *** (0.0015)	-0.0053 (0.0101)	-0.0470 *** (0.0033)
户主年龄	7-3.67e-0 (1.15e-05)	-0.0003 (0.0003)	-0.0012 *** (0.0002)
所在地区	-0.0063 *** (0.0006)	-0.0105 *** (0.0020)	-0.0143 *** (0.0015)
文化程度	0.0047 *** (0.0007)	0.0072 ** (0.0030)	0.0111 *** (0.0017)
是否拥有股票账户	-0.0617 *** (0.0054)	-0.0706 *** (0.0193)	-0.3913 *** (0.0152)
拥有住房数量	0.0282 *** (0.0046)	0.1412 ** (0.0619)	0.1084 *** (0.0093)
对经济金融的关注度	-0.0085 *** (0.0013)	-0.0206 *** (0.0060)	-0.0234 *** (0.0023)

变量名称	财产性收入		
	2015 年	2017 年	2019 年
投资倾向类型	- 0.0064 *** (0.0008)	- 0.0051 (0.0044)	- 0.0129 *** (0.0022)
常数项	12.7815 *** (0.0147)	0.0959 (0.0778)	11.2523 *** (0.0396)
观测值	22781	11262	20448
R^2	0.094	0.052	0.250

注：括号内为标准误，* 、** 和 *** 分别表示系数在10% 、5% 和1% 的水平上显著。

从表7 - 25 中可以看出：2015 年和2019 年户主户籍与家庭财产性收入水平呈现显著的负相关关系，2017 年系数也为负，这表明乡村家庭的户籍身份是导致其财产性收入低于城镇家庭财产性收入的原因。2019 年户主年龄与家庭财产性收入呈现显著的负相关关系。户主所在地区的回归系数为负，意味着与西部地区家庭相比，东部地区、中部地区、东北地区家庭的财产性收入均高于西部地区，这可能是因为区域财产性收入的高低与所在地区的经济发展程度密切相关。户主学历与家庭财产性收入呈现显著的正相关关系。是否拥有股票账户的回归系数为负，说明投资股票的家庭比不投资股票的家庭财产性收入高，合理的股票投资会带来资本增值进而产生分红收益。家庭的房产数量与家庭财产性收入呈现显著的正相关关系。户主对经济金融关注程度的系数为负，越不关注和了解经济和金融的家庭，其所拥有的财产性收入水平越低。2015 年和2019 年投资倾向类型系数显著为负，表明家庭对投资类型风险厌恶程度的增加，家庭所拥有的财产性收入水平越低。

第八章

资本要素收入转化为居民财产性收入分析

　　企业等生产经营单位是国民收入和居民收入的创造载体，企业等使用资本作为生产要素之一组织生产行为，居民等将资本投入企业，从而拥有对资本收入的分配权，获取财产性收入。在资本要素收入向居民财产性收入转化的过程中，企业等生产经营单位的要素组织方式影响要素收入分配及对应的居民财产性收入所得，金融中介机构在居民和企业之间发挥资本中介作用。居民从对企业提供的资本中最终获取财产性收入，其中利息收入包括从企业直接获得的债券利息和经由银行等中介机构的借款利息，股息红利是指企业对居民的股权资本投资回报。当前，中国金融业由以银行为主的传统金融逐步发展为包括银行、证券、保险和信托在内的现代金融，形成较为完善的金融体系。本章拟以上市企业为例探究企业资本收入转化为居民财产性收入的关系。本章的基本思路是：首先分析企业资本收入和居民财产性收入的构成及二者之间内在逻辑；其次构建资本收入及企业增加值指标的计算方法，从产权性质、产业性质、企业规模三个方面对上市企业资本收入的分配情况进行分析，并与宏观口径统计的国家资本收入份额进行比较；再次分析企业资本收入向居民财产性收入的转化过程及其影响因素；最后探讨金融中介体系在资本要素收入向居民财产性收入转化过程中的作用。

第一节　资本要素收入与居民财产性收入的逻辑联系

从居民端的资本投入到企业给予居民的资本收入分配主要有三个渠道：首先从股权投资的角度来说，居民可以通过购买股票或以技术、专利入股的形式来获得股权，当企业进行利润分配时，居民获得分红红利，形成居民的财产性收入。其次从债权投资的角度来说，有两种表现形式：一是居民通过购买企业债券的形式获得企业债权，企业按照相应的约定对居民偿付利息；二是居民以银行存款的形式，通过银行中介机构间接对企业提供借款，居民获得银行中介机构给予的存款利息。上述三个渠道构成从企业端的资本收入到居民端的财产性收入的转移。另外居民对企业提供劳动要素投入，参与企业的生产经营活动，从而获得劳动要素收入，转化为居民的工资性收入。综上所述，劳动收入构成了居民的工资性收入，分红红利和利息收入构成了居民的财产性收入。

从企业视角来看，居民部门提供的劳动和资本要素参与生产经营活动从而进一步形成企业收入，企业需要对生产经营活动中提供劳动和资本要素的所有者支付报酬，即支付工资和资本报酬，其中工资总额指企业支付给职工的劳动报酬总额，为劳动收入，表现为劳动者提供劳动要素的收益；资本回报支出指企业筹集资金的成本，包括借款利息、债券利息、分红等，为资本要素提供者的资本收入，一方面表现为债权人借款的收益；另一方面，企业收入在覆盖营业成本后构成企业利润，企业需要根据《中华人民共和国企业所得税法》等法律制度对其经营所得上缴所得税等，该部分收入流向国家。企业利润扣除所得税费用后形成净利润，净利润在股东和企业之间进一步分配，形成现金分红和未分配利润，二者均为资本收入，表现为股东投资的收益，其中现金分红是指企业将净利润的一部分以现金方式派发给企业资本要素提供者的一种分红方式；未分配利润指企业未作分配的利润，企业对其的使用拥有较大的自主权。综上所述，工资总额构成企业的劳动收入，利息支出、现金分红和未分配利润构成企业的资本收入。

由上述分析可知，企业资本收入由利息支出、现金分红、未分配利润三部分组成，而居民财产性收入仅表现为现金分红和利息收入，二者在数量上存在差异，即企业资本收入中未分配利润并未直接转化为居民的财产性收入，该部分资本收入未直接分配给资本投入者，其主要目的是为企业未来的发展提供支持，为资本投入者创造更多的未来收益，增加股东长期价值。因此，企业资本收入向居民财产性收入的传输渠道主要指利息支出和现金分红。其中在利息支出的传输渠道上，部分利息会被银行等金融机构所吸收，即企业的利息支出和居民的利息收入之间存在缺口，具体表现为居民将储蓄资金存入银行，资金在银行等金融部门得以聚集，企业向银行借贷，在该过程中企业以贷款利率向银行支出利息，而居民则依据存款利率从银行获得利息，存贷款利率差对应的利息被银行部门吸收，进而使得居民财产性中的利息收入远小于企业资本收入的支付银行贷款利息部分。此外，根据个人所得税法规定，个人取得的"利息、股息、红利所得"，应按 20% 的比例税率征收个人所得税，其中为鼓励资本市场长期投资，对股息红利所得按持股时间长短实行差异化个人所得税政策，持股时间越长，税负越低，其中持股超过1 年的股息红利个人所得税免征，持股 1 个月至 1 年的股息红利个人所得税税率为 10%，持股不足 1 个月的股息红利个人所得税税率为 20%，个人所得税的存在使得企业资本收入中的股息支出大于居民财产性收入的现金分红所得部分。另外值得指出的是，在我国，国有企业的大量存在意味着经济中相当比重的企业资本所有权不直接为居民所拥有，这部门资本所获取的回报难以直接流向居民部门，未能转化为居民的财产性收入。

综上所述，企业的资本收入包括利息支出、现金分红和未分配利润，其中未分配利润并未直接转化为居民的财产性收入；由于银行等金融机构、个人所得税以及国有企业的存在，企业的利息支出和现金分红在向居民的利息收入和现金分红转化过程中会被其他部门吸收，最终仅是企业资本收入的一部分转化成了居民财产性收入。

第二节　企业资本要素收入的类别统计分析

一、数据来源与变量定义

本节以 2010～2020 年沪深两市 A 股上市企业作为研究样本，并按照以下标准对样本进行筛选：（1）剔除财务状况异常的 ST、*ST 类上市企业，以避免财务信息质量及异常值的影响；（2）剔除关键数据缺失的样本。最终构造了包含 12684 个观察值的非平衡面板数据。在此基础上，对涉及的连续变量进行上下 1% 的缩尾处理，以降低极端值的影响。上市企业的财务数据来自国泰安（CSMAR）及万得（WIND）数据库。

企业资本要素所有者获取的收入包括企业支付的利息、现金分红和未分配利润，资本要素所有者分为债务资本所有者和股权资本所有者，债务资本所有者获取利息，股权资本所有者获取现金分红，拥有未分配利润的所有权。其中，债务资本所有者获取的利息即为企业支付的利息，指企业筹集借贷资金的成本，采用上市企业利润表披露的"财务费用"来衡量；现金分红为企业对股权资本所有者的回报，以每股税前现金股利和普通股股数的乘积计算得到；未分配利润为企业未进行分配的利润，利用上市企业财务报表中"净利润"与现金分红之差来衡量。

考虑到上市企业的发展、规模的扩大会使得上述三个指标随时间呈增长趋势，从数量上统计企业的资本收入缺乏说服力和代表性，因此本节构建企业增加值变量，采用各类资本收入占企业增加值之比进行统计分析。关于企业增加值的核算，基于 GDP 收入法核算思路，采用劳动报酬、利润、固定资产折旧以及税额之和来衡量，其中劳动报酬采用现金流量表中"支付给职工以及为职工支付的现金"衡量；利润采用利润表中"净利润"来衡量；固定资产折旧通过国泰安数据库披露的"每股折旧与摊销"指标计算得到；税额采用资产负债表中"应交税费"衡量。

二、上市企业资本要素收入及分类特征

基于企业资本收入的定义及衡量方法，测算得出 2010～2020 年我国沪深 A 股上市企业各项资本收入的年均值，进一步计算其占资本收入总额的比例，结果如图 8 - 1 所示。

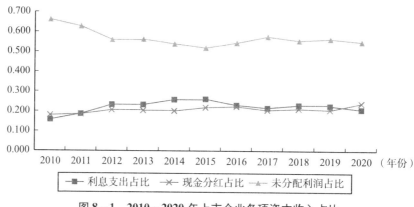

图 8 - 1   2010～2020 年上市企业各项资本收入占比

从图 8 - 1 来看，上市企业未分配利润占比远高于利息支出占比和现金分红占比，即企业资本收入主要由未分配利润构成。从 2010～2020 年各项资本收入变动趋势看，上市企业现金分红占资本收入比重总体呈现平稳上升趋势，利息支出占比的变化波动稍大，总体上看利息支出的占比略高于现金分红占比；未分配利润占比在 2010～2020 年间大体呈现下降趋势，但其每年占比均高于 50%，即企业资本收入更多的是留存在企业中。

为进一步从企业要素收入分配角度研究企业资本收入的分配情况，基于增加值的衡量方法，测算得出 2010～2020 年上市企业各项资本收入占企业增加值的比重，即企业要素收入中资本收入的分配情况，如图 8 - 2 所示。

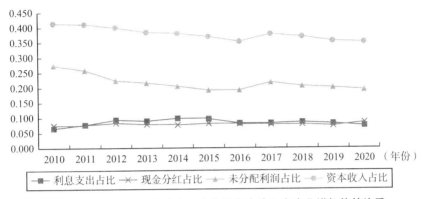

图 8 - 2　2010～2020 年上市企业各项资本收入占企业增加值的比重

由图 8 - 2 可得，2010～2020 年上市企业资本收入占企业增加值的比重约在 40% 左右，且总体上呈现下降趋势，其中 2016 年之前资本收入占比逐年减少，2016 年之后占比趋于平稳波动。

上述描述了上市企业总样本中企业资本收入的分配情况，但在不同特征的企业中资本收入分配情况可能存在差异，因此本节从产权性质、产业性质、企业规模三个方面对企业资本收入份额的分配情况进行分析。

第一，产权性质。产权性质是企业最基本的制度制约因素，企业的行为及所面临的约束会因产权性质的不同而存在差异，已有研究表明，与国有企业相比，民营企业因风险水平相对较高和信贷歧视等问题，承担了更高的债务融资成本。为了对比不同所有制企业的资本收入分配情况，以企业实际控制人的性质确定其产权性质，将样本分为非国有企业和国有企业样本。测算结果如图 8 - 3 所示，2010～2020 年国有企业和非国有企业资本收入占比整体均呈现下降趋势，2010～2016 年下降趋势较为明显，2016～2020 年主要呈现波动特征。非国有企业的资本收入占比始终高于国有企业，从时间序列看二者差距有缩小的趋势。

第二，产业性质。企业所处的产业不同，其特征、战略及面临的环境均存在差异，进而导致企业的要素配置结构、资产结构及对应的资本收入呈现出产业差异。借鉴孙早和肖利平（2015）的行业划分标准，将上市企业划分为传统产业和战略性新兴产业，其中战略性新兴产业包括新能源、新材料、生物、高端装备制造、新能源汽车、新一代信息技术以及节能环保等七大类别，涉及《上市企业行业分类指引》（2012 年修订），共涉及四个门类20 个大类。相对于传统产业，战略性新兴产业中企业的成长性高，发展空间大，战略性新兴产业的发展也受到政府补贴的支持，战略性新兴产业中创新作用更为突出，具有创新能力的劳动力要素在企业中作用更为显著。对传统产业和战略性新兴产业的资本收入占比进行测算，结果如图 8 - 4 所示，传统产业和战略性新兴产业中企业的资本收入占企业增加值的比重变化趋势基本一致，呈现下降趋势；战略性新兴产业的资本收入占比明显低于传统产业。

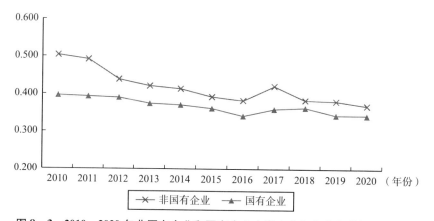

图 8 - 3   2010 ~ 2020 年非国有企业和国有企业中资本收入占企业增加值的比重

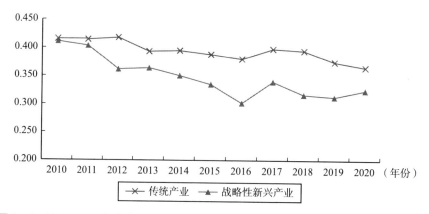

图 8 - 4   2010 ~ 2020 年传统产业和战略性新兴产业中企业资本收入占企业增加值的比重

第三，企业规模。小规模的企业面临的约束类型更多的为融资约束，融资成本相对较高，而大规模的企业则更多地面临着投资机会的约束（于泽，2015），进而使得企业行为、资产结构、资本收入存在差异。本节按照企业资本规模将样本划分为两份，以每年总样本的资产合计为基准测算平均值，大于平均值的企业归入大规模企业组，余下归入小规模企业组，进而对大、小规模企业样本对比分析，结果如图 8 - 5 所示，小规模企业的资本收入占比明显低于大规模企业。

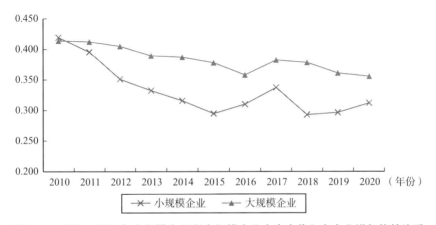

图 8 - 5 2010～2020 年小规模企业和大规模企业中资本收入占企业增加值的比重

三、微观企业和宏观口径资本收入占比比较

从企业视角来看，利息支出、现金分红、未分配利润为资本收入，企业资本收入占企业增加值的比重衡量了微观口径统计下的资本收入份额（企业层面资本收入占比），本小节将测算宏观口径统计下的资本收入份额（国家层面资本要素收入份额），进而对比微观和宏观口径测算结果。

关于宏观口径测算要素收入分配的方法，前文中章节已有所述，为了表述的连续性，此处再次进行说明。一种做法是不计算政府部门所占的份额，将要素收入分为劳动要素收入和资本要素收入，采用方式有剔除增值税的毛增加值法和将间接税视为资本收入的要素成本增加值法。另一种做法则将要素收入分配分为劳动要素收入、资本要素收入和政府要素收入，考虑到政府在分配中对市场经济的干预和调节作用，税收是其主要的要素收入，这种方法强调了要素所有者的真实收入水平。参考吕冰洋等（2020）的测算方法，采用将要素收入分为三类进行要素收入份额的测算。

税前资本要素收入份额计算公式如下：

$$税前资本要素收入 = 国民总收入 - 生产税净额 - 劳动者报酬$$
$$税前资本要素收入份额 = 税前资本要素收入/国民总收入$$

根据上述公式，测算得出 2010～2020 年我国税前资本要素收入份额，图 8-6 表示企业层面资本收入占比与国家层面资本要素收入份额变化趋势对比。

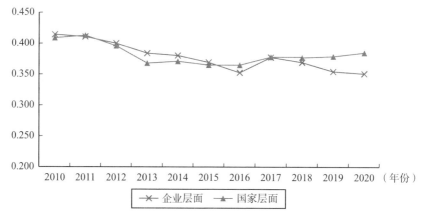

图 8-6　2010～2020 年企业层面资本收入占比与国家层面资本要素收入份额变化趋势

从图 8-6 可以看出，企业层面资本收入占比与国家层面资本要素收入份额均在 0.38 水平上下波动，且变化趋势基本一致，表明本研究测算的资本收入占比具有现实意义和解释力。二者在 2016 年以前均呈现总体下降趋势，其中企业资本收入份额从 2010 年的 42.0% 减少至 2016 年的 35.8%，下降 6.2 个百分点，国家资本要素收入份额由 40.9% 降为 36.5%，下降 4.4 个百分点，2016 年以后国家资本收入份额缓慢平稳增长，而企业资本收入份额总体呈现下降趋势。

第三节　企业资本要素收入向居民财产性收入的转化分析

一、转化来源分析

前文分析表明，企业资本收入包括利息支出、现金分红和未分配利润，其中未分配利润留存于企业，仅利息支出和现金分红将进一步转化为居民的财产性收入比，图 8-7 展示了 2010~2020 年上市企业资本收入中可进一步转化为居民财产性收入的利息和现金分红之和占比的变化趋势。历年数据中，上市企业利息和分红之和的占比均在 50% 以下，表明上市企业的大部分资本收入留存在企业中，并未直接转化为居民的财产性收入。利息占比总体上高于分红的占比，利息和分红之和的占比在 2010~2020 年总体呈现上升趋势，2020 年利息和分红之和的占比达到了 45.0%。

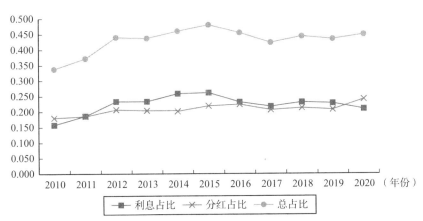

图 8-7　2010~2020 年上市企业资本收入中可转化为居民财产性收入的比例

与前文对企业的分组类似，图 8-8、图 8-9、图 8-10 从企业产权性质、企业产业性质、企业规模三个方面分别描述了不同特征上市企业资本收入中可转化为居民财产性收入的比例,即企业利息和分红之和占资本收入的比例。由图 8－8 可知,国有企业更倾向于将资本收入用于分红和利息支出部分,此处值得指出的是,上市国有企业中由国有股东持股的部分所获得的分红并不能直接转化为居民的财产性收入,国有企业中非国有股东所获得的分红与非国有企业的股东类似。由图 8－9 可知,传统企业资本收入中可转化为居民财产性收入的比例更高。由图 8－10 可知,2010～2017 年大规模企业利息和分红之和占资本收入的总占比远大于小规模企业,2018～2020 年大规模企业和小规模企业利息和分红之和占资本收入的占比数据较为接近。

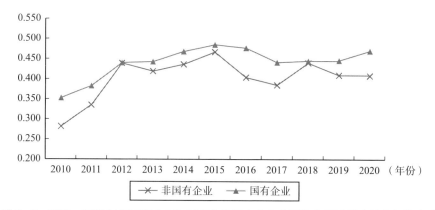

图 8－8　2010～2020 年非国有企业和国有企业资本收入中可转为居民财产性收入的占比

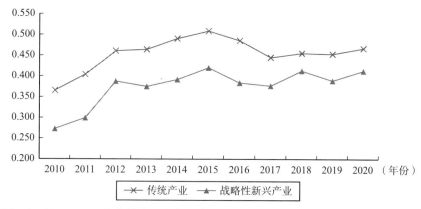

图 8－9　2010～2020 年传统产业和新兴产业资本收入中可转为居民财产性收入的占比

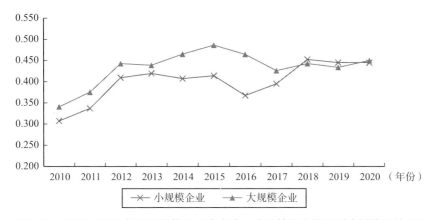

图 8 - 10　2010～2020 年不同规模企业资本收入中可转化为居民财产性收入的占比

二、转化过程分析

资本收入中利息支出和现金分红可进一步转化为居民的财产性收入，但该转化并非直接转化，个人资本收入所得税及中介机构的存在会使企业的利息支出和现金分红在向居民的利息收入和现金分红转化过程中"损耗"，同时，国有股份资本的存在意味着其获取的分红并未直接流向居民部门。企业利息支出向居民利息收入的转化过程中，企业利息支出主要存在两个流向，其一，以企业债券利息等方式直接流向居民部门，转化为居民的财产性收入；其二，通过银行等金融机构间接流入居民部门，居民基于存款利率获得财产性收入，存贷款利率差所产生的差额为银行等金融机构的收入，在金融机构内进行转化、分配。

根据财务报告披露的每股税前现金股利和每股税后现金股利，计算得到税前现金分红和税后现金分红，即分别表示企业资本收入中的现金分红和转化为居民财产性收入的现金分红，二者差异即为现金分红由企业资本收入转化为居民财产性收入过程中的"损耗"。图 8 - 10 表示现金分红在转化前后分别占企业增加值的比重，由于自 2015 年起，财务报告不单独披露税后派现额，而是针对不同投资主体适用不同的税率计算纳税额，因此图 8 - 11 仅描绘 2010～2014 年间企业资本收入中的现金分红和转化为居民财产性收入的现金分红的占比变化。

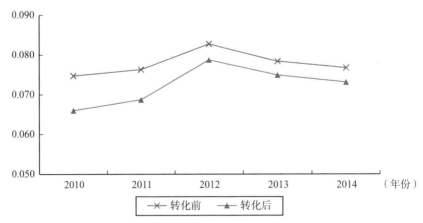

图 8 – 11　2010～2014 年现金分红转化前、后占企业增加值比重

　　由图 8 – 11 可得，转化前和转化后的现金分红存在明显差异。2014 年转化前企业资本收入中的现金分红占企业增加值的比重为 7.8%，而转化后计入居民财产性收入的现金分红占企业增加值比重为 7.4%，在该过程中部分现金分红并未转化为居民的财产性收入，该部分被政府对个人征收的资本所得税收所吸收。

　　从资金流量数据来看，中国居民部门从企业部门获得的分红收入微乎其微，除了企业红利分配水平不高之外，还有一个更为重要的原因为中国居民部门和企业部门在产权上的联系很弱（徐高，2019）。根据 2018 年第四次全国经济普查的数据，全国国有控股企业资产占全国企业资产总额为56.3%。在 2020 年上市企业样本中，国有企业数量占57%，其所拥有的资产占样本总资产的76%。国有控股企业的大量存在意味着经济中相当比重的资本所有权不直接为居民所拥有，这部门资本回报不是直接流向居民部门，无法直接转化为居民的财产性收入。

三、转化结果分析

上述分析表明，最终只有部分的企业利息支出和现金分红会转变为居民的财产性收入。但考虑到数据的可获得性，假设居民的利息收入采用企业的利息支出来衡量，居民部门的现金分红在 2015 年之前用税后现金分红表示，在 2015 年之后用税前现金分红表示。图 8 – 12 描述了 2010 ~ 2020 年居民部门利息收入和现金分红之和占企业增加值的比重变化趋势，其意义为从上市企业视角衡量最终居民财产性收入占企业要素收入的比重，从宏观意义上则是居民财产性收入占国民收入的比重关系。

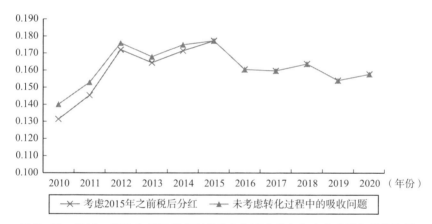

图 8 – 12　2010 ~ 2020 年居民部门利息收入和现金分红和占企业增加值的比重

从图 8 – 12 中可以看出，居民财产性收入占企业增加值比重在 2015 年之前呈现上升趋势，由 2010 年的 13.3% 增加至 2015 年的 18.0%，2016 年该比重下降至 16.3%，2016 ~ 2020 年较为平稳。根据《中国统计年鉴》可知，历年来我国居民财产性收入占人均可支配收入比重均小于 10%，其中2020 年财产性收入占比为 8.7%，该比重远低于此处测算的居民财产性收入占国民收入的比重，其原因主要有两点：其一，此处的测算均基于上市企业样本，由于上市企业相对于一般性企业资本聚集程度较高，因此测算出来的财产性收入占比会高于国民收入中财产性收入占比；其二，囿于数据可得性，未充分考虑企业资本收入向居民财产性收入转化过程中的"损耗"，即金融中介机构等所获取的部分。当然两者在其他方面也有不对应之处，特别是此处的计算仅考虑来自企业端的资本收入的实际分配，而居民端的财产性收入也可能包括了金融资产投资所产生的资本利得收入，虽然从长期而言，金融资产价值来自未来的实际资本收入的现值，但由于以股票等形式表示的金融资产价格波动剧烈，所以资本利得的变化和来自企业端的资本收入的实际值在以年为周期的单位中并不完全一致。

四、转化影响因素分析

上述分析表明企业的利息支出和现金分红是居民财产性收入的重要来源，本节将从企业特征角度探究企业的利息支出和现金分红的影响因素，其中企业利息支出通过债务融资成本表示，等于企业财务费用除以期末负债总额；现金分红通过现金股利支付水平表示，等于每股税前现金股利除以每股净利润。

（一）利息支出影响因素分析

本小节以 2011~2020 年沪深两市 A 股上市企业作为研究样本，并按照以下标准对样本进行筛选：（1）剔除财务状况异常的 ST、*ST 类上市企业；（2）剔除关键数据缺失的样本；（3）剔除债务融资成本小于等于 0 的样本。最终构造了包含 9408 个观察值的非平衡面板数据。在此基础上，对涉及的连续变量进行上下 1% 的缩尾处理，以降低极端值的影响。上市企业的财务数据来自国泰安（CSMAR）及万得（WIND）数据库。

1. 模型设定及变量说明

为了探讨不同企业特征对企业债务融资成本的影响，本书将构建如下模型：

$$\text{DebtCost}_{ij} = \alpha_0 + \beta_1 \text{State}_{ij} + \beta_2 \text{Industry}_{ij} + \beta_3 \text{Size}_{ij} + \beta_4 \text{LEV}_{ij} + \beta_5 \text{Growth}_{ij}$$
$$+ \beta_6 \text{FCF}_{ij} + \beta_7 \text{Intcov}_{ij} + \lambda_i + \eta_j + \varepsilon_{ij} \qquad (8-1)$$

其中，DebtCost 为企业债务融资成本；State 为产权性质虚拟变量，若企业实际控制人为国有取值为 1，否则为 0；Industry 为产业性质虚拟变量，若企业属于孙早和肖利平（2015）划分的七大战略新兴行业则取值为 1；否则为 0；Size 为企业规模，采用期末总资产的自然对数来衡量。负债水平（LEV）、成长性（Growth）、现金流量（FCF）、利息保证倍数（Intcov）为控制变量；λ_i 表示时间固定效应，η_j 表示个体固定效应，ε_{ij} 表示随机误差项。各变量详见表 8 - 1。

表 8 - 1 利息支出及影响变量说明

变量类别	变量名称	变量符号	变量定义
因变量	债务融资成本	DebtCost	财务费用/期末总负债的自然对数
自变量	产权性质	State	若企业实际控制人为国有取值为 1；否则为 0
	产业性质	Industry	若企业属于七大战略新兴行业则为 1；否则为 0
	企业规模	Size	期末总资产的自然对数
控制变量	负债水平	LEV	期末总负债/期末总资产
	成长性	Growth	当年营业收入/上年营业收入 - 1
	现金流量	FCF	经营活动现金净流量/期末总资产
	利息保证倍数	Intcov	（净利润 + 所得税 + 财务费用）/财务费用

2. 回归结果分析

企业特征因素对债务融资成本影响的回归结果如表 8 - 2 所示，其中，第（1）列为没有加入控制变量的回归结果，第（2）列为加入控制变量之后的回归结果，第（3）列是在第（2）列的基础上剔除统计上不显著的自变量后的回归结果。

表 8 - 2 企业债务成本影响因素回归结果

	（1）	（2）	（3）
State	0.001 (0.036)	- 0.014 (0.027)	

续表

	（1）	（2）	（3）
Industry	−0.132*** （0.035）	−0.048* （0.026）	−0.047* （0.026）
Size	−0.133*** （0.011）	−0.150*** （0.009）	−0.151*** （0.009）
LEV		0.254*** （0.058）	0.253*** （0.058）
Growth		−0.050*** （0.015）	−0.049*** （0.015）
FCF		1.397*** （0.100）	1.395*** （0.100）
Intcov		−0.013*** （0.0000）	−0.013*** （0.0000）
常数项	−1.053*** （0.255）	−0.64*** （0.194）	−0.633*** （0.194）
观测值	9408	9408	9408

注：括号内为标准误，***、**、*分别表示在1%、5%、10%的水平上显著。

可以看到，产业性质虚拟变量 Industry 对企业债务融资成本的回归系数显著为负，这表明相比于传统产业，战略新兴产业中的企业的债务融资成本更低；企业规模 Size 的回归系数均在1%的水平上显著为负，表明企业规模越大，债务融资成本越低；产权性质虚拟变量 State 对债务融资成本具有负向影响，但在统计上不显著。另外，债务水平 LEV 的估计系数显著为正，表明企业财务风险越大，债务融资成本越高；成长性 Growth 的估计系数显著为负，意味着企业成长性越好，未来盈利能力越强，债务融资成本越低；利息保证倍数 Intcov 的估计系数显著为负，说明企业用来偿还负债的资金越多，债务的安全性越高，从而支付给债权人的债务成本越低。

（二）现金分红影响因素分析

1. 模型设定及变量说明

本小节以2011~2020年沪深两市A股上市企业作为研究样本，并按照以下标准对样本进行筛选：（1）剔除财务状况异常的ST、*ST类上市企业，以避免财务信息质量及异常值的影响；（2）剔除关键数据缺失的样本。最终构造了包含11472个观察值的非平衡面板数据。在此基础上，对涉及的连续变量进行上下1%的缩尾处理，以降低极端值的影响。上市企业的财务数据来自国泰安（CSMAR）及万得（WIND）数据库。

为了探讨不同企业特征对企业债务融资成本的影响，本书将构建如下模型：

$$DR_{ij} = \alpha_0 + \beta_1 State_{ij} + \beta_2 Industry_{ij} + \beta_3 Size_{ij} + \beta_4 LEV_{ij} + \beta_5 Growth_{ij}$$
$$+ \beta_6 FCF_{ij} + \beta_7 CEOI_{ij} + \beta_8 Top1_{ij} + \lambda_i + \eta_j + \varepsilon_{ij} \qquad (8-2)$$

其中，DR 为企业股利支付水平；State 为产权性质虚拟变量，若企业实际控制人为国有则取值为1，否则为0；Industry 为产业性质虚拟变量，若企业属于孙早和肖利平（2015）划分的七大战略新兴行业则取值为1，否则为0；Size 为企业规模，采用期末总资产的自然对数来衡量。负债水平（LEV）、成长性（Growth）、现金流量（FCF）、高管持股比例（CEOI）、股权集中度（Top1）为控制变量；λ_i 表示时间固定效应，η_j 表示个体固定效应，ε_{ij} 表示随机误差项。各变量详见表8-3。

表8-3　　　　　　　　　　　现金分红及影响变量说明

变量类别	变量名称	变量符号	变量定义
因变量	股利支付水平	DR	每股税前现金股利/每股净利润
自变量	产权性质	State	若企业实际控制人为国有取值为1，否则为0
	产业性质	Industry	若企业属于七大战略新兴行业则为1，否则为0
	企业规模	Size	期末总资产的自然对数

续表

变量类别	变量名称	变量符号	变量定义
控制变量	负债水平	LEV	期末总负债/期末总资产
	成长性	Growth	当年营业收入/上年营业收入 − 1
	现金流量占比	FCF	经营活动现金净流量/期末总资产
	高管持股比例	CEOI	高管持股/总股数
	股权集中度	Top1	最大股东持股比例

2. 回归结果分析

企业特征因素对股利支付水平影响的回归结果如表 8 - 4 所示，第（1）列为没有加入控制变量的回归结果，第（2）列为加入控制变量之后的回归结果，第（3）列是在第（2）列的基础上剔除统计上不显著的自变量后的回归结果。结果显示：产权性质 State 的估计系数在 5% 统计水平下显著为负，这表明相比非国有企业，国有企业的股利支付水平更低；企业规模 Size 的回归系数均在 1% 的水平上显著为正，表明企业规模越大，企业当年股利支付水平越高；产业性质 Industry 的回归系数不显著，表明其对公司股利支付水平没有显著影响。就控制变量而言，负债水平 LEV、成长性 Growth 的系数在 1% 水平上显著为负，表明企业负债水平越高、成长性越好，企业的股利支付水平就越低；现金流量占比、高管持股比例、股权集中度的估计系数在 1% 水平上显著为正，表明企业经营现金净流量占比越高、高管持股比例越高、最大股东持股比例越高，企业股利支付水平就越高。

表 8 - 4 现金分红影响因素回归结果

	（1）	（2）	（3）
State	− 0.026 ***	− 0.022 **	− 0.022 **
	(0.010)	(0.009)	(0.009)
Industry	0.004	− 0.001	
	(0.009)	(0.009)	

续表

	（1）	（2）	（3）
Size	0.005 ** （0.003）	0.024 *** （0.003）	0.024 *** （0.003）
LEV		−0.305 *** （0.022）	−0.304 *** （0.003）
Growth		−0.044 *** （0.007）	−0.044 *** （0.007）
FCF		0.159 *** （0.045）	0.159 *** （0.045）
CEOI		0.176 *** （0.040）	0.175 *** （0.045）
Top1		0.002 *** （0.000）	0.002 *** （0.000）
常数项	0.145 * （0.074）	−0.203 *** （0.073）	−0.205 *** （0.073）
观测值	11472	11472	11472

注：括号内为标准误，*** 、** 、* 分别表示在1%、5%、10%的水平上显著。

第四节　金融中介渠道与资本收入向居民财产性收入的转化

一、金融中介渠道与财产性收入的理论分析

如前文所述，企业资本要素收入向居民财产性收入的转化中一部分需要金融机构作为中介，因此需要探讨金融中介渠道及在此过程中的作用，本节将简要分析当前中国金融发展形势，并结合上文居民财产性收入现状及变动趋势，考察中国金融部门发展与居民财产性收入之间的联系。

本节选取 2002~2022 年全国社会融资规模存量变动趋势情况及全国社会融资规模增量变动趋势情况反映中国金融发展现状及近年发展趋势，图 8-13 反映了全国社会融资规模存量变动趋势情况，全国社会融资规模存量从 2002 年的 148532 亿元增长至 2022 年的 3442000 亿元，呈逐年增长的趋势，增长超 23 倍。图 8-14 反映了全国社会融资规模增量变动趋势情况，全国社会融资规模增量从 2002 年的 20112.11 亿元增长至 2022 年的 320101 亿元，增长情况有所波动，但总体呈现增长趋势，增长接近 16 倍。由此可见，近 20 年来我国社会融资规模存量和增量水平都有着较大幅度的增长。

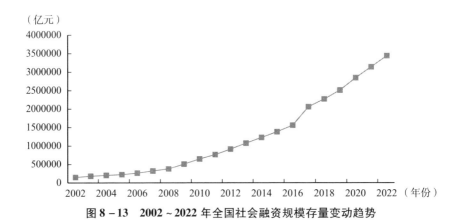

图 8-13　2002~2022 年全国社会融资规模存量变动趋势

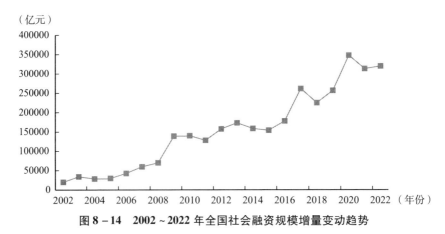

图 8-14　2002~2022 年全国社会融资规模增量变动趋势

资料来源：《中国金融统计年鉴》《中国统计年鉴》以及中国人民银行。

在社会融资背后对应着金融机构的中介作用和投融资对象的资金融通。金融体系收入是指金融机构和从事金融活动的个人或企业通过提供金融产品和服务而获得的收入。这些收入可以来自利息、手续费、佣金、资本利得等多种渠道。金融机构如银行、保险公司、证券公司等在金融市场上运作，通过提供贷款、储蓄、投资、保险、交易等服务来获取收入。财产性收入是指个人或企业通过其拥有的资产所获得的收入，这些资产包括不动产（如房地产）、金融资产（如股票、债券、存款）等。

金融体系收入和财产性收入之间的关系在于，金融机构可以通过投资和管理客户的资产来获取收入。比如，银行部门通过贷款和投资客户存款来获得利息收入；投资公司通过管理客户的投资组合来获得管理费和绩效提成。同时，金融市场中的投资活动也可以为住户部门或企业提供获取财产性收入的机会，如通过股票投资获得股息收入。然而，需要注意的是，金融体系收入和财产性收入并非完全等同。金融体系收入通常是与金融交易和服务紧密相关的，而财产性收入可以来自更广泛的资产类别。两者具体机制分析如图 8 – 15 所示。

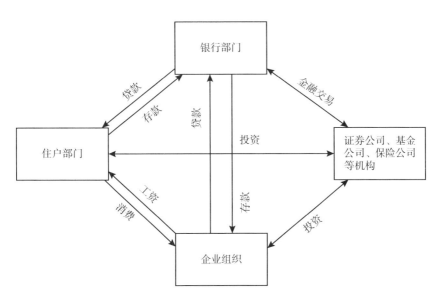

图 8 – 15　金融收入与财产性收入的机制分析

二、宏观口径下我国财产性收入及不同部门分配

为探究我国宏观层面财产性收入及不同部门分配的情况，本部分选用《中国统计年鉴》资金流量表（非实物交易）部分的数据，资金流量表将财产性收入分为利息、红利、土地租金、其他财产收入等，并将部门分为非金融企业部门、金融机构部门、政府部门、住户部门，其中住户部门包括城镇住户部门和农村住户部门。资金流量表反映了生产过程中收入的分配、转移以及消费和储蓄的情况，同时也揭示了部门间的非金融投资资金余缺和融资情况。通过分析资金流量表，可以深入研究部门的收入分配、资金余缺、融资规模和融资结构等方面的情况，为研究居民财产性收入情况提供依据。

（一）初次收入分配的要素分解与测算口径说明

在对不同部门财产性收入进行测算之前，需要对初次收入分配进行分解。初次分配是指生产活动形成的净增加值在参与生产要素的所有者和政府之间的分配。劳动力所有者通过提供劳动而获得劳动报酬，资本所有者根据资本的形态不同获得不同形式的收入，政府通过直接或间接介入生产过程而获得生产税或支付补贴。初次分配的结果形成各个机构部门的初次分配总收入，各机构部门的初次分配总收入之和等于国民总收入，即国民生产总值。

本部分测算数据均来自《中国统计年鉴》资金流量表（非实物交易）部分，按照《中国经济普查年度资金流量表编制方法》，将初次收入分配定义为：

初次分配总收入＝增加值－运用方的劳动者报酬＋来源方的劳动者报酬－运用方的生产税净额＋来源方的生产税净额－运用方的财产收入＋来源方的财产收入

来源和运用分别反映机构部门的资金流入和流出，所以本节的初次分配总收入及财产性收入均采用资金流入减去资金流出的净额表示，住户部门的初次分配收入可以表示为：

住户部门初次分配总收入 = 住户部门增加值 - 住户部门运用方的劳动者报酬 + 住户部门来源方的劳动者报酬 - 住户部门运用方的生产税净额 + 住户部门来源方的生产税净额 - 住户部门运用方的财产收入 + 住户部门来源方的财产收入

资金流量表将财产性收入分为利息、红利、土地租金、其他财产收入等，并将部门分为非金融企业部门、金融机构部门、政府部门、住户部门，其中住户部门包括城镇住户部门和农村住户部门。按照《中国经济普查年度资金流量表编制方法》，利息、红利、土地租金、其他财产收入的具体分解核算情况如下：

（1）利息：利息包括存贷款利息、股票以外证券利息和应收款利息，由于数据可获得性，只测度存款利息和股票以外证券利息。

（2）红利：红利是公司对股东的利润分配，测算方法为：

红利获得 = 上市公司总红利 + 国际收支平衡表经常项目下的利润收入

红利支付 = 上市公司总红利 + 国际收支平衡表经常项目下的利润支出

$$红利净额 = 红利获得 - 红利支付$$

（3）土地租金：未给出详细核算方法

（4）其他财产收入：代指保险收入，记录在非金融部门和住户部门的来源，金融机构部门的运用方，政府部门和国外部门由于金额较小和资料原因，不做估算。

（二）宏观部门财产性收入的变动趋势及占比情况

宏观层面分部门财产性收入的来源与运用主体分为非金融企业部门、金融机构部门、住户部门以及政府部门。分部门财产性收入的具体数据情况如表 8-5 所示。我国宏观部门财产性收入数量从 1992 年的 4581 亿元增长到 2020 年的 180075 亿元，年均增长率为 14.01%，各分部门的收入来源和运用均呈现增长趋势。

表 8 – 5 我国分部门财产性收入来源与应用情况 单位：亿元

年份	财产性收入：来源					财产性收入：运用				
	全国	非金融	金融	住户	政府	全国	非金融	金融	住户	政府
1992	4581	937	2374	1191	80	4568	2029	2331	6	201
1993	6658	1370	3363	1800	124	6732	3039	3385	12	297
1994	10000	1942	5094	2774	189	10089	4514	5099	20	455
1995	9970	1866	4974	2971	159	10954	5313	5092	17	532
1996	12120	2203	6053	3689	175	13154	6356	6116	24	659
1997	10789	2283	4983	3377	146	12123	6518	5004	25	576
1998	13232	2586	6789	3607	250	14601	7304	6545	31	721
1999	11078	1989	5870	3050	170	12536	6082	5729	28	697
2000	11907	2817	5524	3065	500	13081	6041	5049	1116	875
2001	11582	2503	5381	2944	754	13123	6313	4824	1024	962
2002	12500	3020	5314	2983	1183	13714	7041	4861	942	871
2003	13886	3633	6193	3212	848	14745	7046	5485	967	1246
2004	16305	4495	6989	3768	1053	16783	8134	6480	1057	1111
2005	20441	6215	8249	4481	1496	21886	11518	7821	1214	1332
2006	32338	9012	13242	7246	2837	32907	16006	12987	2015	1898
2007	42507	12696	16543	9829	3438	42225	19542	17447	2691	2545
2008	56576	15379	23859	11792	5546	55036	24354	23166	3662	3854
2009	55485	14823	23050	11359	6253	56557	26284	22646	3495	4131
2010	66109	16296	29716	12957	7140	68687	32012	26990	4686	5000
2011	93423	21176	43429	18853	10923	98930	44709	40060	8330	6789
2012	118333	24762	54612	24337	14622	120553	51674	49928	11253	7698
2013	103747	23498	42648	21824	15777	109565	48864	47284	7656	5760
2014	119899	26991	48901	24509	19498	120665	50389	54603	9360	6313
2015	124910	24603	51947	24909	23451	129215	56504	54736	10216	7759
2016	126395	24850	53599	27252	22236	130754	62003	50835	9960	9498
2017	135838	27913	57785	30628	22181	137504	64811	54483	11122	9756

年份	财产性收入：来源					财产性收入：运用				
	全国	非金融	金融	住户	政府	全国	非金融	金融	住户	政府
2018	149087	27679	59910	39900	21598	154576	60907	72402	10782	10485
2019	171423	30342	69160	44430	27492	174401	67270	82160	12945	12027
2020	180075	30266	76730	49136	23944	188206	74787	86035	14497	12887

资料来源：《中国统计年鉴》资金流量表（非实物交易）部分。

　　根据表 8 - 5 中数据，分别绘制了宏观部门财产收入来源占比结构变化图示，即图 8 - 16，以及宏观部门财产收入运用占比结构变化图示，即图 8 - 17。从图 8 - 16 中可以看出，财产性收入的主要来源是金融机构部门，但其占比呈逐渐下降的趋势，从 1992 年的 51.8% 下降到 2020 年的 42.6%。政府部门获得的财产性收入整体上呈稳步提升的趋势，从 1992 年的 1.7% 上升到 2020 年的 13.3%。非金融企业部门和住户部门获取的财产性收入相对接近，始终保持在 20% 至 30% 的水平。

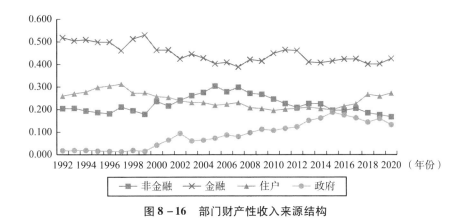

图 8 - 16　部门财产性收入来源结构

　　图 8 - 17 显示，财产性收入的运用呈现出两极分化的特征。非金融部门与金融机构部门所占比重相近，约为 40% ~ 50%。两者合计占财产性收入运用的 85% ~ 90%，而住户部门与政府部门所占比重相似但较低，两者合

计仅占比 10% ~15%。在 1999 年之前，住户部门财产性收入的运用几乎可忽略，2000 年后，住户部门财产性收入运用比例基本维持在 6% ~8% 的水平。政府部门财产性收入的运用比例维持在 4% ~7% 的水平。

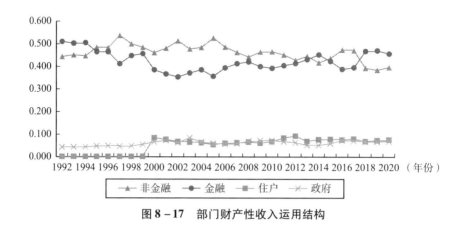

图 8 – 17　部门财产性收入运用结构

三、住户部门的财产性收入组成及变动趋势

根据 2000 ~2020 年《中国统计年鉴》资金流量表（非实物交易），编制了住户部门财产性收入的来源与运用情况，如表 8 – 6 所示；并根据资金流量表中的来源数据减去运用数据，绘制了住户部门净财产性收入的结构特征和变化趋势，如表 8 – 7 所示。

如表 8 – 6 所示，我国住户部门的财产性收入来源和运用总额均呈现逐年增长的趋势。利息、红利、地租及其他渠道的财产性收入都有不同程度的增长。从 2000 年至 2020 年，住户部门财产性收入来源总额从 3065.2 亿元增至 49135.8 亿元，增长了约 15 倍。其中，利息收入的增长最为显著，其他收入（即保险收入）增长最快。与此同时，住户部门财产性收入的运用总额及各组成部分也有大幅增长，运用总额从 2020 年的 1116.42 亿元增至 2020 年的 14496.8 亿元，增长了约 12 倍。

表 8 – 6　　　　　　　　住户部门财产性收入的来源与运用情况　　　　　　　单位：亿元

年份	住户部门财产性收入：来源					住户部门财产性收入：运用				
	总额	利息	红利	地租	其他	总额	利息	红利	地租	其他
2000	3065.20	2869.23	126.78	0	69.19	1116.42	1095.19	0	3.43	0
2001	2943.72	2658.03	219.36	0	66.33	1024.40	1001.53	0	3.70	0
2002	2983.00	2584.88	340.58	0	57.54	941.81	916.02	0	5.70	0
2003	3211.95	2882.75	249.30	0	79.90	967.00	928.22	0	10.41	0
2004	3768.38	3230.91	402.61	0	134.87	1057.40	1010.03	0	10.41	0
2005	4481.43	3733.41	440.72	0	307.30	1214.32	1154.30	0	13.72	0
2006	7246.37	6082.63	474.17	0	689.57	2014.77	1925.70	0	19.37	0
2007	9828.88	7256.83	812.40	0	1759.65	2690.61	2666.17	0	24.44	0
2008	11791.93	9798.44	731.54	0	1261.94	3661.96	3637.52	0	24.44	0
2009	11359.06	9067.75	792.67	0	1498.63	3495.07	3468.47	0	26.60	0
2010	12956.68	10245.99	1065.32	0	1645.37	4685.79	4659.19	0	26.60	0
2011	18853.23	15913.56	1110.76	0	1828.91	8329.57	8287.25	0	42.32	0
2012	24336.56	20474.78	1710.93	0	2150.86	11253.37	11202.28	0	51.08	0
2013	21824.44	18429.33	1719.39	0	1675.72	7656.33	7598.54	0	57.80	0
2014	24508.76	20255.44	1980.92	0	2272.39	9360.08	9301.49	0	58.59	0
2015	24908.81	19534.11	2314.62	0	3060.08	10216.20	10170.86	0	45.34	0
2016	27251.54	19739.62	2525.71	0	4986.20	9959.71	9927.93	0	31.78	0
2017	30627.82	22713.84	2610.58	0	5303.40	11121.95	11091.96	0	29.99	0
2018	39900.12	31552.85	3072.36	0	5274.91	10782.10	10759.44	0	22.66	0
2019	44429.92	35223.34	3466.57	0	5740.01	12944.55	12930.03	0	14.52	0
2020	49135.80	38432.76	3887.58	0	6815.46	14496.80	14482.92	0	13.88	0

资料来源：《中国统计年鉴》资金流量表（非实物交易）部分。

　　表 8 – 7 表明，净利息收入是住户部门财产性收入净额的主要来源。2000 年净利息收入占净财产性收入的 90% 以上，近年来虽然净利息收入的占比有所下降，但仍占住户部门财产性收入净额的最大比重。同时，住户部门净红利收入和其他净收入占比总体呈现上升趋势。总的来说，在住户部

财产性收入净额中，利息收入净额占比最高，其次是其他收入净额占比，再次是红利收入净额占比。

表 8 - 7　　　　　　住户部门净财产性收入的结构特征和变动趋势　　　　　单位：%

年份	利息收入净额/财产性收入净额	红利收入净额/财产性收入净额	地租收入净额/财产性收入净额	其他收入净额/财产性收入净额
2000	91.03	6.51	-0.18	3.55
2001	86.31	11.43	-0.19	3.46
2002	81.76	16.69	-0.28	2.82
2003	87.06	11.10	-0.46	3.56
2004	81.92	14.85	-0.38	4.97
2005	78.94	13.49	-0.42	9.41
2006	79.46	9.06	-0.37	13.18
2007	64.31	11.38	-0.34	24.65
2008	75.78	9.00	-0.30	15.52
2009	71.20	10.08	-0.34	19.06
2010	67.55	12.88	-0.32	19.89
2011	72.47	10.55	-0.40	17.38
2012	70.87	13.08	-0.39	16.44
2013	76.44	12.14	-0.41	11.83
2014	72.31	13.08	-0.39	15.00
2015	63.73	15.75	-0.31	20.83
2016	56.74	14.61	-0.18	28.84
2017	59.58	13.38	-0.15	27.19
2018	71.41	10.55	-0.08	18.12
2019	70.81	11.01	-0.05	18.23
2020	69.14	11.22	-0.04	19.68

资料来源：《中国统计年鉴》资金流量表（非实物交易）部分。

四、金融体系收入—居民财产性收入转化分析

金融体系收入与居民财产性收入之间的转化率是一个衡量金融机构在经

济中发挥作用程度的指标，该指标反映了金融机构通过提供金融产品和服务，将居民的财产转化为其金融收入的效率。较高的转化率意味着金融机构在经济中运营效率较高，能够有效地将居民的财产转化为其金融收入，这可能反映了金融体系的发展程度和金融市场的活跃程度。相对地，较低的转化率表明金融机构在将居民财产转化为金融收入方面存在一定的效率问题，这可能源于金融体系的不完善、金融市场的狭窄或金融产品的匮乏等因素。如果转化率逐渐提高，可能意味着金融机构在提供金融服务和产品方面变得更有效率。相反，如果转化率下降，可能需要进一步分析原因，例如金融市场的结构性问题或制度性挑战。

（一）部门对部门的资金流量表的建立

本部分将考察国民收入核算口径下金融部门在财产性收入分配中的作用，试图测算出金融体系收入—居民财产性收入的转化率，数据来源于《中国统计年鉴》的资金流量表（实物交易）以及资金流量表（金融交易）部分。本部分用金融部门的流入住户部门的资金数量及份额，反映居民从金融部门获取的财产性收入数量及份额。

资金流量表通过使用、来源两栏，清楚地反映了全社会资金流动的相关状态，我们可以看到不同部门的资金来源与使用，计算出各部门的资金净额 = 资金来源 - 资金使用，但是资金流量表（见表 8 - 8）只能体现单个部门的资金流入流出情况，无法体现部门之间的资金流动状况，不利于我们分析金融部门的资金流转情况。

表 8 - 8　　　　　　　　　　　资金流量

使用	部门 1	部门 2	……	部门 3
利息				
红利				
地租				
其他				

为解决上述问题，参考张南和朱莉（2022）、孙红燕等（2021）、李静萍（2015）等的研究，构建部门对部门资金流量表（见表8－9），可以反映部门间的资金流动状况。部门对部门的资金流量表最初的五行五列反映部门与部门之间的对应关系，以表中F21为例，其表示从非金融企业流向住户部门的资金。

表8－9　　　　　　　　　　　　　部门对部门资金流量

	住户	非金融企业	金融机构	广义政府	国外	资金总使用
住户	F11	F12	……			TU1
非金融企业	F21	F22				TU2
金融机构	……					TU3
广义政府						TU4
国外						TU5
资金总来源	TR1	TR2	TR3	TR4	TR5	

基于《中国统计年鉴》资金流量表计算部门对部门资金流量表，其计算方法和计算过程不在此赘述，表8－10显示了2020年的部门对部门的资金流量情况，可以看出金融机构向住户、非金融企业、金融机构本身、广义政府、国外流出的资金分别为：81171亿元、158070亿元、89860亿元、82696亿元、22556亿元，分别占比18.7%、36.4%、20.7%、19%、5.2%。从住户部门角度出发，住户部门来源于住户部门本身、非金融企业、金融机构、广义政府、国外的资金分别为：459亿元、5977亿元、81171亿元、179亿元、37亿元，总流入为各部门流入之和＝列和－资金不足＝87823亿元，则各部门流入资金占比为：0.5%、6.8%、92.4%、0.2%、0.04%。可以得出，住户部门的资金流入大多来源于金融机构。

表 8 – 10　　　　　　　　　2020 年部门对部门资金流量　　　　　　　单位：亿元

2020 年	住户	非金融企业	金融机构	广义政府	国外	资金盈余	行和
住户	459	4385	175658	1818	1926	0	184245
非金融企业	5977	11587	115597	3428	26130	25115	187834
金融机构	81171	158070	89860	82696	22556	0	434353
广义政府	179	260	10359	83	152	83237	94272
国外	37	13533	10781	6247	11725	20166	62489
资金不足	96421	0	32098	0	0		
列和	184245	187834	434353	94272	62489		834674

资料来源：《中国统计年鉴》资金流量表。

（二）转化率计算情况

金融体系收入—居民财产性收入转化率表现为金融机构资金流入住户部门的比重。通过 2000 ~ 2020 年部门对部门的资金流量表，计算出金融机构流入其他部门资金占比情况，见表 8 – 11，并在表 8 – 11 中第二列增加了金融机构流入住户部门的资金绝对值，以反映金融机构流入住户部门资金的绝对值变动情况。为更清楚反映金融部门资金流入其余部门的占比情况，根据表 8 – 11 内容绘制了金融机构流入其他部门资金占比情况如图 8 – 18 所示，其中删去了金融部门和国外部门的资金占比情况，在不考虑金融机构流入自身和国外的资金的情况下，非金融企业是金融机构资金流出的主要对象，其次是住户部门，最后是广义政府部门。

表 8 – 11　　　　　　　金融机构流入其他部门资金情况

年份	住户（%）	住户金额（亿元）	非金融企业（%）	金融机构（%）	广义政府（%）	国外（%）
2000	12.22	3046	45.99	20.59	10.04	11.17
2001	13.70	3507	38.85	19.29	7.81	20.36
2002	13.20	5074	40.78	17.55	8.66	19.80
2003	12.84	7295	39.76	18.18	8.46	20.76

续表

年份	住户（%）	住户金额（亿元）	非金融企业（%）	金融机构（%）	广义政府（%）	国外（%）
2004	10.50	6553	28.39	27.20	5.47	28.44
2005	5.16	3944	30.45	34.41	4.00	25.98
2006	6.88	6788	30.10	32.30	2.50	28.22
2007	8.23	12270	22.67	31.07	11.46	26.58
2008	7.16	11007	39.91	31.39	0.60	20.94
2009	12.14	26187	50.15	19.66	3.79	14.26
2010	13.10	30593	39.06	29.24	4.13	14.47
2011	11.31	27922	38.16	36.77	2.62	11.14
2012	11.46	28131	48.14	29.43	3.34	7.64
2013	15.70	41935	46.64	22.38	3.78	11.50
2014	10.95	38248	35.15	45.30	3.38	5.21
2015	10.25	41618	31.94	42.39	11.34	4.08
2016	13.00	71579	28.09	43.65	12.79	2.46
2017	21.15	77088	28.29	32.41	14.89	3.26
2018	20.40	76396	33.74	29.75	13.18	2.93
2019	23.25	75212	35.86	21.70	16.86	2.32
2020	18.69	81171	36.39	20.69	19.04	5.19

资料来源：《中国统计年鉴》资金流量表。

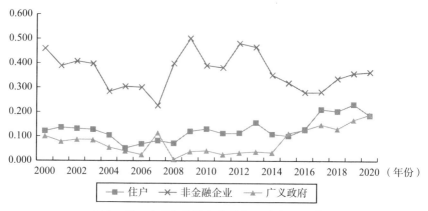

图 8－18　金融机构流向其他部门资金占比情况

　　结合表 8 - 11 与图 8 - 18，可以看出金融机构流向住户部门的资金占比的变化大体上呈现先降后升的趋势，2000 年金融机构流入住户部门的资金占比 12.22%，2005 年触底达 5.16%，之后开始波动回升，2017 年迅速上涨至 21.15%。可以看出近年来，金融机构流入住户部门的资金占比有较大幅度的提升。金融机构流入住户部门的资金总量从 2000 年的 3046 亿元增长至 2020 年的 81171 亿元。金融机构流向非金融企业的资金占比有最大份额，且有较大的波动，波动范围在 28.09% 到 50.15% 之间，近年金融机构流向非金融企业的资金占比有所上升，但较过去相比仍有所下降。金融机构流向广义政府部门的资金占比的变化总体呈先降低后升高的趋势。

　　金融部门流入住户部门的资金占比在 2017 年后增长至平均 20% 以上的水平，说明金融机构对住户部门的财产流入显著加强，这可能源于以下原因：一是关于住户信贷金融政策的优化，使得金融机构能够更加灵活地投放资金到住户部门；二是金融科技的发展，如移动支付、互联网借贷等，为金融机构与住户部门之间的资金流动提供了更加便捷、高效的渠道；三是居民收入和消费增长使得住户部门对金融机构的资金运用和需求增加。

第四篇　要素收入中劳动—资本收入分配及影响因素

居民劳动收入和财产性收入渠道的源头是企业等生产经营单位创造的劳动要素收入和资本要素收入。企业等生产经营单位的劳动—资本要素配置及收入分配在不同类型的生产经营组织方式中差异明显，同时也受到要素市场状况、企业所有制性质差异、企业产业类型差异、技术进步、人工智能发展、企业所处政策环境等因素的影响。与此相关的具体内容在第九章到第十三章中呈现。

第九章 /

经营性收入中的劳动—资本要素收入分配

　　改革开放以来中国经济快速发展，但当前中国当前仍然是全世界最大的发展中国家，根据《国家发展改革委关于印发〈2022年新型城镇化和城乡融合发展重点任务〉的通知》，2021年常住人口城镇化率达到64.72%，但户籍人口城镇化率仅为46.7%，农村人口规模和占比依然很高，相对应于我国农村的土地家庭联产承包责任制制度，居民经营性收入中一个重要来源为传统农户的经营所得。我国也存在着较大范围的城乡个体经济，获取个体经营性收入。由于中国存在着规模较大的自雇经济部门，且其经济活动是劳动要素和资本要素相互依存的状态，所以要素收入分配中的劳动收入和资本收入份额问题的研究显得尤为复杂。在这种背景下，正确理解中国的经营性收入中劳动收入和资本收入的份额构成问题，有助于深入理解我国要素收入分配格局变动的根源及优化路径。

　　关于居民经营性收入及其生产组织形式的经典理论众多。威廉·配第（William Petty）早在17世纪就发现在同一个国家或者同一个地区，由于利润率的差异，不同产业部门之间的劳动者收入会存在差异，从而导致劳动力在部门之间进行转移，比如从事农业生产经营的农民收入远远低于从事商业生产经营活动的农民收入，使得大量农民放弃农业生产活动而转向商业经营活动。英国经济学家科林·克拉克（1960）对威廉·配第的研究成果进行分析，提出了劳动力在三个部门之间转移的规律：随着经济社会的不断发展和人均国民收入水平的不断提高，劳动力流动呈现出第一产业向第二产业，并由第二产业向第三产业流动的规律，即第一产业内的劳动力数量持续降低，而第二、三产业内的劳动力数量就会相应地增加，具体表现为农业就业人员逐渐向工业、服务业行业转移。西蒙·库兹涅茨（1998）研究发现，随着经济发展，第一产业收入在国民收入中的占比以及劳动力的占比都会呈现出下降趋势；在第二产业之内的国民收入将会慢慢上涨，但劳动力比重变化并不明显；而第三产业的劳动力占比呈现显著的上升幅度。

当传统农业部门落后之时，从社会平均生产效率的比较来看，其具有提高农业生产率的内生机制，从而使得社会各部门边际生产效率达到一致，这有助于农民获得更多的非农收入，从而不断提升农民的经营性收入，优化农民的收入结构，农村经济水平的显著提升将促使现代工业部门与传统农业部门之间的关系得到协调，从而实现双方均衡发展（刘易斯，1989）。但也要注意地区之间的平衡性问题，尽可能缩小不同地区间的经营性收入差距。因此，为了城乡均衡发展，需对三大产业之内的劳动力流动情况以及相关的比例进行适时的调整，从而为优化和提高农民经营性收入创造必要条件。

经营性活动是劳动和资本两种要素的结合形成的生产经营活动，对应的经济参与主体从生产经营这个单一渠道上既获取劳动收入，又获取资本收入，此处的资本收入直接等同于居民的财产性收入。从居民经济活动的选择而言，其可以单独进行劳动投入，单独进行资本投入，也可以进行经营性活动。总体来看，关于居民收入的研究中，已有较多文献对家庭经营性收入进行了相关的理论研究和实证分析；已有研究对劳动收入和财产性收入的测度以及相应的收入拓宽渠道进行了探讨，相对而言，对混合型收入的经营性收入以及其分解测算的研究较少，学术界对经营性收入的测算还未形成一致的意见甚至存在着诸多争议，目前的方法或多或少都存在着不足之处。因此，本研究试图将居民经营性收入分类细化，以探究经营性收入来源的不同渠道，重在研究经营性收入中劳动要素和资本要素的分解测度，本章将从个体、城乡、省际的角度进行具体分析，并以选取浙江、贵州两省作为代表进行对比分析，有助于理解居民在不同类型经济活动中要素投入方式的决策依据，有助于从总量视角掌握居民劳动收入和财产性收入的相关变动规律，为优化收入分配结构、渠道，提高居民经营性收入提供可行性措施。

第一节 经营性收入概念与分解方法

一、经营性收入定义与划分

经营性收入是家庭或个人以个体经济或者私营经济的形式从事的商业买卖收入、服务性收入等；而经营净收入指住户或住户成员从事生产经营活动所获得的净收入，是全部经营收入中扣除经营费用、生产性固定资产折旧和生产税之后得到的净收入。[①] 两者的计算关系为经营净收入 = 经营收入 − 经营费用 − 生产性固定资产折旧 − 生产税，鉴于数据的可获得性并为保持数据来源的一致性，本章在分解计算时均采用人均经营净收入数据。

在国际通行的收入法 GDP 统计中，个体经营户、农户等自雇经营的经营性收入难以按照要素贡献划分，因此被称为混合收入（Mixed Income），这种经济类型被称为混合经济。从劳动和资本这两类基础的要素供给来看，混合型收入，或者说经营性收入，是形成这两类要素报酬的单一不可分渠道，但从实际贡献而言，却又确实存在劳动和资本要素投入的不同。本章尝试从劳动要素与资本要素两个角度分解经营性收入，即分为劳动收入和资本收入，也即劳动收入和财产性收入两部分，以准确把握经营性收入的来源渠道和劳动要素、资本要素的贡献及报酬份额。许宪春（2013）指出，城乡居民收入统计中的经营性净收入，既包括个体经营户的业主及其家庭成员投入劳动应得的报酬和从事经营活动创造的利润，也包括农户户主及其家庭成员投入劳动应得的报酬和从事农业生产创造的利润。由此，本章将居民经营性收入分解为城乡个体经营性收入和农户生产经营性收入两部分。

个体经济是指生产资料归劳动者个人所有，以个体劳动为基础，劳动成果归劳动者个人占有和支配的经济类型（刘世义，2005）。个体经济生产经

[①] 此部分概念界定的具体定义均来自国家统计局。

营的规模一般都比较小、比较分散、资金少、技术落后，在经济上存在较大的不稳定性。由于我国处于城镇化进程中，城乡具有一定分割，农村个体经济和城镇个体经济具有不同的特征，故而本研究把个体分为城镇个体经济和农村个体经济两个方面。

城镇个体经济指的是建立在城镇居民个体劳动基础上从事生产经营活动的经济模式，其生产资料和劳动成果归个人所有，除了以个人或家庭的劳动进行经济活动以外，还可以雇佣少量帮手或学徒。城镇个体经济规模一般较小，经营方式较为灵活。伴随着城镇化的大趋势，越来越多农民前往城镇从事个体经营，农村个体经济与城镇个体经济逐渐融合发展，构成我国经济发展格局中的重要一环。

农村个体经济是建立在以农民的个体劳动基础上的经济形态，它一般以家庭为一个生产单位，独立地进行生产、自主经营，其生产经营规模相对较小，同时也具备经营灵活、适应面广等特点。农村个体经济按行业划分有：个体农业、个体工业、个体商业、个体交通运输业、个体建筑业、个体服务业等。由于农村个体经济存在分布广且零散、流动性大、发展极不平衡等方面问题，使得部分个体户特别是一些规模不大、投资较少的农村个体业户生存能力较弱。

农户生产经营经济属于农村个体经济中的农业个体经济，指以农村家庭为主要生产单位的经济形式，农户生产经营性收入指的是农民从事农业生产即第一产业经营活动所取得的可以用于补偿生产消耗和进行分配的收入，具体可分为种植业、林业、牧业和渔业收入。农户生产经营过程中发生的生产资金和劳动力的投入、生产资料和生产技术的更新改造、产品的分配和交易等环节都是靠家庭完成的，故而其经营所得收入在一定程度上也受到家庭资金储备、技术水平等因素的影响。

二、经营性收入分解：劳动收入和资本收入

（一）我国相关统计及变化

2012 年，国家统计局对城乡住户调查方式进行了改革，之后城乡调查

一体化。在 2004 年第一次全国经济普查后的数据修订中，中国要素收入份额的核算口径在 2004 年发生了调整：一是将国有和集体农场的混合收入列入劳动者报酬；二是把个体经营业主的混合收入统一计入营业盈余。

本研究的对象是全国层面、城乡层面以及省际层面的要素收入份额，考虑到数据质量，本研究利用资金流量表的数据测算全国要素收入份额，且由于仅有省际收入法提供区域数据，所以本研究利用省际收入法 GDP 测算省际居民经营性收入份额。由于全国经济核算方法在 2012 年进行了重大调整，为了保证数据的可对比性以及数据研究结果的可靠性，所以本研究从调整核算方法的年份开始，选取了 2012 年后的经济统计数据进行分解测度。

（二）经营性收入分解处理方法

一般来说，经营性收入的研究对象是传统的农户和城乡个体经营业主，其劳动和资本属于同一所有者，所以劳动收入和财产性收入的来源渠道是一致的。区分其劳动报酬和资本收入相比于雇员经济来说就显得更困难，因而统计指标上将其作为混合收入处理（吕光明，2011）。个体经济业主和传统农户既是劳动要素的提供者，也是生产资料的所有者，因此其经营所得收入可分为两部分，即经营性收入既是一种劳动收入，又是一种资本收入或财产性收入，具有二重性。

由于估算困难和数据可得性差等问题的困扰，在研究要素收入分配问题时学术界对居民经营性收入的劳动或者资本分类归属、要素分解等存在方式的不同。如陈斌开等（2009）、刘扬和梁峰（2013）都将劳动收入等同于工资性收入，忽略了经营性收入中的劳动份额。而朱子云（2014）将工资性收入与经营性收入均看作劳动收入，将财产性收入等于资本收入。本研究尝试按照经营主体类型分别处理，并从城乡视角和省际视角对经营性收入进行分解测算，旨在提升测算的准确度。

1. 个体经营性收入分解方法

依据劳动和资本在个体经营中的贡献程度划分其收入属性，已经有一些研究。约翰生（1954）通过经验观察发现，大约1/3 为资本报酬，大约 2/3

为劳动报酬。白重恩和钱震杰（2009）利用个体经营业主的营业盈余数据间接测算个体经营业主劳动者报酬。在中国，个体经营业主大多为生存型创业，而不是机会型创业，所以个体经营业主的劳动者报酬相对较高（谭晓鹏和钞小静，2016）。同时，个体就业是我国重要的生产组织形式，近年来城乡个体就业人数变化情况如图 9 - 1 所示，可以发现我国城乡个体就业人数均逐年增加，且城镇个体就业人数增速明显快于农村，乡村个体就业从2004 年的 2066 万人增长到 2019 年的 6000 万人，增长了 190%；城镇个体就业人数从 2004 年的 2521 万人增加到 2019 年的 11692 万人，增长了364%，其中值得注意的是，城镇个体就业中有相当一部分来源于农村居民的非农就业。

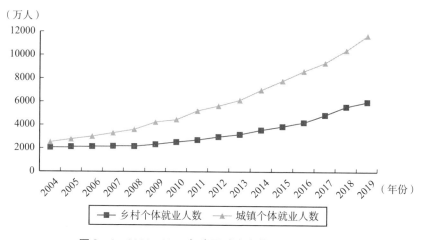

图 9 - 1　2004 ~ 2019 年我国城乡个体就业人数情况

资料来源：国家统计局。

考虑到数据和中国现实情况，本研究使用工资性收入衡量劳动者报酬，并借鉴黄祖辉（2005）的研究思路，用家庭经营中劳动投入的机会收入即工资性收入来体现经营性收入中的劳动份额。基于相关现有数据计算个体经营业主劳动报酬和经营性收入，间接推算出个体经营业主的营业盈余即财产性收入。具体公式为：

　　个体人均经营性收入中劳动部分 = (农村个体就业人数×农村居民人均工资性收入 + 城镇个体就业人数×城镇居民人均工资性收入)/城乡个体就业总人数　　　　　　　　　　　　　　　　　　　　　　　(9 - 1)

　　个体人均经营性收入 = (农村个体就业人数×农村居民人均可支配收入 + 城镇个体就业人数×城镇居民人均可支配收入)/城乡个体就业总人数

(9 - 2)

　　由上述两公式可以得到个体经营业主经营性收入中财产性收入的份额,即:个体人均经营性收入中财产性收入部分 = 个体人均经营性收入 - 个体人均经营性收入中劳动部分　　　　　　　　　　　　　　　　　(9 - 3)

2. 农户生产经营性收入分解方法

　　由于农户生产经营所得收入难以按照要素划分,就目前我国农村情况看,大量农户选择放弃耕地,将土地转让给他人生产经营,我们无法确定这部分农户的具体数量。我国经济长期存在二元特征,当非农业经济繁荣引发大量的就业需求时,农村劳动力就会转移到城市从事非农业劳动;而当经济处于经济周期的低谷时,在城市从事非农劳务的农村劳动力又会恢复其农民身份。我们无法确定同时进行城镇务工和从事农业生产的人数,其间混合着劳动要素和资本要素,故而难以准确对其进行分解。

　　同样地,农户户主及其家庭成员投入劳动应得的报酬与农户创造的利润也难以分开,考虑到农户经营规模较小,且农业生产的利润率一般较低,近些年农村土地的租金成本也几乎相当于零,即其经营中资本的投入相对较少,对应其经营性收入中财产性收入部分占比相对较低,故采取国民经济核算司的核算方法,将农户的这两部分收入作为劳动报酬处理,根据城乡住户调查数据可得城乡居民家庭人均经营净收入以及总人口数据,由前文可知个体经营性收入的具体值,农户进行农业生产获得的人均经营性收入具体计算公式如下所示:

　　农业生产人均经营性收入 = (居民人均经营净收入×全国总人口 - 个体户总经营净收入)/农业从业总人数　　　　　　　　　　　　　　(9 - 4)

3. 城乡居民经营性收入分解方法

　　为了更好地探究城乡居民在经营性收入要素份额构成上的差异,以优化城乡居民收入分配结构，促进城乡居民经营性收入均衡发展。本研究在确定城乡个体户和农户生产的经营性收入测度方法的基础上，按照城镇与农村两个类别来对我国居民经营性收入情况进行拆解分析，城镇居民经营性收入大致等同于城镇个体经营性收入，由公式（9－1）可得城镇居民人均经营性收入中劳动收入部分，故重点在于对农村居民经营性收入的测度，主要包括农村个体经营性收入和传统农户生产经营性收入两部分，计算公式如下所示：

城镇居民人均经营性收入中劳动部分＝（城镇个体就业人数×城镇居民人均工资性收入）／城镇居民数量　　　　　　　　　　　　　　（9－5）

城镇居民人均经营性收入中财产性收入部分＝城镇居民人均经营净收入－城镇居民人均经营性收入中劳动收入部分　　　　　　　　　　（9－6）

农村居民经营性收入劳动收入部分＝（农村个体就业人数×农村居民人均工资性收入＋居民经营总收入－个体经营总收入）／农村居民数量　（9－7）

农村居民经营性收入中财产性收入部分＝农村居民人均经营净收入－农村居民人均经营性收入中劳动部分　　　　　　　　　　　　　　（9－8）

4. 省际经营性收入分解方法

各省由于经济条件和发展战略的差异，其居民经营性收入的分解结果也不尽相同，为探究分解结果在地区之间的差异及其影响因素，本研究将对各省份居民经营性收入分解测度，主要采用省际收入法 GDP 数据方法，具体可分解为"劳动者报酬""营业盈余""资本折旧"和"生产税净额"四部分，其中营业盈余指常住单位创造的增加值扣除劳动者报酬、生产税净额和固定资产折旧后的余额。[1]

由于农户生产经营性收入数据难以获得，且各省城乡个体就业人数无法完全获得，故而本节在分解测算省际经营性收入时采取了与前文不同的计算方法，主要区别在于：（1）在城乡视角下用人均可支配收入代替个体经营性收入，而省际视角下则通过分别计算劳动收入与财产性收入后加总而得，

---

① 统计指标解释来源于国家统计局。

由此可以提高测算的准确性，同时也能更好地展示分析出个体经济业户与其他从业人员收入的区别；（2）城乡视角下从劳动收入部分入手，财产性收入部分则由经营性收入减去劳动收入部分而得；而省际视角下则从财产性收入着手。鉴于数据可获得性问题，本书仍将农户从事农业生产经营的收入全部计入劳动收入部分，各省居民人均经营性收入中财产性收入部分也就等于各省个体户人均经营性收入中财产性收入。本书假定各省个体业户平均劳动者报酬等于各省平均工资性收入，那么：

各省个体户经营性收入中劳动收入部分 = 各省个体业户从业人数 × 各省平均工资性收入　　　　　　　　　　　　　　　　　　　　　　　　　　（9 - 9）

为计算个体业户经营性收入，我们需要推算个体业户创造的营业盈余，并将其视为个体业户来自资本要素的收入（吕冰洋和郭庆旺，2012）。假定个体业户创造营业盈余的能力与其他从业人数相同，那么可推算各省个体业户获得经营性收入中的财产性收入部分为：

各省个体户经营性收入中财产性收入部分 =（各省个体业户的从业人数/各省全部从业人数）×（各省营业盈余 - 各省个体业户经营性收入中劳动收入部分）　　　　　　　　　　　　　　　　　　　　　　　　　　　　　　（9 - 10）

第二节　全国及省份居民经营性收入的测度、分解

一、我国居民经营性收入现状及分解

（一）全国经营性收入现状分析

图 9 - 2 反映了我国居民人均经营净收入以及增长率情况，居民人均经营净收入整体上呈现出稳步上升的趋势，由 2013 年的 3435 元增加至 2021 年的 5893 元，总增长率为 71.5%，且增长率总体也呈上升趋势，这在很大程度上归功于国家近些年大力推行的支农惠农与创新创业扶持政策，但增长

率在 2020 年由于疫情影响达到最低值，仅为 1.1%，在 2021 年又恢复较高增速，这在一定程度上反映了我国居民个体经营在面对突发状况冲击下的快速适应性与自我调节能力。

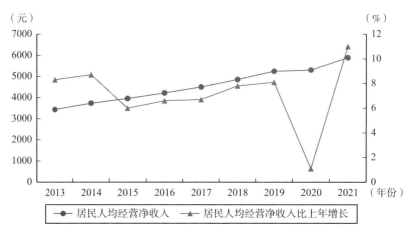

（元）　　　　　　　　　　　　　　　　　　　　　　　　（%）

图 9-2　我国居民人均经营净收入变化情况

资料来源：国家统计局。

如图 9-3 所示，我国居民经营净收入占可支配收入的比重整体呈现缓慢下降趋势，由 2013 年的 18.8% 下降至 2021 年的 16.8%，与此对应，经营净收入对居民可支配收入增长的贡献率①在 2013 年后呈现出稳定趋势，维持在 15% 左右。值得注意的是，经营净收入贡献率在 2020 年猛烈下降且在次年处于近年来最高点，达到 19.94%，这是因为新冠疫情这一突发事件的影响，具体可解释为 2020 年新冠疫情较为严重，对居民经营性收入形成的冲击作用远高于工资性收入等其他收入类型。

---

　　① 贡献率衡量的是居民可支配收入增长中经营净收入所起作用大小的程度。计算方法是：贡献率（%）＝经营收入增量/居民可支配收入增长量×100%，实际上是指经营净收入的增长量（程度）占居民可支配收入增长量（程度）的比重。

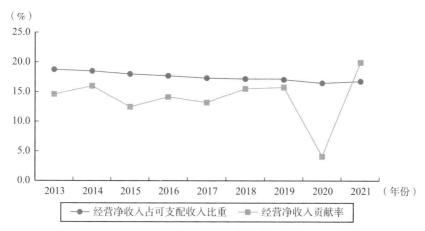

图 9 - 3　2004~2021 年我国居民经营净收入占比及贡献率情况

资料来源：国家统计局。

（二）全国经营性收入分解测度结果

通过式（9-1）~式（9-3）分解全国层面个体经营业主经营性收入情况如表 9-1 所示，我国城乡个体人均经营性收入 2013~2019 年间呈逐年增加的趋势，2018 年突破 3 万元，到 2019 年上升至 33426 元。可以发现劳动收入和财产性收入之间呈现出约为 6∶4 的比例，且劳动收入份额一直大于财产性收入份额。2013 年的劳动收入份额是 0.59，财产性收入份额为0.41，此后劳动收入呈下降趋势，逐渐下降到 2019 年的 0.57；相反地，财产性收入呈现出上升趋势，逐渐上升到 2019 年的 0.43，可见资本要素在城乡个体经营业主获取经营性收入中正在发挥着越来越重要的作用。

表 9 - 1　　我国个体经营业主人均经营性收入分解测度具体值及份额

年份	人均经营性收入（元）	劳动收入分解数额（元）	劳动收入所占份额	财产性收入分解数额（元）	财产性收入所占份额
2013	20639	12183	0.59	8456	0.41
2014	22644	13280	0.59	9364	0.41
2015	24624	14439	0.59	10185	0.41

年份	人均经营性 收入（元）	劳动收入分解 数额（元）	劳动收入 所占份额	财产性收入分解 数额（元）	财产性收入 所占份额
2016	26618	15514	0.58	11104	0.42
2017	28521	16473	0.58	12048	0.42
2018	30653	17581	0.57	13072	0.43
2019	33426	19127	0.57	14299	0.43

资料来源：根据国家统计局数据计算而得。

二、城乡居民经营性收入分解测度结果

从事农业生产获得的经营性收入长期以来都是我国农村居民收入的重要组成部分，虽然经营性收入数额逐年增加，但其在我国农村居民收入结构中所占比例却出现了逐年降低的趋势（如图 9 - 4 所示），这表明我国农村居民收入增长对于经营性收入的依赖程度逐渐降低。农村居民家庭人均经营净收入水平整体高于城镇居民，且占总收入的比重也相对较高。2021 年，我国城镇居民人均经营净收入为 5382 元，而农村居民为 6566 元，且农村居民人均经营净收入占可支配收入的比重下降到 34.68%，而城镇居民经营净收入占可支配的比重缓慢增加，但比重仅为 11.35%。

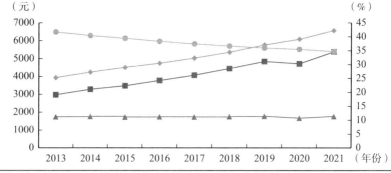

图 9 - 4　城镇和农村居民人均经营净收入情况

资料来源：国家统计局。

　　我国城镇居民的经营性收入主要来自第三产业，农村居民的经营性收入主要来自第一产业。经过利用前述式（9–5）~式（9–8）计算，我国城乡居民经营性收入分解测度具体情况如表 9–2 所示，可以发现城镇居民和农村居民经营性收入都大致呈现出上升趋势，但两者上涨幅度相差较大，在2013~2019 年间分别上涨了 62.7% 和 46.4%，这主要是由于近年来城镇化的稳步推进以及城镇个体经营户的经济效益提升，而农业经营相关的生产效率提升幅度相对较小。我们可以发现农村居民经营性收入中劳动收入部分绝对值与所占份额均明显高于城镇居民，而在财产性收入部分方面则小于城镇居民，这可见农村居民的经营净收入的增长更多地依靠劳动要素拉动。

表 9–2　　　　　　　　我国城乡居民人均经营净收入分解值　　　　　　单位：元

年份	城镇			农村		
	经营净收入	劳动收入部分	财产性收入部分	经营净收入	劳动收入部分	财产性收入部分
2013	2975	1369	1606	3935	3415	520
2014	3279	1638	1641	4237	3545	692
2015	3476	1902	1574	4504	3631	873
2016	3770	2176	1594	4741	3796	945
2017	4065	2460	1605	5028	3925	1103
2018	4443	2873	1570	5358	4266	1092
2019	4840	3380	1460	5762	4548	1214

资料来源：国家统计局。

　　城镇与农村居民劳动收入与财产性收入所占经营净收入份额如图 9–5所示。城镇居民方面，劳动收入所占份额总体呈上升趋势，由 2013 年的0.46 增长至 2019 年的 0.70；相反地，城镇居民人均经营净收入中财产性收入比重则逐年下降，两者份额差距逐渐拉大。农村居民方面，2013~2019年间劳动收入占比一直远高于财产性收入，且农村居民劳动收入份额呈现出逐年下降的趋势，这表明我国农村居民经营性收入的增长仍主要依靠劳动要素的作用，但其发挥的作用正在逐渐减小。

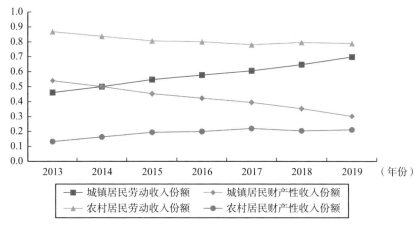

图 9-5 城乡居民劳动收入、财产性收入所占经营净收入份额情况

资料来源：国家统计局。

三、省际经营性收入的分解测度结果

根据前述式（9-9）、式（9-10）对省际经营性收入进行分解，具体以 2017 年为例，当年各省份经营性收入具体值及相应的份额构成情况如表 9-3 所示，可以很直观地发现经营性收入中财产性收入份额高低与地区的发达程度呈显著的正向关系，即经济发达程度越高的省份，其居民经营性收入相对而言拥有更高的财产性收入份额，排名前三位的分别是北京、上海与天津，均是经济发达地区。

从地区分布上看，东部地区省份居民经营性收入中财产性收入部分占比普遍高于中西部地区，具有代表性的广西、云南省占比均低于 20%，可见其居民经营性收入增长主要来源于劳动要素。

在城镇发达地区，个体经济和私营企业的发展有良好的商业经营环境与氛围，故而个体经营规模可能较大，资本投入相对较多，所以经营性收入中的财产性收入可能较高；在农村地区，经营性收入的高低主要在于人均占有土地资源的多少以及对应的生产率水平，如果是进行规模化经营，自然就会有比较高的经营性收入，其中财产性收入的比重也相对较高。不论是城镇或是农村层面，发达地区的居民财产性收入所占经营净收入份额都高于欠发达地区。

表 9 – 3 　　　　　 2017 年各省（市、自治区）居民人均经营性收入
具体值及份额构成情况

省份	经营性收入（元）	经营性收入排序	占经营性收入份额（%）		省份	经营性收入（元）	经营性收入排序	占经营性收入份额（%）	
			劳动收入	财产性收入				劳动收入	财产性收入
北京	1408.3	31	21.9	78.1	辽宁	4881.9	8	57.0	43.0
上海	1532.6	30	25.6	74.4	河北	3210.8	25	58.7	41.3
天津	3262.2	24	34.4	65.6	四川	4263.7	19	62.8	37.2
浙江	7123.4	1	39.5	60.5	甘肃	2982.2	26	69.3	30.7
江苏	4994.2	7	42.9	57.1	青海	2861.2	27	69.5	30.5
陕西	2629.5	28	44.5	55.5	安徽	4878.9	9	69.6	30.4
重庆	4016.7	20	45.3	54.7	湖南	4483.5	15	71.5	28.5
福建	5600.1	4	46.6	53.4	海南	4285.7	18	72.7	27.3
湖北	5157.3	5	46.6	53.4	西藏	4482.3	16	75.4	24.6
吉林	4712.7	12	47.1	52.9	河南	4574.5	13	76.8	23.2
广东	4420.9	17	48.6	52.6	新疆	4743.7	11	78.4	21.6
宁夏	3628.2	23	49.8	50.2	贵州	3842.1	21	78.6	21.4
山西	2624.1	29	51.3	48.7	黑龙江	4499.3	14	79.8	20.2
江西	3760.9	22	51.4	48.6	云南	4771.0	10	80.2	19.8
山东	5892.6	3	54.0	46.0	广西	5014.1	6	85.0	15.0
内蒙古	6363.8	2	55.9	44.1					

资料来源：国家统计局。

第三节　浙江、贵州两省居民经营性收入对比研究

为了进一步深入分析省际间居民个体经济与农户经营性收入生产组织形式差异、收入差距的深层原因，本节选取了浙江省与贵州省作为分析对象，两省作为发达地区与欠发达地区的典型代表，分析两省居民经营性收入以及其要素分解情况，对进一步了解我国地区之间经营性收入差距、探索实现共同富裕的发展道路具有重要的理论与现实意义。

一、两省居民收入基本概况

浙江作为我国大力推动共同富裕的重要示范区，其城乡均衡发展水平长期居国内前列。根据国家统计局的数据，截至 2020 年，该省农村居民人均可支配收入已连续 36 年居中国省份首位。如图 9 – 6 所示，以 2020 年数据为例，浙江和贵州居民人均可支配收入分别为 52397 元、21795 元。浙江省2020 年城乡居民人均可支配收入比为 1.94，其城乡差距的缩小已形成趋势

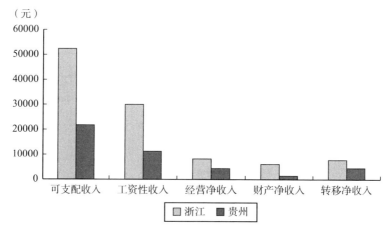

图 9 – 6　2020 年浙江、贵州居民人均可支配收入来源情况

资料来源：《中国统计年鉴》。

性，在实现共同富裕的目标上已取得实质性成效。而贵州省城乡居民的人均收入差距很大，2020 年城乡居民收入比为 3.1，远高于全国平均水平 2.56，贵州 2008 年城镇居民人均可支配收入为 11758 元，而 2020 年农村居民人均可支配收入才达到 11642 元。

　　浙江、贵州两省在人均经营净收入上的差距同样巨大。如图 9 - 7 所示，浙江省城镇居民、农村居民的经营净收入上都远高于贵州省。2020 年两省之间城镇、农村居民人均经营净收入差距绝对值分别为 2864 元、4156 元，两省在农村居民收入差距方面相对于城镇居民来说更大，这主要归因于浙江省城镇化率高，个体经济发达，这都极大地提高了其居民经营性收入水平；而贵州省城镇化率相对较低，个体经济发展相对东部地区来说仍存在滞后性。

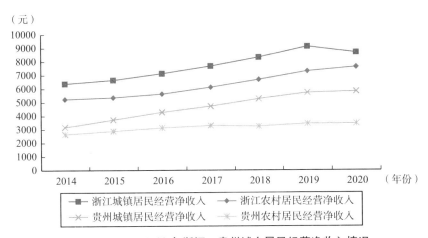

图 9 - 7　2014 ~ 2020 年浙江、贵州城乡居民经营净收入情况

资料来源：《中国统计年鉴》。

二、经营性收入分解测度

　　将两省经营性收入分解为劳动收入和财产性收入，其份额占比如图 9 - 8 所示，两省居民经营净收入中财产性收入份额都呈现出总体上升趋势，表明两省居民在创造营业盈余方面的能力的逐渐提升。其中，浙江省居民经营性

收入中财产性收入比重维持在 50% ~ 60% 之间，远高于贵州省的 10% ~ 20%，可见资本要素在浙江省居民经营净收入增长方面的贡献率远高于贵州省，后者的收入增长目前仍主要依靠劳动要素推动，这同时也验证了财产性收入份额与地区经济发达程度呈显著正相关关系这一论断。

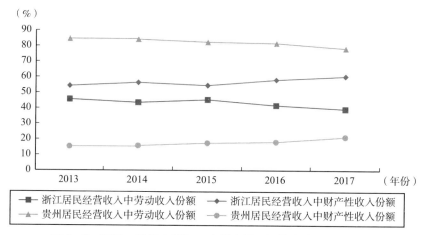

图 9 - 8　2013 ~ 2017 年浙江、贵州省居民经营净收入构成情况

资料来源：国家统计局。

同时，两省居民经营性收入的差距也表现为个体经济的发展水平差异。如图 9 - 9 所示，浙江省在个体就业户数上和就业人数上都远高于贵州省。浙江民营经济的繁荣原因之一为个体经济发展具有良好的经济环境与商业氛围。同时，浙江文化受到海洋文化的影响，忧患意识强烈，强调灵活求变、开拓创新，因此适宜培育大胆创新的经营主体（沈坤荣和赵倩，2018）。而由于贵州地处西部地区，地理位置及交通区位条件较为薄弱，基础设施尚不健全，由此导致投资环境较差，产业发展不完善，进一步导致个体经济和民营经济发展受挫。

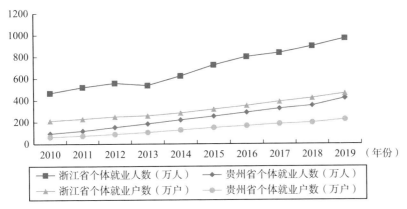

图 9 - 9　2010 ~ 2019 年浙江、贵州两省个体就业人数及户数情况

资料来源：国家统计局。

第四节　未来趋势与政策思考

一、经营性收入的未来趋势

在分析我国居民经营性收入情况以及分解测度情况的基础上，本节试图探究我国居民经营性收入的未来发展趋势，主要着眼于经济结构转型升级影响和生产组织形式转变影响这两个方面来展开分析。

（一）经济结构转型升级的影响

一般来说，经济发展总是伴随产业结构转型，就目前发展中国家的经验来看，其经济普遍表现为二元结构。经济结构转型可以表示为三次产业结构的转化，一般是从第一产业到第二产业再到第三产业这样一个次序。由于居民经营性收入中劳动份额在不同产业中存在差异，故产业结构的这样一个变化有可能导致整体劳动收入份额的变化，继而影响到财产性收入所占份额。如图 9 - 10 所示为近十年我国三大产业对国内生产总值增长的拉动作用情况①，可以看到第一产业对 GDP 增长的拉动作用总体保持在低位水平，第二产业也呈现出逐渐下降的趋势，而第三产业对我国经济的拉动作用则逐渐增强，从近年来的情况可以看出，我国经济的增长有六成以上都归功于第三产业的带动作用。2020 年由于疫情影响，第三产业遭到重创，由此便导致第一、二产业对经济拉动率出现偶然性的回升，但仍无法改变未来我国经济增长仍将更多地依靠第三产业的大趋势。

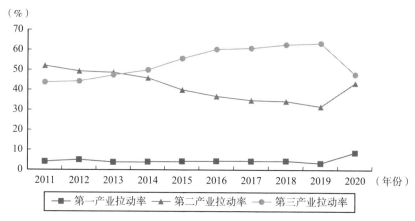

图 9 - 10　2011 ~ 2020 年我国三大产业对 GDP 增长的拉动作用情况

资料来源：《中国统计年鉴》。

随着第二产业、第三产业在国民经济中的地位增强，第一、二、三产业呈现融合发展趋势，因此农民经营性收入也不仅仅是来自第一产业，如表 9 - 4 所示②，虽然第一产业收入占比仍然很大，但其在农民经营性收入中所占比重正在逐渐降低，第二、三产业占比逐渐增加，可以预见的是这种此消彼长的趋势也将在未来继续保持下去。未来农村居民可利用一二三产业融合，革新生产方式以创办农业企业、借助互联网进行农产品销售、打造乡

---

① 三大产业对 GDP 增长的拉动率 = 各产业经济增量/GDP 总增量，衡量的是各产业在经济增长中的拉动/贡献作用。

② 1982 年以前的第三产业收入为第二产业收入和第三产业收入合计，故选取 1983 年及之后的数据。

村特色旅游等方式拓宽自身经营性收入来源渠道，最终不断优化农村居民的收入结构，实现经营性收入水平的稳步提升。

表 9 - 4　　　　　　1983～2012 年农民家庭经营性收入及其构成

年份	家庭经营总收入（元）	第一产业收入（元）	第一产业占比（%）	第二产业收入（元）	第二产业占比（%）	第三产业收入（元）	第三产业占比（%）
1983	330.0	311.7	94.45	4.2	1.27	14.1	4.27
1987	530.9	472.7	89.04	19.4	3.65	38.8	7.31
1991	854.7	771.2	90.23	25.7	3.01	57.9	6.76
1995	1877.4	1652.3	88.01	65.4	3.48	159.7	8.51
1999	2211.6	1832.1	82.84	110.3	4.99	269.1	12.17
2001	2325.2	1889.7	81.27	134.2	5.77	301.3	12.96
2003	2455.0	1993.4	81.20	150.5	6.13	311.1	12.67
2005	3164.4	2621.3	82.84	167.1	5.28	376.1	11.88
2007	3776.7	3122	82.66	210.4	5.57	444.3	11.76
2009	4404.0	3622.9	82.26	248.9	5.65	532.2	12.08
2010	4937.5	4046.1	81.95	279.6	5.66	611.8	12.39
2011	5939.8	4766.5	80.25	343.5	5.78	829.8	13.97
2012	6461.0	5137.5	79.52	381.3	5.90	942.2	14.58

资料来源：2012 年及以前的分农村或城镇住户调查统计年鉴。

（二）生产组织形式转变的影响

经济结构的转型升级在很大程度上也促进了生产组织形式的转变，由于农民家庭经营收入长期内仍然主要依赖农业生产，且伴随着城镇就业人数的逐渐增加，可以预见的是我国城乡居民经营性收入格局将发生较大变化，主要可以总结为以下三大趋势。

其一，农户生产经营性收入水平总体提高。随着我国农业发展日益专业化、机械化程度以及农业联合化程度的不断加深，农业生产步骤也逐渐细化，分工越来越明确，逐渐形成了先进的农业生产组织形式。这种发展趋势也预示着那种主要依靠农户个体力量的生产组织形式，由于土地分散、技术水平低等原因已在相当大的程度上不适应现代农业发展的要求。就我国农业实际情况来看，主要表现为传统的单体家庭农户—农民专业合作组织—农业生产企业转型的过程。伴随着这一系列的农业生产组织转型升级过程，我国农业生产将逐渐形成高度市场化的优势、管理上的优势，农业生产效率必将得到提高，从而提升农户生产的经营性收入水平，促进农业现代化发展。

其二，经营性收入占可支配收入比重逐渐降低。伴随着工资性收入水平的不断提高，我国居民经营性收入在居民可支配收入中的比重已经呈现出逐渐降低的趋势，可以预见的是未来仍将延续这一趋势。但农业家庭经营性收入从属于农民主体，是农民的保障，特别是在农业生产组织效率提高的背景下，其对城乡收入差距缩小具有特殊贡献。

其三，农村居民人均经营性收入提升速度将快于城镇居民。当前我国城乡生产组织存在着很明显的趋势，即大量农村居民不断流向城镇进行非农就业，农村经营主体数量不断下降。由表9－5所示，在2007～2021年间我国城乡就业人员总数变化不大，但城镇和农村就业人数变化情况却截然相反，具体表现为：城镇就业人数整体上呈现出逐年增加的趋势，但由于基数逐渐增大，就业增速逐渐放缓；相应地，大量农村居民流入城镇进行非农就业，由此我国农村就业人数逐年减少，就业人数降幅更是有扩大趋势。城镇化率的不断提升也导致农村人均占有土地等资源的数额上升，大大提升了农村居民的农业生产经营规模，由此可以降低单位生产成本并提高农业生产效率，从而有助于更快地提升农村居民人均经营性收入水平。

表9－5　　　　　　　2007～2021年我国城乡就业人数及增速情况

年份	城镇就业人员（万人）	农村就业人员（万人）	城镇就业增速（％）	农村就业增速（％）
2007	30953	44368	4.47	－2.16
2008	32103	43461	3.72	－2.04
2009	33322	42506	3.80	－2.20
2010	34687	41418	4.10	－2.56
2011	36003	40193	3.79	－2.96
2012	37287	38967	3.57	－3.05
2013	38527	37774	3.33	－3.06

年份	城镇就业人员（万人）	农村就业人员（万人）	城镇就业增速（％）	农村就业增速（％）
2014	39703	36646	3.05	−2.99
2015	40916	35404	3.06	−3.39
2016	42051	34194	2.77	−3.42
2017	43208	32850	2.75	−3.93
2018	44292	31490	2.51	−4.14
2019	45249	30198	2.16	−4.10
2020	46271	28793	2.26	−4.65
2021	46773	27879	1.08	−3.17

注：根据《中国统计年鉴》，按城乡区分就业人员分类如下：城镇就业人员：国有单位、城镇集体单位、股份合作单位、联营单位、有限责任公司、股份有限公司、港澳台商投资单位、外商投资单位等城镇单位就业人员、私营企业和个体。乡村就业人员：乡镇企业，私营企业，个体和农户等。

资料来源：国家统计局。

二、提高经营性收入的政策建议

（一）针对城乡个体经济

第一，提升个体经济从业人员素质和经营管理水平，鼓励个体经营户做精做细，提升品质、控制规模。由于个体经营风险较大，提高其行业或项目知识培训，或者提供信息咨询，以提高项目成功率。借助互联网、人工智能、数字经济技术等，不断优化商业经营模式。加强法律法规知识宣传，减少经营不规范行为及可能的风险。第二，完善融资渠道，优化信贷政策和操作措施，加强对个体工商户的信贷支持，提高融资效率，帮助更多创业起步者，以及稍有规模的个体经营者通过贷款扩大生产经营。在打通融资渠道的同时也要监督资金使用方向，鼓励、督促个体经营户利用融资改善生产经营技能和环境，提升产品质量和产品竞争力，降低经营风险，提高个体经济体的存活率与盈利能力。第三，优化政策环境，给予个体户更多的优惠，市场监督管理部门应为个体经济提供便捷服务，帮助其节省经营成本；劳动人事部门要在养老、医疗方面为个体经营户提供服务，解决个体户的后顾之忧。社会也要有正确的舆论引导，提高个体经营户的市场地位和公信力，促进相关从业人员的从业积极性。

（二）针对生产经营农户

第一，加强农民技能培训，积极投资农村职业教育与培训，尤其要重视农村青年的培训，提升农民受教育水平是当前农民收入提升的重要前提，是我国农民经营性收入提升的先决条件。第二，创新农产品经营模式，大力倡导农业合作社建设，形成规模化经营，自建销售渠道，减少农产品销售中间环节。通过大型企业、品牌企业发展带动生产活力，降低经营风险。加强互联网技能培训，提供技术支持，帮助农户进行线上销售。政府应着力建立价格稳定机制，在稳定农业生产资料价格的同时调控好农产品价格，使农户形成稳定的经营预期，提升生产经营积极性。第三，提升农业生产效率，加大农业科研投入并加大农业生产补贴力度，以促进农业生产的技术进步，提高土地生产率。提升农业机械化总动力，提高农民劳动生产率，这有利于促进农业产业结构转型，并提高我国农业生产经营的组织化程度。加强农村地区基础设施建设，提高农民应对突发自然灾害的处理能力，有效提升农村环境的稳定性。

总的来说，政府通过规范引导、适度支持，发挥市场机制，使个体和农户经济的发展顺应市场的需求和规律，积极扶持并完善个体和农户经济服务机制，提升其技术水平与经营能力，促进其良性发展。我国幅员辽阔，不同地区的经济发展状况与农业生产水平千差万别，应当结合当地经济发展水平和经济特征更有针对性地出台相关政策措施。

第十章

工业部门中劳动要素收入的测度与决定机制

　　不同产业部门劳动收入份额的变动机制可能存在系统性差异，聚焦于单一部门可能有利于辨别基本事实和现象背后的机制（贾坤和申广军，2016）。工业部门是中国经济的重要组成部分，改革开放以来，中国工业化进程的推进，工业企业对生产要素的需求与投入结构发生改变，由此引致资本要素与劳动要素相对价格的变动，使资本要素和劳动要素之间可能发生替代，与此同时，生产要素相对价格的变动也影响了技术进步的要素偏向，从而可能导致工业企业劳动收入份额的变化。工业部门劳动收入份额总体上与国民经济整体劳动收入份额有相近的变动规律，且数值相对更低，根据中国工业企业数据库测算，中国工业部门劳动收入份额 1998 年为 31.8%，此后经历短暂的上升，至 2004 年达到将近 38.7%，此后至 2007 年下降到 33.6%，2007～2013 年内处于低水平徘徊，如 2013 年工业劳动收入份额为 33.4%。

　　一些研究从产业结构变化角度解释劳动收入份额形成及其波动，即认为国民经济三次产业的结构变迁和产业升级过程是中国劳动收入份额波动的主要原因（罗长远和张军，2009；龚敏和辛明辉，2017；周茂等，2018）。埃尔斯比等（2013）通过劳动收入份额的产业间分解研究产业结构变迁对劳动收入份额的影响。相关研究一般将总体劳动收入份额分解为产业内劳动收入份额的变动（产业内因素）与各产业比重变动（产业间因素），例如，范从来和张中锦（2012）利用收入法 GDP 和资金流量表提供的数据，研究了产业（部门）结构对中国劳动收入份额波动的影响，对中国劳动收入份额波动进行了产业（部门）结构分解，发现并强调了在劳动收入份额的稳步提升中结构优化的重要性。也有学者将这一分解方法运用于研究产业内的行业结构对劳动收入份额及其波动的影响情况（Young，2010；陆菁和刘毅群，2016；姚毓春等，2014）。进一步地，部分学者在研究产业结构对劳动收入份额的影响时考虑是否有其他的因素作用，发现在经济发展的不同阶段劳动力在农业部门与非农业部门之间的转移（常进雄等，2019）、资本劳动要素替代弹性在制造业与服务业之间的差异（Francisco et al.，2015）以及偏向性技术进步在产业间与产业内的不同作用（王林辉和袁礼，2018）等影响劳动收入份额的不同途径。

基于企业视角的相关研究中，希克斯（1963）使用要素替代弹性概念解释要素收入份额时便认为要素替代弹性的数值决定了要素的收入份额，并首先构建了相关概念和理论分析体系：在要素增强型 CES 生产函数中劳动收入份额是由劳动和资本要素投入比值、偏向性技术进步与要素替代弹性共同决定。阿西莫格鲁（2003）进行了理论扩展，认为劳动收入份额保持不变的条件是：要素替代弹性为 1 且劳动和资本的相对增强速度与相对深化速度相等。当要素替代弹性小于 1 时，劳动增强型技术进步将呈现资本偏向性，劳动收入份额下降；要素替代弹性大于 1 时，资本增强型技术进步亦呈资本偏向性，倾向于降低劳动收入份额；反之亦然。关于美国的一些实证研究发现，美国要素替代弹性小于 1，且呈劳动增强型技术进步，从而技术进步偏向资本，导致其劳动收入份额的下降（Raurich et al.，2012；Jiang et al.，2018）。关于欧洲的相关研究也有类似结论，如克鲁普等（2008）估计了 1970～2005 年欧洲国家的要素替代弹性，发现其值大约为 0.7，且长期内呈劳动增强型技术进步，从而技术进步偏向资本，导致劳动收入份额的下降。基于要素替代弹性不变的假设，黄先海和徐圣（2009）通过理论推导对劳动收入份额下降进行分解，并基于中国制造业部门 1990～2006 年的相关数据实证分析，从理论与实证两个方面证实了偏向性技术进步是制造业部门劳动收入份额下降的原因之一。陈宇峰等（2013）进一步研究发现，在产业内短期和长期劳动收入份额变动的影响因素不同，技术偏向是劳动收入份额长期运行水平的重要影响因素。考虑到要素的流动，不同时期的要素替代弹性可能存在差异，基于工业和制造业数据研究发现技术进步由劳动偏向性向资本偏向性的转变是劳动收入份额下降的主要原因（姚毓春等，2014）；类似的，龚敏和辛明辉（2017）基于我国省际数据和产业数据研究，发现要素替代弹性逐年增长，且技术进步逐渐偏向资本，进而使劳动收入份额显著降低。

根据上述分析，中国工业部门中衡量要素之间替代程度的要素替代弹性和衡量技术偏向的偏向性技术进步可能对工业劳动收入份额产生作用。那么其具体作用机制和影响程度如何？是否可以从要素替代弹性与偏向性技术进步角度探讨提升中国工业部门劳动收入份额的政策措施？本章基于中国工业企业数据，使用 CES 生产函数与变系数面板模型研究要素替代弹性、偏向性技术进步对中国工业部门劳动收入份额的影响机制，探讨中国工业部门劳动收入份额相对较低的内在逻辑。基于工业企业存在行业、细分行业、地区以及工业所有制结构特征，研究其要素收入分配及其变动的结构原因对于解释中国劳动收入份额及其波动具有重要意义，为中国工业企业要素分配结构的优化提供政策依据。

第一节 微观企业中劳动收入份额特征

一、数据来源及说明

本章使用 1998 ~ 2013 年中国工业企业数据库估计工业劳动收入份额，借鉴文雁兵和陆雪琴（2018）的方法，根据收入法计算中国工业企业的增加值，增加值的计算公式为（工资总额 + 营业利润 + 本年折旧 + 利息支出 + 应交增值税 + 主营业务税金及附加 + 管理费用中的税金），则劳动收入份额为：工资总额/（工资总额 + 营业利润 + 本年折旧 + 利息支出 + 应交增值税 + 主营业务税金及附加 + 管理费用中的税金），反映了劳动与资本和政府税收三者之间的分配关系。由于 2008 年、2009 年与 2010 年数据库中劳动工资数据的缺失，缺乏连续性，本研究对 1998 ~ 2007 年与 2011 ~ 2013 年数据按照以下方法进行了跨期匹配。

首先，根据法人代码信息对数据进行匹配；其次，对于法人代码匹配不上或法人代码重复的样本使用企业名称进行匹配；对于企业名称匹配不上或企业名称重复的样本使用"地区代码（县）＋法人代码姓名"进行匹配；最后，前述方法均无法匹配的样本再使用"地区代码（县）＋电话号码＋成立年份"进行匹配。匹配完成后得到后面分析所使用的非平衡面板数据集，样本年份数量结构如表 10－1 所示。

表 10－1　　　　　　　　　　样本年份数量结构

年份	企业数
1998	195302
1999	220432
2000	211555
2001	247852
2002	301111
2003	350931
2004	440338
2005	471908
2006	513947
2007	696317
2011	264338
2012	486452
2013	392099
总计	4792582

二、工业劳动收入份额的结构特征

将工业总体劳动收入份额看作不同行业（部门/地区/所有制）劳动收入份额的加权平均，其权重就是该行业（部门/地区）增加值在工业总体增加值中的比重。基于此，工业总体劳动收入份额的变动是由不同行业（部门/地区）内部劳动收入份额的变动和不同行业（部门/地区）增加值占比的变动共同作用的。其中，不同行业指中国工业企业数据库中采矿业、制造业以及电力、燃气及水的生产和供应业三个行业以及 39 个二位数细分行业；不同部门指按照企业登记注册类型和实收资本情况区分企业所有制类型；地区则按照中国工业企业数据库中企业所在省份区分东部、中部、西部地区。假定用 i 表示行业（部门/地区），t 表示年份，ls_{it} 表示 i 行业（部门/地区）在第 t 年的劳动收入份额，y_{it} 表示该行业（部门/地区）增加值占比。则第 t 年工业总体劳动收入份额可表示为：

$$ls_t = \sum y_{it} ls_{it} \qquad (10-1)$$

根据中国工业企业数据库 1998～2007 年和 2011～2013 年数据，使用前述收入法计算企业劳动收入份额，再加总到行业（部门/地区/所有制）层面。工业总体劳动收入份额变动情况如图 10-1 所示；不同行业、不同地区以及不同所有制类型企业的劳动收入份额变动情况分别如图 10-2、图 10-4、图 10-6 所示，其对应增加值占比情况如图 10-3、图 10-5、图 10-7 所示。

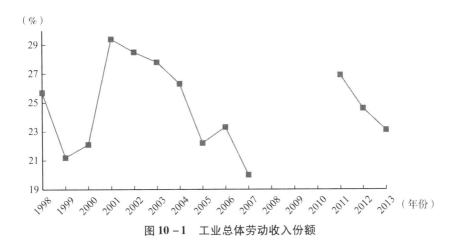

图 10-1　工业总体劳动收入份额

图 10-1 中所示为加总的工业总体劳动收入份额，自 2001 年起一直处于下降趋势，虽然由于数据的缺失无法得知 2008～2010 年工业企业劳动收

入份额的变动情况，但从图中可以推出 2007 ~ 2011 年劳动收入份额有一定的提升，2011 ~ 2013 年又处于下降趋势。

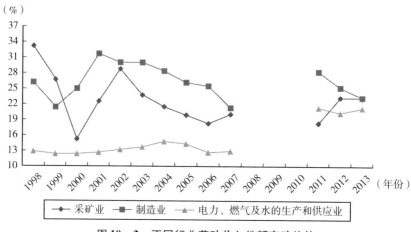

图 10 - 2　不同行业劳动收入份额变动趋势

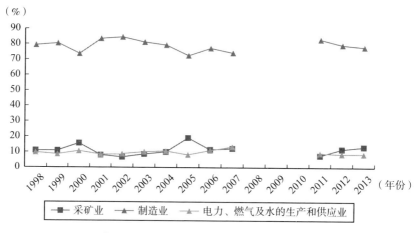

图 10 - 3　不同行业增加值占比变动趋势

从图 10 - 2、图 10 - 4、图 10 - 6 可以看出不同行业（部门/地区/所有制）劳动收入份额变动的几个特征。第一，从不同行业的劳动收入份额变动情况来看，电力、燃气及水的生产和供应业的劳动收入份额在 1998 ~ 2007 年和

2011～2013 年没有明显的升降变化，保持稳定；采矿业劳动收入份额变动趋势与工业企业总体劳动收入份额变动趋势最为接近；制造业劳动收入份额在样本期内波动较大，没有统一的变动趋势。第二，从不同地区的劳动收入份额变动趋势看，东部地区劳动收入份额自 2001 年始一直是三个地区中最高的，东部、中部、西部地区 2001～2007 年均呈下降趋势，2007～2011 年虽然缺少逐年数据，但据 2007 年和 2011 年劳动收入份额数据，此时段劳动

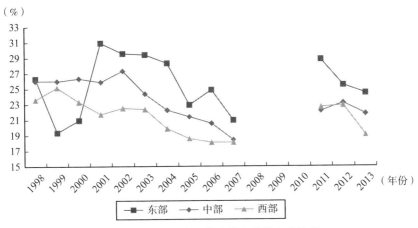

图 10 - 4　不同地区劳动收入份额变动趋势

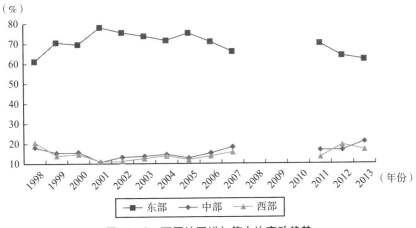

图 10 - 5　不同地区增加值占比变动趋势

收入份额处于上升趋势，2011～2013 年下降，与工业总体劳动收入份额变动趋势也基本相同。第三，从不同所有制类型企业看，国有企业劳动收入份额变动趋势与工业总体一致，在三种类型企业中劳动收入份额持续处于最高，而相比之下民营企业和外资企业劳动收入份额在样本期内数据较小且波动相对平稳。

由前述公式（10－1）可知，工业总体劳动收入份额不但与不同行业（部门/地区/所有制）劳动收入份额有关，还与不同行业（部门/地区、所有制）增加值占比紧密相关。从图 10－3、图 10－5、图 10－7 中不同行业（部门/地区/所有制）增加值占比的变动情况来看，可以发现：（1）不同行业及不同地区的增加值占比变动情况较为平稳，三个行业中制造业的增加值占比始终远高于其余两个行业，样本期内始终占据 80% 左右；而地区间的增加值占比情况则由东部地区主导，近年来有缓慢下滑，但仍然高于 60%；（2）不同所有制类型企业间的增加值占比波动较大，1998～2006 年国有企业增加值占比虽有所下降，但始终高于 40%，处于最高水平，但此后下降且在三者中处于最低水平，而民营企业发展迅速，2007 年后在三者中一直处于最高值；2007 年以后民营企业和外资企业增加值占比保持在 70% 以上并处于增长态势。

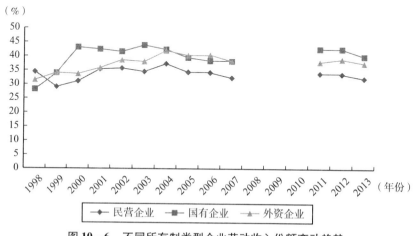

图 10－6　不同所有制类型企业劳动收入份额变动趋势

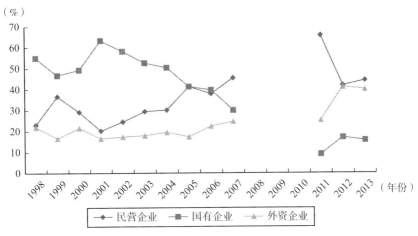

图 10 - 7　不同所有制类型企业增加值占比变动趋势

三、工业劳动收入份额的波动

劳动收入份额的波动可以通过测度劳动收入份额的稳定性来描述，其中 Solow（1958）就"卡尔多事实"提出了衡量劳动收入份额稳定性的两种方法：一是绝对稳定性，用标准差来表示总体劳动收入份额在一定时间跨度内变动程度的大小，该方法对稳定性的判断标准比较模糊；二是相对稳定性，它要求总体劳动收入份额的标准差要小于不同行业（部门）劳动收入份额的标准差。

表 10 - 2 是根据中国工业企业数据库计算的工业总体以及不同行业（部门/地区/所有制）劳动收入份额的稳定性。从绝对稳定性看，1998～2007 年及 2011～2013 年整个样本期内的总体劳动收入份额的标准差为 0.028611；分时期看，1998～2007 年工业总体劳动收入份额的标准差为 0.031462，2011～2013 年为 0.015628。由此可见，时期的长短对劳动收入份额的稳定性有较大影响。从相对稳定性看，不同时段不同行业（部门/地区/所有制）劳动收入份额稳定性存在差异，虽然 1998～2007 年和 2011～2013 年总体劳动收入份额标准差大于 1998～2007 年及 2019～2013 年分时期总体劳动收入份额标准差，但 1998～2007 年及 2011～2013 年不同行业劳动

收入份额标准差大小与 1998~2007 年不同行业（部门/地区/所有制）劳动收入份额标准差大小不定，说明不同行业（部门/地区/所有制）劳动收入份额波动性对总体劳动收入份额波动性的影响是相对的，不能忽略不同行业（部门/地区/所有制）增加值占比的影响。劳动收入份额相对稳定性在不同时期也有着不同的表现，如 1998~2007 年和 2011~2013 年工业总体劳动收入份额标准差均小于采矿业、制造业及电力、燃气及水的生产和供应业的劳动收入份额标准差，满足相对稳定性，但该时期工业总体劳动收入份额标准差小于民营企业和国有企业劳动收入份额标准差，却大于外资企业，部分满足相对稳定性。

表 10 - 2 工业劳动收入份额稳定性

稳定性		时间段		
		1998~2007 年和 2011~2013 年	1998~2007 年	2011~2013 年
绝对稳定性	总体	0.028611	0.031462	0.015628
相对稳定性：分行业	采矿业	0.05393	0.060185	0.022977
	制造业	0.031247	0.033482	0.020555
	电、热	0.033516	0.00785	0.004505
相对稳定性：分地区	东部	0.03595	0.039471	0.01861
	中部	0.025834	0.028399	0.005897
	西部	0.022645	0.023963	0.017462
相对稳定性：不同类型所有制企业	民营企业	0.033103	0.035916	0.020302
	国有企业	0.038494	0.04295	0.016476
	外资企业	0.026455	0.014958	0.021268

通过上述分析可知，不同行业（部门/地区/所有制）劳动收入份额在稳定性方面具有不同的表现，分别展示了不同的波动特征。为全面认识这种波动性还必须结合不同行业增加值占比进行更为全面的分析，这可以通过对式（10 - 1）进行劳动收入份额的结构分解实现。

第二节 工业劳动收入份额波动的结构分解

一、分解方法

为判断工业部门劳动收入份额变化的形成原因，本节分解工业部门劳动收入份额的变化。如前文中式（10-1）所示，ls_t 和 ls_{it} 分别表示工业总体和工业各部门在时期 t 按照中国工业企业数据库部门加总方法核算的劳动收入份额，y_{it} 表示工业各部门的增加值占比，则工业总体的劳动收入份额可表示为以增加值占比为权重的各部门劳动收入份额的加权值。基于此，工业劳动收入份额的变化可分解为三项，如式（10-2）所示，等式右侧第一项为部门结构效应，测度的是在各部门劳动收入份额不变的情况下因工业部门内部结构变化引起的工业整体劳动收入份额的变化；第二项为部门内效应，是在保持工业部门间结构不变的条件下，各部门自身的劳动收入份额变动引起的工业整体劳动收入份额的变动情况；第三项为协方差效应，由工业各部门劳动收入份额的变动及增加值占比的变动共同决定，体现了部门内效应与部门结构效应对工业整体劳动收入份额的一致性影响。

$$ls_{t1} - ls_{t0} = \sum (y_{i,t1} - y_{i,t0}) ls_{i,t1} + \sum y_{i,t1} (ls_{i,t1} - ls_{i,t0})$$
$$+ \sum (y_{i,t1} - y_{i,t0})(ls_{i,t1} - ls_{i,t0}) \qquad (10-2)$$

二、劳动收入份额波动的行业结构分解

使用式（10-2）对不同行业、不同细分行业以及不同地区、不同所有制类型企业的劳动收入份额的波动性进行行业（部门）结构分解，分别测算出行业（部门）内效应、行业（部门）结构效应以及协方差效应，如图10-8、图10-9所示。

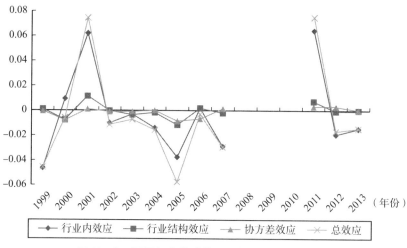

图 10 - 8   不同行业劳动收入份额波动性结构分解

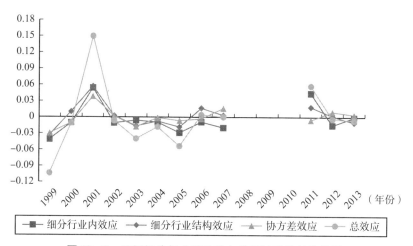

图 10 - 9   不同细分行业劳动收入份额波动性结构分解

　　行业内部效应主要和不同行业劳动收入份额的差距相关，如果行业结构转型发生在劳动收入份额差距较大的行业之间就能引起工业总体劳动收入份额发生显著的变动。行业结构效应主要与不同行业增加值占比相关，占比发生变化越大的行业对工业总体劳动收入份额变动的影响越大，反之则较小。图 10 - 8 中所表现的是采矿业、制造业和电力、燃气及水的生产和供应业影响工业总体劳动收入份额波动性的三种效应，可以发现，行业内效应在工业总体劳动收入变动趋势中起绝对的主导作用。而图 10 - 9 所示的是 39 个细分行业影响工业总体劳动收入份额波动性的三种效应，可以发现细分行业结构对工业劳动收入份额的影响中，三种效应均有不同程度的影响，整个样本期内细分行业内效应与细分行业结构效应的相关系数为 0.6922，细分行业结构效应与协方差效应的相关系数为 0.6345，细分行业内效应与协方差效应的相关系数为 0.2509，三种效应对工业总体劳动收入份额波动的影响方向相同，且每种效应都不容忽略，细分行业内效应、细分行业间效应与协方差效应共同决定着工业总体劳动收入份额的波动。

采矿业包括煤炭开采和选洗业等 6 个细分行业，制造业包括农副食品加工业等 30 个细分行业，电力、燃气及水的生产和供应业包括电力、热力的生产和供应业、燃气生产和供应业以及水的生产和供应业等 3 个细分行业。经过上述分析可以发现，采矿业、制造业和电力、燃气及水的生产和供应业三个行业之间的结构变动情况对工业总体劳动收入份额的波动影响不大，主要是采矿业、制造业以及电力、燃气及水的生产和供应业等行业内部劳动收入份额自身变动的作用。但细分行业之间的结构变化和细分行业内劳动收入份额的变动以及协方差效应三者对工业总体劳动收入份额波动均有不容忽略的影响，内部效应、结构效应以及协方差效应共同决定着工业总体劳动收入份额的波动，三种效应的不同组合对工业总体劳动收入份额的影响不同从而引发劳动收入份额不同的波动程度和发展态势；三者不同的相关关系对劳动收入份额稳定性的影响也是有差别的。与行业结构对工业总体劳动收入份额波动的分解效应相比，针对细分行业进行的分解可以发现细分行业的结构变化与细分行业内效应对工业总体劳动收入份额影响均较大，且细分行业内部效应和结构效应对工业总体劳动收入份额波动具有一致性影响。

三、劳动收入份额波动结构分解：基于地区及不同所有制企业

根据劳动收入份额波动的结构分解效应，本节尝试将其运用于地区间及不同所有制类型企业间，探究地区间及不同所有制类型企业间三种效应对工业总体劳动收入份额波动的影响。同样地，部门内部效应主要和不同部门劳

动收入份额的差距相关，如果部门结构转型发生在劳动收入份额差距较大的部门之间就能引起工业总体劳动收入份额发生显著的变动。部门结构效应主要与不同部门增加值占比相关，占比发生变化越大的部门对工业总体劳动收入份额变动的影响越大，反之则较小。图 10 – 10 为东部、中部、西部地区对工业总体劳动收入份额波动性结构分解，可以发现，样本期内，地区内效应在工业总体劳动收入份额波动中一直起主导作用。图 10 – 11 为民营企业、国有企业以及外资企业三种效应对工业总体劳动收入份额波动影响的结构分解，同样地，部门内效应是工业总体劳动收入份额波动的主要原因。

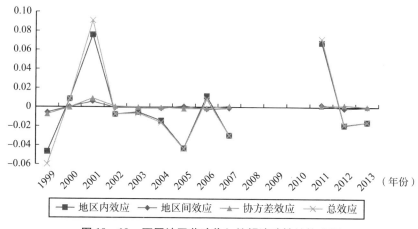

图 10 – 10　不同地区劳动收入份额波动性结构分解

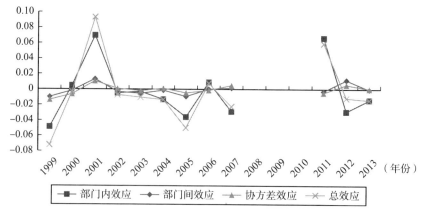

图 10 – 11　不同所有制企业劳动收入份额波动性结构分解

根据上述分析，从工业总体劳动收入份额波动性的结构分解可知，细分行业内部效应、结构效应和协方差效应共同决定工业劳动收入份额的波动；而工业行业、所有制结构以及地区结构内部效应主导工业劳动收入份额的波动。内部效应体现了劳动收入份额自身（行业、细分行业、不同所有制企业以及地区劳动收入份额）变动的作用，结构效应反应了经济结构（主要是细分行业结构）变动的影响，协方差效应则为细分行业内部效应和结构效应对工业劳动收入份额的协同效应。不同组合的内部效应、结构效应和协方差效应对工业劳动收入份额的影响不同从而引发劳动收入份额不同程度的波动和发展态势；不同行业（部门/地区）对内部效应的影响程度有不同程度的变化，下面将进一步测度细分行业以及不同行业（部门/地区）对工业劳动收入份额波动的贡献度。

四、工业劳动收入份额波动的贡献度测度

在经济发展过程中提升劳动收入份额应避免过度波动，从而实现稳步增长，这需要在劳动收入份额提升中密切关注结构优化。根据上述对工业劳动收入份额波动的结构分解，通过合理的结构转型以达到工业劳动收入份额稳步提升的目标。

根据图 10 - 1 表现的不同时段工业劳动收入份额的波动方向不同，将样本期共分为四个阶段进行详细分析，表 10 - 3 报告了 1998 ~ 2013 年工业劳动收入份额波动性分四阶段按行业结构分解的行业内效应。1998 ~ 2001 年，工业总体劳动收入份额先下降后上升，此时段行业内效应为负，采矿业对降低工业总体劳动收入份额的作用最大；2002 ~ 2007 年间工业总体劳动收入份额呈下降趋势，此时段的行业内效应为负；虽然缺少 2008 ~ 2010 年三年的数据，但从 2007 年和 2011 年数据中可以大体看出 2007 ~ 2011 年工业总体劳动收入份额呈上升趋势，且行业内效应为正；2011 ~ 2013 年工业总体劳动收入份额下降，行业内效应为负。在 2002 ~ 2013 年工业总体劳动收入份额的变动趋势中，制造业的效应最大，主导了劳动收入份额的变动。

表 10 - 3   工业劳动收入份额波动性四阶段行业内效应

时段	行业内效应	效应细项	采矿业	制造业	电热水
1998 ~ 2001 年	- 0.07623	绝对量	- 0.08196	0.005945	- 0.00021
		相对比	1.075204 *	- 0.07799	0.002782
2002 ~ 2007 年	- 0.07455	绝对量	- 0.00932	- 0.06488	- 0.00035
		相对比	0.124974	0.870337 *	0.004689
2007 ~ 2011 年	0.064439	绝对量	- 0.00134	0.058019	0.007756
		相对比	- 0.02074	0.900383 *	0.120359
2011 ~ 2013 年	- 0.03264	绝对量	0.006407	- 0.03897	- 0.000071
		相对比	- 0.19632	1.194152 *	0.002169

注：总效应是三个行业的行业内效应总和；相对比是某行业的效应与总效应的比值。将相对比数据加 * 表示为更为重要的行业。

　　表 10 - 4 报告了工业劳动收入份额波动性分四阶段按细分行业结构分解的情况。由于细分行业较多，细分行业间效应与协方差效应对工业劳动收入份额的影响效应起主导作用，相比之下细分行业内效应贡献度则较低。1998 ~ 2001 年，细分行业间效应与协方差效应贡献度分别为 42% 以及 34%，主导此时段工业劳动收入份额波动。2002 ~ 2007 年细分行业内效应、细分行业间效应与协方差效应对工业劳动收入份额变动的影响相反，细分行业间效应与协方差效应对工业劳动收入份额贡献均较大且方向相反，而细分行业间效应相较更大，主导此时段工业劳动收入份额的变动。2007 ~ 2011 年以及 2011 ~ 2013 年分别由行业间效应和协方差效应主导相应时段的工业劳动收入份额的波动。

表 10 - 4   工业劳动收入份额波动性四阶段细分行业结构分解

时段	总效应	效应细项	行业内效应	行业间效应	协方差效应
1998 ~ 2001 年	0.118906	绝对量	0.028516	0.049947	0.040444
		相对比	0.239816	0.420053	0.340131

时段	总效应	效应细项	行业内效应	行业间效应	协方差效应
2002~2007 年	-0.12375	绝对量	-0.06776	-0.54992	0.493926
		相对比	0.547537	4.443933	-3.99147
2007~2011 年	0.56007	绝对量	0.044353	0.377873	0.137843
		相对比	0.079192	0.67469	0.246118
2011~2013 年	0.489537	绝对量	-0.01583	0.106497	0.39887
		相对比	-0.032336	0.21755	0.81479

注：总效应是细分行业内效应、细分行业间效应以及协方差效应之和。细分行业内部（结构）效应是 39 个细分行业的行业内部（结构）效应之和；相对比是细分行业某效应与总效应的比值。

表 10-5 为工业劳动收入份额波动性分四阶段按所有制结构分解的部门内部效应。除 1998~2001 年部门内效应与行业结构分解的行业内效应相反，即为正，其余阶段按照所有制结构分解效应均与行业内效应一致。从所有制结构影响效应的贡献度来看，1998~2001 年及 2002~2007 年两个时段国有企业是工业总体劳动收入份额波动的主导力量，而 2007~2011 年及 2011~2013 年民营企业和外资企业的贡献度逐渐上升，主导了工业总体劳动收入份额的变动。

表 10-5   工业劳动收入份额波动性四阶段部门内部效应

时段	总效应	效应细项	民营企业	国有企业	外资企业
1998~2001 年	0.034633	绝对量	-0.00291	0.04146	-0.00392
		相对比	-0.08395	1.197131 *	-0.11318
2002~2007 年	-0.06518	绝对量	-0.02907	-0.03838	0.002269
		相对比	0.446026	0.588783 *	-0.03481
2007~2011 年	0.066402	绝对量	0.040726	0.00766	0.018015
		相对比	0.613332 *	0.115364	0.271304
2011~2013 年	-0.04343	绝对量	-0.01937	-0.00373	-0.02033
		相对比	0.44598	0.08583	0.46819 *

注：总效应是民营企业、国有企业和外资企业等三个部门的部门内效应总和；相对比是某部门的效应与总效应的比值。将相对比数据加 * 表示为更为重要的部门。

表 10 - 6 为工业劳动收入份额波动性分四阶段按不同地区结构分解的地区门内部效应，四阶段分解效应与结构性分解效应完全一致，东部地区在工业总体劳动收入份额波动效应中贡献度始终远大于中部、西部地区，主导力量显著。

表 10 - 6　　　　工业劳动收入份额波动性四阶段地区内部效应

时段	总效应	效应细项	东部	中部	西部
1998 ~ 2001 年	0.03405	绝对量	0.036254	− 0.00015	− 0.00206
		相对比	1.064721 *	− 0.00436	− 0.06036
2002 ~ 2007 年	− 0.08007	绝对量	− 0.05686	− 0.01623	− 0.00698
		相对比	0.710046 *	0.202737	0.087217
2007 ~ 2011 年	0.067376	绝对量	0.055108	0.006198	0.006069
		相对比	0.817923 *	0.091999	0.090078
2011 ~ 2013 年	− 0.03384	绝对量	− 0.02677	− 0.00077	− 0.0063
		相对比	0.79108 *	0.022823	0.186097

注：总效应地区内效应总和；相对比是某地区的效应与总效应的比值。将相对比数据加 * 表示为更为重要的地区。

第三节　企业劳动收入份额决定机制：基于生产函数分析

一、理论机制与实证模型构建

（一）理论模型的推导

假定在完全竞争市场条件下，市场中只包含资本和劳动两种生产要素，构建的一般要素增强型 CES 生产函数如下所示：

$$Y = A\left[\theta(A_t^K K)^{\frac{\sigma-1}{\sigma}} + (1-\theta)(A_t^L L)^{\frac{\sigma-1}{\sigma}}\right]^{\frac{\sigma}{\sigma-1}} \quad (10-3)$$

其中，Y 表示产出水平；A 表示广义技术水平；A_t^K 表示资本增强型技术进步系数，反映资本的使用效率；A_t^L 表示劳动增强型技术进步系数，反映劳动的使用效率；A_t^K 和 A_t^L 的变化率的不同体现技术进步的要素偏向性；θ 表示要素分配参数；σ 表示资本和劳动要素的替代弹性水平。

资本和劳动的边际产出可分别表示为：

$$MP_K = \frac{\partial Y}{\partial K} = A\theta \left[\theta\left(A_t^K K\right)^{\frac{\sigma-1}{\sigma}} + (1-\theta)\left(A_t^L L\right)^{\frac{\sigma-1}{\sigma}} \right]^{\frac{\sigma}{\sigma-1}} \left(A_t^K\right)^{\frac{\sigma-1}{\sigma}} K^{-\frac{1}{\sigma}}$$

$$(10-4)$$

$$MP_L = \frac{\partial Y}{\partial L} = A(1-\theta) \left[\theta\left(A_t^K K\right)^{\frac{\sigma-1}{\sigma}} + (1-\theta)\left(A_t^L L\right)^{\frac{\sigma-1}{\sigma}} \right]^{\frac{\sigma}{\sigma-1}} \left(A_t^K\right)^{\frac{\sigma-1}{\sigma}} L^{-\frac{1}{\sigma}}$$

$$(10-5)$$

完全竞争市场情况下，厂商使用要素的最优化决策是其要素成本等于边际产出：

$$MP_K = \gamma, \quad MP_L = \omega \qquad (10-6)$$

使用 $s_{L/K}$ 表示劳动收入与资本收入的比值，有：

$$s_{L/K} = \frac{\omega L}{\gamma K} = \frac{MP_L L}{MP_K K} = \frac{1-\theta}{\theta}\left(\frac{A_t^L}{A_t^K}\right)^{\frac{\sigma-1}{\sigma}} \left(\frac{K}{L}\right)^{\frac{\sigma}{\sigma-1}} \qquad (10-7)$$

由式（10-7）可知，劳动收入份额 $ls = \frac{\omega L}{\omega L + \gamma K} = \frac{s_{L/K}}{1 + s_{L/K}}$ 取决于：（1）初始要素分配 $\frac{1-\theta}{\theta}$；（2）要素替代弹性 σ；（3）人均资本 $\frac{K}{L}$；（4）偏向性技术进步 $\left(\frac{A_t^L}{A_t^K}\right)^{\frac{\sigma-1}{\sigma}}$。假定资本和劳动的技术水平以指数型增长，即 $A_t^K = A_0^K e^{(g_K \cdot t)}$，$A_t^L = A_0^L e^{(g_L \cdot t)}$。那么偏向性技术进步 $\left(\frac{A_t^L}{A_t^K}\right)^{\frac{\sigma-1}{\sigma}}$ 的增长率可表示为 $\frac{\sigma-1}{\sigma}(g_L - g_K)$，当 $0 < \sigma < 1$ 时，资本增强型技术进步 $(g_L - g_K) < 0$ 表现出劳动偏向 $\frac{\sigma-1}{\sigma}(g_L - g_K) > 0$，使劳动收入份额增加；当 $\sigma > 1$ 时，资本增强型技术进步 $(g_L - g_K) < 0$ 表现出资本偏向 $\frac{\sigma-1}{\sigma}(g_L - g_K) < 0$，使劳动收入份

额降低。

根据上述资本和劳动的表达式，可将劳动收入与资本收入的比值进一步表示为：

$$s_{L/K} = \frac{1-\theta}{\theta}\left(\frac{A_0^L}{A_0^K}\right)^{\frac{\sigma-1}{\sigma}}\left[e^{(g_L - g_K)\frac{\sigma-1}{\sigma}t}\right]\left(\frac{K}{L}\right)^{\frac{1-\sigma}{\sigma}} \quad (10-8)$$

如式（10-8）所示，劳动收入份额与要素替代弹性、偏向性技术进步之间存在直接关系。事实上，劳动和资本要素相对量的变动，可以反映出生产过程中要素投入的相互替代。一方面，由于资本要素相对劳动要素投入的增加，会导致资本深化和劳动收入份额的下降；另一方面，在分配阶段，由于劳动与资本要素的相对价格变动反映了要素收入的相互替代，资本相对劳动要素价格的下降则带动了劳动收入份额的变动。两方面作用相互对冲，最终的影响则由要素替代弹性的数值水平决定。劳动和资本要素效率水平提高的速度往往是不同的，技术进步存在要素偏向，即要素偏向性技术进步。要素替代弹性与偏向性技术进步共同对劳动收入份额发生作用。

对式（10-8）两边取对数，可得到用于实证估计的模型：

$$\ln s_{L/K} = \ln\left[\frac{1-\theta}{\theta}\left(\frac{A_0^L}{A_0^K}\right)^{\frac{\sigma-1}{\sigma}}\right] + (g_L - g_K)\frac{\sigma-1}{\sigma}t + \frac{1-\sigma}{\sigma}\ln\left(\frac{K}{L}\right) = \beta_0 + \beta_1 t + \beta_2\ln\left(\frac{K}{L}\right)$$

$$(10-9)$$

其中，$\beta_1 = (g_L - g_K)\frac{\sigma-1}{\sigma}$，$\beta_2 = \frac{1-\sigma}{\sigma}$。下面将基于以上模型实证研究要素替代弹性与偏向性技术进步对劳动收入份额的影响。

（二）实证模型的说明

CES 生产函数假定要素替代弹性是固定不变的，但事实上要素替代弹性不仅随时间变化，并且不同部门间也存在差异，为揭示要素替代弹性的时变性，本节采用变系数面板模型结合 CES 生产函数进行实证分析。所采用的具体计量模型为：

$$\ln s_t = \beta_0 + \beta_1 t + \beta_{2t}\ln\left(\frac{K_t}{L_t}\right) + \varepsilon_t \quad (10-10)$$

其中，t 表示时间，K 代表资本，L 代表劳动力，β_1 为要素替代弹性与偏向性技术进步相关的不变系数，而 β_{2t} 为仅与要素替代弹性相关的可变系数。

由于工业不同细分子行业以及不同所有制类型工业企业间要素替代弹性存在显著差异，而要素替代弹性的差异会导致要素的跨部门流动：要素替代弹性大的部门在选择要素的使用上更加灵活，倾向于选择更多价格相对较低的要素进行生产，从而引发资本和劳动的跨部门流动；与此同时要素相对价格会产生变动，导致工业不同细分子行业以及不同所有制类型工业企业可能会产生不同方向的技术进步，从而工业不同细分子行业以及不同所有制类型企业的劳动收入份额发生不同方向的变动。基于此，结合上述部门内的实证分析结果，基于式（10 - 11）可知部门结构对总体劳动收入份额变动趋势的影响。

$$ls_{t1} - ls_{t0} = \sum (y_{i,t1} - y_{i,t0})ls_{i,t1} + \sum y_{i,t0}(ls_{i,t1} - ls_{i,t0}) \qquad (10 - 11)$$

其中，ls_i 表示部门 i 的劳动收入份额，y_i 表示部门 i 的增加值占比，$\sum (y_{i,t1} - y_{i,t0})ls_{i,t1}$ 表示各部门增加值占比变化对工业总体劳动收入份额变化的影响，$\sum y_{i,t0}(ls_{i,t1} - ls_{i,t0})$ 表示各部门劳动收入份额变动对总体劳动收入份额的影响，$ls_{t1} - ls_{t0}$ 表示工业整体劳动收入份额的变动情况。部门结构对总体劳动收入份额的影响机制为：（1）维持部门内劳动收入份额不变时（$\sum y_{i,t0}(ls_{i,t1} - ls_{i,t0}) = 0$），若某个部门的增加值占比越大则其部门劳动收入份额的变动方向对总体劳动收入份额的变动方向主导作用越强；（2）维持各部门增加值占比不变时（$\sum (y_{i,t1} - y_{i,t0})ls_{i,t1} = 0$），整体劳动收入份额的变动方向由各部门劳动收入份额变动情况共同决定。

二、基于工业细分子行业的实证

本部分基于工业不同细分子行业研究要素替代弹性与偏向性技术进步对劳动收入份额变动的影响。工业细分子行业的划分根据中国工业企业数据库中二位数行业代码进行，共有 38 个细分子行业。

（一） 细分子行业回归系数

根据式（10 - 10）的变系数面板模型，得可变系数 β_{2t} 和不变系数 β_1 的估计值、回归系数的标准误以及显著性水平如表 10 - 7 所示。

表 10 - 7 工业部分细分子行业回归系数

行业	6	7	15	16	17	25	26	37
β_1	- 0. 090 *** (0. 020)	- 0. 070 * (0. 038)	- 0. 032 *** (0. 009)	0. 113 ** (0. 049)	- 0. 064 *** (0. 013)	- 0. 045 ** (0. 020)	- 0. 023 *** (0. 006)	- 0. 020 ** (0. 008)
$\beta_{2,1998}$	- 0. 226 *** (0. 038)	- 0. 538 *** (0. 070)	- 0. 172 *** (0. 019)	- 0. 330 *** (0. 061)	- 0. 276 *** (0. 027)	- 0. 229 *** (0. 033)	- 0. 138 *** (0. 010)	- 0. 181 *** (0. 017)
$\beta_{2,1999}$	- 0. 198 *** (0. 034)	- 0. 552 *** (0. 059)	- 0. 160 *** (0. 017)	- 0. 329 *** (0. 052)	- 0. 280 *** (0. 024)	- 0. 224 *** (0. 029)	- 0. 123 *** (0. 009)	- 0. 176 *** (0. 015)
$\beta_{2,2000}$	- 0. 171 *** (0. 028)	- 0. 599 *** (0. 051)	- 0. 148 *** (0. 015)	- 0. 313 *** (0. 045)	- 0. 259 *** (0. 022)	- 0. 223 *** (0. 024)	- 0. 121 *** (0. 008)	- 0. 150 *** (0. 013)
$\beta_{2,2001}$	- 0. 173 *** (0. 024)	- 0. 493 *** (0. 049)	- 0. 135 *** (0. 013)	- 0. 322 *** (0. 037)	- 0. 233 *** (0. 019)	- 0. 195 *** (0. 021)	- 0. 061 *** (0. 008)	- 0. 156 *** (0. 012)
$\beta_{2,2002}$	- 0. 166 *** (0. 021)	- 0. 569 *** (0. 045)	- 0. 116 *** (0. 012)	- 0. 350 *** (0. 033)	- 0. 218 *** (0. 018)	- 0. 225 *** (0. 019)	- 0. 066 *** (0. 009)	- 0. 156 *** (0. 011)
$\beta_{2,2003}$	- 0. 188 *** (0. 020)	- 0. 474 *** (0. 044)	- 0. 118 *** (0. 009)	- 0. 369 *** (0. 030)	- 0. 222 *** (0. 016)	- 0. 252 *** (0. 018)	- 0. 026 ** (0. 008)	- 0. 162 *** (0. 010)
$\beta_{2,2004}$	- 0. 212 *** (0. 019)	- 0. 432 *** (0. 040)	- 0. 107 *** (0. 010)	- 0. 369 *** (0. 029)	- 0. 171 *** (0. 015)	- 0. 214 *** (0. 016)	- 0. 057 *** (0. 009)	- 0. 124 *** (0. 010)
$\beta_{2,2005}$	- 0. 217 *** (0. 019)	- 0. 514 *** (0. 038)	- 0. 117 *** (0. 010)	- 0. 392 *** (0. 030)	- 0. 195 *** (0. 015)	- 0. 184 *** (0. 016)	- 0. 071 *** (0. 009)	- 0. 142 *** (0. 010)
$\beta_{2,2007}$	- 0. 203 *** (0. 020)	- 0. 458 *** (0. 040)	- 0. 105 *** (0. 010)	- 0. 402 *** (0. 037)	- 0. 191 *** (0. 015)	- 0. 204 *** (0. 017)	- 0. 081 *** (0. 009)	- 0. 144 *** (0. 010)
$\beta_{2,2007}$	- 0. 208 *** (0. 022)	- 0. 414 *** (0. 037)	- 0. 132 *** (0. 010)	- 0. 407 *** (0. 042)	- 0. 181 *** (0. 014)	- 0. 249 *** (0. 018)	- 0. 169 *** (0. 011)	- 0. 158 *** (0. 011)

续表

行业	6	7	15	16	17	25	26	37
$\beta_{2,2011}$	−0.160 *** (0.031)	−0.361 *** (0.047)	−0.083 *** (0.013)	−0.278 *** (0.067)	−0.103 *** (0.020)	−0.168 *** (0.028)	−0.113 *** (0.014)	−0.096 *** (0.014)
$\beta_{2,2012}$	−0.085 ** (0.032)	−0.306 *** (0.047)	−0.078 *** (0.014)	−0.426 *** (0.073)	−0.093 *** (0.021)	−0.122 *** (0.028)	−0.108 *** (0.014)	−0.102 * (0.015)
$\beta_{2,2013}$	−0.102 ** (0.039)	−0.320 *** (0.047)	−0.073 *** (0.016)	−0.430 *** (0.078)	−0.090 *** (0.025)	−0.117 *** (0.032)	−0.124 *** (0.016)	−0.115 *** (0.018)

注：（1）括号内为回归系数的标准误；（2） * 、 ** 、 *** 分别表示10%、5%、1%的显著性水平。

表10-7中仅列示了行业代码为6（煤炭开采和选洗业）、7（石油和天然气开采业）、15（饮料制造业）、16（烟草制造业）、17（纺织业）、25（石油加工、炼焦及核燃料加工业）、26（化学原料及化学制品制造业）、37（交通运输设备制造业）等8个子行业的实证数据。选择依据是，首先选取细分子行业增加值占总体工业增加值比例常年大于1%的细分子行业，共有21个子行业，然后选取 β_1 显著的子行业，共有上述8个子行业。需要说明的是，这21个子行业中，仅有子行业27（医药制造业）的 β_{2t} 值不显著，其余20个子行业的 β_{2t} 值均显著。

（二）要素替代弹性的行业差异与变化趋势以及对劳动收入份额影响的解释

由式（10-9）可知 $\sigma_t = 1/(1 + \beta_{2t})$ ，根据 β_{2t} 数值得各细分子行业要素替代弹性序列。在样本期内，工业总体要素替代弹性均值为1.232，38个细分子行业的总体平均替代弹性在 ［1.015，1.931］ 之间。所有细分子行业要素替代弹性序列中，替代弹性大于均值的细分子行业分别有44（电力、热力的生产和供应业）、7（石油和天然气开采业）、16（烟草制造业）、46（水的生产和供应业）、45（燃气生产和供应业）、25（石油加工、炼焦及核燃料加工业）、43（废弃资源和废旧材料回收加工业）以及31（非金属矿物制品）等8个细分子行业，这些细分子行业利润是工业新增利润中的主要组成部分，符合替代弹性与经济增长的正相关关系。限于篇幅较长，本部分未列出所有细分子行业要素替代弹性序列，仅选取在样本期内增加值占比比较高且能够反映细分子行业总体变化趋势的6（煤炭开采和选洗业）、7（石油和天然气开采业）、26（化学原料及化学制品制造业）、37（交通运输设备制造业）等4个细分子行业进行分析，图10-12为这4个细分子行业要素替代弹性序列。

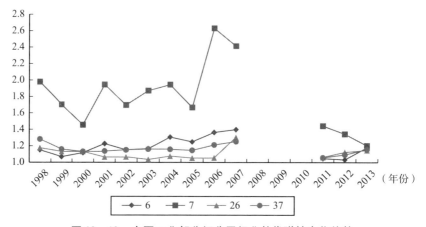

图10-12　中国工业部分细分子行业替代弹性变化趋势

如图10-12、图10-13所示，4个不同细分子行业间要素替代弹性数值明显存在差异，除7（石油和天然气开采业）外，其余细分子行业要素替代弹性在样本期内呈上升趋势，同时劳动收入份额呈下降趋势，7（石油和天然气开采业）的要素替代弹性与劳动收入份额波动明显，但其要素替代弹性与劳动收入份额仍呈负相关关系。如图10-14所示，除26（化学原料及化学制品制造业）增加值占比在2001~2007年呈下降趋势，且这期间其增加值占比总体是所有细分子行业中最大的，其余细分子行业增加值占比总体均呈缓慢上升趋势。

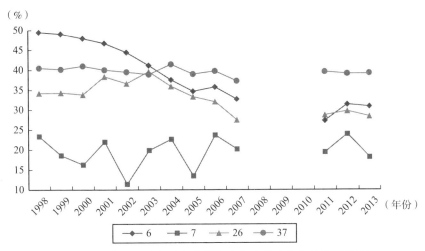

图 10 – 13　中国工业部分细分子行业企业劳动收入份额变化趋势

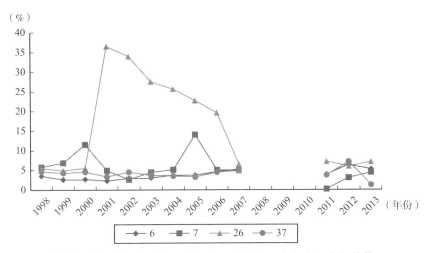

图 10 – 14　中国工业部分细分子行业企业增加值占比变化趋势

　　分细分子行业进行的实证结果显示，要素替代弹性较大的细分子行业劳动收入份额普遍较低，而增加值占比却处于较高水平。根据式（10 – 11）所示的部门结构对劳动收入份额趋势的分解方式，4 个增加值占比较高的细分子行业中有 3 个细分子行业在样本期内劳动收入份额均处于下降趋势，而细分子行业 7（石油和天然气开采业）的劳动收入份额则持续处于偏低水平，这些高增加值占比的细分子行业的劳动收入份额变动方向主导了整体劳动收入份额的变动，导致了工业整体劳动收入份额的下降趋势。

（三）偏向技术进步方向以及对劳动收入份额影响的解释

式（10-9）中不变系数 β_1 的符号表示偏向技术进步方向，$\beta_1 > 0$ 表示劳动偏向性技术进步，技术进步倾向于增加劳动收入份额，属劳动偏向性技术进步而且回归结果呈显著性的行业仅有 16（烟草制造业）。而 $\beta_1 < 0$ 时，技术进步表现为资本偏向性，指技术进步能够提高资本相对劳动的边际产出，倾向于降低劳动收入份额，估计结果表明 6（煤炭开采和选洗业）、7（石油和天然气开采业）、15（饮料制造业）、17（纺织业）、25（石油加工、炼焦及核燃料加工业）、26（化学原料及化学制品制造业）、37（交通运输设备制造业）等细分子行业均显著属于资本偏向性技术进步。资本偏向性技术进步的细分子行业在样本期内增加值占比远高于劳动偏向性技术进步的子行业，资本偏向性技术进步的行业的劳动收入份额变动方向主导了总体劳动收入份额的变动方向。

根据 β_1 以及 β_{2t} 估计值计算可得要素增强型技术进步方向 $(g_{Lt} - g_{Kt})$。$(g_{Lt} - g_{Kt}) < 0$ 代表资本增强型技术进步；而劳动增强型技术进步则等同于扩大劳动投入。在工业细分子行业中，呈现资本偏向性技术进步的行业一般同时具有资本增强型技术进步，同样地，劳动偏向性技术进步的行业同时呈劳动增强型技术进步。故在样本期内，资本偏向性技术进步主导了工业总体劳动收入份额的下降。

三、基于不同地区工业企业的实证

本部分基于不同地区工业企业研究要素替代弹性与偏向性技术进步对工业劳动收入份额变动的影响。根据中国工业企业数据库中企业的省份代码判断其所在省份，区分其所在地区，分为东部、中部、西部地区。其对应省份分别为：东部地区包括北京、天津、河北、上海、江苏、浙江、山东、福建、广东、海南、辽宁、吉林、黑龙江；中部地区包括山西、安徽、江西、河南、湖北、湖南；西部地区包括内蒙古、广西、重庆、四川、贵州、云南、西藏、陕西、甘肃、青海、宁夏、新疆。

（一）不同地区工业企业回归系数

根据前述构建的实证回归式 $\ln s_t = \beta_0 + \beta_1 t + \beta_{2t} \ln\left(\dfrac{K_t}{L_t}\right) + \varepsilon_t$（10 - 10） 所示的变系数面板模型，使用 1998 ~ 2007 年与 2011 ~ 2013 年相关变量的不同时间序列数据对模型进行分地区实证估计，得到的可变系数 β_{2t} 和不变系数 β_1 的估计值、标准差以及显著性水平如表 10 - 8 所示。

表 10 - 8　　　　　　　　不同地区工业企业回归系数汇总

系数	东部	中部	西部	系数	东部	中部	西部
β_1	- 0. 008 (0. 017)	0. 000 (0. 031)	- 0. 076 *** (0. 012)	$\beta_{2,2004}$	- 0. 167 *** (0. 017)	- 0. 115 *** (0. 035)	- 0. 230 *** (0. 013)
$\beta_{2,1998}$	- 0. 211 *** (0. 038)	- 0. 368 *** (0. 083)	- 0. 399 *** (0. 024)	$\beta_{2,2005}$	- 0. 194 *** (0. 015)	- 0. 136 *** (0. 029)	- 0. 217 *** (0. 012)
$\beta_{2,1999}$	- 0. 310 *** (0. 036)	- 0. 162 * (0. 075)	- 0. 338 *** (0. 022)	$\beta_{2,2007}$	- 0. 193 *** (0. 014)	- 0. 171 *** (0. 024)	- 0. 213 *** (0. 012)
$\beta_{2,2000}$	- 0. 252 *** (0. 030)	- 0. 108 (0. 063)	- 0. 336 *** (0. 019)	$\beta_{2,2007}$	- 0. 215 *** (0. 013)	- 0. 216 *** (0. 019)	- 0. 230 *** (0. 012)
$\beta_{2,2001}$	- 0. 186 *** (0. 026)	- 0. 100 * (0. 056)	- 0. 293 *** (0. 016)	$\beta_{2,2011}$	- 0. 176 *** (0. 020)	- 0. 165 *** (0. 023)	- 0. 157 *** (0. 016)
$\beta_{2,2002}$	- 0. 182 *** (0. 023)	- 0. 092 * (0. 050)	- 0. 238 *** (0. 015)	$\beta_{2,2012}$	- 0. 170 *** (0. 020)	- 0. 177 *** (0. 027)	- 0. 130 *** (0. 017)
$\beta_{2,2003}$	- 0. 186 *** (0. 020)	- 0. 125 ** (0. 041)	- 0. 232 *** (0. 013)	$\beta_{2,2013}$	- 0. 189 *** (0. 025)	- 0. 194 *** (0. 034)	- 0. 139 *** (0. 020)

注：（1）括号内为回归系数的标准误；（2）*、**、*** 分别表示 10%、5%、1% 的显著性水平。

表 10 - 8 结果显示，由分地区回归计算所得的要素替代弹性与偏向技术进步方向显著度均较高，则由此展开的分析结果是可信的。

（二） 基于要素替代弹性的地区差异与变化趋势影响的解释

由式（10 - 9）得要素替代弹性 $\sigma_t = 1/(1 + \beta_{2t})$，根据表 10 - 8 得各地区要素替代弹性序列如图 10 - 15 所示。在样本期内，中国工业东部、中部、西部地区要素替代弹性的变动区间分别为 [1.200，1.449]、[1.101，1.582]、[1.149，1.664]。由图 10 - 15 可以发现，2007 年之前东部、中部、西部地区之间要素替代弹性数值差异较大，但 2011 ~ 2013 年不同地区工业企业要素替代弹性的数值则越来越接近。

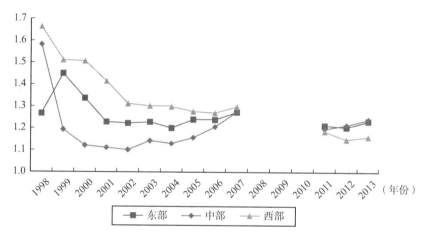

图 10 - 15　不同地区工业企业要素替代弹性变化趋势

东部、中部、西部地区 1998 ~ 2007 年要素替代弹性呈先下降后上升趋势，拐点大约为 2002 年或 2003 年，其间西部地区要素替代弹性持续处于三地区中最高，说明西部地区劳动力丰富，且持续向东部、中部地区转移。工业不同地区劳动收入份额变动和增加值占比变动见图 10 - 4、图 10 - 5。从其增加值占比变化也可以发现，样本期内一直处于较低水平且下降趋势明显。另外，2006 年之前东部地区的要素替代弹性一直高于中部地区，这可能是由于在 2006 年之前我国工业发展主要在东部地区进行，中部、西部地区的劳动力持续的向东部地区转移，使得东部地区发展速度加快，增加值占比也逐渐增长至 70% 以上，且这段时间内东部、中部地区劳动收入份额处于下降趋势，故尽管西部地区劳动收入份额有所上升，但由于劳动收入份额较低部门（东部、中部地区）权重的上升，从而引发了工业整体劳动收入份额的下降。

虽然缺少 2008～2010 年相关数据，但基于 2007 年和 2011 年不同地区的要素替代弹性差值，可以发现东部、中部、西部地区要素替代弹性均有小幅度的下降；2007 年以及 2011～2013 年中部地区要素替代弹性开始高于东部地区，这可能是因为"十一五"时期（2006～2010 年）我国工业转型升级的相关政策有所成效（金碚，2011），随着东部地区经济持续发展，劳动力成本上升，部分工业企业开始向中部、西部地区转移（中国社会科学院工业经济研究所工业运行课题组，2011），工业企业逐渐从东部地区向中部、西部地区转移，使得中部、西部地区经济发展加快。

2011～2013 年，东部、中部地区要素替代弹性转入上升劳动收入份额下降，而西部地区要素替代弹性继续下降，劳动收入份额回升；西部地区要素替代弹性的后续下降可能说明我国工业生产更多地向中部地区转移，相应的西部地区增加值有所下降而中部增加。不同地区的劳动收入份额变动与要素替代弹性变动呈相反趋势，这与前面的分析一致。此时期内尽管西部地区的劳动收入份额是上升的，但劳动收入份额呈下降趋势的东部、中部地区增加值占比总和不断提升，于 2013 年达到了 84%，故东部、中部地区下降的劳动收入份额趋势使得工业总体劳动收入份额依然处于下降趋势。

（三）偏向技术进步方向以及对劳动收入份额影响的解释

如表 10-8 所示，基于不同地区工业企业的实证分析中，东部、西部地区的不变系数 $\beta_1 < 0$，但东部地区系数不显著，即东部地区偏向性技术进步在样本期内可能是变化的；而西部地区呈偏向性技术进步，倾向于降低工业劳动收入份额；中部地区的不变系数 β_1 约等于 0，但其显著性不高，无法确定中部地区的技术偏向性。综上所述，虽然无法确定东部、中部地区技术

进步的偏向性，但西部地区的资本偏向性技术进步工业总体劳动收入份额的变动中起到了一定作用。

四、基于不同所有制企业的实证

本部分基于不同所有制类型企业研究要素替代弹性与偏向性技术进步对劳动收入份额变动的影响，将中国工业企业数据库中的样本企业分为民营企业、国有企业和外资企业三类。国有企业包括登记注册类型为 110、141、143、151 以及登记注册类型为 130 的股份合作企业、159 的其他有限责任公司和 160 的股份有限公司三类企业中国有资本占比大于 50% 的企业；外资企业包括登记注册类型为 200、210、220、230、240 的港澳台合资企业和登记注册类型为 300、310、320、330、340 的外国投资企业以及登记注册类型为 130 的股份合作企业、159 的其他有限责任公司和 160 的股份有限公司中外商资本占比不小于 25% 的企业。按照上述方法，国有企业和外资企业之外的其他企业均归类到民营企业。

（一）不同类型所有制企业回归系数

根据式（10 – 10）的变系数面板模型，使用 1998～2007 年与 2011～2013 年相关变量的不同所有制企业数据的时间序列数据对模型进行估计，可得可变系数 β_{2t} 和不变系数 β_1 的估计值、回归系数的标准误以及显著性水平如表 10 – 9 所示。

表 10 – 9　　　　　　　　　工业不同所有制类型企业回归系数

系数	民营企业	国有企业	外资企业	系数	民营企业	国有企业	外资企业
β_1	-0.006 (0.020)	0.071 (0.052)	-0.048 *** (0.013)	$\beta_{2,2004}$	-0.170 *** (0.023)	-0.178 *** (0.024)	-0.280 *** (0.015)
$\beta_{2,1998}$	-0.226 *** (0.054)	-0.334 *** (0.090)	-0.437 *** (0.027)	$\beta_{2,2005}$	-0.198 *** (0.019)	-0.209 *** (0.020)	-0.284 *** (0.014)

续表

系数	民营企业	国有企业	外资企业	系数	民营企业	国有企业	外资企业
$\beta_{2,1999}$	- 0. 352 *** (0. 050)	- 0. 150 * (0. 074)	- 0. 406 *** (0. 024)	$\beta_{2,2007}$	- 0. 203 *** (0. 016)	- 0. 232 *** (0. 020)	- 0. 274 *** (0. 014)
$\beta_{2,2000}$	- 0. 264 *** (0. 041)	- 0. 131 * (0. 061)	- 0. 404 *** (0. 021)	$\beta_{2,2007}$	- 0. 222 *** (0. 014)	- 0. 267 *** (0. 025)	- 0. 285 *** (0. 014)
$\beta_{2,2001}$	- 0. 192 *** (0. 036)	- 0. 143 ** (0. 050)	- 0. 361 *** (0. 019)	$\beta_{2,2011}$	- 0. 173 *** (0. 019)	- 0. 276 *** (0. 052)	- 0. 219 *** (0. 017)
$\beta_{2,2002}$	- 0. 185 *** (0. 031)	- 0. 159 *** (0. 040)	- 0. 326 *** (0. 018)	$\beta_{2,2012}$	- 0. 187 *** (0. 021)	- 0. 233 *** (0. 053)	- 0. 203 *** (0. 019)
$\beta_{2,2003}$	- 0. 198 *** (0. 027)	- 0. 158 *** (0. 031)	- 0. 319 *** (0. 016)	$\beta_{2,2013}$	- 0. 203 *** (0. 026)	- 0. 291 *** (0. 065)	- 0. 213 *** (0. 021)

注：（1）括号内为回归系数的标准误；（2）*、**、***分别表示10%、5%、1%的显著性水平。

（二）要素替代弹性差异与变化趋势以及对劳动收入份额影响的解释

由式（10 - 9）可知 $\sigma_t = 1/(1 + \beta_{2t})$，根据表 10 - 8 得不同所有制企业要素替代弹性序列，如图 10 - 16 所示。

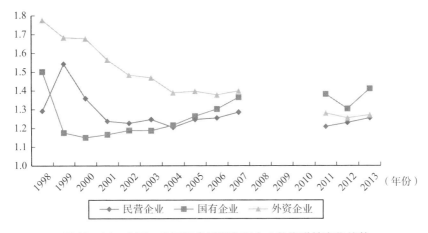

图 10 - 16　中国工业不同类型所有制企业替代弹性变化趋势

民营企业、国有企业以及外资企业要素替代弹性的变动区间分别为 [1.205，1.543]，[1.151，1.502]，[1.255，1.776]。民营企业、国有企业和外资企业的要素替代弹性之间存在的这种差异会影响劳动力的跨部门流动，其原理为：要素替代弹性大的部门在要素使用的选择上更加灵活，倾向于选择更多价格相对低廉的要素进行生产，从而引发资本和劳动的跨部门流动。

部门结构变化会影响各部门增加值占比的变化，并如式（10-11）所示进一步影响到工业整体劳动收入份额的变化。中国工业不同类型所有制企业劳动收入份额变化趋势与增加值占比变动趋势见图10-6、图10-7。1999~2004年间，民营企业和外资企业要素替代弹性大于国有企业，劳动力自国有企业向民营企业和外资企业流动，民营企业和外资企业劳动收入份额上升，国有企业劳动收入份额处于较高水平，而在这期间国有企业的增加值占比始终大于50%，故国有企业偏高的劳动收入份额主导工业总体劳动收入份额的变动方向；2004~2007年间，国有企业和外资企业要素替代弹性大于民营企业，劳动力自民营企业向国有企业和外资企业流动，此期间不同类型的企业劳动收入份额大小虽有所差异，但一致呈下降趋势，而民营企业和外资企业发展迅猛，增加值占比持续上升，使其偏低且下降的劳动收入份额逐渐主导工业总体劳动收入份额的变动。2011~2013年，国有企业要素替代弹性大于民营企业和外资企业，劳动力自民营企业和外资企业向国有企业流动，国有企业劳动收入份额处于较高水平，但其增加值占比却持续降低至不足20%，而民营企业和外资企业增加值占比持续上升，使其下降的劳动收入份额逐渐主导总体劳动收入份额的变动。

（三）偏向技术进步方向以及对劳动收入份额影响的解释

如表10-9所示，不同所有制类型企业的实证分析中，外资企业的 $\beta_1 < 0$，且呈现显著性，说明其技术进步表现为资本偏向性，倾向于拉低劳动收入份额；国有企业和民营企业的不显著。图10-7所示的不同所有制类型企业1998~2013年增加值占比变化表明，国有企业增加值占比自1998年开始逐年下降，而外资企业的发展态势良好，增加值逐年增长，至2013年

达到了约40%，故外资企业的资本偏向性技术进步在工业整体劳动收入份额的下降中起主导作用。

第四节 结论与政策建议

本章首先基于中国工业企业数据库1998～2013年核算中国工业劳动收入份额数据，依据工业行业、细分行业、地区以及工业所有制结构探讨中国工业劳动收入份额构成、波动性，进行结构分解，并测度了工业劳动收入份额波动中工业行业（部门/地区）贡献度，得到以下主要结论：第一，根据工业行业结构、地区结构分解工业劳动收入份额波动，发现行业（地区）内效应是工业劳动收入份额波动的主要原因，其中，制造业、东部地区的劳动收入份额在工业劳动收入份额波动中起主导作用。第二，根据工业所有制结构分解工业劳动收入份额波动，发现工业所有制结构内效应是工业劳动收入份额波动的主要原因，且其主导作用的部门由国有企业逐渐转变为民营企业和外资企业。第三，根据39个工业细分行业分解工业劳动收入份额波动，发现行业内效应、行业间效应以及协方差效应等三种效应对工业劳动收入份额波动均有不同程度的影响，相较之下细分行业间效应与协方差效应在工业劳动收入份额波动中贡献度更高。另外，我们使用中国工业统计年鉴、中国劳动统计年鉴等提供的工业行业数据计算了2019～2016年工业行业劳动收入份额以及采矿业、制造业与电力、燃气及水的生产与供应业三个行业的劳动收入份额和增加值占比，发现在此期间工业总劳动收入份额呈下降趋势，且制造业增加值占比高于80%，这与本章研究中制造业主导工业总体劳动收入份额变动趋势的结论是相符的。

其次研究了企业劳动收入份额的决定机制，发现：首先，在1998～2007年及2011～2013年间，中国工业企业总体要素替代弹性为1.232，要素替代弹性偏大的细分子行业发展迅速，其下降的劳动收入份额逐渐主导了工业整体劳动收入份额的下降。样本期内中国工业企业细分子行业中呈现资本偏向性技术进步的行业占据绝对多数，这种总体上的资本偏向性技术进步拉低了工业整体劳动收入份额。其次，国有企业、民营企业和外资企业间要素替代弹性的差异使劳动力在部门间发生流动，导致劳动收入份额在不同所有制企业间的变动方向不同，且外资企业技术进步呈现资本偏向性，外资企业的迅速发展使其劳动收入份额的变动主导了整体劳动收入份额的变动方向，倾向于降低劳动收入份额。

本章的研究对通过结构优化方式稳步提升中国工业劳动收入份额具有重要的政策启示。在提升工业劳动收入份额的过程中，保持细分行业结构相对稳定时应重视细分行业内部劳动收入份额的结构优化，同时还要注意细分行业内部效应和细分行业结构效应的协同对稳步提升工业劳动收入份额的综合效应；在保持工业行业结构、所有制结构、地区结构相对稳定时，要注意其内部劳动收入份额的结构优化，同时要稳定维持制造业（东部地区）企业劳动收入份额和努力增加采矿业和电力、燃气及水的生产和供应业（中部、西部地区）企业的增加值占比，稳步提升民营企业和外资企业劳动收入份额的同时努力增加国有企业的增加值占比。

本章的发现也从微观企业视角为解释要素收入分配及其变动提供了实证证据，也为提升劳动收入份额和优化要素收入分配结构提供了政策启示：首先，由于中国工业企业中大部分行业呈现资本偏向性技术进步，这在总体上影响了劳动收入份额的下降，因此要通过激励政策促进中国工业企业技术进步向偏向劳动的方向发展，在实现技术升级的同时提高企业劳动收入份额。其次，实证检验发现中国工业部门的要素替代弹性大于1，两类生产要素呈相互替代关系，则资本偏向性的技术进步会使企业选择使用更多相对低廉的资本要素，导致资本要素份额的上升，因此构建更加完善的要素市场化配置体制机制，可以有助于使中国工业部门的要素替代弹性下降，将促进劳动收入份额趋近平稳。最后，一些地方政府以工业导向的产业发展战略提高了资本深化程度，再加上一些地方政府为了提高招商引资的可能性，会通过一些倾向性的政策压低企业的劳动力成本，使劳动收入份额出现下降的压力，因此完善劳动保护制度，保障劳动者的合法权益，也有利于提升劳动收入份额。

第十一章

产融结合与要素收入中劳动—资本收入分配

　　产融结合是产业资本发展到一定程度，寻求经营多元化、资本虚拟化，进而提高资本运营档次的一种趋势（蔺元，2010）。发达国家中产融结合主要包括"由融到产[①]"和"由产到融[②]"两种模式。在我国，受制于相关法律的约束[③]，"由产到融"模式是产融结合的主要表现形式，即实体企业参股控股金融机构、企业集团内部设立全资财务公司或控股财务公司、设立产业投资基金等。近年来，实体企业参股控股金融机构这种"产融结合"模式成为我国经济发展中较为突出的现象，根据 Wind 金融资讯统计，2011～2020 年间我国参股金融机构的上市企业占总体上市企业的比例均值约为9.5%。产融结合建立了企业和金融机构两者之间的特殊沟通渠道，提高了沟通效率，有利于降低两者之间的信息不对称现象，促进企业融资能力的提升。为推动我国产融结合的规范发展，我国政府出台了系列鼓励和支持措施：如 2010 年 12 月时任国资委主任王勇在央企负责人会议上指出，支持具备条件的企业积极探索"产融结合"模式；2016 年 3 月，工信部、中国人民银行和银监会三部委制定并印发了《加强信息共享促进产融合作行动方案》；2020 年 7 月，工信部、财政部、中国人民银行、银监会和证监会等五

---

　　① "由融到产"是指金融资产为了获得平均回报，有意识地控制实业资本，而非纯粹地入股。

　　② "由产到融"是由产业资本向金融资本延伸，企业集团从实业起家，发展到一定阶段后，把部分资本由产业转到金融机构，形成强大的金融核心。

　　③ 根据《中华人民共和国商业银行法》第 43 条规定，商业银行在中华人民共和国境内不得从事信托投资和证券经营业务，不得向非自用不动产投资或者向非银行金融机构和企业投资，但国家另有规定的除外。

个部门联合发布了《关于组织申报第二批产融合作试点城市的通知》，鼓励转型升级成效明显的各个示范基地所在城市进行申报试点。这些方案的出台有效地推动了产融结合的发展。

产融结合在促进企业融资能力上升、降低企业融资成本的同时，由于更低的融资成本意味着资本劳动价格比下降，进而引发生产中资本替代劳动或因有利可图企业扩大资本投资，从而提高了企业要素分配中的资本要素收入占比，降低了劳动要素收入占比（张杰等，2016）。另外，企业参股金融机构有助于金融机构掌握企业创新项目相关信息，增强金融机构为企业创新提供资金的意愿，为企业创新提供有力支撑；与上述相对的是，企业管理人可能将获取的信贷资金投入创新研发以外的各项项目，追逐产业资本金融化、规模化发展，从而对企业创新产生"挤出效应"；由于企业创新是依附于劳动要素或者资本要素进行，所以企业参股金融机构对企业创新要素投入的影响将最终作用于企业的要素分配关系。

基于上述思考，本章借助 A 股上市企业参股金融机构相关事实，研究了产融结合对企业劳动—资本收入分配的影响及作用机制。相较于现有文献，本研究的边际贡献主要在于以下两个方面：（1）从企业要素配置与要素收入分配结构的关系角度丰富了对我国劳动—资本收入分配形成因素的理论阐释，从微观视角对我国劳动收入分配偏低现象的形成原因进行了一定的解释。（2）拓宽了产融结合的理论和经验研究，现有研究主要关注产融结合对企业生产决策行为和生产效率的研究（陈美和夏卓秀，2019；Elyas et al.，2012；刘亮和朱慧敏，2018），本研究将理论逻辑和实证检验延伸到企业参股金融机构影响企业要素配置决策、要素收入分配及其中介作用机制等方面。本研究为完善资本要素市场化配置体制机制、优化要素收入分配结构提供了一定的政策依据。

第一节　产融结合影响要素劳动—资本收入分配的理论机制

产融结合影响劳动—资本收入分配的作用机制表现为两个方面：一是产

融结合通过影响企业中资本要素使用成本以及资本—劳动要素的配置关系，进而影响要素收入分配；二是产融结合影响企业技术创新要素的投入配置进而影响企业要素收入分配。本章理论分析部分首先建立起产融结合与企业要素使用成本、企业技术创新的理论关系，然后过渡到企业要素使用成本、企业技术创新与要素收入分配的关系，最终推论到产融结合影响要素收入分配。

一、产融结合影响企业资本要素使用成本和企业技术创新

（一）产融结合影响企业资本要素使用成本

产业资本和金融资本两种资本的融合有助于降低实体企业与金融机构间的信息不对称和代理问题（Erken et al.，2014；Lu et al.，2012；Ciamarra，2012）：一方面，产融结合能够有效地减少外部摩擦，将外部交易转换成内部交易，从而降低两者之间的交易成本，实现两种资本的互利共赢；另一方面，产融结合时被持股的金融机构为实体企业提供隐形背书，有助于提高其信用评级等级，增加其在借贷市场的竞争力，使得其融资需求更加有可能在金融市场上得到满足（Dittmann et al.，2010；祝继高等，2015）。

在中国经济转型和发展过程中，不少企业面临"融资贵、融资难"等现象，具体表现为企业外部资金使用成本高，资本要素价格扭曲。上述现象一方面是由于中国银行系统长期以来由国有银行主导，受政策影响和当地政府干预的原因，其资本供给的相关决策可能并非以效率为首要因素，导致了一定程度的要素配置扭曲；另一方面，金融机构借贷决策过程中无法全面掌握企业的信息，这种由于借贷双方的信息不对称所导致的风险需要由更高的借贷价格来弥补。企业通过参股金融机构能够更有效建立其与金融机构间的信息沟通渠道，实现更充分、更及时的交流，也有助于减少银企之间的沟通、审核、磋商及监督成本，增强相互信任和金融机构的借贷意愿（万良勇等，2015；胡奕明等，2017）。实体企业因此将能够获得相对更多的借贷

资金、更优惠的借贷条件和更低廉的资本要素使用成本。

综上所述，企业参股金融机构能够降低企业资本要素使用成本。

（二）产融结合影响企业技术创新

企业进行产融结合可能通过两种途径影响企业的研发创新活动。一方面，由于企业技术创新具有周期长、风险高、资金投入需求大且创新成果收益不明确等特征，导致企业创新项目融资难度增加、融资需求更难实现（徐飞，2019）。而实体企业参股金融机构能够通过"信息发送"和"决策参与"机制，缓解双方信息不对称，帮助金融机构掌握企业创新项目相关信息，便利企业创新项目的融资进而促进企业创新水平（王超恩等，2016）。另一方面，虽然实体企业参股金融机构能够提升企业的融资水平，但是基于金融行业超额利润的考虑，企业管理人可能将资金投入创新研发以外的各项项目，例如购买金融产品、进行业务扩展等，进一步追逐产业资本金融化、规模化发展，从而对企业创新产生"挤出效应"，降低了企业创新研发投入（杜勇等，2017；段军山和庄旭东，2021）。

综上所述，企业参股金融机构究竟是促进还是抑制了企业技术创新并未达成一致结论，二者关系受到企业发展战略的影响。当企业套利动机强烈，过度追求金融资本超额利润，进行产业资本金融化，此时"挤出效应"将占据主导地位，企业参股金融机构将抑制企业技术创新；反之，企业参股金融机构将有利于企业创新项目的融资，进而促进企业创新。

二、企业资本要素使用成本、企业技术创新与要素收入分配

本部分将通过对 CES 生产函数进行引申，以说明企业资本要素使用成本、企业技术创新与企业要素收入分配的相关关系，具体如下：

$$Y_t = A\left[\alpha(A_tK)^{\frac{\sigma-1}{\sigma}} + (1-\alpha)(B_tL)^{\frac{\sigma-1}{\sigma}}\right]^{\frac{\sigma}{\sigma-1}}(A_t)^{\frac{\sigma-1}{\sigma}} \qquad (11-1)$$

其中，A 表示广义技术水平；α 表示要素分配参数；A_t 表示资本增强型技术进步系数，B_t 表示劳动增强型技术进步，分别反映了资本使用效率和劳动使用效率。那么，A_t 和 B_t 的变化率则体现了技术偏向性；σ 表示资本

劳动替代弹性的大小。假设劳动力市场处于完全竞争状态，两种投入要素的技术水平呈指数型增长，即 $A_t = A_0 e^{gk}$，$B_t = B_0 e^{gL}$，那么偏向性技术进步的增长率为 $[(\sigma-1)/\sigma] \times (g_L - g_K)$。

根据上面分析，实体企业参股金融机构影响资本要素配置效率，即影响企业资本要素使用成本。假设资本要素使用成本（即资本要素价格）为 r_i，工资水平为不变的 w。

企业根据利润最大化来选择资本投入量 K_i 和劳动投入量 L_i，即有：

$$\max_{li}^{ki} \pi_i = Y_i - wL_i - r_i K_i \tag{11-2}$$

企业实现利润最大化目标的一阶条件为：

$$\frac{\partial \pi_i}{\partial K_i} = Aa\left[\alpha(A_t K)^{\frac{\sigma-1}{\sigma}} + (1-\alpha)(B_t L)^{\frac{\sigma-1}{\sigma}}\right]^{\frac{1}{\sigma-1}}(A_t)^{\frac{\sigma-1}{\sigma}}K^{-\frac{1}{\sigma}} - r_i = 0 \tag{11-3}$$

$$\frac{\partial \pi_i}{\partial L_i} = A(1-\alpha)\left[\alpha(A_t K)^{\frac{\sigma-1}{\sigma}} + (1-\alpha)(B_t L)^{\frac{\sigma-1}{\sigma}}\right]^{\frac{1}{\sigma-1}}(B_t)^{\frac{\sigma-1}{\sigma}}L^{-\frac{1}{\sigma}} - w = 0 \tag{11-4}$$

由式（11-3）、式（11-4）得：

$$\frac{r_i}{w} = \left(\frac{\alpha}{1-\alpha}\right)\left(\frac{A_t}{B_t}\right)^{\frac{\sigma-1}{\sigma}}\left(\frac{L_i}{K_i}\right)^{\frac{1}{\sigma}} \tag{11-5}$$

由式（11-5）得：

$$\frac{K_i}{L_i} = \left(\frac{\alpha}{1-\alpha}\right)^{\sigma}\left(\frac{w}{r_i}\right)^{\sigma}\left(\frac{A_t}{B_t}\right)^{\sigma-1} \tag{11-6}$$

$$\frac{r_i K_i}{w L_i} = \left(\frac{\alpha}{1-\alpha}\right)^{\sigma}\left(\frac{w}{r_i}\right)^{\sigma-1}\left(\frac{A_t}{B_t}\right)^{\sigma-1} \tag{11-7}$$

进一步得到企业的劳动收入份额（即劳动收入占劳动—资本收入之和的比）为：

$$LS_i = \frac{wL_i}{Y_i} = \frac{wL_i}{r_i k_i + wL_i} = \frac{1}{\left[1 + \left(\frac{\alpha}{1-\alpha}\right)^{\sigma}\left(\frac{w}{r_i}\right)^{\sigma-1}\left(\frac{A_t}{B_t}\right)^{\sigma-1}\right]} \tag{11-8}$$

根据式（11-8）可知劳动收入份额 LS_i 取决于以下几个方面：（1）初

始要素分配 $\frac{1-\alpha}{\alpha}$；（2）要素替代弹性 σ；（3）企业生产投入要素劳动与资本价格比 $\left(\frac{w}{r_i}\right)^{\sigma-1}$，其中劳动要素价格 w 短期不变；（4）偏向性技术进步 $\left(\frac{A_t}{B_t}\right)^{\frac{\sigma-1}{\sigma}}$。由此可以得知：资本要素使用成本对企业劳动收入份额的影响方向取决于要素替代弹性 σ 的大小；偏向性技术创新对企业劳动收入份额的影响同时取决于技术进步的要素偏向性和要素替代弹性 σ。

因此需要首先对要素替代弹性的大小和技术进步要素偏向进行估算：（1）关于我国要素替代弹性 σ 的大小，已有许多文献进行过测算：如陆菁和刘毅群（2016）采用面板数据估计和标准化系统方程估计方法研究发现工业部门整体的要素替代弹性为2.906；陈登科和陈诗一（2018）通过直接估计法测算得出整体行业和分行业企业的要素替代弹性 σ 均显著大于1；本章基于上述研究和我国上市企业一般具有规模效应和相对较高的生产率水平的事实，认为上市企业的要素替代弹性 σ 也显著大于1。（2）我们通过超越对数生产函数进行测算，得出本研究中的样本上市企业的技术进步总体上表现为劳动偏向性技术进步，限于篇幅，此处未列出计算过程。

三、研究推论

综合上述两个部分的理论分析，得到如下推论：（1）产融结合降低企业资本要素使用成本，通过影响 $\left(\frac{w}{r_i}\right)^{\sigma-1}$，在 $\sigma>1$ 的情形下进而降低了企业劳动收入份额、提高了企业资本收入份额。（2）在 $\sigma>1$ 和技术进步总体表现为劳动偏向的情形下，如果产融结合促进了技术创新，则进而提高了企业劳动收入份额、降低了企业资本收入份额；反之，如果产融结合抑制了技术创新，则进而降低了企业劳动收入份额、提高了企业资本收入份额。需要结合实证验证产融结合对技术创新的影响，方有最终结论。

第二节 产融结合影响要素劳动—资本
收入分配的基础实证

一、实证模型设定

根据上一节的理论分析，本部分实证检验企业参股金融机构对企业劳动—资本收入分配的影响，设定基本计量模型为：

$$ls = \alpha + \beta_1 fb + \gamma Controls + \theta_i + \lambda_i + \varepsilon_i \qquad (11-9)$$

其中，ls 简称为劳动收入份额，表示企业的劳动收入与劳动—资本收入之和的比值；fb 表示上市企业是否参股金融机构，是模型中的核心解释变量，则 β_1 表示企业参股金融机构对劳动收入份额的影响，$\beta_1 > 0$ 表示企业参股金融机构提升了企业的劳动收入份额，相反，则降低了企业的劳动收入份额；结合理论关系和参照已有文献的做法，本研究设置了以下控制变量，即 Controls 代表资本产出比 kyy、企业价格加成 addprice、企业规模 size、企业人均生产率 laborpro、员工平均教育程度 edu 等控制变量；θ_i 表示地区固定效应，λ_i 表示行业固定效应，ε_i 表示误差项。

二、数据来源与处理

本章选取 2011~2020 年 A 股上市企业作为研究样本。其中，企业财务数据来源于国泰安数据库，具体包括营业收入、营业成本、企业利润、固定资产净额和折旧等；其他变量来源于万得（Wind）资讯金融数据库。

根据研究需要，本章对数据集进行了如下删选、处理：（1）剔除在样本期间存续年数小于 3 年的上市企业；（2）剔除要素成本增加值和营业总收入小于 0 的样本；（3）剔除劳动收入份额小于 0 大于 1 的样本；（4）剔除资本生产率和企业资产负债率小于 0 的样本；（5）剔除被 ST 和金融类上市企业；（6）利用企业证券代码信息对不同报表进行合并处理；（7）为了控制极端值对实证结果的影响，本研究对所有变量统一进行 0.05 的双侧缩尾处理。最终处理得到样本量为 18920 的非平衡面板数据。

三、变量选取与计算说明

本研究的被解释变量是企业的劳动收入占劳动—资本收入之和的比值，即劳动收入份额（ls）。参照白重恩等（2008）的处理方法，采用生产要素成本法增加值计算上市企业的劳动收入份额，具体的计算方法为：劳动收入份额 = 支付给职工以及为职工支付的现金/（营业利润 + 固定资产折旧 + 支付给职工以及为职工支付的现金），其中营业利润和固定资产折旧之和为企业的资本收入。

本研究的核心解释变量为企业是否持股金融机构股份 fb：如果上市企业参股金融机构股份，即取值为 1；如果未参股金融机构股份，取值为 0。控制变量：（1）资本产出比 kyy，衡量了资本生产率，用固定资产净额/（营业利润 + 固定资产折旧 + 支付给职工以及为职工支付的现金）表示；（2）人均生产率 laborpro，用企业总营业收入/企业员工人数表示；（3）企业规模 size，用企业销售总额的对数表示；（4）企业价格加成 addprice，用（营业总收入 − 营业总成本)/营业总收入；（5）员工平均教育程度 edu，将研究生及以上教育、本科生教育、专科、高中及以下教育和其他类别分别取值为5、4、3、2、1，然后加权平均得到企业员工平均教育程度。

表 11 −1 报告了本研究中变量的统计特征。被解释变量劳动收入份额 ls 的均值为 0.4652，与以往文献中测算的近年来我国整体劳动收入份额在 0.45 上下波动的结果较为相近。核心解释变量产融结合 fb 的均值为 0.0947，说明 2011 ~ 2020 年我国 A 股上市公司总样本 18920 中有约 1791 个样本参股金融机构，即基于上市企业参股金融机构股份的样本选择具有一定代表性。

表 11 - 1　　　　　　　　　　主要变量的统计特征

变量	样本数	平均值	标准差	最小值	最大值
ls	18920	0.4652	0.1961	0.0094	0.9980
fb	18920	0.0947	0.2928	0	1
kyy	18920	1.7207	2.2433	0.0002	97.0184
laborpro	18920	13.8526	0.9033	9.7375	18.9326
size	18920	21.5067	1.4958	15.1412	28.7183
addprice	18920	0.2656	0.1838	− 0.8035	0.9997
edu	18920	2.5324	0.6710	0.5426	4.4255

四、基准回归结果及分析

根据豪斯曼检验结果，选用固定效应模型检验最为合适，表 11 - 2 中（1）（2）两列报告了企业产融结合对企业劳动收入份额影响的实证结果，其中（1）中没有控制地区和行业属性，（2）中同时控制了地区和行业属性。结果显示：在第（1）列中，企业参股金融机构股份使得企业劳动收入份额显著降低 0.96%，显著性程度为 1%；在第（2）列中，企业参股金融机构股份使得企业劳动收入份额显著降低 0.89%，显著性程度为 1%，与列（1）中结果没有明显差异。实证结果符合前面理论推断。

考虑到核心解释变量 fb 的内生性，所以本研究进一步采用 GMM 工具变量法进行实证检验。由于前一期上市企业是否参股金融机构与后一期的各个控制变量间无确定关系，满足工具变量的选择条件，所以选定企业产融结合代理变量滞后一期作为当期产融结合的工具变量。将上市企业前后两年数据进行匹配后，保留匹配成功的上市企业后得到样本企业数量总共为 16212 个，样本数量减少 14.31%。表 11 - 2 中（3）（4）两列报告了 GMM 方法的回归结果。

对比四组实证检验的结果可以看出，核心解释变量 fb 的回归系数大小无显著差异，系数特征基本相同，这说明实证检验结果是稳健可信的，即产融结合显著导致企业劳动收入份额下降。

表 11 - 2 产融结合与劳动收入份额回归结果

变量	普通双固定效应模型估计		GMM 工具变量估计	
	（1）	（2）	（3）	（4）
fb	- 0. 0096 *** （- 2. 7875）	- 0. 0089 *** （- 2. 5874）	- 0. 0079 ** （- 2. 0346）	- 0. 0074 * （- 1. 9030）
kyy	0. 0167 *** （22. 6433）	0. 0172 *** （23. 3188）	0. 0209 *** （25. 5338）	0. 0214 *** （26. 0750）
laborpro	- 0. 1151 *** （- 43. 4670）	- 0. 1143 *** （- 42. 1528）	- 0. 1117 *** （- 37. 2519）	- 0. 1097 *** （- 35. 7300）
size	0. 0124 *** （6. 7136）	0. 0129 *** （6. 8528）	0. 0142 *** （6. 7107）	0. 0140 *** （6. 4186）
addprice	- 0. 3098 *** （- 41. 0348）	- 0. 3073 *** （- 40. 3743）	- 0. 2635 *** （- 32. 0716）	- 0. 2659 *** （- 31. 9269）
edu	0. 0312 *** （12. 9471）	0. 0312 *** （12. 7667）	0. 0271 *** （9. 8842）	0. 0277 *** （9. 9447）
地区	不控制	控制	不控制	控制
行业	不控制	控制	不控制	控制
常数项	1. 7689 *** （46. 8733）	1. 6870 *** （13. 8571）	1. 6682 *** （38. 5902）	1. 5691 *** （11. 4733）
调整后的 R^2	0. 0841	0. 1000	0. 0539	0. 0682
F	776. 9362 ***	35. 6227 ***	606. 1823 ***	34. 0047 ***
观测值	18920	18920	16212	16212

注：*** 、** 、* 分别表示 1% 、5% 、10% 的显著性水平，变量系数下括号中的数字表示双尾检验的 t 值。下同。

第三节 产融结合影响要素劳动—资本收入分配的中介机制实证

在前面理论分析和基准实证分析基础上，本部分将采用中介效应模型实证检验产融结合影响企业劳动—资本收入分配的中介作用机制。

一、资本要素使用成本和技术创新中介效应模型设定

以企业的劳动收入占劳动—资本收入之和的比值，即劳动收入份额为被解释变量，企业是否持股金融机构股份为核心解释变量，企业资本要素使用成本/企业技术创新为中介变量，构建中介效应模型。参照中介效应（Mediation Effect）检验程序构建模型（Baron and Kenny，1986）如下：

$$ls = \alpha_0 + \alpha_1 fb + \sum \alpha_i Controls + \varepsilon \qquad (11-10)$$

$$Lev/R\&D = \beta_0 + \beta_1 fb + \sum \beta_i Controls + \varepsilon \qquad (11-11)$$

$$ls = \varphi_0 + \varphi_1 fb + \varphi_2 Lev/R\&D + \sum \varphi_i Controls + \varepsilon \qquad (11-12)$$

其中，式（11-10）反应产融结合对企业劳动收入份额影响的总效应，大小由 α_1 表示。式（11-11）反应产融结合对中介变量的影响效应，由 β_1 大小表示，Lev/R&D 是中介变量。关于中介变量指标的选取，考虑到当面临越高的外部资本使用成本时，企业将选择更少的借贷，更多地通过留存利润等方式进行内源融资；相反，当越容易获得外部融资且外部资本使用成本较低时，企业将选择更多的借贷。基于此，本研究选择企业资产负债率作为企业资本使用成本 Lev 的代理变量。同时，选择企业研发投入比 R&D 作为企业技术创新的代理变量。式（11-12）中同时放入核心解释变量和中介机制变量，回归系数 φ_2 表示中介变量对企业劳动收入份额的直接效应；若中介效应存在，那么核心解释变量产融结合的系数 φ_1 较式（11-10）中的系数 α_1 会发生变化，且中介效应大小为 $\beta_1\varphi_2/\alpha_1$。

二、资本要素使用成本中介效应实证结果分析

根据上述式（11-10）~式（11-12）进行实证研究，表 11-3 报告了资本要素使用成本作用下的中介效应检验结果，从中可以看出：在表 11-3 列（1）~（3）中，企业参股金融机构对劳动收入份额的总效应大小为

－0.0097；当资产负债率作为被解释变量时，企业参股金融机构系数显著为正，企业参股金融机构显著增加了企业负债，说明企业拥有更多融资便利时进行了更高比例的外部融资，这与理论分析一致；在同时加入中介机制变量和企业参股金融机构变量对企业劳动收入份额进行回归时，企业参股金融机构的回归系数从－0.0097变为－0.0132，说明存在中介效应。进一步通过Sobel检验显示中介效应显著为负，占比为35.39%，且Sobel Z值通过了1%的统计显著性检验。在表11－3列（4）~（6）中控制地区和行业属性后，中介效应依然显著为负，占比为42.20%。以上结果表明企业参股金融机构的确通过影响资本要素使用成本进而影响了企业的劳动收入份额，上市企业参股金融机构股份后产生的信息效应、关联效应等效应有助于企业降低资本使用成本，以低成本获取更多的外部融资。当企业资本要素价格相对劳动要素价格下降时，企业将进一步使用资本要素代替劳动要素，促使企业要素配置中的资本—劳动比上升，则对应要素收入分配中资本收入份额上升，劳动收入份额下降。

表11－3　　　　资本要素使用成本中介效应检验结果

变量	（1）ls	（2）Lev	（3）ls	（4）ls	（5）Lev	（6）ls
fb	－0.0097*** （－2.7253）	0.0190*** （6.0955）	－0.0132*** （－3.7357）	－0.0082** （－2.2963）	0.0193*** （6.2038）	－0.0117*** （－3.3022）
Lev			0.1817*** （18.8318）			0.1793*** （18.4401）
kyy	0.0164*** （21.0905）	0.0098*** （14.3986）	0.0146*** （18.9024）	0.0170*** （21.6976）	0.0100*** （14.6151）	0.0152*** （19.5006）
laborpro	－0.1106*** （－38.2082）	－0.0024 （－0.9464）	－0.1101*** （－38.5444）	－0.1112*** （－37.4661）	－0.0050* （－1.9247）	－0.1103*** （－37.6215）
size	0.0074*** （3.7150）	0.0568*** （32.4059）	－0.0029 （－1.3973）	0.0088*** （4.2826）	0.0592*** （33.1281）	－0.0018 （－0.8735）

续表

变量	(1)	(2)	(3)	(4)	(5)	(6)
	ls	Lev	ls	ls	Lev	ls
addprice	−0.3218*** (−38.9068)	−0.0697*** (−9.6462)	−0.3091*** (−37.7261)	−0.3205*** (−38.4637)	−0.0654*** (−8.9925)	−0.3088*** (−37.4065)
edu	0.0313*** (12.0971)	−0.0093*** (−4.1047)	0.0330*** (12.9044)	0.0307*** (11.6429)	−0.0099*** (−4.2985)	0.0325*** (12.4594)
地区	不控制	不控制	不控制	控制	控制	控制
行业	不控制	不控制	不控制	控制	控制	控制
常数项	1.8159*** (43.7072)	−0.7528*** (−20.7299)	1.9527*** (46.8728)	1.7584*** (14.1371)	−0.8376*** (−7.7207)	1.9085*** (15.5007)
调整后的 R^2	0.0459	−0.0671	0.0699	0.0616	−0.0449	0.0845
F	642.5731***	332.7114***	615.6493***	30.1891***	17.3665***	33.1048***
观测值	16758	16758	16758	16758	16758	16758
Sobel Z			4.7346***			8.6918***
中介效应占比			35.39%			42.20%

三、技术创新偏向性及中介效应实证结果分析

如前面理论部分所述，产融结合通过企业技术创新影响企业劳动收入份额的路径具有不确定性。首先，现有理论和研究对于产融结合是促进还是抑制企业技术创新具有不同结论，产融结合与企业劳动收入份额的关系受到企业发展战略的影响，当企业过度追求超额利润，进行产业资本金融化，此时"挤出效应"将占据主导地位，产融结合将抑制企业技术创新。反之，产融结合将促进企业技术创新。其次，企业技术创新的偏向性对企业劳动收入份额的影响也完全不同，在本研究假设要素替代弹性大于1的条件下，资本偏向性技术进步将会减少企业劳动收入份额，而劳动偏向性技术进步将会增加企业劳动收入份额。因此，本部分将首先利用超越对数生产函数对上市企业

技术进步进行测算，判断企业技术创新偏向性，在此基础上进一步采用中介效应模型检验其作用路径。

（一）样本企业偏向性技术进步测算

本部分参考张月玲和叶阿忠（2014）的做法，将企业所有劳动投入细分为技能劳动投入和非技能劳动投入，利用超越对数生产函数计算得到的要素产出弹性进一步讨论企业的技术进步方向。超越对数生产函数的具体形式为：

$$\ln Y_{it} = \beta_0 + \beta_K \ln K_{it} + \beta_L \ln L_{it} + \beta_H \ln H_{it} + \beta_T T_t + \frac{1}{2}\beta_{KK}(\ln K_{it})^2 + \frac{1}{2}\beta_{LL}(\ln L_{it})^2$$

$$+ \frac{1}{2}\beta_{HH}(\ln H_{it})^2 + \frac{1}{2}\beta_{TT}T^2 + \beta_{KL}\ln K_{it}\ln L_{it} + \beta_{KH}\ln K_{it}\ln H_{it}$$

$$+ \beta_{LH}\ln L_{it}\ln H_{it} + \beta_{TK}T_t\ln K_{it} + \beta_{TL}T_t\ln L_{it} + \beta_{TH}T_t\ln H_{it} + \varepsilon_{it} \qquad (11-13)$$

当企业员工教育程度是专科及以上时，将该员工划分为技能性劳动投入类；当企业员工教育程度是高中及以下时，则将该员工划分为非技能性劳动投入类。其中，Y 表示企业要素成本增加值，K、H、L 分别表示企业固定资本净额、技能性劳动投入总量和非技能性劳动投入总量；时间趋势 T＝1，2，3…表示技术进步；β_T 表示技术进步的积累效应；β_{TT} 表示技术进步的规模效应，如果回归系数 β_{TT} 显著为正，表示企业规模报酬递增，反之则反之。

利用模型（11－13）计量回归得到的各个回归系数值可以依次计算得到要素产出弹性、偏向性技术进步率。具体地，企业 t 期各投入要素的产出弹性为：

$$\eta_{Lit} = \partial \ln Y_{it}/\partial \ln L_{it} = \beta_L + \beta_{LL}\ln L_{it} + \beta_{KL}\ln K_{it} + \beta_{LH}\ln H_{it} + \beta_{TL}T_t$$

$$(11-14)$$

$$\eta_{Hit} = \partial \ln Y_{it}/\partial \ln H_{it} = \beta_H + \beta_{HH}\ln H_{it} + \beta_{KH}\ln K_{it} + \beta_{LH}\ln L_{it} + \beta_{TH}T_t$$

$$(11-15)$$

$$\eta_{Kit} = \partial \ln Y_{it}/\partial \ln K_{it} = \beta_K + \beta_{KK}\ln K_{it} + \beta_{KL}\ln L_{it} + \beta_{KH}\ln H_{it} + \beta_{TK}T_t$$

$$(11-16)$$

两种投入要素的相对技术进步偏向差异（Neha Khanna，2001）为

$$\mathrm{Bias}_{Ki} = \beta_{TK}/\eta_K - \beta_{Ti}/\eta_i \quad (i = L,\ H) \qquad (11-17)$$

其中，$\beta_{TK}(\beta_{Ti})$ 是投入要素与时间趋势的交叉回归系数，$\eta_K(\eta_i)$ 是投入要素的产出弹性。Bias_{Ki} 大于 0 表示技术进步偏向于要素 K；反之，表示技术进步偏向于要素 i。

本部分首先使用随机前沿模型、随机效应模型和固定效应模型估计模型（11-13），回归结果见表 11-4。回归结果表明，技术进步的积累效应和规模效应均显著为正，与现有研究的结论相同。三种模型回归结果中，时间趋势与技能性劳动投入的交叉变量回归系数显著为负，通过了 10% 显著性统计水平，其余变量回归系数符号均一致，系数大小轻微波动，均通过 1% 显著性统计水平，即所有变量回归系数均显著，可以带入式（11-14）~式（11-16）中计算。

表 11-4　　　　　　　　　超越对数生产函数回归结果

变量	（1）固定效应模型 lnv	（2）随机效应模型 lnv	（3）面板随机前沿模型 lnv
lnk	-1.0930 *** (-14.6528)	-1.3695 *** (-23.5755)	-1.3635 *** (-23.4042)
lnl	0.2199 *** (3.9869)	0.2498 *** (5.3135)	0.2453 *** (5.2105)
lnh	1.0838 *** (16.9385)	1.0015 *** (17.7385)	1.0014 *** (17.7439)
t	0.0425 * (1.9594)	0.0435 ** (2.1536)	0.0735 *** (3.4670)
lnk^2	0.0461 *** (18.4757)	0.0543 *** (27.3987)	0.0541 *** (27.2484)
lnl^2	0.0475 *** (19.4583)	0.0512 *** (23.9047)	0.0511 *** (23.8556)
lnh^2	0.0561 *** (21.7554)	0.0637 *** (27.0068)	0.0636 *** (26.9939)

续表

变量	（1）固定效应模型	（2）随机效应模型	（3）面板随机前沿模型
	lnv	lnv	lnv
t^2	0.0082 *** （11.3458）	0.0091 *** （12.7464）	0.0091 *** （12.8238）
lnkl	− 0.0189 *** （− 5.3426）	− 0.0210 *** （− 6.8904）	− 0.0208 *** （− 6.8052）
lnkh	− 0.0638 *** （− 15.7266）	− 0.0609 *** （− 16.5375）	− 0.0610 *** （− 16.5842）
lnlh	− 0.0416 *** （− 10.8029）	− 0.0465 *** （− 13.3047）	− 0.0462 *** （− 13.2204）
tlnk	− 0.0077 *** （− 5.3838）	− 0.0087 *** （− 6.4788）	− 0.0087 *** （− 6.4821）
tlnl	− 0.0027 * （− 1.7687）	− 0.0026 * （− 1.8238）	− 0.0027 * （− 1.9010）
tlnh	0.0177 *** （10.5357）	0.0173 *** （10.7742）	0.0172 *** （10.6479）
常数项	22.5791 *** （37.9646）	24.7920 *** （53.9696）	40.5600 （1.6274）
lnsigma2_cons			− 1.0170 *** （− 47.5819）
ilgtsigma2_cons			0.6343 *** （17.7873）
mu_cons			16.0388 （0.6434）
eta_cons			− 0.0019 （− 0.6444）
调整后的 R^2	0.4675		
F	1251.9631 ***		
观测值	16238	16238	16238

与上面保持一致，选用固定效应模型中各变量的回归系数代入式（11-14）、式（11-15）、式（11-16）中依次计算企业资本要素产出弹性、技能性劳动要素产出弹性和非技能性劳动要素产出弹性，再将计算得到的资本（技能性劳动/非技能性劳动）要素产出弹性和资本（技能性劳动/非技能性劳动）要素与时间趋势的交叉回归系数代入式（11-17）计算出两种投入要素的相对技术进步偏向。最后计算结果为 $Bias_{KL} = -0.0305$，$Bias_{KH} = -0.0856$，根据式（11-17），$Bias_{Ki}$ 大于 0 表示技术进步偏向于要素 K，$Bias_{Ki}$ 小于 0 表示技术进步偏向于要素 i，计算结果中高技能劳动和低技能劳动结果均为负值，判断上市企业的技术进步类型表现为劳动偏向性技术进步。

上述测算结果表明企业技术进步表现为劳动偏向性技术进步，在要素替代弹性大于 1 的假定下劳动偏向性技术进步将有利于提升企业劳动收入份额。结合前文分析，产融结合的可能作用路径为：产融结合——促进企业劳动偏向性技术创新——提升企业劳动收入份额，或是产融结合——抑制企业劳动偏向性技术进步——降低企业劳动收入份额，因此，产融结合是促进还是抑制企业劳动偏向性技术进步具有不确定性，从而可能得到相反的结论，下面将继续采用中介效应模型进行实证检验技术创新的中介作用效果。

（二）技术创新中介效应检验结果与分析

表 11-5 报告了企业技术创新中介效应检验结果。结果显示：在表 11-5 列（1）~（3）中企业参股金融机构对劳动收入份额的总效应大小为 -0.0080；当企业技术作为被解释变量时，企业参股金融机构回归系数显著为负，企业参股金融机构显著降低企业技术创新水平。前文已述，我们通过超越对数生产函数进行测算出本研究中的样本上市企业的技术进步总体上表现为劳动偏向性技术进步。所以，此处推断企业参股金融机构显著降低了企业劳动偏向性技术进步。在同时加入中介机制变量和企业参股金融机构变量对企业劳动收入份额进行回归时，企业参股金融机构回归系数从 -0.0080 变为 -0.0060，说明存在中介效应。进一步通过 Sobel 检验显示中介效应显著为负，占比为 30.23%，且 Sobel Z 值通过了 1% 的统计显著性检验。在表 11-5 列（4）~（6）中控制地区和行业属性后，中介效应依然显著为负，

占比为 29.29%。值得注意的是，表 11－5 列（3）和列（6）中企业技术创新变量的回归系数显著为正，即企业技术创新有利于提升企业劳动收入份额。以上结果说明，企业参股金融机构通过抑制了企业劳动偏向性技术进步进而降低了企业的劳动收入份额，实证结果符合前文中所述的理论分析。

表 11－5　　　　　　　　　　技术中介效应检验结果

变量	（1）	（2）	（3）	（4）	（5）	（6）
	ls	R&D	ls	ls	R&D	ls
fb	− 0.0080 ** （− 2.3206）	− 0.3901 *** （− 6.9448）	− 0.0060 * （− 1.7628）	− 0.0076 ** （− 2.2054）	− 0.3905 *** （− 7.0175）	− 0.0057 * （− 1.6519）
R&D			0.0062 *** （12.5312）			0.0062 *** （12.5050）
kyy	0.0187 *** （24.4189）	− 0.0197 （− 1.5748）	0.0188 *** （24.6333）	0.0192 *** （25.0361）	− 0.0217 * （− 1.7377）	0.0193 *** （25.2659）
laborpro	− 0.0000 *** （− 40.6866）	− 0.0001 *** （− 20.9538）	− 0.0000 *** （− 38.3478）	− 0.0000 *** （− 39.4968）	− 0.0001 *** （− 20.3096）	− 0.0000 *** （− 37.1380）
size	0.0078 *** （4.1778）	0.1998 *** （6.5414）	0.0061 *** （3.2945）	0.0084 *** （4.3826）	0.1877 *** （6.0654）	0.0067 *** （3.5287）
addprice	− 0.3187 *** （− 43.5201）	− 1.3989 *** （− 11.6771）	− 0.3110 *** （− 42.5246）	− 0.3186 *** （− 43.2351）	− 1.3673 *** （− 11.4698）	− 0.3107 *** （− 42.2303）
edu	0.0246 *** （10.1121）	1.1630 *** （29.2710）	0.0177 *** （7.1206）	0.0239 *** （9.6710）	1.1204 *** （27.9785）	0.0172 *** （6.8111）
地区变量	不控制	不控制	不控制	控制	控制	控制
行业变量	不控制	不控制	不控制	控制	控制	控制
常数项	0.4363 *** （11.1579）	− 1.7391 *** （− 2.7159）	0.4564 *** （11.7240）	0.3402 *** （2.7931）	− 3.1814 （− 1.6135）	0.3766 *** （3.1076）
调整后的 R^2	0.0284	− 0.1603	0.0394	0.0413	− 0.1200	0.0521
F	765.9946 ***	226.5387 ***	689.0103 ***	34.7413 ***	14.5562 ***	36.0730 ***
观察值	19359	19333	19333	19359	19333	19333

变量	（1）	（2）	（3）	（4）	（5）	（6）
	ls	R&D	ls	ls	R&D	ls
Sobel Z			− 9. 9676 ***			− 3. 1035 ***
中介效应占比			30. 23%			29. 29%

第四节　基于资本要素使用成本和技术创新机制的进一步解释

一、企业所有制特征分类

国有银行主导的金融部门对国有企业贷款的制度偏向阻碍了资本市场上优胜劣态的市场选择机制，引起了企业间资本要素配置的扭曲（简泽等，2018）。在信贷市场中，相较于非国有企业而言，国有企业有政府的隐形担保和地方政府的庇护，贷款风险相对较低，金融机构因此会偏向性地给国有企业提供更多、利息更低的贷款，在资金总量有限的情况下，非国有企业面临相对严重的融资约束和更高的资本使用成本，由此导致非国有企业的资本要素使用成本更高。

国有企业担负更大的社会责任，弥补了公共行业私人投资的短缺问题，其经营决策并非以最大收益率为第一条件，生存压力和行业内竞争较小，不需要通过企业创新来获得竞争优势，创新水平较低。部分需要进行技术创新的国企，往往背负更大的社会责任与政治任务，创新突破时间与创新投入不能轻易改变。而非国有企业虽然有动机通过加大研发力度建立相对于其他企业的独特竞争优势，但是企业管理人会根据企业当前发展状况及时调整企业创新投入，避免企业流动资金缺乏。由此本研究认为，相比于国有企业，企业参股金融机构后会更大程度地降低非国有企业资本要素价格、创新研发投入和创新水平，进而对企业劳动收入份额的影响也更为显著。

基于此，本章对国有上市企业和非国有上市企业进行分类实证检验。表 11 - 6 报告了基于不同所有制上市企业的检验结果。结果表明，无论是否控制地区与行业的影响，非国有上市企业参股金融机构股份对企业劳动收入份额的影响都更为显著。

表 11 - 6 　　　　　　　　基于不同所有制特征分类的实证结果

变量	国有	非国有	国有	非国有
	（1）	（2）	（3）	（4）
	ls	ls	ls	ls
fb	-0.0120* (-1.7424)	-0.0128** (-2.4252)	-0.0116* (-1.6852)	-0.0126** (-2.3763)
kyy	0.0172*** (14.5771)	0.0202*** (17.9505)	0.0174*** (14.7430)	0.0203*** (17.9070)
laborpro	-0.1107*** (-23.3760)	-0.1161*** (-30.6461)	-0.1123*** (-22.7739)	-0.1156*** (-29.5351)
size	-0.0024 (-0.6933)	0.0159*** (6.3026)	-0.0000 (-0.0021)	0.0169*** (6.4865)
addprice	-0.3595*** (-22.6185)	-0.4800*** (-33.5185)	-0.3533*** (-22.0702)	-0.4727*** (-31.7595)
edu	0.0190*** (4.6656)	0.0469*** (13.7391)	0.0180*** (4.3323)	0.0496*** (14.2857)
地区	不控制	不控制	控制	控制
行业	不控制	不控制	控制	控制
常数项	2.0896*** (28.5654)	1.7150*** (32.7130)	2.0816*** (15.3252)	1.6059*** (10.9952)
调整后的 R^2	0.0251	0.0387	0.0607	0.0538
F	243.4116***	463.1737***	16.4142***	26.9983***
观测值	5803	9956	5803	9956

二、金融发展程度分类

金融发展通过增强市场竞争、减少企业外部摩擦来降低企业交易成本，金融越发达的地区企业资本要素价格可能越低。具体而言，地区金融发展程度可能会从以下几个方面影响企业资本要素使用成本：第一，金融发展水平较高的地区一般也意味着较高的金融市场竞争程度，各类金融机构展开业务竞争，有利于降低资本要素市场扭曲；第二，金融机构的信息搜集能力与处理能力在金融发展和相互竞争中得到增强，在金融发展水平高的地区，金融机构能够更快速有效地获得企业相关信息，并更有能力进行项目评估和发放贷款（Hsu et al.，2014），减少了信息不对称和贷款风险；第三，在金融发展水平高的地区，私募股权投资、产业投资基金等股权投资更加发达，企业获取资金渠道更加多元化，较为容易获得资金。

此外，金融发展将会为企业创新提供良好的环境，地区金融发展水平越高，企业技术创新激励越强。一般来讲，非金融发达地区的市场开放程度与竞争力更小，企业寻租行为更为普遍，寻租行为成功带来的利益更大。因此企业通过技术创新来获取竞争优势的激励不够；而在金融发达地区，市场更加透明化，企业面临激烈的竞争，寻租行为不仅容易被发现且寻租行为成功后的利益有限，此时企业具有更强的动力通过技术创新来获取竞争优势。基于以上分析，本研究认为非金融发达地区面临更高的资本要素价格、更低的创新激励与恶劣的创新环境，企业参股金融机构后对该类企业劳动收入份额的影响也更大。

本章根据《中国地区金融生态环境评价结果分析报告》来对各个地区金融发展程度进行排名，排名前十的地区依次为上海市、北京市、浙江省、广东省、江苏省、福建省、天津市、山东省、重庆市、辽宁省，将上述十个地区划分为金融发达地区，其余省份为非金融发达地区。实证检验的结果如表 11 - 7 所示，无论是否控制行业和地区的影响，非金融发达地区的企业参股金融机构对企业劳动收入份额的影响均大于金融发达地区企业。

表 11 – 7　　　　　　　　　基于金融发展程度分类的实证结果

变量	金融发达	非金融发达	金融发达	非金融发达
	（1）	（2）	（3）	（4）
	ls	ls	ls	ls
fb	− 0. 0089 ** （ − 1. 9975）	− 0. 0148 ** （ − 2. 5395）	− 0. 0080 * （ − 1. 7951）	− 0. 0125 ** （ − 2. 1512）
kyy	0. 0160 *** （16. 8397）	0. 0187 *** （14. 5483）	0. 0164 *** （17. 2024）	0. 0196 *** （15. 3235）
laborpro	− 0. 1215 *** （ − 36. 7829）	− 0. 1130 *** （ − 22. 0328）	− 0. 1183 *** （ − 34. 6386）	− 0. 1141 *** （ − 21. 7681）
size	0. 0135 *** （5. 9557）	0. 0108 *** （2. 9056）	0. 0135 *** （5. 8239）	0. 0092 ** （2. 4092）
addprice	− 0. 3489 *** （ − 35. 3207）	− 0. 3047 *** （ − 21. 4140）	− 0. 3442 *** （ − 34. 7082）	− 0. 3061 *** （ − 20. 7851）
edu	0. 0334 *** （11. 1286）	0. 0325 *** （7. 1570）	0. 0335 *** （10. 9501）	0. 0338 *** （7. 2830）
地区	不控制	不控制	控制	控制
行业	不控制	不控制	控制	控制
常数项	1. 8483 *** （39. 5369）	1. 7524 *** （23. 8586）	1. 7822 *** （14. 2139）	1. 6474 *** （9. 5233）
调整后的 R^2	0. 0772	0. 0927	0. 0895	0. 1293
F	532. 0757 ***	240. 3744 ***	38. 5062 ***	19. 1936 ***
观测值	12915	5507	12915	5507

三、产业政策支持与否分类

产业政策能够影响金融机构的信贷决策，从而影响企业在金融市场获取资本要素的成本。毕晓方等（2105）认为，我国的信贷政策一直是配合产业政策目标而发挥作用的，地方政府通过干预银行信贷决策的手段来实施重点产业政策。在产业政策支持的行业中，企业不仅能够更容易获得长期银行贷款，且在项目审批、税费缴纳、土地批划等方面都能够享受各种优惠政策（江飞涛和李晓萍，2010），这些优惠政策很大程度降低了企业外部资本要素成本。

此外，产业政策能够有效促进企业技术创新。产业政策会影响政府的税收政策和补贴资源流向，使得各种优惠政策向产业政策支持的企业倾斜。如政府的优惠政策可能通过直接减免以及研发费用扣除等方法得到实施，以直接降低企业技术创新成本的方式来激励企业创新，进而提升企业技术创新水平。所以，企业参股金融机构产业政策能够部分抵消产融结合对企业技术创新的抑制效应。因此本研究认为，相比于有产业政策支持的行业企业，企业参股金融机构对无产业政策支持的企业劳动收入份额影响程度更大。

本研究根据国家"十二五"规划和"十三五"规划文本，分别找出产业政策，以此为依据将所有样本企业分为产业政策支持的行业企业和无产业政策支持的行业企业。表11-8报告了基于产业政策分类的实证结果，从中可以发现，当不控制地区和行业属性时，企业参股金融机构对企业劳动收入份额的影响在产业政策支持和不支持行业企业中相近；控制地区和行业属性时，企业参股金融机构对企业劳动收入份额的影响在产业政策不支持的行业企业中更大。

表11-8 基于产业政策支持与否分类的实证结果

变量	支持	不支持	支持	不支持
	(1)	(2)	(3)	(4)
	ls	ls	ls	ls
fb	-0.0110 ** (-2.2283)	0.0134 *** (3.2826)	-0.0107 ** (-2.1487)	0.0130 *** (3.1554)
kyy	0.0167 *** (14.4132)	0.0115 *** (13.0124)	0.0171 *** (14.7186)	0.0120 *** (13.4912)
laborpro	-0.1100 *** (-25.9545)	-0.0984 *** (-27.9031)	-0.1129 *** (-26.2299)	-0.0934 *** (-25.1406)

续表

变量	支持	不支持	支持	不支持
	(1)	(2)	(3)	(4)
	ls	ls	ls	ls
size	0.0096 *** (3.2563)	0.0110 *** (4.1997)	0.0112 *** (3.7016)	0.0073 *** (2.6914)
addprice	−0.2837 *** (−26.2018)	−0.2736 *** (−23.3210)	−0.2864 *** (−26.2434)	−0.2652 *** (−22.2896)
edu	0.0365 *** (10.0187)	0.0296 *** (9.0333)	0.0358 *** (9.6767)	0.0313 *** (9.4093)
地区	不控制	不控制	控制	控制
行业	不控制	不控制	控制	控制
常数项	1.7395 *** (28.8598)	1.5232 *** (27.8412)	1.6601 *** (21.2317)	1.7098 *** (18.7427)
调整后的 R^2	0.0141	0.0209	0.0300	0.0445
F	309.2707 ***	280.9510 ***	26.5389 ***	20.2446 ***
观测值	8583	7396	8583	7396

四、企业技术水平分类

为了鼓励企业自主创新，科技部、财政部与税务总局在 2008 年联合颁布了《高新技术企业认定管理办法》，首次明确界定了高新技术企业，并对该类企业给予金融、财政和税收等方面的优惠政策。根据现行常规政策，获得高新技术企业认定资格的企业可以同时享受国家层面和地方层面的优惠政策（陈亚平和韩凤芹，2020）。这些优惠政策极大地降低了企业的资本要素价格，节约企业经营成本，但对于非高新技术类企业而言，可能就没有享受到如此优惠的财税政策和相对便宜的资本要素使用成本。从资本要素价格作用路径而言，参股金融机构对非高新技术类企业劳动收入份额的影响应更为显著。同时，高新技术行业中企业价值高度依赖于研发创新，在中国经济增长迈向高质量发展的背景中拥有较好投资机会，而传统行业更加侧重经营销售和成本管理等能力（刘诗源等，2020）。因此，高新技术行业企业的创新水平远远高于传统企业，参股金融机构后对该类企业研发创新的抑制作用可能越强[1]，进而对企业劳动收入份额的影响越大。中介作用机制检验表明，企业技术创新的中介效应大于企业资本要素价格的中介效应，因此本研究认为企业技术创新的中介效应占据主导地位，即相对于非高新技术企业而言，企业参股金融机构对高新技术类企业的劳动收入份额影响更为显著。

基于此，本研究从国泰安数据库中获取中国上市企业行业属性的原始数据，企业类型分类为高新技术类企业和非高新技术类企业。然后对所有样本企业进行技术水平特征分类回归，表11－9报告了基于企业技术水平特征分类的回归结果。与前文保持一致，在（1）和（2）列、（3）和（4）列两组回归中逐渐加入控制变量、地区和行业控制变量，结果显示：产融结合对于高新技术类企业和非高新技术类企业均有显著的抑制效应；无论控制地区变量和行业变量与否，相比于非高新技术类企业而言，产融结合对高新技术类企业劳动收入份额的抑制效应更强。

表 11－9   基于企业技术水平特征分类的实证结果

变量	（1）	（2）	（3）	（4）
	ls 高新类	ls 非高新类	ls 高新类	ls 非高新类
fb	－0.0192** （－2.4855）	－0.0105** （－2.3293）	－0.0182** （－2.3206）	－0.0112** （－2.4742）
kyy	0.0159*** （8.9033）	0.0141*** （14.9995）	0.0156*** （8.5687）	0.0142*** （14.9514）
laborpro	－0.1155*** （－17.3061）	－0.1088*** （－31.4576）	－0.1164*** （－16.7902）	－0.1077*** （－30.0572）
size	0.0314*** （7.3809）	0.0089*** （3.5678）	0.0316*** （7.2213）	0.0086*** （3.3229）

---

[1] 进一步通过实证表明参股金融机构对高新技术企业的技术创新的抑制效应更强。

变量	（1）	（2）	（3）	（4）
	ls 高新类	ls 非高新类	ls 高新类	ls 非高新类
addprice	−0.7293 *** （−22.9882）	−0.6079 *** （−36.9488）	−0.7325 *** （−22.3477）	−0.6083 *** （−35.3508）
edu	0.0473 *** （8.8169）	0.0438 *** （13.5853）	0.0492 *** （8.9408）	0.0435 *** （13.2041）
地区变量	不控制	不控制	控制	控制
行业变量	不控制	不控制	控制	控制
常数项	1.4798 *** （16.3739）	1.8165 *** （34.2484）	1.4947 *** （7.4849）	1.7541 *** （12.8328）
调整后的 R^2	−0.1485	0.0459	−0.1373	0.0589
F	170.2521 ***	468.7607 ***	12.7088 ***	23.0301 ***

第五节 主要结论与政策启示

随着我国经济快速发展与资本市场不断完善，产业资本和金融资本的深度融合逐渐成为企业发展的重要战略选择。为了引导金融资本更好地服务于实体经济，我国政府和相关部门制定了一系列方案支持和规范两类资本的深度融合。本章在对企业参股金融机构影响企业劳动—资本收入分配进行理论分析的基础上，基于上市企业参股金融机构的相关事实数据，实证研究了企业参股金融机构对企业劳动—资本收入分配的影响及中介作用机制，主要有以下结论：第一，在使用普通双固定效应模型估计和 GMM 工具变量估计的全样本基准模型中，企业参股金融机构显著降低了其劳动收入份额。第二，进一步使用中介效应模型研究，发现作用机制表现为两个方面：一是企业参股金融机构通过降低企业资本要素使用成本，促使企业使用资本代替劳动，导致劳动收入份额下降；二是企业参股金融机构通过抑制企业劳动偏向型技术创新进而降低了企业的劳动收入份额。第三，考虑中介作用变量资本要素使用成本和技术创新受到企业所有制特征、地区金融发展水平、产业政策、企业技术水平等的影响，分类研究发现，在企业参股金融机构对劳动收入份额影响程度上，存在非国有企业显著大于国有企业、非金融发达地区企业显著大于金融发达地区企业、产业政策不支持的行业企业显著大于产业政策支持的行业企业、高新技术行业企业显著大于非高新技术行业企业等特征。

　　本章的研究有助于理解我国企业要素收入分配的形成机制，也为完善要素市场化配置体制机制、优化要素分配格局以促进共同富裕提供一定的政策参考。从本研究可知，企业参股金融机构在缓解了企业融资约束的同时并未有效地提升企业研发投入等实体投资，也导致企业因资本要素成本较低而选择更多使用资本要素，影响了企业的要素配置结构，相对降低了要素配置中劳动要素的构成比例，从而降低了企业的劳动收入份额，提高了资本收入份额，很可能产生了另一种意义上的要素市场扭曲现象。因此，构建更加完善的资本要素市场，既要考虑产融结合对于缓解企业融资约束的积极作用，也要考虑对实体企业利用产融结合的特殊关系进行了超越正常市场情形下的融资等行为的限制，应明确规范企业通过间接融资获得的资金使用渠道，引导资本服务于实体经济，增强对企业创新的支撑作用，进而减弱产融结合对企业劳动收入份额的抑制作用。另外，本章的研究中也从侧面角度验证了国有企业及产业政策支持行业企业由于和政府关联或受到相关政策的影响，其资本要素使用成本更低，对外融资时面临更多优惠条件，从而可能在一定程度上影响了市场配置资本要素的效率。基于此，要增加金融市场供给主体类型，发展多层次金融市场，培养金融市场主体的竞争意识，形成良好的金融要素市场竞争环境，加强市场在资本要素配置中的主导地位，以构建较为完善的资本要素市场化体制机制。

第十二章

人工智能与要素收入中劳动—资本收入分配

当前人工智能已经成为全球新一轮科技革命和产业变革的核心驱动力。2017 年 7 月国务院发布的《新一代人工智能发展规划》强调"把人工智能发展放在国家战略层面""大力发展人工智能新兴产业""加快推进产业智能化升级"。自 2013 年以来，中国已经连续八年位居全球工业机器人销量第一大市场，根据国际机器人联盟提供的数据，如图 12 - 1 所示，我国工业机器人存量呈现较快上升趋势，规模占全球的比重逐步上升。

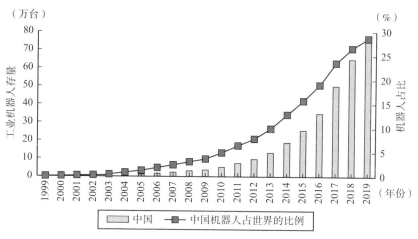

图 12 - 1　1999 ~ 2019 年中国工业机器人存量变化趋势

资料来源：国际机器人联合会（IFR）。

人工智能作为企业生产要素之一，在生产过程中必然与其他生产要素发生某种联系，可能影响了企业对劳动—资本要素的选择性使用。一方面，人工智能会挤占现有劳动岗位，如机器人会直接替代劳动执行生产任务（Frey，2017）；同时，人工智能也会创造就业（Acemoglu and Restrepo，2019）。人工智能对就业的这种替代效应与岗位创造效应会影响到劳动力市场的技能就业结构。杜传文等（2018）、吕洁等（2017）和孔高文等（2020）发现，人工智能与高技能劳动者是互补关系，与低技能劳动者之间存在替代关系。孙早和侯玉琳（2019）从理论和经验两个层面分析了人工智能对劳动力就业结构的整体影响，即人工智能通过改变高、低技能劳动力的需求、替代中等学历水平劳动力的方式来影响劳动力市场。另一方面，人工智能引致不同技能劳动需求结构变化可能使得不同技能劳动者工资结构发生变化，从而可能导致技能溢价变化。一些研究发现机器人应用扩大了劳动力技能溢价（Katz and Margo，2014；Bessen，2015；Autor，2015；Lankisch et al.，2017，2019；胡晟明等，2021）。阿西莫格鲁和雷斯特雷波（2018）基于生产任务理论模型发现，自动化技术改变了劳动力市场需求，使得高技能劳动力的工资水平上升，对低技能劳动力的工资水平具有抑制作用。

由于人工智能技术是依附于劳动要素或者资本要素进行生产活动，所以上述因人工智能使用对技能就业结构和技能工资结构的影响将作用于劳动—资本要素收入分配关系。近年来，中央多次强调要"优化收入分配结构"，坚持劳动报酬提高和劳动生产率提高基本同步。万江滔和魏下海（2020）发现，在过去的 20 年间，我国劳动收入份额有起有伏，但总体处于下降趋势。根据图 12 - 2 的数据显示，我国整体劳动收入份额经历了一段较长时间的持续下降后略有回升，并且该趋势与国际劳工组织公布的数据变动趋势基本一致。国际劳工组织数据同时显示，自次贷危机以来全球劳动收入份额有下降趋势，从 2004 年的 53.7% 下降至 2019 年的 51.4%。该现象与"卡尔多典型事实"中劳动收入份额在长期中稳定不尽一致。

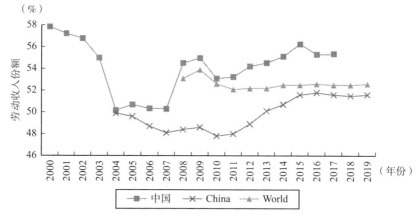

图 12－2　2000～2019 年劳动收入份额变化趋势

注：图中"中国"数据来源于国家统计局，"China"是指国际劳工统计局的中国数据，"World"世界数据来源于国际劳工统计局。

　　从已有关于人工智能对劳动要素收入分配影响的文献来看，相关结论并不明确。一些学者发现人工智能对于劳动—资本收入分配中劳动收入份额的提升具有抑制作用（Brynjolfsson et al.，2014；Benzelle et al.，2015；余玲铮等，2021；钞小静和周文慧，2021；Dorn，2017）。另有学者发现人工智能对劳动—资本收入分配的影响关系是不确定的（郭凯明，2019；Graetz and Michaels，2018；黄旭，2021）。相较于现有文献，本研究的边际贡献在于：（1）考虑人工智能影响下企业技能劳动收入份额和非技能劳动收入额的变化差异性，首次从不同技能劳动者技能就业结构和技能工资结构的相对变化阐释了人工智能影响劳动—资本收入分配中劳动收入份额的作用机制，并运用并行多重中介模型揭示了人工智能—技能工资结构/技能就业结构—企业劳动—资本收入分配中劳动收入份额的传导渠道。（2）将 2017 年国务院发布的《新一代人工智能发展规划》作为准自然实验，采用双重差分法检验人工智能发展对我国上市企业劳动—资本收入分配中劳动收入份额的影响，评估了政策的作用效果。（3）在发现人工智能与劳动—资本收入分配中劳动收入份额总体线性关系的基础上，采用面板分位数模型进一步分析了人工智能与劳动收入份额的非线性关系，同时比较了人工智能对不同分位数劳动收入份额影响的边际效应，为解释我国劳动收入份额偏低、资本分配份额相对较高这一事实提供了一定的经验证据。

第一节　人工智能影响要素劳动—资本收入分配的理论机制

一、基础模型构建

通过对 CES 生产函数进行引申，参照兰基施等（2017），将人工智能资本作为一个新的生产要素纳入一个低技能和高技能工人的简单资本积累模型中，进而说明人工智能对要素劳动—资本收入分配的影响关系，具体如下：

考虑这样一个经济体，有四种生产要素：以 L_u 为代表的低技能工人人数，以 L_s 为代表的高技能工人人数，以 K 为代表的传统实物资本，以 M 为代表的自动化形式的人工智能资本，假定人工智能更有利于高技能劳动群体的生产率快速提升，因此代表企业生产函数可设定为：

$$Y = \left[(1 - \beta)L_u^{\gamma} + \beta(M \times L_s)^{\gamma} \right]^{\frac{1-\alpha}{\gamma}} K^{\alpha} \tag{12-1}$$

其中 $\beta \in (0, 1)$ 是高技能工人的生产权重，$\gamma \in [0, 1]$ 衡量两类工人之间的替代性，α 是产出相对于传统实物资本的弹性。用 $L = L_u + L_s$ 表示劳动力规模，用 $l_s = L_s / (L_u + L_s)$ 和 $l_u = L_u / (L_u + L_s)$ 分别表示高技能和低技能工人所占比例，则人均生产函数为：

$$y = \left[(1 - \beta)l_u^{\gamma} + \beta(M \times l_s)^{\gamma} \right]^{\frac{1-\alpha}{\gamma}} k^{\alpha} \tag{12-2}$$

企业的利润最大化目标函数为：

$$\max\Pi = y - rk - w_s l_s - w_u l_u \tag{12-3}$$

根据利润最大化的一阶条件，可得到：

$$\frac{\delta\Pi}{\delta l_s} = k^{\alpha}(1 - \alpha)\beta M(M \times l_s)^{\gamma-1} \left[(1 - \beta)l_u^{\gamma} + \beta(M \times l_s)^{\gamma} \right]^{\frac{1-\alpha}{\gamma}-1} - w_s = 0$$

$$\tag{12-4}$$

$$\frac{\delta\Pi}{\delta l_u} = k^{\alpha}(1-\alpha)(1-\beta)l_u^{\gamma-1}\left[(1-\beta)l_u^{\gamma}+\beta(M\times l_s)^{\gamma}\right]^{\frac{1-\alpha}{\gamma}-1} - w_u = 0$$

$$(12-5)$$

由式（12-4）和式（12-5）得：

$$\frac{w_s}{w_u} = \frac{k(1-\alpha)\beta M(M\times l_s)^{\gamma-1}}{k(1-\alpha)(1-\beta)l_u^{\gamma-1}}$$

$$(12-6)$$

则高、低技能劳动收入份额分别可表示为：

$$sls = \frac{w_s\times l_s}{y} = \frac{w_s\times l_s}{w_s\times l_s+w_u\times l_u+k\times r} = \frac{(1-\alpha)\beta l_s^{\gamma}M^{\gamma}}{(1-\beta)l_u^{\gamma}+\beta(M\times l_s)^{\gamma}}$$

$$(12-7)$$

$$uls = \frac{w_u\times l_u}{y} = \frac{w_u\times l_u}{w_s\times l_s+w_u\times l_u+k\times r} = \frac{(1-\alpha)(1-\beta)l_u^{\gamma}}{(1-\beta)l_u^{\gamma}+\beta(M\times l_s)^{\gamma}}$$

$$(12-8)$$

由式（12-7）和式（12-8），人工智能对企业劳动收入占份额（即劳动收入占劳动—资本收入之和的比）的影响有：

$$\frac{\delta sls}{\delta M} > 0 \qquad \frac{\delta uls}{\delta M} < 0$$

表明，人工智能技术使得高技能劳动收入份额上升、低技能劳动收入份额下降。

二、基于劳动力技能结构下的机制分析

由于劳动收入份额变化量＝工资变化量×就业变化量，那么人工智能通过工资与就业的相对变化量影响企业的劳动收入份额。进一步解释为，人工智能通过技能工资结构和技能就业结构对企业高、低技能劳动收入份额以及企业总体劳动收入份额产生影响。

$$\left|\frac{\Delta sls}{\Delta uls}\right| = \left|\frac{\Delta w_s}{\Delta w_u}\right| \times \left|\frac{\Delta l_s}{\Delta l_u}\right| = \frac{\beta l_s^{\gamma}M^{\gamma}}{(1-\beta)l_u^{\gamma}}$$

$$(12-9)$$

其中，技能工资结构用高技能劳动力的工资变化量$|\Delta w_s|$与低技能劳动力的工资变化量$|\Delta w_u|$之比表示，技能就业结构用高技能劳动力的就业变化

量$|\Delta l_s|$与低技能劳动力的就业变化量$|\Delta l_u|$之比表示。

人工智能作为一种技能偏向性技术，其对劳动力技能结构产生一种分化作用，使得技能就业结构和技能工资结构发生变化。从技能就业结构来看，对于中国这样一个存在大量低技能劳动力的发展中国家而言，人工智能对高技能劳动力的互补作用可能小于对低技能劳动力的替代效应，人工智能的使用使得高技能劳动者就业的相对增加量$|\Delta l_s|$可能会小于低技能劳动者就业的相对减少量$|\Delta l_u|$，即$\left|\dfrac{\Delta l_s}{\Delta l_u}\right| < 1$。

从技能工资结构来看，由于人工智能应用增加了对技能劳动工人的相对需求，促使高技能劳动力工资增加，同时人工智能使用减少对低技能劳动力的需求，可能导致低技能劳动力工资下降，但由于经济中工资向下刚性的普遍存在，因此由人工智能使用导致低技能劳动力工资下降的幅度可能较小。因此，高技能工人工资增长的变化量$|\Delta w_s|$可能会高于低技能工人工资变化量$|\Delta w_u|$，即$\left|\dfrac{\Delta w_s}{\Delta w_u}\right| > 1$，因此劳动力的技能溢价可能会因为人工智能的使用而提高。

综合上述人工智能影响下技能就业结构和技能工资结构的变化，高技能劳动者的工资水平提高、高技能劳动者的就业数量增加，从而对高技能劳动收入份额产生正向作用；低技能劳动者工资水平$|\Delta w_u|$可能由于工资刚性而保持平稳，但人工智能对低技能劳动力存在替代，因此，低技能劳动力收入份额下降。

总体劳动收入份额的变动取决于高技能劳动力收入份额的上升和低技能劳动力收入份额的下降的相对关系，这一关系又可以分解为技能工资结构和技能就业结构的相对变化，即$\left|\dfrac{\Delta w_s}{\Delta w_u}\right| \times \left|\dfrac{\Delta l_s}{\Delta l_u}\right|$的大小：第一种情形，当$\left|\dfrac{\Delta w_s}{\Delta w_u}\right| \times \left|\dfrac{\Delta l_s}{\Delta l_u}\right| > 1$时，即$\left|\dfrac{\Delta sls}{\Delta uls}\right| > 1$，高技能劳动收入份额提高的程度大于低技能劳动收入份额减小的幅度，也就是说，人工智能应用影响下高技能劳动收入份额的上升起到主导作用，因此总体劳动收入份额水平将会提高；由

于 $\left|\dfrac{\Delta w_s}{\Delta w_u}\right| > 1$、$\left|\dfrac{\Delta l_s}{\Delta k = l_u}\right| < 1$，因此可以得出技能工资结构变化对企业劳动收入份额的影响大于技能就业结构变化带来的影响。第二种情形，当 $\left|\dfrac{\Delta w_s}{\Delta w_u}\right| \times \left|\dfrac{\Delta l_s}{\Delta l_u}\right| < 1$ 时，即 $\left|\dfrac{\Delta sls}{\Delta uls}\right| < 1$，高技能劳动收入份额提高的程度小于低技能劳动收入份额减小的幅度，从而低技能劳动收入份额水平的下降会起到主导作用，总体劳动收入份额下降；由于 $\left|\dfrac{\Delta w_s}{\Delta w_u}\right| > 1$，$\left|\dfrac{\Delta l_s}{\Delta l_u}\right| < 1$，因此可以得出技能工资结构变化对企业劳动收入份额影响小于技能就业结构变化带来的影响。

第二节　人工智能影响要素劳动—资本收入分配的实证设计

一、实证模型构建

（一）基准实证模型

$$Ls_{it} = \alpha_0 + \alpha_1 AI_{it} + \theta Control_{it} + \lambda_i + \varepsilon_{it} \qquad (12-10)$$

要素劳动—资本收入分配中劳动收入占劳动—资本收入之和的比简称为劳动收入份额，其中 Ls 分别指 tls、sls、uls，分别表示企业的总体劳动收入份额、高技能劳动收入份额和低技能劳动收入份额；AI 表示企业的人工智能水平；Control 表示控制变量，具体包括企业的员工教育水平 Edu、工资水平 Pay、企业规模 Size、剩余价值率 SV、资产收益率 ROA、企业价格加成 Addprice、劳动力水平 Labor 以及资本有机构成 CV 等；λ_i 表示不可观察的企业固定效应，加入个体固定效应以控制企业特征；ε_{it} 为误差项。

（二）双重差分实证模型

$$Ls_{it} = \beta_0 + \beta_1 treat_i + \beta_2 P_t + \beta_3 treat_i \times P_t + \theta Control_{it} + \lambda_i + \mu_t + \varepsilon_{it}$$

$$(12-11)$$

其中 Ls 代表劳动收入份额；P_t 为时间虚拟变量，2017 年国务院印发《新一代人工智能开展规划》，因而将 2017 年发布之前定为 0，2017 年发布及之后定为 1；$treat_i$ 表示组别虚拟变量，若企业人工智能发展程度高于企业人工智能中位水平，则 $treat_i = 1$，否则 $treat_i = 0$。i 表示地区，t 表示年份，分别控制企业固定效应 λ_i 和年份固定效应 μ_t；其他参数的含义与前述基准实证模型中相同。

（三）并行多重中介模型

进一步，结合本章前文的理论分析框架，人工智能 AI 主要通过技能就业结构与技能工资结构影响劳动收入份额，因此在式（12 - 10）的基础上构建并行多重中介模型：

$$Ls = \alpha_1 + \beta_{11} AI + \theta Control + \lambda_{1i} + \varepsilon_1 \qquad (12-12)$$

$$premium = \alpha_2 + \beta_{21} AI + \theta Control + \lambda_{2i} + \varepsilon_2 \qquad (12-13)$$

$$supply = \alpha_3 + \beta_{31} AI + \theta Control + \lambda_{3i} + \varepsilon_3 \qquad (12-14)$$

$$Ls = \alpha_4 + \beta_{41} AI + \beta_{42} premium_{it} + \beta_{43} supply_{it} + \theta Control + \lambda_{4i} + \varepsilon_4$$

$$(12-15)$$

其中，premium 和 supply 分别为中介变量技能工资结构和技能就业结构。技能工资结构以技能溢价为表征，技能就业结构用高技能就业与低技能就业的存量之比表示。若中介效应存在，人工智能对企业劳动收入份额的中介效应分别为 $\beta_{21}\beta_{42}$、$\beta_{31}\beta_{43}$。所有的变量均进行了中心化处理。Control 所包含的控制变量与基准实证模型中控制变量含义相同。

二、主要变量测度与数据来源

（一）主要变量测度

被解释变量与中介变量：采用白重恩等（2008）的处理方法计算劳动收入份额，劳动收入份额＝支付给职工以及为职工支付的现金/（营业利润＋固定资产折旧＋支付给职工以及为职工支付的现金），即指要素劳动—资本收入分配中劳动收入占劳动—资本收入之和的比。

考虑相关员工薪酬数据的可得性，参照高良谋和卢建词（2015）的方法将员工平均薪酬分为高管平均薪酬和普通员工平均薪酬，分别表示企业的高、低技能劳动力平均工资水平。[①] 具体计算公式为：高管平均薪酬＝高管薪酬总额/高管总数，其中高管人员包括企业董事、监事、监管和高级管理人员；普通员工平均薪酬＝（支付给职工的现金－高管薪酬）/（支付给职工的现金－高管薪酬）/（在职员工数量－高管数量）。高技能劳动收入份额 sls＝高管薪酬总额/（营业利润＋固定资产折旧＋高管薪酬总额）、低技能劳动收入份额 uls＝普通员工薪酬总额/（营业利润＋固定资产折旧＋普通员工薪酬总额）。技能工资结构用高管和普通员工平均薪酬之比表示，技能就业结构用高管数量与普通职工数量之比表示。

本研究的核心解释变量为企业人工智能水平 AI，采用年报文本分析的方法进行测算。具体步骤为：首先从巨潮资讯批量下载年报，然后基于爬虫技术逐个爬取企业年报中的"语音识别""自动化""自然语义处理""深度学习""计算机视觉""智能驾驶""云计算""机器人""智能""大数据""机器学习"11 个人工智能相关词频数。另，本章所选取的控制变量如表 12-1 所示。

---

① 根据 2021 年颁布的《关于做好技能人才薪酬激励相关工作的意见》，为强化收入分配的技能价值激励导向，高技能人才要与企业高层薪酬相当，参照高级管理人员的标准决定高技能人才薪酬。

表 12 - 1　　　　　　　　　　　　控制变量的选取

变量名	符号表示	变量衡量
资产收益率	ROA	营业利润/固定资产净额
企业规模	Size	企业资产总计
劳动力水平	Labor	企业员工人数
员工工资	Pay	支付给职工以及为职工支付的现金
企业价格加成	Addprice	(营业总收入 - 营业总成本)/营业总收入
资本有机构成	CV	固定资本总额/劳动报酬
剩余价值率	SV	(企业收入 - 劳动报酬)/劳动报酬
员工平均教育程度	Edu	员工学历水平

（二）数据来源

本章利用国泰安数据库中 A 股上市公司名称及财务数据，匹配万得数据库员工学历水平数据，生成了 2013 ~ 2020 年 8 年间 24599 组企业的非平衡面板数据。

三、描述性统计分析与相关性分析

（一）描述性统计分析

表 12 - 2 报告了所有变量的描述性统计特征。

表 12 - 2　　　　　　　　　　　　描述性统计

变量	Obs	Mean	Std. Dev.	Min	Max
ls	24599	0.307	0.170	0.001	0.998
sls	24599	0.035	0.054	0.000	0.955
uls	24599	0.294	0.169	0.001	0.998
AI	24599	28.784	70.987	0.000	1809.000

续表

变量	Obs	Mean	Std. Dev.	Min	Max
premium	24597	3. 706	4. 042	− 49. 898	241. 482
supply	24597	0. 034	0. 614	− 30. 000	32. 000
CV	24599	8. 150	51. 184	0. 000	6296. 540
Pay	24599	104. 460	555. 843	0. 026	15628. 700
Size	24599	6933. 617	87042. 570	3. 561	3330000. 000
Labor	24594	6628. 251	24943. 410	13. 000	544083. 000
Addprice	24599	0. 068	0. 400	− 46. 222	2. 393
SV	24599	11. 987	24. 162	− 0. 723	1000. 001
ROA	24599	2. 477	52. 654	− 397. 688	4682. 278
Edu	24599	2. 606	0. 664	0. 000	10. 574

（二）相关性分析

为了更深入、更全面地基于数据事实的角度分析人工智能对企业劳动—资本收入分配的影响，本部分从人工智能水平、企业产权性质、所处地区和员工教育水平等四个角度对数据进一步细分，画出相应的核密度曲线图。由图 12 - 3 可知，人工智能水平较高的企业，其劳动收入份额较高；金融发达地区的企业劳动收入份额较高；与国有企业相比，非国有企业的劳动收入份额更高；员工教育水平越高的企业其劳动收入份额越高。该特征事实进一步说明了不同企业间的劳动—资本收入分配水平存在差异，为分析不同类型企业劳动—资本收入分配异质性提供了依据。

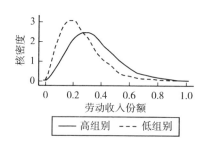

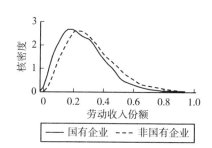

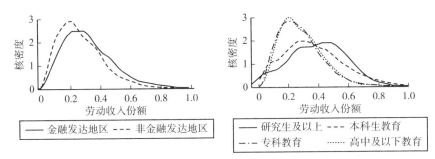

图 12 – 3　异质性视角下企业劳动收入份额核密度曲线

第三节　人工智能影响要素劳动—资本收入分配的实证分析

一、基准模型和双重差分模型回归结果与分析

表 12 – 3 报告了人工智能对企业劳动收入份额的基准回归结果。表 12 – 3 的列（1）（2）和（3）显示：人工智能技术运用使得企业总体劳动收入份额显著降低 0.48 个百分点，高技能劳动收入份额显著上升 0.08%，低技能劳动收入份额显著下降 0.52%，且系数至少通过了 5% 的显著性水平检验。从系数的大小上可以看出高技能劳动收入份额的提升幅度低于低技能劳动收入份额的下降幅度，这也在一定程度上说明人工智能对企业劳动力主要表现为替代效应。列（4）（5）和（6）DID 双重差分结果表明：以 2017 年为分界点，人工智能水平较高的企业劳动收入份额显著低于人工智能水平较低企业的劳动收入份额，该政策效应表明，有关人工智能发展战略的推进确实显著影响了企业的劳动收入份额，现阶段以抑制作用为主。本章在回归过程中采用企业层面的聚类稳健标准误进行相关分析，实证结果符合前面的理论推断与经济现实。

表 12 - 3　　　　　　　　人工智能对劳动收入份额影响的回归结果

变量	固定效应模型			双重差分模型		
	（1）	（2）	（3）	（4）	（5）	（6）
	ls	sls	uls	ls	sls	uls
AI	-0.0048 *** (-5.4572)	0.0008 ** (1.9640)	-0.0052 *** (-5.8316)			
DID				-0.0050 ** (-2.3933)	-0.0035 *** (-3.4667)	-0.0050 ** (-2.3458)
Edu	0.0143 (1.4690)	0.0111 *** (2.8444)	0.0113 (1.1790)	0.0158 (1.5563)	0.0106 *** (2.7376)	0.0130 (1.2945)
Pay	0.0123 *** (2.6652)	-0.0211 *** (-9.4173)	0.0222 *** (4.6142)	0.0257 *** (4.8304)	-0.0242 *** (-9.6306)	0.0371 *** (6.7645)
Size	-0.0000 (-0.0050)	0.0122 *** (6.4642)	-0.0042 (-1.1972)	0.0059 * (1.6980)	0.0118 *** (6.1208)	0.0021 (0.5918)
SV	-0.0334 *** (-8.9123)	-0.0059 *** (-2.9167)	-0.0322 *** (-8.8133)	-0.0355 *** (-9.4429)	-0.0058 *** (-2.8535)	-0.0344 *** (-9.4589)
ROA	-0.1326 *** (-23.5192)	-0.0385 *** (-13.1483)	-0.1308 *** (-23.2689)	-0.1313 *** (-23.2632)	-0.0384 *** (-13.1963)	-0.1295 *** (-22.9824)
Addprice	-0.0783 *** (-7.7409)	-0.0169 *** (-3.9748)	-0.0766 *** (-7.5775)	-0.0803 *** (-7.8167)	-0.0172 *** (-4.0363)	-0.0786 *** (-7.6554)
Labor	-0.0078 ** (-2.2215)	-0.0113 *** (-5.8016)	-0.0043 (-1.2203)	-0.0186 *** (-4.6779)	-0.0089 *** (-4.6132)	-0.0162 *** (-4.0824)
CV	-0.1687 *** (-32.2823)	-0.0400 *** (-13.5780)	-0.1634 *** (-31.0872)	-0.1637 *** (-30.2823)	-0.0411 *** (-13.6070)	-0.1579 *** (-29.1001)
年度固定效应				控制	控制	控制
个体固定效应	控制	控制	控制	控制	控制	控制
常数项	0.5506 *** (10.2118)	0.3406 *** (14.0993)	0.4053 *** (7.4659)	0.2241 *** (2.6614)	0.3951 *** (11.4029)	0.0490 (0.5796)
R^2	0.8820	0.6053	0.8789	0.8839	0.6071	0.8810

续表

变量	固定效应模型			双重差分模型		
	（1）	（2）	（3）	（4）	（5）	（6）
	ls	sls	uls	ls	sls	uls
F	257.1065 ***	53.7684 ***	261.3436 ***	233.5083 ***	44.1337 ***	240.4396 ***
观测值	23970	23970	23970	23970	23970	23970

注： *** 、 ** 和 * 分别表示在1%、5%和10%的显著性水平；括号内为聚类稳健标准误。

图12－4为DID模型的动态效应检验图，政策在实施后的第二年、第三年系数显著为负，DID模型通过了平行趋势检验。

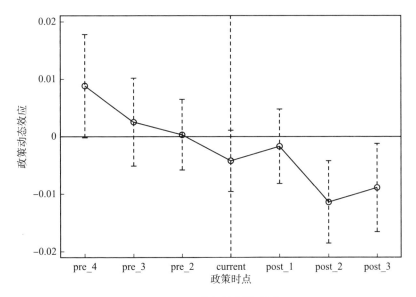

图 12 - 4　动态效应检验图

注：由于以政策时点前的第1期作为基准组，因此图中没有 -1 期的数据。

二、基于劳动力技能分化下的中介结果与分析

从表12－4的回归结果可以看出，人工智能对企业劳动收入份额影响的

总效应和直接效应符号相同。列（4）（5）结果表明，人工智能对技能溢价具有显著提升作用，对技能就业比具有抑制作用，这符合理论分析中的 $\left|\dfrac{\Delta w_s}{\Delta w_u}\right| > 1$、$\left|\dfrac{\Delta l_s}{\Delta l_u}\right| < 1$。列（5）中介变量技能就业比不显著，需要进行 Sobel 检验（温忠麟等，2004），Z 值为 3.709，系数在 1% 水平上显著。第（6）列中回归结果显示，在控制了技能溢价与技能就业比这两个中介变量后，人工智能对企业总体劳动收入份额的抑制作用显著减弱，系数由第（1）列的 - 0.0435 变为 - 0.0384，且在 1% 的统计性水平上显著。同时可以看出，人工智能对总体劳动收入份额影响的直接效应与间接效应符号相同，不存在遮掩效应，因此可以得出技能溢价与技能就业比在人工智能对总体劳动收入份额影响过程中的中介效应为部分中介效应。第（7）（8）列中回归结果显示，人工智能对高技能劳动收入份额的影响不再显著，对低技能劳动收入份额的影响显著为负。技能溢价对高、低技能劳动收入份额分别具有显著的正向影响和负向影响，技能就业比对企业高、低技能劳动收入份额具有正向影响。进一步检验人工智能对企业高、低技能劳动收入份额影响的直接效应与间接效应符号发现，技能溢价在人工智能对高技能劳动收入份额影响过程中的中介效应为完全中介效应、对低技能劳动收入份额不发挥中介效应；技能就业比在人工智能对高技能劳动收入份额的影响中发挥遮掩效应，在低技能劳动收入份额中发挥部分中介效应。对上述结果进行解释为，技能溢价的上升主要表现为高技能劳动力工资的上涨，低技能劳动力工资的变化对其影响不明显。因此，人工智能在通过技能工资结构影响劳动收入份额的过程中，技能溢价对高技能劳动收入份额主要起到提升作用，而对低技能劳动收入份额影响较小甚至不具有中介作用；技能就业之比的下降主要表现为人工智能对低技能劳动力的替代上，因此人工智能在通过技能就业结构影响劳动收入份额的过程中，技能就业比的下降对低技能劳动收入份额的下降起推动作用，而对高技能劳动收入份额的提升起到一定的遮掩作用。Bootstrap 检验结果进一步显示，技能溢价在人工智能对低技能劳动收入份额的影响过程中不具有中介效应，其他中介效应均存在。

表 12 - 4　并行多重中介模型回归结果

变量	(1) ls	(2) sls	(3) uls	(4) premium	(5) supply	(6) ls	(7) sls	(8) uls
AI	-0.0435*** (-5.4572)	0.0237** (1.9640)	-0.0471*** (-5.8316)	0.0762*** (6.5803)	-0.0106 (-0.5998)	-0.0384*** (-4.9120)	0.0003 (0.0242)	-0.0381*** (-4.8100)
premium						-0.0494*** (-6.7164)	0.2827*** (22.3139)	-0.0974*** (-12.9175)
supply						0.0221** (2.0004)	0.0540** (2.1243)	0.0128 (1.0780)
Edu	0.0166 (1.4690)	0.0405*** (2.8444)	0.0132 (1.1790)	0.0079 (0.6934)	0.0068 (0.3273)	0.0135 (1.2004)	0.0299** (2.2821)	0.0117 (1.0429)
Pay	0.1011*** (2.6652)	-0.5403*** (-9.4173)	0.1825*** (4.6142)	-0.9832*** (-15.8708)	0.1978 (1.1913)	0.0344 (0.9814)	-0.2438*** (-4.3086)	0.0626* (1.7229)
Size	-0.0002 (-0.0050)	0.3399*** (6.4642)	-0.0376 (-1.1972)	0.2659*** (6.1082)	0.2011** (2.0630)	0.0110 (0.3553)	0.2190*** (4.6327)	-0.0018 (-0.0556)
Addprice	-0.0853*** (-7.7409)	-0.0575*** (-3.9748)	-0.0838*** (-7.5775)	0.0384*** (5.2785)	-0.0338* (-1.7333)	-0.0803*** (-7.4951)	-0.0611*** (-4.4280)	-0.0786*** (-7.2676)
Labor	-0.0606** (-2.2215)	-0.2738*** (-5.8016)	-0.0336 (-1.2203)	1.2747*** (24.9693)	-1.2101*** (-6.9243)	0.0482* (1.7267)	-0.5349*** (-10.6069)	0.1144*** (4.0177)

续表

变量	(1) ls	(2) sls	(3) uls	(4) premium	(5) supply	(6) ls	(7) sls	(8) uls
SV	-0.1489*** (-8.9123)	-0.0816*** (-2.9167)	-0.1441*** (-8.8133)	0.0250 (1.2330)	-0.0117 (-0.2507)	-0.1511*** (-9.5785)	-0.0978*** (-4.1653)	-0.1428*** (-9.0517)
ROA	-0.5477*** (-23.5192)	-0.4975*** (-13.1483)	-0.5431*** (-23.2689)	0.0722*** (6.0239)	0.0297 (1.1949)	-0.5571*** (-24.6546)	-0.5305*** (-13.9886)	-0.5478*** (-24.1963)
CV	-0.8561*** (-32.2823)	-0.6360*** (-13.5780)	-0.8332*** (-31.0872)	0.0475** (2.0462)	-0.0785 (-1.0757)	-0.8623*** (-33.3048)	-0.6475*** (-14.3500)	-0.8369*** (-32.3376)
常数项	-0.0046*** (-7.7157)	-0.0170*** (-18.1703)	-0.0035*** (-5.8707)	-0.0157*** (-24.6973)	0.0080*** (3.0727)	-0.0076*** (-11.8155)	-0.0163*** (-18.0925)	-0.0065*** (-10.0526)
R^2	0.8820	0.6053	0.8789	0.7820	0.6445	0.8849	0.6331	0.8827
F	257.1065***	53.7684***	261.3436***	108.3947***	10.4125***	258.1250***	81.0066***	266.2847***
观测值	23970	23970	23970	23963	23938	23938	23938	23938

注：***，** 和 * 分别表示在 1%、5% 和 10% 的显著性水平；括号内为聚类稳健类标准误。下表同。

第四节　进一步实证检验与分析

一、稳健性检验

本节分别使用替代核心解释变量、对各变量进行缩尾处理、对劳动收入份额进行残差回归以及利用系统 GMM 法进行稳健性检验，回归结果见表 12 - 5。

表 12 - 5　　　　　　　　　　稳健性回归结果

变量	替代核心解释变量	缩尾处理	残差回归		系统 GMM
	（1）	（2）	（3）	（4）	（5）
	ls	ls	ls	el	ls
f	- 0. 0113 *** (- 5. 0317)				
AI		- 0. 0045 *** (- 5. 8745)		- 0. 0035 *** (- 4. 7243)	- 0. 0222 ** (- 2. 1337)
Edu	0. 0184 ** (2. 3476)	0. 0285 *** (3. 3374)	0. 0133 (1. 3701)		0. 3565 (0. 8108)
Pay	0. 0256 *** (4. 1843)	0. 0086 ** (2. 2939)	0. 0087 * (1. 9369)		0. 0041 (0. 0687)
Size	- 0. 0065 (- 1. 4321)	- 0. 0020 (- 0. 6683)	- 0. 0020 (- 0. 5925)		0. 0023 (0. 0391)
Addprice	- 0. 0920 *** (- 5. 6205)	- 0. 0274 *** (- 8. 8068)	- 0. 0786 *** (- 7. 7880)		- 0. 0419 (- 0. 3735)
Labor	- 0. 0143 *** (- 3. 1313)	- 0. 1638 *** (- 40. 0298)	- 0. 0057 (- 1. 6448)		0. 0000 (0. 0000)

变量	替代核心解释变量	缩尾处理	残差回归		系统 GMM
	（1）	（2）	（3）	（4）	（5）
	ls	ls	ls	e1	ls
SV	−0.0364 *** （−6.9093）	−0.2213 *** （−16.9544）	−0.0332 *** （−8.9023）		−0.0147 （−0.2818）
ROA	−0.1345 *** （−20.3979）	−0.0014 （−0.4753）	−0.1326 *** （−23.5240）		−0.1800 *** （−3.6838）
CV	−0.1688 *** （−22.6242）	−0.1815 *** （−43.0797）	−0.1692 *** （−32.5821）		−0.2515 *** （−2.9246）
常数项	0.4883 *** （7.4155）	0.6276 *** （14.6746）	0.6398 *** （13.3872）	0.0076 *** （4.7243）	
R^2	0.8970	0.9062	0.8817	−0.1830	
F	154.3440 ***	650.4637 ***	285.4540 ***	22.3193 ***	25.7166 ***
观测值	15520	23970	23970	23970	19719

替换核心解释变量。由于核心解释变量测量误差可能对回归结果产生一定影响，本部分采用主成分分析法构建人工智能测度指标，共涉及地区期末使用计算机数、企业拥有网站数、电子商务销售额等 8 个细化指标，对核心解释变量进行替换。由于人工智能是一项综合性指标，该数据能够在可行范围内尽可能地反映企业智能化水平进而验证人工智能对企业劳动收入份额的影响。从替代变量后的实证结果来看，人工智能与企业劳动收入份额还是呈现显著的负相关关系，结果依然是稳健的。

缩尾处理。对所有连续变量统一进行 1% 的 Winsorize 双侧缩尾处理，之后使用缩尾后的变量数值进行回归。表 12 – 5 列 （2） 为经过缩尾处理后的回归结果，可以看到，结果依然显著且与前文符号一致。

残差回归。因为劳动收入份额影响因素的复杂性，参照沈永建等（2019） 的研究，先估计实证模型无法解释的劳动收入份额，即残差，考察人工智能与劳动收入份额残差的关系。表 12 – 5 回归 （3） 中是劳动收入份额的影响因素模型，包含了本章前述研究中除人工智能变量之外的所有控制变量。从表 12-5 回归（4）中可以看到，人工智能与劳动收入份额的残差项显著负相关，这意味着，人工智能能够解释传统宏观以及微观因素无法解释的劳动收入份额。

系统 GMM 法。在系统 GMM 回归的基础上，本节研究进行了扰动项自相关检验，其中，AR（1）=0.033，AR（2）=0.221，发现扰动项一阶相关，且二阶不相关，符合系统 GMM 应用的要求。工具变量的过度识别检验 Hansen 的 P 值为 0.262，接受了原工具变量具有有效性的假设，说明本研究所选的工具变量具有一定的合理性。从回归结果来看，系统 GMM 回归结果中人工智能的估计系数为负，且在 1% 的水平上显著，表明人工智能显著降低了劳动收入份额的结论是稳健的。

二、内生性检验

由于人工智能的发展是一个持续性的过程，上期的人工智能会对当期产生影响，不会对扰动项产生影响，本章采用通常做法，选择人工智能水平的滞后一期作为工具变量。分别采用两阶段最小二乘法（2SLS）、有限信息最大似然法（LIML）回归和广义矩估计（GMM）进行回归。从表 12-6 列（1）至列（3）结果来看，三种估计方法的回归结果一致，表明内生性检验结果具有稳健性。

为了进一步增强结果的可靠性，本章使用主成分分析法构建的人工智能测度指标 f 作为工具变量，进行两阶段最小二乘（2SLS）、有限信息最大似然法（LIML）、广义矩估计（GMM）估计，结果如表 12-6 的后三列（4）~（6）所示，此三列回归结果中，人工智能的估计系数均为负，且在 1% 的水平上显著，进一步说明人工智能显著降低劳动收入份额的基准回归结论是可靠的。

表 12－6　　　　　　　　　内生性检验回归结果

IV	(L. AI)			(f)		
变量	(1)	(2)	(3)	(4)	(5)	(6)
	2SLS	LIML	GMM	2SLS	LIML	GMM
AI	−0.0095 *** (−5.7413)	−0.0095 *** (−5.7413)	−0.0095 *** (−5.7413)	−0.0234 *** (−5.9843)	−0.0234 *** (−5.9843)	−0.0234 *** (−5.9843)
Edu	0.0114 (1.4108)	0.0114 (1.4108)	0.0114 (1.4108)	0.0246 *** (3.5927)	0.0246 *** (3.5927)	0.0246 *** (3.5927)
Pay	0.0162 *** (3.2913)	0.0162 *** (3.2913)	0.0162 *** (3.2913)	0.0358 *** (5.9921)	0.0358 *** (5.9921)	0.0358 *** (5.9921)
Size	0.0029 (0.8005)	0.0029 (0.8005)	0.0029 (0.8005)	0.0004 (0.0998)	0.0004 (0.0998)	0.0004 (0.0998)
Addprice	−0.0830 *** (−8.2809)	−0.0830 *** (−8.2809)	−0.0830 *** (−8.2809)	−0.0899 *** (−6.4009)	−0.0899 *** (−6.4009)	−0.0899 *** (−6.4009)
Labor	−0.0115 *** (−3.4467)	−0.0115 *** (−3.4467)	−0.0115 *** (−3.4467)	−0.0183 *** (−4.4660)	−0.0183 *** (−4.4660)	−0.0183 *** (−4.4660)
SV	−0.0337 *** (−9.8654)	−0.0337 *** (−9.8654)	−0.0337 *** (−9.8654)	−0.0367 *** (−8.7840)	−0.0367 *** (−8.7840)	−0.0367 *** (−8.7840)
ROA	−0.1367 *** (−27.2661)	−0.1367 *** (−27.2661)	−0.1367 *** (−27.2661)	−0.1359 *** (−27.2757)	−0.1359 *** (−27.2757)	−0.1359 *** (−27.2757)
CV	−0.1682 *** (−34.7494)	−0.1682 *** (−34.7494)	−0.1682 *** (−34.7494)	−0.1703 *** (−30.3759)	−0.1703 *** (−30.3759)	−0.1703 *** (−30.3759)
R^2	0.4488	0.4488	0.4488	0.4363	0.4363	0.4363
F	329.8833	329.8833	329.8833	287.2805	287.2805	287.2805
观测值	19459	19459	19459	15520	15520	15520

三、异质性检验

基于人工智能对企业劳动—资本收入分配的影响受到企业自身主观因素

以及所处地区等客观条件的影响,本章分类进行了实证检验。

产权性质。不同产权所有制企业可能给职工支付了有差异的劳动报酬。本部分将样本企业分为国有企业与非国有企业,将民营企业、外资企业及民营和外资混合参股的企业划分为非国有企业。从表 12 - 7 列(1)(2)的回归结果可以看出:人工智能技术对企业劳动收入份额的负向影响在非国有企业中更为显著。实证结果符合经济现实,但未通过组间系数差异检验。可能解释为,相对于非国有企业,国有企业因本身的经济性质以及国有企业经理人考核机制的市场化程度低,譬如较低的被裁员风险以及较高的薪酬待遇等均能减轻人工智能对企业劳动收入份额的负面影响。

金融发展程度。根据上市企业注册地址将样本企业分为金融发达地区企业和非金融发达地区企业。由表 12 - 7 回归结果可见,金融发达地区样本中,人工智能对劳动收入份额影响的回归系数绝对值大于非金融发达地区样本,且在 1% 水平显著。该结果表明,相对于非金融发达地区企业而言,金融发达地区的劳动收入份额更显著地受到人工智能的影响。Chi2 检验结果不显著。两类地区存在差异的可能原因是,金融化程度较高的地区,其资本要素价格较低,企业倾向于使用资本代替劳动,以获得比劳动更低的成本。另外金融发达地区的人工智能技术溢出效应、关联效应相比金融化程度较低的地区而言更为明显,因此人工智能对金融发展程度较高地区的企业劳动收入份额影响更大。

员工教育水平。理论上,人工智能对高技能劳动力具有较强的偏向性,对低技能劳动力具有较强的替代性。因此,在其他条件不变的情况下,若企业所拥有的员工其学历水平较低,那么人工智能对企业劳动收入份额的负向影响可能会越大。表 12 - 7 列(5)~(8)表明,人工智能对员工平均教育程度为专科、高中及以下的企业劳动收入份额负向影响较大,对研究生及以上、本科企业劳动收入份额负向影响较小。这符合我们的预期,同时两组系数的差异检验 Chi2 值也在 0.5 水平显著。

表 12 - 7　异质性回归结果

变量	产权性质		金融发展程度		教育水平			
	国有	非国有	发达地区	不发达地区	高中及以下	专科	本科	研究生
	(1)	(2)	(3)	(4)	(5)	(6)	(7)	(8)
AI	-0.0041*** (-5.7563)	-0.0063*** (-5.7889)	-0.0067*** (-7.4593)	-0.0046*** (-5.9288)	-0.0037** (-2.3837)	-0.0063*** (-8.6310)	-0.0028** (-1.9618)	-0.0032 (-0.6107)
控制变量	控制	控制	控制	控制	控制	控制	控制	控制
Chi2 检验	1.96		2.29		10.74**			
常数项	0.5671*** (19.5052)	0.5568*** (12.1835)	0.5490*** (13.0660)	0.5979*** (19.8228)	0.7818*** (11.1531)	0.5470*** (16.1366)	0.6419*** (9.5257)	0.5825 (1.4409)
R^2	0.8916	0.8495	0.8881	0.8816	0.8845	0.8801	0.9160	0.9408
F	1926.3085***	691.7014***	748.4543***	1877.7238***	305.2565***	1473.9848***	807.7895***	68.1772***
观测值	16660	7295	8121	15752	3528	13637	5624	336

四、面板分位数方法下的动态特征

为了刻画人工智能在劳动收入份额变动中边际效应的动态演化轨迹，本部分使用面板分位数模型进行检验（Koenker，2004），公式如式（12 - 16）所示：

$$Q_q(Ls_{it} \mid AI_{it}, X_{it}) = \alpha_{0q} + \alpha_{1q}AI_{it} + \alpha_{2q}Control_{it} + \lambda_i + \mu_t + \varepsilon_{it}$$

$$(12 - 16)$$

其中，下标 q 表示分位数，用于对样本中的人工智能水平进行分割，分位数 $q \in (0.15, 0.35, 0.55, 0.85, 0.95)$。其他参数的含义与前述基准实证模型（12 - 10）相同。

表 12 - 8 报告了实证结果，人工智能对劳动收入份额的边际效应存在劳动收入份额水平上的显著差异。从表 12 - 8 中可以看出，在所有分位数上，人工智能的估计系数均为负，且系数的绝对值呈现先递增后递减的趋势，这说明人工智能对企业劳动收入份额的影响并不是随着人工智能水平应用程度的加深而一直减小，人工智能对劳动收入份额的边际抑制效应总体上呈现出 "U" 型变化特征。具体表现为，人工智能的估计系数从 0.15 分位数上的 - 0.0013 下降到 0.85 分位数上的 - 0.0059，进而上升到 0.95 分位数上的 - 0.0008。对其解释为，随着劳动收入份额水平的提高，人工智能的替代效应得以释放，其对劳动收入份额的负向影响不断加强，直到劳动收入份额水平提升到一定程度，就业创造效应开始显现，并逐渐超越替代效应，劳动收入份额的负向影响减弱。

表 12 - 8　　人工智能应用对企业劳动收入份额影响的分位数回归结果

变量	（pooled ols）	（q15）	（q35）	（q55）	（q85）	（q95）
	ls	ls	ls	ls	ls	ls
AI	- 0.0048 *** (- 4.9633)	- 0.0013 (- 1.5375)	- 0.0028 *** (- 2.8781)	- 0.0037 *** (- 2.7575)	- 0.0059 * (- 1.9020)	0.0008 (0.0960)

变量	(pooled ols)	(q15)	(q35)	(q55)	(q85)	(q95)
	ls	ls	ls	ls	ls	ls
Edu	0.0143 (1.3360)	0.0172 ** (2.4953)	0.0178 *** (3.8662)	0.0409 *** (7.5886)	0.0901 *** (5.4025)	0.0929 *** (8.2310)
Pay	0.0123 ** (2.4240)	0.0056 ** (1.9607)	0.0056 (1.2477)	0.0049 (0.7803)	0.0355 ** (2.5589)	0.0641 *** (6.3231)
Size	−0.0000 (−0.0046)	−0.0000 (−0.0174)	0.0023 (0.9426)	0.0002 (0.0724)	−0.0111 ** (−2.1903)	−0.0166 ** (−2.1710)
SV	−0.0334 *** (−8.1057)	−0.0164 *** (−5.6200)	−0.0213 *** (−6.4948)	−0.0318 *** (−10.6283)	−0.0313 *** (−4.8577)	−0.0293 *** (−2.7544)
ROA	−0.1326 *** (−21.3906)	−0.1471 *** (−19.1978)	−0.1346 *** (−14.1911)	−0.1220 *** (−12.7345)	−0.1141 *** (−17.2061)	−0.1042 *** (−14.5165)
Addprice	−0.0783 *** (−7.0403)	−0.0091 * (−1.9211)	−0.0625 *** (−2.9310)	−0.2036 *** (−13.0796)	−0.3918 *** (−12.7429)	−0.5234 *** (−9.7016)
Labor	−0.0078 ** (−2.0205)	0.0008 (0.3684)	−0.0023 (−0.5759)	−0.0013 (−0.2935)	−0.0138 (−1.4672)	−0.0438 *** (−4.8626)
CV	−0.1687 *** (−29.3606)	−0.1769 *** (−20.2456)	−0.1554 *** (−32.1175)	−0.1473 *** (−22.5129)	−0.1434 *** (−19.8651)	−0.1496 *** (−15.2259)
观测值	24436	24436	24436	24436	24436	24436
Number of groups		4223	4223	4223	4223	4223

从控制变量的估计结果来看，在全部分位数上，员工教育水平和工资水平对劳动收入份额的影响显著为正，即对劳动收入份额具有提升作用；企业规模、劳动力水平、价格加成、资产收益率、资本有机构成以及剩余价值率等对劳动收入份额的影响显著为负，即对劳动收入份额的提升具有抑制作用。工资水平的估计系数在所有分位数上显著为正，总体上呈上升趋势，表明劳动力工资水平的提高有助于劳动收入份额的提升。资产收益率和资本有

机构成的估计系数在所有分位数上显著为负，总体上呈波动上升趋势，对劳动收入份额的负向影响逐渐减弱；剩余价值率的估计系数先减小后增加，对劳动收入份额的影响总体上呈现先降低后升高的"U"型变化特征；企业规模对劳动收入份额的影响总体上呈现倒"U"型变化特征；企业价格加成以及劳动力水平对劳动收入份额的负向影响逐渐加强。

从人工智能对劳动收入份额增长影响的边际效应来看，不同的解释变量对收入份额增长具有不同的影响，同一解释变量在不同分位点对份额增长的影响也存在明显变化。

第五节　主要结论与政策启示

本章从劳动力技能分化视角构建了人工智能应用对总体劳动—资本收入分配以及分技能水平下的劳动—资本收入分配的影响机制，并基于 2013~2020 年中国 A 股上市企业微观数据进行了实证研究，主要有以下研究结论：第一，总体来看，人工智能对总体企业劳动收入份额具有显著的负向影响。从不同技能差别来看，人工智能对高、低技能劳动收入份额分别具有显著的正向影响和负向影响。进一步地，将 2017 年国务院发布的《新一代人工智能发展规划》作为准自然实验，采用双重差分法发现，有关人工智能发展战略的推进确实显著影响了企业的劳动收入份额，现阶段主要以抑制作用为主。第二，人工智能对劳动力技能结构产生一种分化作用，本研究运用并行多重中介模型分析人工智能对劳动收入份额的中介效应。加入中介变量后结果显示，人工智能通过技能工资结构和技能就业结构影响企业劳动收入份额，具体表现为技能溢价和技能就业比在人工智能对总体劳动收入份额影响过程中的中介效应为部分中介效应；分技能水平样本下，技能溢价在人工智能和高、低技能劳动收入份额之间分别发挥完全中介效应、不具有中介效应；技能就业比在人工智能和高、低技能劳动收入份额之间分别发挥遮掩效应、部分中介效应。第三，对企业产权性质、员工教育水平以及是否属于金融发达地区进行异质性分析，结果发现，当企业是非国有、所处金融发达地区、员工学历水平偏低时，人工智能对企业劳动收入份额的负向影响越大。第四，人工智能影响劳动收入份额的边际效应显示，随着劳动收入份额水平的提高，人工智能变化对劳动收入份额的边际抑制效应先加强后减弱，总体上呈现出先降低后升高的"U"型变化特征。

本研究具有一定的政策启示，主要体现在以下四个方面：第一，重视人工智能对劳动收入份额的抑制作用，更有效率、更全面地完善我国社会保障体系。由于人工智能对劳动收入份额的负向影响主要来自对低技能劳动力的替代上，而这种替代会造成劳动力的失业，因此在失业保险和就业保障方面，政府应该丰富其功能，扩大保险和保障范围。研究显示，非国有企业在"人工智能化"影响下可能问题更为严重。国有企业因本身的经济性质譬如较低的被裁员风险以及较高的薪酬待遇等均能减轻人工智能对企业劳动收入份额的负面影响。第二，提高职业技能水平，促进技能结构合理化，激发人工智能对社会就业的促进效应。政府要加快发展现代职业教育、增强职业教育的适应性、拓宽技能提升渠道、职业转换路径促使低技能劳动力技能水平的提高等，让更多的劳动者进入先进制造业和现代化服务业发展，从而推动劳动收入份额的上升。第三，对于劳动力市场存在的技能工资结构问题，政府可以建立一个合理的技能人才薪酬分配方法体系，为企业工资结构设计提供指导。政府不仅要把工资收入分配中技能激励的导向作用发挥出来，把发展路径从"强资本弱劳动"转向"强资本重技能"上来，还要在薪酬分配中体现出对低技能劳动力和普通劳动者的认可，在效率优先的基础上兼顾公平。第四，从边际效应的角度来看，伴随着就业创造效应的释放，人工智能的替代效应随着劳动收入份额水平的提高而降低，因此不必过于担心人工智能对劳动收入份额的负向影响。

第十三章

环境规制与要素收入中劳动—资本收入分配

在我国经济发展的同时，面临的环境污染问题也较为严峻，严重的大气、水污染影响着人们的生活与健康，同时大肆的环境破坏、能源滥用也不利于经济的可持续发展，环境问题已引起了各级政府和社会大众的高度重视。党的十九大报告明确指出"要实行最严格的生态环境保护制度，形成绿色发展方式和生活方式"，党的二十大报告指出"必须牢固树立和践行绿水青山就是金山银山的理念，站在人与自然和谐共生的高度谋划发展。深入推进环境污染防治为治理环境污染"。我国出台了多方面应对环境问题的政策措施，如对制造业进行限产甚至停产的规制政策。环境规制政策的出台使企业污染减少的同时也可能增加了企业的生产成本，企业为了维持盈利可能会调整生产组织方式或经营方式。其中，企业生产中采用更清洁、高效、节能的技术是应对环境问题的可持续方法（王敏和黄滢，2015）。根据"波特假说"，环境规制达到一定程度会使企业不得不进行技术升级，提高全要素生产率，以应对高昂的环境规制成本，从而实现企业清洁生产与生产率增长的"双赢"。由此可见，环境规制对企业生产存在两种效应：一是增加企业生产成本，改变企业要素投入结构的"遵循成本效应"；二是影响企业技术创新，提高企业要素生产率的"创新补偿效应"（刘伟江等，2022），企业的生产组织方式会受到两种效应的共同影响。上述环境规制约束下企业生产组织和要素投入结构的变化必然影响到要素的分配结构。

环境规制对企业劳动要素投入的影响已经得到一些论证：如王锋和葛星（2022）基于2007~2019年上市公司的微观数据研究表明，低碳城市试点政策总体上显著提高了企业的就业水平。孙文远和周寒（2020）利用省级面板数据研究表明，环境规制的实施可以显著提升本地区就业结构，并且本地区环境规制强度的提高对其他地区的就业结构有显著的正向空间溢出效应。李斌等（2019）通过地级市数据研究表明，总体上环境规制政策可以实现治污与就业的双赢，但是环境规制对就业的影响在时间、空间和行业间具有较强的异质性。

上述环境规制下企业生产组织和要素投入结构的变化必然继而影响要素的分配结构。如余东华和孙婷（2017）基于双层嵌套模型的理论分析及实证，发现环境规制趋紧与劳动者技能溢价的提升有显著正相关关系。胡斌红和杨俊青（2020）基于"遵循成本说"和"波特假说"发现环境规制与劳动收入份额之间存在显著正"U"型关系。其中环境规制通过影响技术进步偏向，继而影响要素投入和分配是一个重要的作用机制。如刘伟江（2022）研究指出环境规制与绿色全要素生产率和技术进步呈现倒"U"型关系，并且目前规制强度处于拐点左侧，环境规制强度的提升有助于促进我国制造业绿色全要素生产率和技术进步的增长。本研究的其他章节已经对技术进步偏向与劳动收入份额的关系进行了较为深入的探讨，此处不再赘述。

基于上述分析，本章拟探究环境规制对劳动收入份额的影响，用环境污染与环境污染治理投资两方面构建环境规制指标，增强环境规制指标的现实意义，并通过测算技术进步偏向值，将技术进步偏向作为环境规制对要素劳动—资本收入分配影响的中介变量，从技术进步偏向视角探究了环境规制对要素劳动—资本收入分配的影响机制。

第一节　环境规制影响要素劳动—资本收入分配的机制分析

环境规制影响要素劳动—资本收入分配的作用机制表现在两个方面：其一，环境规制直接影响企业的生产成本，进而促使企业改变要素投入结构，从而改变要素收入分配结构，表现出"遵循成本效应"。在成本效应下，企业究竟是做出何种决策，以使得要素投入发生变化，也就是劳动和资本的投入结构发生何种变化，理论上似乎均有可能，主要取决于企业中要素的边际成本的比较和生产情形下要素数量调整引致成本的比较，可以通过实证研究发现最终的结论。

其二，环境规制通过影响企业技术进步偏向水平，可能导致资本、劳动边际产出水平发生变化，进而改变要素投入结构，以及要素分配结构，即"创新补偿效应"。"波特假说"（Porter，1995）认为恰当的环境规制可以通过"创新补偿"弥补减排成本，倒逼企业进行技术进步。关海玲（2020）发现合理的环境政策能够有效刺激企业的技术进步，实现创新补偿。由于现实中技术进步往往存在一定偏向性，技术进步一般偏向于相对昂贵且较稀缺的要素，由此环境规制实施会导致企业的要素投入结构改变，进而改变企业技术进步的偏向性（Acemoglu，2002）。杨振兵等（2015）发现在工业行业中环境规制是强化了技术进步的资本偏向性。

我们通过建立一个 CES 型生产函数形式来说明环境规制影响下企业技术进步偏向与要素收入分配之间的关系：

$$Y_t = \left[\alpha(A_{Kt}K_t)^{\frac{\sigma-1}{\sigma}} + (1-\alpha)(A_{Lt}L_t)^{\frac{\sigma-1}{\sigma}} \right]^{\frac{\sigma}{\sigma-1}} \qquad (13-1)$$

其中，Y_t 表示总产出，α 是衡量资本、劳动两种要素占比的参数，σ 为两种要素之间的替代弹性，如果 $\sigma = 0$，生产函数就是 C – D 形式的生产函数；当 $\sigma < 1$ 时，要素是互补的；当 $\sigma > 1$ 时，要素是替代的，L_t 表示劳动投入，K_t 表示资本投入，A_{Lt} 表示劳动增强型技术进步，A_{Kt} 表示资本增强型技术进步。

资本投入量 K_t 和劳动投入量 L_t 由企业利润最大化条件决定：

$$\max_{L_t}^{K_t} \pi_t = Y_t - \omega L_t - rK_t \qquad (13-2)$$

企业实现利润最大化的一阶条件为：

$$r = MPK = \frac{\partial Y_t}{\partial K_t} = \alpha A_{Kt}^{\frac{\sigma-1}{\sigma}} \left(\frac{Y_t}{K_t}\right) \frac{1}{\sigma} \qquad (13-3)$$

$$\omega = MPL = \frac{\partial Y_t}{\partial L_t} = (1-\alpha) A_{Lt}^{\frac{\sigma-1}{\sigma}} \left(\frac{Y_t}{L_t}\right)^{\frac{1}{\sigma}} \qquad (13-4)$$

由式（13 – 3）、式（13 – 4）得：

$$\frac{r}{\omega} = \left(\frac{\alpha}{1-\alpha}\right)\left(\frac{A_{Kt}}{A_{Lt}}\right)^{\frac{\sigma-1}{\sigma}}\left(\frac{L_t}{K_t}\right)^{\frac{1}{\sigma}} \qquad (13-5)$$

由式（13-5）得到资本投入量和劳动投入量之比：

$$\frac{K_t}{L_t} = \left(\frac{\alpha}{1-\alpha}\right)^{\sigma}\left(\frac{\omega}{r}\right)^{\sigma}\left(\frac{A_{Kt}}{B_{Lt}}\right)^{\sigma-1} \qquad (13-6)$$

于是我们可以得到如下的劳动收入份额 LS_t（即劳动收入占劳动—资本收入之和的比）表达式：

$$LS_t = \frac{\omega L_t}{Y_t} = \frac{(1-\alpha)A_{Lt}^{\frac{\sigma-1}{\sigma}}\left(\frac{Y_t}{L_t}\right)^{\frac{1}{\sigma}}}{Y_t}L_t = \frac{1}{1+\frac{\alpha}{1-\alpha}\left(\frac{A_{Kt}}{A_{Lt}}\cdot\frac{K_t}{L_t}\right)^{\frac{\sigma-1}{\sigma}}}$$

$$= \frac{1}{1+\left(\frac{\alpha}{1-\alpha}\right)^{\sigma}\left(\frac{w}{r}\right)^{\sigma-1}\left(\frac{A_{Kt}}{A_{Lt}}\right)^{\sigma-1}} \qquad (13-7)$$

根据式（13-7）不难看出劳动收入份额 LS_t 由以下几个因素决定：（1）资本—劳动收入分配参数 α；（2）要素替代弹性 σ；（3）资本—劳动增强型技术进步之比 $\frac{A_{Kt}}{A_{Lt}}$；（4）劳动—资本投入价格之比 $\frac{\omega}{r}$。接下来主要考察技术进步对劳动—资本收入分配的影响。

技术进步的作用有两方面：其一，若发生中性技术进步，技术进步对资本和劳动的边际产出有着对称性影响。其二，若发生偏向性技术进步，资本增进型技术进步 A_{Kt} 和劳动增进型技术进步 A_{Lt} 增速不同，进而对资本和劳动的边际产出产生非对称作用。当要素替代弹性 $\sigma > 1$ 时，劳动与资本相互替代，当技术进步为相对资本增进形态时技术进步也偏向资本，当技术进步为相对劳动增进形态则技术进步偏向于劳动。而当 $0 < \sigma < 1$ 时，资本和劳动互补，当技术进步为相对资本增进型技术进步时，技术进步偏向劳动，当技术进步为相对劳动增进型技术进步时，技术进步偏向于资本。

为直观体现技术进步偏向对劳动—资本收入分配的影响，本研究借鉴并改进了王林辉和袁礼（2018）的思路，引入有偏技术进步 φ_t，$d\varphi_t > 0$ 表示资本偏向型技术进步，$d\varphi_t < 0$ 表示劳动偏向型技术进步，并令 $A_{Kt} =$

$\varphi_t^{\sigma-1}A_t$，$A_{Lt}=(1-\varphi_t)^{\sigma-1}A_t$。可以看出，$\sigma>1$ 时，当技术进步为资本偏向型技术进步，即 $d\varphi_t>0$ 时，资本增进型技术进步 A_{Kt} 相对劳动增进型技术进步 A_{Lt} 增加，资本—劳动增强型技术进步之比 $\dfrac{A_{Kt}}{A_{Lt}}$ 增加，劳动收入份额下降，资本收入份额上升。同理，当 $\sigma>1$ 时，劳动偏向型技术进步会使劳动收入份额上升，资本收入份额下降。$0<\sigma<1$ 时，当技术进步为资本偏向型技术进步，即 $d\varphi_t>0$ 时，劳动增进型技术进步 A_{Lt} 相对资本增进型技术进步 A_{Kt} 增加，资本—劳动增强型技术进步之比 $\dfrac{A_{Kt}}{A_{Lt}}$ 减少，劳动收入份额下降，资本收入份额上升。同理，当 $0<\sigma<1$ 时，劳动偏向型技术进步会使劳动收入份额上升，资本收入份额下降。根据上述分析我们可以知道，无论替代弹性大小为何，资本偏向型技术进步总是会使劳动收入份额降低、资本收入份额上升，劳动偏向型技术进步总是会使劳动收入份额上升、资本收入份额下降。由后面计算可知，全国各省 2000～2017 年替代弹性平均值约为 0.4170，资本与劳动呈互补关系。

综上，在 $\sigma\neq1$ 的情况下，技术进步偏向资本，技术进步会使劳动收入份额下降、资本收入份额上升；技术进步偏向劳动，技术进步会使劳动收入份额上升、资本收入份额下降。环境规制带来的技术进步对劳动—资本收入分配的影响方向，将由技术进步的偏向性决定。

第二节　环境规制影响劳动—资本收入分配的实证设计

一、回归模型设定

（一）环境规制影响劳动—资本收入分配的基础模型设定

根据前面理论分析设置如下的回归方程：

$$\ln LS_{p,t} = \beta_0 + \beta_1 \ln LS_{p,t-1} + \beta_2 \ln ER_{p,t} + \beta_3 \ln FDI_{p,t}$$
$$+ \beta_4 \ln EX_{p,t} + \beta_5 \ln RD_{p,t} + \mu_p + \varepsilon_{p,t} \qquad (13-8)$$

其中，LS 是劳动收入份额，即劳动收入占劳动—资本收入之和的比，用来表示劳动—资本收入分配关系，ER 表示各省环境规制强度，FDI 表示各省外商直接投资，EX 是各省出口数，RD 是各省研究和技术发展投入强度，β_0 是常数项，μ_p 代表个体效应，$\varepsilon_{p,t}$ 是残差项，p 代表省份，t 代表年份。为检验本书设定的动态面板是否合理，探究劳动收入份额的路径依赖程度，回归方程（13-8）中引入劳动收入份额一阶滞后项 $LS_{p,t-1}$，由于环境规制的实施到对劳动收入份额产生实际影响存在一定时滞，我们在式（13-9）中加入 $ER_{p,t-1}$，即环境规制一阶滞后项，考察环境规制对劳动收入份额的时滞效应。

$$\ln LS_{p,t} = \beta_0 + \beta_1 \ln LS_{p,t-1} + \beta_2 \ln ER_{p,t-1} + \beta_3 \ln FDI_{p,t} + \beta_4 \ln EX_{p,t}$$
$$+ \beta_5 \ln RD_{p,t} + \mu_p + \varepsilon_{p,t} \qquad (13-9)$$

（二）环境规制影响劳动—资本收入分配的技术进步偏向中介模型设定

为进一步研究环境规制通过技术进步偏向对劳动收入份额的间接影响，借助中介效应模型进行检验，构建的计量检验模型如下：

$$\ln LS_{p,t} = \alpha_0 + \alpha_1 \ln LS_{p,t-1} + \alpha_2 \ln ER_{p,t-1} + \alpha_3 \ln RDQ_{p,t} + \alpha_4 \ln EX_{p,t}$$
$$+ \alpha_5 \ln FDI_{p,t} + \alpha_6 \ln KCL_{p,t} + \delta_{p,t} \qquad (13-10)$$

$$\ln Bias_{p,t} = \beta_0 + \beta_1 \ln ER_{p,t-1} + \beta_2 \ln RDQ_{p,t} + \beta_3 \ln EX_{p,t} + \beta_4 \ln FDI_{p,t}$$
$$+ \beta_5 \ln KCL_{p,t} + \omega_{p,t} \qquad (13-11)$$

$$\ln LS_{p,t} = \theta_0 + \theta_1 \ln LS_{p,t-1} + \theta_2 \ln ER_{p,t-1} + \theta_3 \ln Bias_{p,t} + \theta_4 \ln RDQ_{p,t}$$
$$+ \theta_5 \ln EX_{p,t} + \theta_6 \ln FDI_{p,t} + \theta_7 \ln KCL_{p,t} + \zeta_{p,t} \qquad (13-12)$$

其中，α_2 是环境规制对劳动收入份额影响的总效应，$\beta_2 \times \theta_3$ 是环境规制通过技术进步偏向传导的中介效应，θ_2 是环境规制对劳动收入份额的直接效应。

二、主要变量定义与测算

劳动—资本收入分配关系使用劳动收入份额表示（LS）。本章选取2000～

2017 年省际面板数据，用收入法 GDP 对全国 29 省份劳动收入份额进行测度，港澳台除外，海南、西藏数据缺失，故不进行测度。本章的劳动收入份额计算方法为：劳动收入份额＝劳动者报酬／（收入法 GDP － 生产税净额），虽然生产税分配对劳动收入份额计算存在一定影响，但不同分配方式产生的结果在变化趋势上基本相同（陆雪琴，2016），故本章选取收入法 GDP 剔除生产税净额来计算劳动收入份额。

环境规制（ER）。环境规制是本章的关键解释变量，环境规制的测度方法并非确定的，不同的测度方法将代表不同的含义，也会在实证研究中带来不同的结果与解释，李小平（2012）提出环境规制的数据选择与测度方法对研究有着重大的影响。国内外主流文献中对环境规制的测度给出以下的方法：如使用美国 PAOC（减污运营成本）占总成本的比值测度环境规制（Ederington and Minier，2003），使用美国 PAOC 占产业附加值的比值测度环境规制（Levinson and Taylor，2008），使用不同污染物的排放密度测度环境规制（Cole and Elliott，2003）。王杰和刘斌（2014）采用加权线性和法，基于二氧化硫去除率、工业烟（粉）尘去除率两个单项指标构建环境规制综合指数（ERS），沈坤荣等（2017）在此基础上对行业环境规制的测量方法拓展到地区层面。

由于分省份环境规制测度比较困难，各省份环境规制强度主要受到各行业环境污染程度影响，本章参考杨振兵等（2015）、任晓松等（2020）的方法，从环境污染角度构造 ER 指标，用各省份工业废气、废水、烟尘排放作为环境规制的衡量指标，考虑到环境规制对要素收入分配的影响存在滞后性，所以以环境规制的一阶滞后项作为解释变量。

第一步，本研究所考量的污染物包括各省工业废水排放量、工业 SO_2 排放量、工业烟尘排放量，由于不同省份产业结构不同，污染排放差距较大，将不同污染排放物进行标准化，从而保证各省之间的污染的可比性。

$$E_{pjt}^s = \frac{E_{pjt} - \min(E_{jt})}{\max(E_{jt}) - \min(E_{jt})} \tag{13-13}$$

其中，E_{pjt}^s 代表 p 省份 j 污染物在 t 年的标准化值，E_{pjt} 代表 p 省的 j 污染物在 t 年的排放量，$\max(E_{jt})$、$\min(E_{jt})$ 分别代表 j 污染物于 t 年在全国各省中排放的最大值与最小值。

第二步，计算各污染物的调整系数 W_{jt}。由于不同省份的行业构成差异较大，省份间的三种环境污染物排放差距较大，调整系数可以帮助近似反映污染物特性的差异，计算公式如下：

$$W_{jt} = \frac{E_{pjt} \Big/ \sum E_{pjt}}{Y_{pt} \Big/ \sum Y_{pt}} = \frac{E_{pjt}}{Y_{pt}} \Big/ \frac{\sum E_{pjt}}{\sum Y_{pt}} = \frac{UE_{pjt}}{\overline{UE_{pjt}}} \qquad (13-14)$$

其中，Y_{pt} 代表 p 省在 t 年的工业总产值，代表全国在 t 年的总产值，UE_{pjt} 代表 p 省份污染物 j 在 t 年的单位产值排放，$\overline{UE_{pjt}}$ 代表污染物 j 在 t 年的单位产值排放的行业平均水平。

第三步，计算省份 p 在 t 年的整体污染排放强度：

$$EP_{pt} = \frac{1}{n} \sum_{j=1}^{n} W_{jt} \times E_{pjt}^{s} \qquad (13-15)$$

最后，用单位产值的各省污染治理投资费用修正得到环境规制指标 ER_{pt}：

$$ER_{pt} = UI_{pt}/EP_{pt} \qquad (13-16)$$

其中，UI_{pt} 是标准化后的单位产值的各省污染治理投资费用，同 E_{pjt}^{s} 求法一样，不再赘述。这样构建的环境规制指标，一方面显示了各省份在污染治理投资上的意愿强度，另一方面也显示出了各省的实际环境污染强度，相较于只考虑环境污染或者只考虑治污投资的测度方式更具有现实意义。

将 29 省份分为东、中、西部三个区域，表 13-1 呈现了分地区的环境规制强度。从中可以直观看出，东部环境规制高于中部环境规制，中部环境规制高于西部环境规制，由于东部地区发展较快，工业、城市污染较为密集，环境规制强度高，西部地区发展较缓，工业发展落后，污染程度低，自然环境规制强度较低。

表 13-1　　　　2000~2017 年全国东、中、西地区环境规制强度

年份	东部	中部	西部
2000	1.5788	0.543268	0.478342
2001	1.498184	0.493418	0.47912

续表

年份	东部	中部	西部
2002	1. 531869	0. 452718	0. 428466
2003	1. 847989	0. 433788	0. 412086
2004	1. 855426	0. 428282	0. 4089
2005	2. 117335	0. 421343	0. 426173
2006	2. 127315	0. 401123	0. 344924
2007	2. 052381	0. 426985	0. 381826
2008	1. 232717	0. 429825	0. 478387
2009	1. 913603	0. 480371	0. 37488
2010	1. 987267	0. 536076	0. 412941
2011	1. 387331	0. 545424	0. 418862
2012	1. 378887	0. 559508	0. 387535
2013	1. 383683	0. 607834	0. 391784
2014	1. 314344	0. 5291	0. 39083
2015	1. 41308	0. 53876	0. 383512
2016	1. 523388	0. 786485	0. 451928
2017	1. 645678	0. 633888	0. 357699

资料来源：国家统计局。

技术进步偏向（Bias）。为体现环境规制导致的技术进步带来的资本、劳动生产率的差距、更好地体现要素替代关系及其对有偏技术进步的影响，借鉴杨振兵等（2015）研究，将资本、劳动、环境作为要素投入加入超越对数生产函数中，构建生产模型：

$$\ln Y_{p,t} = \beta_0 + \beta_K \ln K_{p,t} + \beta_L \ln L_{p,t} + \beta_C \ln C_{p,t} + \frac{1}{2}\beta_{KK}(\ln K_{p,t})^2 + \frac{1}{2}\beta_{LL}(\ln L_{p,t})^2$$

$$+ \frac{1}{2}\beta_{CC}(\ln C_{p,t})^2 + \frac{1}{2}\beta_{KL}\ln K_{p,t}\ln L_{p,t} + \frac{1}{2}\beta_{KC}\ln K_{p,t}\ln C_{p,t}$$

$$+ \frac{1}{2}\beta_{LC}\ln L_{p,t}\ln C_{p,t} + \beta_{Kt}t\ln K_{p,t} + \beta_{Lt}t\ln L_{p,t} + \beta_{Ct}t\ln C_{p,t} + n_{pt} - u_{pt}$$

（13 - 17）

式（13－17）中，$Y_{p,t}$ 为省份产出，p 为省份，t 为时间，K 为资本投入，L 为劳动投入，C 为环境投入，采用各省环境污染 SO_2 排放量、污水排放和固体污染物排放调整系数相加作为环境投入的替代指标。u_{pt} 刻画了技术无效率程度。为对生产无效率方程进行解释，构建如下生产无效率方程：

$$u_{pt} = \theta_0 + \theta_1 \ln K_{p,t} + \theta_2 \ln L_{p,t} + \theta_3 \ln C_{p,t} + \theta_4 t \ln K_{p,t} + \theta_5 t \ln L_{p,t}$$
$$+ \theta_6 t \ln C_{p,t} + \theta_7 RD_{p,t} + \theta_8 FDI_{p,t} \qquad (13-18)$$

通过 Frontier4.1 软件用随机前沿分析 SFA 对上式进行回归得到系数 β_K、β_L、β_C、β_{KK}、β_{LL}、β_{CC}、β_{KL}、β_{KC}、β_{LC}、β_{Kt}、β_{Lt}、β_{Ct}、θ_0、θ_1、θ_2、θ_3、θ_4、θ_5、θ_6、θ_7、θ_8 参数。结果如表 13－2 所示。

表 13－2　　　　随机前沿超越对数模型生产方程与效率方程

参数	系数估计	参数	系数估计
β_0	－ 1.2493 * （1.7591）	θ_0	－ 0.8376 （－ 2.5759 **）
β_K	0.6705 *** （7.5693）	θ_K	0.7099 （12.7889 ***）
β_L	1.1727 *** （9.5076）	θ_L	0.0218 （0.2236）
β_C	－ 0.4015 *** （－ 3.6348）	θ_C	－ 0.0302 （－ 0.7692）
β_{KK}	－ 0.0274 ** （－ 1.9933）	θ_{Kt}	0.0187 （4.7851 ***）
β_{LL}	－ 0.2635 *** （－ 7.4287）	θ_{Lt}	－ 0.0222 （－ 2.7789 ***）
β_{CC}	－ 0.0193 *** （－ 6.6766）	θ_{Ct}	－ 0.0062 （－ 1.961 **）
β_{KL}	0.1647 *** （4.1997）	θ_{RD}	－ 0.4758 （－ 10.2020 ***）

续表

参数	系数估计	参数	系数估计
β_{KC}	-0.0419^{***} (-2.7664)	θ_{FDI}	-0.0616 (-4.1677^{***})
β_{LC}	0.151^{***} (7.1977)	σ^2	0.0366 (20.4534^{***})
β_{Kt}	0.025^{***} (9.9569)	γ	0.9999 (8694554.1^{***})
β_{Lt}	-0.0408^{***} (-9.1420)	对数似然值	362.69
β_{Ct}	-0.0002 (-0.0834)	LR	291.52

注：*、**、*** 分别表示在 10%、5%、1% 的显著性水平。

由表 13-2 结果可知，在超越对数函数中绝大数参数处在 1% 的显著性水平上，说明模型解释力很强。σ^2 值为 0.0366，说明误差项和无效率项波动幅度很小。γ 的值为 0.9999 且在 1% 的显著性水平上，说明误差项变异来源于技术非效率，随机误差带来的影响仅为 0.01%。因此，此处所构建的超越对数生产函数以及随机前沿方法较好地刻画了全国各省生产特征及其变化情况。

根据有偏技术进步的定义，我们根据黛蒙德（Diamond，1965）提出的方法计算有偏技术进步：

$$\text{Bias} = \frac{\partial MPK/\partial t}{MPK} - \frac{\partial MPL/\partial t}{MPL} = \frac{\beta_{Kt}}{MPK} - \frac{\beta_{Lt}}{MPL} \qquad (13-19)$$

黛蒙德提出的有偏技术进步计算公式的含义是有技术进步带来的资本投入与劳动投入的边际产出随时间变化的增长率之差。

根据超越对数生产函数我们得到 MPK 与 MPL：

$$MPK = \frac{\partial Y}{\partial K} = \frac{Y}{K} \cdot \frac{\partial lnY}{\partial lnK} = \frac{Y}{K} \cdot (\beta_K + \beta_{KK}lnK_{p,t} + \frac{1}{2}\beta_{KL}lnL_{p,t} + \frac{1}{2}\beta_{KC}lnC_{p,t} + \beta_{Kt}t)$$

$$(13-20)$$

$$\text{MPL} = \frac{\partial Y}{\partial L} = \frac{Y}{L} \cdot \frac{\partial \ln Y}{\partial \ln L} = \frac{Y}{L} \cdot \left(\beta_L + \beta_{LL} \ln L_{p,t} + \frac{1}{2}\beta_{KL} \ln K_{p,t} + \frac{1}{2}\beta_{LC} \ln C_{p,t} + \beta_{Lt}t \right)$$

$$(13-21)$$

经测算，全国 29 个省份技术进步偏向总体呈现资本偏向型，29 个省份 2000 ~ 2017 年 522 个样本中，仅有 10 个样本呈现劳动偏向型。计算结果如表 13 - 3 所示，为更好在书中展现结果，同样将 29 省份分为东、中、西部三个区域。

表 13 - 3 　　　　　　2000 ~ 2017 年全国东、中、西部技术进步偏向指数

年份	东部	中部	西部
2000	0.092885	0.0958	0.092824
2001	0.09374	0.099174	0.097103
2002	0.096937	0.099519	0.099578
2003	0.100276	0.103414	0.101937
2004	0.104215	0.10796	0.106077
2005	0.10749	0.11424	0.109589
2006	0.114013	0.117085	0.112399
2007	0.120493	0.124812	0.120519
2008	0.129103	0.134831	0.129415
2009	0.140106	0.144574	0.134609
2010	0.988361	0.156548	1.136758
2011	0.163252	0.181039	0.162717
2012	0.183583	0.208068	0.180753
2013	0.21704	0.242362	0.210914
2014	0.261449	0.321753	0.32737
2015	0.361836	0.525917	0.363513
2016	0.436431	− 0.54139	0.056324
2017	2.246462	0.548867	0.63888

资料来源：国家统计局。

从表 13 – 3 中数据发现，2000 ~ 2017 年全国东、中、西部技术进步偏向指数大体上大于 0，并且技术进步偏向指数大致呈现逐年增加的趋势，这说明，全国技术进步总体呈现资本偏向，并且技术进步的资本偏向在不断增强。

通过超越对数生产函数以及随机前沿方法所得的表 13 – 2 中的参数，我们还可以计算出全国 29 省份的替代弹性，经计算我们得出，2000 ~ 2017 年全国 29 省份替代弹性小于 1，资本与劳动互补。替代弹性公式如下：

$$\sigma = \left[1 + 2\left(\beta_{KL} - \frac{\varepsilon_L}{\varepsilon_K}\beta_{KK} - \frac{\varepsilon_K}{\varepsilon_L}\beta_{LL} \right)(\varepsilon_K + \varepsilon_L)^{-1} \right]^{-1} \quad (13-22)$$

其中，ε_K、ε_L 表达式如下：

$$\varepsilon_K = \beta_K + \beta_{KK}\ln K_{p,t} + \frac{1}{2}\beta_{KL}\ln L_{p,t} + \frac{1}{2}\beta_{KC}\ln C_{p,t} + \beta_{Kt}t \quad (13-23)$$

$$\varepsilon_L = \beta_L + \beta_{LL}\ln L_{p,t} + \frac{1}{2}\beta_{KL}\ln K_{p,t} + \frac{1}{2}\beta_{LC}\ln C_{p,t} + \beta_{Lt}t \quad (13-24)$$

借鉴相关文献中的研究和实际经济意义，本研究选取了以下控制变量：外商直接投资（FDI），选择各省份当年实际利用的外商直接投资额衡量外商直接投资，数据来源于各省统计年鉴。出口额（EX），采用各省当年实际出口额衡量出口额。科研投入水平（RD），选择各省份的研究与开发经费支出反映科研投入水平。各变量的描述性统计由表 13 – 4 中所示。

表 13 – 4　　　　　　　　　　变量的描述性统计

变量	均值	标准差	最小值	最大值
lnLS	– 0. 6057	0. 1244	– 1. 0568	– 0. 2595
lnER	– 0. 5438	0. 8447	– 2. 0798	1. 9929
lnRD	– 4. 5531	0. 6535	– 6. 2085	– 2. 8111
lnEX	13. 9139	1. 7751	9. 3237	17. 9839
lnFDI	12. 1470	1. 7510	7. 3099	15. 0897

第三节　环境规制影响要素劳动—资本收入分配的实证分析

一、环境规制影响劳动—资本收入分配的基础回归结果分析

根据前面设定的回归模型（13－8）、模型（13－9），按照豪斯曼检验结果，我们首先对其进行固定效应回归，相关结果如表13－5所示。式（13－8）、式（13－9）中由于 $lnLS_{p,t}$ 是 μ_p 的函数，所以 $lnLS_{p,t-1}$ 也是 μ_p 的函数，这意味着解释变量和误差项之间存在相关性，OLS估计量是有偏和不一致的。为获得有效估计量，我们将采用两步系统广义矩估计 GMM 方法，GMM 估计进行以下检验：AR（2），要用来检验残差是否存在二阶序列相关；Hansen 检验，主要用来检验工具变量的有效性。

表13－5中（1）（2）两列报告了固定效应的结果，可以看出不论是当期环境规制还是滞后一期的环境规制，其系数符号都为负，且均在1%的置信水平上高度显著，由此可以判断，当期和滞后一期环境规制对劳动收入份额存在显著的负相关关系，也即对资本收入份额有正相关关系。这意味着随着环境规制强度的提高，劳动收入份额会减少，且当期环境规制对劳动收入份额的负面影响更大。

为减少内生性影响，我们使用 SYS－GMM 方法进行进一步回归，回归结果如表13－5中（3）（4）列所示，SYS－GMM 模型通过了二阶序列相关检验和 Hansen 检验。我们可以看出回归结果与固定效应回归基本一致，但 SYS－GMM 方法中，不论是当期还是滞后一期的环境规制对劳动收入份额的负面影响更大，并且当期和滞后一期系数相等，也即当期和滞后一期环境规制对劳动收入份额有同等大小的负面影响。由上述回归我们不难看出，环境规制在一定程度上会减少劳动收入份额，使得要素收入分配更倾向于资本要素。

表 13 – 5　　　　　　　　　环境规制影响劳动收入份额的基础回归结果

变量	固定效应模型估计		SYS – GMM	
	（1）	（2）	（3）	（4）
	lnLS	lnLS	lnLS	lnLS
L. lnLS	0. 8094 *** (31. 0815)	0. 8102 *** (30. 8914)	0. 7942 *** (21. 2961)	0. 7755 *** (38. 3956)
lnER	– 0. 0187 *** （– 3. 5505）		– 0. 0254 *** （– 9. 6570）	
L. lnER		– 0. 0154 *** （– 2. 8272）		– 0. 0250 *** （– 6. 6035）
lnRD	0. 0154 （1. 3836）	0. 0162 （1. 4506）	0. 0282 ** （2. 7195）	0. 0259 *** （4. 0371）
lnEX	0. 0027 （0. 5701）	0. 0025 （0. 5280）	0. 0032 （0. 7991）	0. 0022 （0. 5095）
lnFDI	0. 0012 （0. 2917）	0. 0007 （0. 1711）	– 0. 0031 （– 0. 5891）	– 0. 0012 （– 0. 2726）
常数项	– 0. 1105 （– 1. 1177）	– 0. 0958 （– 0. 9650）		
调整后的 R^2	0. 712	0. 709		
AR （2）			0. 679	0. 725
观测值	493	493	464	464

注：（1） * 、** 和 *** 分别表示系数在 10% 、5% 和 1% 的置信水平上显著；（2） lag 是回归中对应被解释变量的一阶滞后项；（3） 解释变量系数下方的括号里是对应的 Z 统计量；（4） Hansen 检验和二阶序列相关检验（即 AR （2） 检验）的第一行列出了对应检验的统计量值，第二行为对应的 P 值。下同。

二、环境规制影响要素收入分配：技术进步偏向中介回归结果分析

根据前述方程（13 – 10）、方程（13 – 11）、方程（13 – 12）进行检验，回归结果分见表 13 – 6。由于考虑环境规制对技术进步及要素收入分配影响的时滞性，将环境规制一阶滞后项引入模型。从表 13 – 6 中（1）可以看出

环境规制对劳动收入份额的总效应在1%水平上显著为正，因此中介效应检验可以继续进行。从表13-6中（2）列可以看出环境规制对中介变量技术进步偏向有正向影响，在1%水平上显著，这表明环境规制强度的增强会使技术进步的资本偏向增强。表13-6中（3）列滞后一期的环境规制和技术进步偏向对劳动收入份额有显著的负相关关系。根据表13-6中（1）~（3）列可以得出环境规制会通过影响技术进步偏向进而影响劳动收入份额，与前面理论分析结论一致。

表 13-6　　　　　　　　技术进步偏向中介效应下的回归结果

变量	（1）	（2）	（3）
	lnLS	lnBias	lnLS
L. lnLS	0.7755 *** (38.3956)		0.7368 *** (23.1111)
L. lnER	−0.0250 *** (−6.6035)	0.1059 *** (5.6262)	−0.0209 *** (−4.9189)
lnBias			−0.0153 ** (−2.4053)
lnRD	0.0259 *** (4.0371)	0.0887 (0.8909)	0.0336 *** (2.8529)
lnEX	0.0022 (0.5095)	0.0596 ** (2.2231)	0.0090 ** (2.4544)
lnFDI	−0.0012 (−0.2726)	−0.0527 * (−1.7205)	−0.0115 (−1.5273)
AR（2）	−0.35 (0.725)	−0.90 (0.368)	−0.51 (0.610)
Hansen	28.52 (1.000)	27.14 (1.000)	25.86 (1.000)
观测值	464	450	450
中介效应占比			6.4811%

注：* 、** 、*** 分别表示系数在10%、5%、1%的置信水平上显著。

三、稳健性检验

前面分析可知：一是环境规制和劳动收入份额之间存在显著的负相关关系；二是环境规制通过技术进步偏向影响要素收入分配。为考察实证结果稳健性，本研究将先选取当期环境规制强度和当期环境规制的法规数作为代理变量，进行稳健性检验。

由表 13 - 7 结果可知，当期环境规制对劳动收入份额存在显著的负向影响，且负向影响和滞后一期环境规制对劳动收入份额影响大小几乎相同，但是，从第（2）列结果可以看出，当期环境规制对技术进步偏向系数显著为负，即当期环境规制会削弱技术进步的资本偏向性，与滞后一期环境规制对技术进步偏向影响相反。第（3）列结果可以看出，当期环境规制、技术进步偏向对劳动收入份额依旧都存在显著的负向影响，可以得出当期环境规制虽然削弱了技术进步的资本偏向性，但是技术进步总体上仍呈现资本偏向型，所以技术进步偏向对劳动收入份额仍存在负向影响，与本章前文理论相符合。综上，当期环境规制对劳动收入份额存在显著负向影响，但是环境规制对资本偏向型技术进步的削弱作用的中介效应可以在一定程度上抑制环境规制对劳动收入份额的负向影响。

表 13 - 7　　　　　　　　　基于当期环境规制的稳健性检验

变量	(1)	(2)	(3)
	lnLS	lnBias	lnLS
L. lnLS	0. 7942 *** (21. 2961)		0. 7575 *** (23. 4038)
lnER	- 0. 0254 *** (- 9. 6570)	- 0. 0728 *** (- 5. 1266)	- 0. 0301 *** (- 7. 2854)
lnBias			- 0. 0260 *** (- 3. 8068)

续表

变量	(1)	(2)	(3)
	lnLS	lnBias	lnLS
lnRD	0.0282 ** (2.7195)	0.0494 (0.6674)	0.0330 *** (3.4365)
lnEX	0.0032 (0.7991)	0.0347 (0.7558)	0.0108 *** (3.5158)
lnFDI	−0.0031 (−0.5891)	0.0096 (0.1456)	−0.0112 ** (−2.5870)
AR (2)	−0.41 (0.679)	−1.04 (0.297)	−0.68 (0.493)
Hansen	27.63 (1.000)	27.52 (1.000)	24.34 (1.000)
观测值	464	477	450
中介效应占比			−7.4520%

注: * 、** 和 *** 分别表示系数在 10% 、5% 和 1% 的置信水平上显著。

参考部分研究文献中将总量控制政策作为环境规制强度变化的标志予以考察（Shi and Xu，2018），本研究采用各省当期环境规制的法规数作为稳健性检验中的环境规制变量代理指标。各省环境规制的法规变量 lnLAW 用各省当年颁布地方性环保法规数、当年颁布地方性环保规章数、当年发布的地方环境保护标准数之和再加 1 的对数表示（由于部分省份某些年份没有环境规制的法规颁布，所以统一加上 1），由此可以充分体现不同省份的环境规制强度差异，稳健性检验将采取当期 lnLAW，因为一般而言环境规制的法规颁布会给予企业直接的信息引导促使企业快速调整。由表 13 −8 中的估计结果可知：（1）中显示出当期环境规制数量法规对劳动收入份额有显著负面影响；（2）中显示出当期环境规制的法规数量与技术进步资本偏向性有显著正相关关系；（3）中显示出当期环境规制的法规数量与技术进步资本偏向性对劳动收入份额有显著负向影响。表明在不同环境规制代理变量下实证结果是稳健的。

表 13 - 8　　　　　　基于当期环境规制的法规数稳健性检验

变量	(1)	(2)	(3)
	lnLS	lnBias	lnLS
L. lnLS	0. 7704 *** (54. 6822)		0. 7616 *** (32. 5559)
lnLAW	- 0. 0089 *** (- 6. 4275)	0. 2733 *** (22. 0940)	- 0. 0077 *** (- 4. 3199)
lnBias			- 0. 0147 *** (- 3. 1451)
lnRD	0. 0295 *** (3. 2975)	0. 0263 (0. 2984)	0. 0386 *** (4. 0584)
lnEX	0. 0050 (1. 4933)	0. 0781 (1. 3550)	0. 0103 *** (2. 9042)
lnFDI	- 0. 0072 (- 1. 3735)	- 0. 0419 (- 0. 7092)	- 0. 0147 * (- 2. 0455)
AR (2)	- 0. 63 (0. 529)	- 1. 20 (0. 229)	- 0. 74 (0. 457)
Hansen	24. 37 (1. 000)	27. 23 (1. 000)	25. 86 (1. 000)
观测值	464	477	450
中介效应占比			45. 1406%

第四节　主要结论与政策建议

本章研究构建了环境规制影响要素劳动—资本收入分配的直接效应与通过技术进步偏向进行影响的中介效应模型，基于 2000 ~ 2017 年中国省级层面的数据进行了实证检验，得出以下结论：（1）在固定效应分析中我们发现，不论是当期环境规制还是滞后一期环境规制对劳动收入份额都有显著的负向影响，也即使得要素劳动—资本收入分配中更偏向于资本。为消除内生性问题的 SYS – GMM 检验中，得到了相同的结论，结论可以反映一定的"遵循成本效应"思想，即环境规制提高了企业运行成本，企业在考虑不同要素边际成本和生产环境下要素使用调整成本的情况下，相对减少劳动要素投入，进而降低了劳动—资本收入分配中的劳动收入份额。（2）中介效应检验发现，环境规制会通过技术进步偏向影响劳动收入份额，资本偏向型技术进步对劳动收入份额存在负向影响，且环境规制会强化资本偏向型技术进步，导致劳动收入份额进一步下降。（3）稳健性分析中，我们发现，不同于滞后一期环境规制，当期环境规制会削弱技术进步的资本偏向，但是由于技术进步偏向总体上仍然呈现资本偏向，所以技术进步偏向对劳动收入份额依然存在负向影响，和本章理论分析相符合。

基于上述结论，我们提出以下政策建议：虽然环境规制对劳动—资本收入分配中劳动收入份额存在负面影响，但是由于中国的环境规制是一项长期的政策性要求，所以各地政府应在环境规制同时采用财税等政策鼓励企业相对增加对劳动要素的使用，以促使企业不再是简单通过要素结构调整降低劳动要素使用水平以应对环境规制成本。从技术进步偏向中介效应结论中我们可以看出，目前环境规制整体会导致企业技术进步的资本偏向，而企业资本偏向型的技术进步会导致劳动—资本收入分配中更偏向于资本要素，故政府应出台促进劳动偏向型技术进步的政策措施，以利于提升劳动—资本收入分配中的劳动收入水平。

参 考 文 献

［1］白重恩，钱震杰，武康平．中国工业部门要素分配份额决定因素研究［J］．经济研究，2008（8）．

［2］白重恩，钱震杰．国民收入的要素分配：统计数据背后的故事［J］．经济研究，2009（3）．

［3］白重恩，钱震杰．劳动收入份额决定因素：来自中国省际面板数据的证据［J］．世界经济，2010，33（12）．

［4］柏培文，李相霖．要素收入与居民分配格局［J］．吉林大学社会科学学报，2020，60（5）．

［5］包群，邵敏．外商投资与东道国工资差异：基于我国工业行业的经验研究［J］．管理世界，2008（5）．

［6］蔡昉．人口转变、人口红利与刘易斯转折点［J］．经济研究，2010，45（4）．

［7］蔡跃洲，陈楠．新技术革命下人工智能与高质量增长、高质量就业［J］．数量经济技术经济研究，2019，36（5）．

［8］蔡跃洲，张钧南．信息通信技术对中国经济增长的替代效应与渗透效应［J］．经济研究，2015，50（12）．

［9］常进雄，朱帆，董非．劳动力转移就业对经济增长、投资率及劳动收入份额的影响［J］．世界经济，2019（7）．

［10］钞小静，廉园梅．劳动收入份额与中国经济增长质量［J］．经济学动态，2019（9）．

［11］钞小静，周文慧．人工智能对劳动收入份额的影响研究——基于技能偏向性视角的理论阐释与实证检验［J］．经济与管理研究，2021，42

（2）.

[12] 陈斌开，杨依山，许伟. 中国城镇居民劳动收入差距演变及其原因：1990—2005 [J]. 经济研究，2009，44（12）.

[13] 陈登科，陈诗一. 资本劳动相对价格、替代弹性与劳动收入份额 [J]. 世界经济，2018（12）.

[14] 陈冬华，范从来，沈永建. 高管与员工：激励有效性之比较与互动 [J]. 管理世界，2015（5）.

[15] 陈秋霖，许多，周羿. 人口老龄化背景下人工智能的劳动力替代效应——基于跨国面板数据和中国省级面板数据的分析 [J]. 中国人口科学，2018（6）.

[16] 陈宇峰，贵斌威，陈启清. 技术偏向与中国劳动收入份额的再考察 [J]. 经济研究，2013（6）.

[17] 陈自芳. 提高农民财产性收入的省域特征及战略路径 [J]. 区域经济评论，2019（1）.

[18] 程惠芳，丁小义，翁杰. 国际产品内分工模式对中国工业部门收入分配格局的影响研究 [J]. 中国工业经济，2014（7）.

[19] 单希彦. 中间产品进口与工资差距——以进口关税为工具变量的实证分析 [J]. 国际贸易问题，2014（10）.

[20] 邓明，吴亮. 中国地区层面技能溢价来源的分解与识别：源自偏向性技术进步还是资本—技能互补？[J]. 劳动经济评论，2021，14（1）.

[21] 邓翔，黄志. 人工智能技术创新对行业收入差距的效应分析——来自中国行业层面的经验证据 [J]. 软科学，2019（11）.

[22] 邓阳. 我国城镇居民收入差距对财产性收入的影响分析 [J]. 商业经济研究，2019（14）.

[23] 杜传文，李晴，芮明杰，吕洁. 大规模工业机器人应用与异质性技能劳动力之间的替代互补关系 [J]. 中国科技论坛，2018（8）.

[24] 杜勇，张欢，陈建英. 金融化对实体企业未来主业发展的影响：促进还是抑制 [J]. 中国工业经济，2017（12）.

[25] 段军山，庄旭东. 金融投资行为与企业技术创新——动机分析与

经验证据［J］. 中国工业经济，2021（1）.

［26］段玉婉，刘丹阳，倪红福. 全球价值链视角下的关税有效保护率——兼评美国加征关税的影响［J］. 中国工业经济，2018（7）.

［27］范洪敏. 环境规制会抑制农民工城镇就业吗［J］. 人口与经济，2017（5）.

［28］方毅，卫剑，陈煜之. 基于收入结构视角的我国城乡收入差距影响因素研究［J］. 浙江社会科学，2021（7）.

［29］高良谋，卢建词. 内部薪酬差距的非对称激励效应研究——基于制造业企业数据的门限面板模型［J］. 中国工业经济，2015（8）.

［30］高运胜，王云飞，蒙英华. 融入全球价值链扩大了发展中国家的工资差距吗？［J］. 数量经济技术经济研究，2017，34（8）.

［31］龚敏，辛明辉. 产业结构变迁与劳动份额变化——基于要素替代弹性和偏向技术进步视角［J］. 学术月刊，2017（12）.

［32］龚新蜀，张洪振，王艳，潘明明. 产业结构升级、城镇化与城乡收入差距研究［J］. 软科学，2018（4）.

［33］巩师恩，范从来. 二元劳动力结构与通货膨胀动态形成机制——基于新凯恩斯菲利普斯曲线框架［J］. 财经研究，2013，39（3）.

［34］关爱萍，谢晶. 技能偏向性技术进步、"资本—技能"互补与技能溢价［J］. 软科学，2020，34（9）.

［35］郭凯明，罗敏. 有偏技术进步、产业结构转型与工资收入差距［J］. 中国工业经济，2021（3）.

［36］郭凯明. 人工智能发展、产业结构转型升级与劳动收入份额变动［J］. 管理世界，2019，35（7）.

［37］郭庆旺，吕冰洋. 论要素收入分配对居民收入分配的影响［J］. 中国社会科学，2012（12）.

［38］韩国高，张倩. 技术进步偏向对工业产能过剩影响的实证研究［J］. 科学学研究，2019（12）.

［39］韩海燕，姚金伟. 要素市场对构建合理有序居民收入分配格局的影响研究［J］. 现代经济探讨，2015（11）.

[40] 韩民春，乔刚．工业机器人对制造业劳动力就业的结构性影响与地区差异［J］．产经评论，2020，11（3）．

[41] 何茜．中国城乡居民收入差距来源的结构分解［J］．统计与决策，2020，36（20）．

[42] 何宗樾，张勋，万广华．数字金融、数字鸿沟与多维贫困［J］．统计研究，2020，37（10）．

[43] 洪俊杰，商辉．中国开放型经济的"共轭环流论"：理论与证据［J］．中国社会科学，2019（1）．

[44] 胡斌红，杨俊青．环境规制与劳动收入份额：可以实现双赢吗？［J］．财经科学，2020（2）．

[45] 胡晟明，王林辉，董直庆．工业机器人应用与劳动技能溢价——理论假说与行业证据［J］．产业经济研究，2021（4）．

[46] 胡国强，张俊民．保护性股权激励与现金股利政策——来自中国上市公司的经验证据［J］．经济与管理研究，2013（2）．

[47] 胡奕明，王雪婷，张瑾．金融资产配置动机："蓄水池"或"替代"？——来自中国上市公司的证据［J］．经济研究，2017，52（1）．

[48] 胡昭玲，李红阳．参与全球价值链对我国工资差距的影响——基于分工位置角度的分析［J］．财经论丛，2016（1）．

[49] 黄先海，徐圣．中国劳动收入下降的成因分析——基于劳动节约型技术进步的视角［J］．经济研究，2009（7）．

[50] 黄旭．人工智能技术发展背景下收入不平等及政策：理论分析［J］．中央财经大学学报，2021（7）．

[51] 黄祖辉，傅琳琳．浙江高质量发展建设共同富裕示范区的实践探索与模式解析［J］．改革，2022（5）．

[52] 黄祖辉，王敏，宋瑜．农村居民收入差距问题研究——基于村庄微观角度的一个分析框架［J］．管理世界，2005（3）．

[53] 黄祖辉，俞宁．新型农业经营主体：现状、约束与发展思路——以浙江省为例的分析［J］．中国农村经济，2010（10）．

[54] 贾坤，申广军．企业风险与劳动收入份额：来自中国工业部门的

证据 [J]. 经济研究，2016 (5).

[55] 简泽，徐扬，吕大国，卢任，李晓萍. 中国跨企业的资本配置扭曲：金融摩擦还是信贷配置的制度偏向 [J]. 中国工业经济，2018 (11).

[56] 江小涓，孟丽君. 内循环为主、外循环赋能与更高水平双循环——国际经验与中国实践 [J]. 管理世界，2021，37 (1).

[57] 姜雪，肖海霞. 技能溢价研究新进展——基于技术和贸易的逻辑框架 [J]. 华东经济管理，2015，29 (1).

[58] 蒋庚华，陈海英. 全球价值链参与率与行业内生产要素报酬差距——基于 WIOD 数据库的实证研究 [J]. 世界经济与政治论坛，2018 (2).

[59] 蒋琪，王标悦，张辉，岳爱. 互联网使用对中国居民个人收入的影响——基于 CFPS 面板数据的经验研究 [J]. 劳动经济研究，2018，6 (5).

[60] 金钰莹，叶广宇，彭说龙. 中国制造业与服务业全球价值链地位 GVC 指数测算 [J]. 统计与决策，2020，36 (18).

[61] 鞠方，李文君. 中国城镇居民财产性收入的区际失衡及矫正 [J]. 中州学刊，2019 (3).

[62] 康茜，林光华. 工业机器人对就业的影响机制——产业结构高级化还是合理化？[J]. 软科学，2021，35 (4).

[63] 孔高文，刘莎莎，孔东民. 机器人与就业——基于行业与地区异质性的探索性分析 [J]. 中国工业经济，2020 (8).

[64] 孔宪丽，米美玲，高铁梅. 技术进步适宜与创新驱动工业结构调整——基于技术进步偏向性视角的实证研究 [J]. 中国工业经济，2015 (11).

[65] 蓝嘉俊，方颖，马天平. 就业结构、刘易斯转折点与劳动收入份额：理论与经验研究 [J]. 世界经济，2019 (6).

[66] 李斌，詹凯云，胡志高. 环境规制与就业真的能实现"双重红利"吗？——基于我国"两控区"政策的实证研究 [J]. 产业经济研究，2019 (1).

[67] 李稻葵，刘霖林，王红领. GDP 中劳动份额演变的 U 型规律 [J].

经济研究，2009，44（1）．

[68] 李佳，汤毅．贸易自由化、技术进步与行业内工资不平等——基于中国工业企业数据的分析［J］．南开经济研究，2019（4）．

[69] 李建奇．数字化变革、非常规技能溢价与女性就业［J］．财经研究，2022，48（7）．

[70] 李静萍．中国金融部门融资对实体经济增长的影响研究——基于"从谁到谁"资金流量表［J］．统计研究，2015（10）．

[71] 李昕，关会娟，谭莹．技能偏向型技术进步、各级教育投入与行业收入差距［J］．南开经济研究，2019（6）．

[72] 李正，武友德，胡平平．1995—2011年中国制造业全球价值链动态演进过程分析——基于TiVA数据库的新兴市场国家比较［J］．国际贸易问题，2019（5）．

[73] 林玲，容金霞．参与全球价值链会拉大收入差距吗——基于各国后向参与度分析的视角［J］．国际贸易问题，2016（11）．

[74] 林毅夫，刘明兴．中国的经济增长收敛与收入分配［J］．世界经济，2003（8）．

[75] 刘世义．中国经济改革概论［M］．长春：吉林人民出版社，2005．

[76] 刘伟江，杜明泽，白玥．环境规制对绿色全要素生产率的影响——基于技术进步偏向视角的研究［J］．中国人口·资源与环境，2022，32（3）．

[77] 刘晓倩，韩青．农村居民互联网使用对收入的影响及其机理——基于中国家庭追踪调查（CFPS）数据［J］．农业技术经济，2018（9）．

[78] 刘扬，梁峰．居民收入比重为何下降——基于收入和支出的双重视角［J］．经济学动态，2013（5）．

[79] 刘易斯，施炜．二元经济论［M］．北京：北京经济学院出版社，1989．

[80] 芦婷婷，祝志勇．人工智能是否会降低劳动收入份额——基于固定效应模型和面板分位数模型的检验［J］．山西财经大学学报，2021，43（11）．

[81] 陆菁，刘毅群．要素替代弹性、资本扩张与中国工业行业要素报酬份额变动 [J]．世界经济，2016（3）．

[82] 陆雪琴，文雁兵．偏向型技术进步、技能结构与溢价逆转——基于中国省级面板数据的经验研究 [J]．中国工业经济，2013（10）．

[83] 陆雪琴．中国劳动收入份额下降之谜：市场力量和制度成因 [D]．杭州：浙江大学，2016．

[84] 陆正飞，王雄元，张鹏．国有企业支付了更高的职工工资吗？ [J]．经济研究，2012，47（3）．

[85] 罗明津，铁瑛．企业金融化与劳动收入份额变动 [J]．金融研究，2021（8）．

[86] 罗逸．资本要素收入对收入分配差距的影响分析 [D]．昆明：云南财经大学，2017．

[87] 罗长远，张军．经济发展中的劳动收入占比：基于中国产业数据的实证研究 [J]．中国社会科学，2009（4）．

[88] 罗长远，张军．劳动收入占比下降的经济学解释——基于中国省级面板数据的分析 [J]．管理世界，2009（5）．

[89] 罗知，周丽云，李浩然．劳动收入占比与偏向型技术进步 [J]．世界经济文汇，2017（2）．

[90] 吕冰洋，郭庆旺．中国要素收入分配的测算 [J]．经济研究，2012，47（10）．

[91] 吕冰洋，刘潘，赵厉，张经纬．中国居民资本要素收入有多少？ [J]．统计研究，2020，37（4）．

[92] 吕光明．中国劳动收入份额的测算研究：1993—2008 [J]．统计研究，2011，28（12）．

[93] 吕洁，杜传文，李元旭．工业机器人应用会倒逼一国制造业劳动力结构转型吗？——基于1990—2015年间22个国家的经验分析 [J]．科技管理研究，2017，37（22）．

[94] 吕越，陈帅，盛斌．嵌入全球价值链会导致中国制造的"低端锁定"吗？ [J]．管理世界，2018，34（8）．

[95] 马风涛. 制造业产品国内增加值、全球价值链长度与上游度——基于不同贸易方式的视角 [J]. 国际贸易问题，2017（6）.

[96] 马梦挺. 基于国民经济核算体系的剩余价值率计算：理论与中国经验 [J]. 世界经济，2019，42（7）.

[97] 马俊龙，宁光杰. 互联网与中国农村劳动力非农就业 [J]. 财经科学，2017（7）.

[98] 毛宇飞，曾湘泉，胡文馨. 互联网使用能否减小性别工资差距？——基于 CFPS 数据的经验分析 [J]. 财经研究，2018，44（7）.

[99] 毛宇飞，曾湘泉，祝慧琳. 互联网使用、就业决策与就业质量——基于 CGSS 数据的经验证据 [J]. 经济理论与经济管理，2019（1）.

[100] 戚聿东，刘翠花. 数字经济背景下互联网使用是否缩小了性别工资差异——基于中国综合社会调查的经验分析 [J]. 经济理论与经济管理，2020（9）.

[101] 戚拥军，钟曼，包莉丽. 媒体负面报道、实际控制人性质与现金分红行为——来自 A 股上市公司的经验证据 [J]. 统计与决策，2021，37（6）.

[102] 綦建红，付晶晶. 最低工资政策与工业机器人应用——来自微观企业层面的证据 [J]. 经济科学，2021（4）.

[103] 任晓松，刘宇佳，赵国浩. 经济集聚对碳排放强度的影响及传导机制 [J]. 中国人口·资源与环境，2020，30（4）.

[104] 申朴，刘康兵，朱雨静. 进口贸易对我国技能工资差距的影响——基于替代和技能偏向型技术进步效应的实证研究 [J]. 复旦学报（社会科学版），2020，62（6）.

[105] 沈坤荣，金刚，方娴. 环境规制引起了污染就近转移吗？[J]. 经济研究，2017，52（5）.

[106] 沈坤荣，赵倩. 江苏居民的经营性与财产性收入及其提升研究 [J]. 江苏社会科学，2018（4）.

[107] 沈永建，范从来，陈冬华，刘俊. 显性契约、职工维权与劳动力成本上升：《劳动合同法》的作用 [J]. 中国工业经济，2017（2）.

［108］史晋川，王维维．互联网使用对创业行为的影响——基于微观数据的实证研究［J］．浙江大学学报（人文社会科学版），2017，47（4）．

［109］施新政，高文静，陆瑶，李蒙蒙．资本市场配置效率与劳动收入份额——来自股权分置改革的证据［J］．经济研究，2019（12）．

［110］宋旭光，杜军红．智能制造如何影响劳动收入份额——基于中国省级面板数据的实证研究［J］．经济理论与经济管理，2021（11）．

［111］苏浩然．我国居民财产性收入比重的合理性测度研究［J］．当代经济科学，2019，41（2）．

［112］苏浩然．我国居民财产性收入比重偏低的原因——基于国民核算口径的国际比较［J］．商业研究，2019，504（4）．

［113］孙红艳，管莉莉，张先锋．基于FWTW资金流量表的金融服务实体经济测算研究——兼论其对实体经济增长影响［J］．数量经济技术经济研究，2021（7）．

［114］孙文杰．中国劳动报酬份额的演变趋势及其原因——基于最终需求和技术效率的视角［J］．经济研究，2012（5）．

［115］孙文远，周寒．环境规制对就业结构的影响——基于空间计量模型的实证分析［J］．人口与经济，2020（3）．

［116］孙早，肖利平．产业特征、公司治理与企业研发投入——来自中国战略性新兴产业A股上市公司的经验证据［J］．经济管理，2015，37（8）．

［117］孙早，侯玉琳．工业智能化如何重塑劳动力就业结构［J］．中国工业经济，2019（5）．

［118］谭晓鹏，钞小静．中国要素收入分配再测算［J］．当代经济科学，2016，38（6）．

［119］陶源．城镇化与城乡劳动收入差距——基于中国省级面板数据的实证研究［J］．经济问题探索，2020（8）．

［120］滕瑜，朱晶．中间产品贸易对我国熟练和非熟练劳动力收入分配的影响——基于工业部门31个细分行业的实证分析［J］．国际贸易问题，2011（5）．

［121］田柳，周云波．中国城镇地区的技术进步与行业工资差距——基于微观数据层面的测算和影响效应分析［J］．产业经济研究，2018（1）．

［122］万江滔，魏下海．最低工资规制对企业劳动收入份额的影响——理论分析与微观证据［J］．财经研究，2020，46（7）．

［123］万良勇，廖明情，胡璟．产融结合与企业融资约束——基于上市公司参股银行的实证研究［J］．南开管理评论，2015，18（2）．

［124］王丹枫．产业升级、资本深化下的异质性要素分配［J］．中国工业经济，2011（8）．

［125］王锋，葛星．低碳转型冲击就业吗——来自低碳城市试点的经验证据［J］．中国工业经济，2022（5）．

［126］王怀民，焦军普，李凯杰．加工贸易、资本密集度与工薪差距——基于中国加工贸易活动的研究［J］．世界经济研究，2014（3）．

［127］王杰，刘斌．环境规制与企业全要素生产率——基于中国工业企业数据的经验分析［J］．中国工业经济，2014（3）．

［128］王林辉，袁礼．有偏型技术进步、产业结构变迁和中国要素收入分配格局［J］．经济研究，2018（11）．

［129］王敏，黄滢．中国的环境污染与经济增长［J］．经济学（季刊），2015，14（2）．

［130］王小华．中国农民收入结构的演化逻辑及其增收效应测度［J］．西南大学学报（社会科学版），2019，45（5）．

［131］王晓磊，陈强远，沈瑶．全球价值链嵌入、贸易壁垒与外需隐含就业——基于跨国跨行业面板数据的经验研究［J］．国际贸易问题，2021（6）．

［132］王雄军．我国居民财产性收入状况及其趋势判断［J］．改革，2017（4）．

［133］王雅琦，张文魁，洪圣杰．出口产品质量与中间品供给［J］．管理世界，2018，34（8）．

［134］王亚红．中国城乡居民工资性收入差距及解决［J］．湖南社会科学，2010（4）．

［135］魏下海，张沛康，杜宇洪．机器人如何重塑城市劳动力市场：移民工作任务的视角［J］.经济学动态，2020（10）．

［136］温忠麟，叶宝娟．中介效应分析：方法和模型发展［J］.心理科学进展，2014，22（5）．

［137］温忠麟，张雷，侯杰泰，刘红云．中介效应检验程序及其应用［J］.心理学报，2004（5）．

［138］翁杰．中国农村劳动力转移与劳动收入份额变动研究［J］.中国人口科学，2011（6）．

［139］吴云霞，蒋庚华．全球价值链位置对中国行业内劳动者就业工资报酬差距的影响——基于WIOD数据库的实证研究［J］.国际贸易问题，2018（1）．

［140］徐高．宏观经济学二十五讲：中国视角［M］.北京：中国人民大学出版社，2019．

［141］许宪春．准确理解中国的收入、消费和投资［J］.中国社会科学，2013（2）．

［142］闫雪凌，朱博楷，马超．工业机器人使用与制造业就业：来自中国的证据［J］.统计研究，2020，37（1）．

［143］杨振兵，邵帅，杨莉莉．中国绿色工业变革的最优路径选择——基于技术进步要素偏向视角的经验考察［J］.经济学动态，2016（1）．

［144］杨振兵，邵帅，张诚．生产比较优势、棘轮效应与中国工业技术进步的资本偏向［J］.数量经济技术经济研究，2015，32（9）．

［145］姚宇，苗静云，刘振华．工资与企业利润挂钩与新时代共同富裕的实现路径［J］.管理学刊，2022，35（5）．

［146］姚毓春，袁礼，王林辉．中国工业部门要素收入分配格局——基于技术进步偏向性视角的分析［J］.中国工业经济，2014（8）．

［147］殷剑峰．人口拐点、刘易斯拐点和储蓄/投资拐点——关于中国经济前景的讨论［J］.金融评论，2012，4（4）．

［148］余东华，孙婷．环境规制、技能溢价与制造业国际竞争力［J］.中国工业经济，2017（5）．

[149] 余东华，张鑫宇，孙婷．资本深化、有偏技术进步与全要素生产率增长 [J]．世界经济，2019，42（8）．

[150] 于泽，陆怡舟，王闻达．货币政策执行模式、金融错配与我国企业投资约束 [J]．管理世界，2015，264（9）．

[151] 於嘉，谢宇．生育对我国女性工资率的影响 [J]．人口研究，2014，38（1）．

[152] 余玲铮，魏下海，孙中伟，吴春秀．工业机器人、工作任务与非常规能力溢价——来自制造业"企业—工人"匹配调查的证据 [J]．管理世界，2021，37（1）．

[153] 余淼杰，梁中华．贸易自由化与中国劳动收入份额——基于制造业贸易企业数据的实证分析 [J]．管理世界，2014（7）．

[154] 喻美辞．进口贸易、R&D 溢出与中国制造业的就业变动 [J]．国际商务研究，2010，31（2）．

[155] 詹静楠，吕冰洋．财政与共同富裕——多维分配视角下的分析 [J]．财政研究，2022（1）．

[156] 张车伟，张士斌．中国初次收入分配格局的变动与问题——以劳动报酬占 GDP 份额为视角 [J]．中国人口科学，2010（5）．

[157] 张车伟，赵文．中国劳动报酬份额问题——基于雇员经济与自雇经济的测算与分析 [J]．中国社会科学，2015（12）．

[158] 张莉，李捷瑜，徐现祥．国际贸易、偏向型技术进步与要素收入分配 [J]．经济学（季刊），2012，11（2）．

[159] 张南，朱莉．中国的资金循环与宏观经济监测：部门视角 [J]．数量经济技术经济研究，2022（11）．

[160] 张卫．人口老龄化、产业结构与劳动力技能结构 [J]．西北人口，2021，42（5）．

[161] 赵春明，王春晖．国际贸易对中国工资差距的影响研究——基于劳动者个体异质性的微观分析 [J]．经济与管理研究，2014（11）．

[162] 赵强，朱雅玲．要素视角下的人力资本和城乡收入差距 [J]．现代经济探讨，2021（4）．

［163］赵晓霞，胡荣荣．全球价值链参与度和工资差距——基于我国在价值链中不同地位的考量［J］．会计与经济研究，2018，32（4）.

［164］周国富，陈菡彬．产业结构升级对城乡收入差距的门槛效应分析［J］．统计研究，2021（2）.

［165］周楷唐，麻志明，吴联．高管学术经历与公司债务融资成本［J］．经济研究，2017，52（7）.

［166］周明海，姚先国，肖文．功能性与规模性收入分配：研究进展和未来方向［J］．世界经济文汇，2012（3）.

［167］朱子云．中国城乡居民收入差距的分解分析［J］．数量经济技术经济研究，2014，31（2）.

［168］祝继高，韩非池，陆正飞．产业政策、银行关联与企业债务融资——基于 A 股上市公司的实证研究［J］．金融研究，2015（3）.

［169］邹薇，袁飞兰．劳动收入份额、总需求与劳动生产率［J］．中国工业经济，2018（2）.

［170］Abowd J. M. , Kramarz, F. , Lengermann, P. Persistent Inter – Industry Wage Differences: Rent Sharing and Opportunity Costs［J］. Labor Economics, 2012, 1（1）: 25 – 44.

［171］Acemoglu, D. Directed Technical Change［J］. Review of Economic Studies, 2002, 69（4）: 781 – 809.

［172］Acemoglu, D. Labor and Capital Augmenting Technical Change［J］. Journal of the European Economic Association, 2003, 1（1）: 1 – 37.

［173］Acemoglu, D. , Restrepo, P. Artificial Intelligence, Automation and Work［M］. The Economics of Artificial Intelligence: An Agenda. University of Chicago Press, 2018: 195 – 236.

［174］Acemoglu, D. , Restrepo P. Automation and New Tasks: How Technology Displaces and Reinstates Labor［J］. Journal of Economic Perspectives, 2019, 33（2）: 3 – 30.

［175］Acemoglu, D. , Restrepo P. Low – Skill and High – Skill Automation［J］. Journal of Human Capital, 2018b, 12（2）: 209 – 232.

［176］ Acemoglu, D., Restrepo, P. Robots and Jobs: Evidence from U. S. Labor Markets ［J］. Journal of Political Economy, 2020, 128 (6): 2188 – 2244.

［177］ Acemoglu, D., Restrepo, P. The Race Between Man and Machine: Implications of Technology for Growth, Factor Shares, and Employment ［J］. American Economic Review, 2018c, 108 (6): 1488 – 1542.

［178］ Acemoglu, D., Guerrieri, V. Capital Deepening and Non-balanced Economic Growth ［J］. Journal of Political Economy, 2008, 116 (3): 465 – 498.

［179］ Akerman, A., Gaarder, I., Mogstad, M. The Skill Complementarity Broadband Internet ［J］. The Quarterly Journal of Economics, 2015, 130 (4): 1781 – 1824.

［180］ Atasoy, H. The Effects of Broadband Internet Expansion on Labor Market Outcomes ［J］. Industrial and Labor Relations Review, 2013, 66 (2): 315 – 345.

［181］ Autor, D. H. Why Are There Still So Many Jobs? The History and Future of Workplace Automation ［J］. Journal ofEconomic Perspectives, 2015, 29 (3): 3 – 30.

［182］ Bartik, T. J. Who Benefits from State and Local Economic Development Policies? ［J］. Books from Upjohn Press, 1991, 68 (2): 219 – 216.

［183］ Bassanini, A., Duval, R. The Determinants of Unemployment across OECD Countries: Reassessing the Role of Policies and Institutions ［J］. OECD Economic Studies, 2006, 42 (1): 5 – 79.

［184］ Becker, G. S., Tomes, N. An Equilibrium Theory of the Distribution of Income and Intergenerational Mobility ［J］. The Journal of Political Economy, 1979, 87 (6): 1153 – 1189.

［185］ Becker, G. S., Tomes, N. Human Capital and the Rise and Fall of Families ［J］. Journal of Labor Economics, 1986, 4 (3): 1 – 39.

［186］ Benzell, S. G., Kotlikoff, L. J., LaGarda, G. et al. Robots Are

Us: Some Economics of Human Replacement [R]. National Bureau of Economic Research, 2015.

[187] Berg, A. , Buffie, E. F. , Zanna, L. F. Robots, Growth, and Inequality [J]. Finance & Development, 2016, 53 (3): 3 – 13.

[188] Berkowitz, D. , Ma, H. , Nishioka, S. Declining Labor Shares and Heterogeneous Firms [R]. Stanford Center for International Development Working Paper, 2015.

[189] Bessen, J. Toil andTechnology: Innovative Technology is Displacing Workers to New Jobs Rather Than Replacing Them Entirely [J]. Finance & Development, 2015, 52 (1).

[190] Black, S. E. , Spitz – Oener. , A. Explaining Women's Success: Technological Change and The Skill Content of Women's Work [J]. The Review of Economics and Statistics, 2010, 92 (1): 185 – 194.

[191] Bloom, N. , Draca M. , Van, R. J. Trade Induced Technical Change? The Impact of Chinese Imports on Innovation, IT and Productivity [J]. Review of Economic Studies, 2016, 83 (1): 85 – 117.

[192] Brynjolfsson, E. , McAfee, A. The Second Machine Age: Work, Progress, and Prosperity in a Time of Brilliant Technologies [M]. New York, London, 2014.

[193] Buera, F. J. , Kaboski, J. P. The Rise of the Service Economy [J]. American Economic Review, 2012 (6): 2540 – 69.

[194] Burstein, A. , Vogel, J. International Trade, Technology, and the Skill Premium [J]. Journal of Political Economy, 2017, 125 (5): 1356 – 1412.

[195] Cacciatore, M. , Fiori, G. The Macroeconomic Effects of Goods and Labor Market Deregulation [J]. Review of Economic Dynamics, 2016, 20 (4): 1 – 24.

[196] Cardinale, I. , Scazzieri, R. Explaining Structural Change: Actions and Transformations [J]. Structural Change and Economic Dynamics, 2018, 6

（2）：12 – 13.

［197］Chambers, D. , Dhongd, E. Convergence in Income Distributions: Evidence from a Panel of Countries ［J］. Economic Modelling, 2016, 59 （12）: 1262 – 1270.

［198］Ciamarra, E. S. Monitoring by Affiliated Bankers on Board of Directors: Evidence from Corporate Financing Outcomes ［J］. Financial Management, 2012, 41 （3）: 665 – 702.

［199］Clark, C. The conditions of Economic Progress ［M］. New York: Macmillan Company, 1940.

［200］Cobb, C. W. , Douglas, P. H. A Theory of Production ［J］. The American Economic Review, 1928, 18 （1）: 136 – 165.

［201］Elliott, R. , Cole, M. Determining the Trade – Environment Composition Effect: The Role of Capital, Labor and Environmental Regulations ［J］. Journal of Environmental Economics & Management, 2003, 46 （3）: 363 – 383.

［202］Czernich, N. , Falck, O. , Kretschmer, T. Broadband Infrastructure and Economic Growth ［J］. The Economic Journal, 2011, 121 （552）: 505 – 532.

［203］Dimaggio, P. , Bonikowski, B. Make Money Surfing the Web? The Impact of Internet Use on the Earnings of U. S. Workers ［J］. American Sociological Review, 2008 （2）: 225 – 250.

［204］Dittmann, I. , Maug, E. , Schneider, C. Bankers on the Boards of German Firms: What They Do, What They are Worth, and Why They are （Still） There ［J］. Review of Finance, European Finance Association, 2010, 14 （1）: 35 – 71.

［205］Dorn, D. , Katz, L. F. , Patterson, C. , et al. Concentrating on the Fall of the Labor Share ［J］. American Economic Review, 2017, 107 （5）: 180 – 185.

［206］Ederington, J. , Minier, J. Is Environmental Policy a Secondary

Trade Barrier? An Empirical Analysis ［J］. Canadian Journal of Economics, 2000, 36 (1): 137 – 154.

［207］ Elsby, M. W. L. , Hobijn, B. , Sahin, A. The Decline of The U. S. Labor Share ［J］. Brookings Papers on Economic Activity, Brookings Institution Press, FALL, 2013: 1 – 52.

［208］ Erkens, D. H. , Subramanyam, K. R. , Zhang, J. Affiliated Banker on Board and Conservative Accounting ［J］. The Accounting Review, 2014, 89 (5): 1703 – 1728.

［209］ Fan, S. , Zhang, X. , Robinson, S. Structural Change and Economic Growth in China ［J］. Review of Development Economics, 2003, 7 (3): 360 – 377.

［210］ Feenstra, R. C. , Hanson G. H. Foreign Investment, Outsourcing and Relative Wages ［J］. Political Economy of Trade Policy Essays in Honor of Jagdish Bhagwati, 1996: 86 – 127.

［211］ Feenstra, R. C. , Hanson, G. H. Global Production Sharing and Rising Inequality: A Survey of Trade and Wages ［M］. Handbook of International Economics, Basil Blackwell, 2003.

［212］ Francisco, A. C. , Ngo, V. L. , Markus, P. Capital – Labor Substitution, Structural Change and the Labor Income Share ［J］. Journal of Economic Dynamics and Control, 2018, 87 (2): 206 – 231.

［213］ Frey, C. B. , Osborne, M. A. The Future of Employment: How Susceptible are Jobs to Computerisation? ［J］. Technological Forecasting and Social Change, 2017, 114: 259 – 280.

［214］ Gafni, D. , Siniver, E. Is There a Motherhood Wage Penalty for Highly Skilled Women? ［J］. The BE Journal of Economic Analysis & Policy, 2015, 15 (3): 1353 – 1380.

［215］ Gereffi, G. , Lee J. Economic and Social Upgrading in Global Value Chains and Industrial Clusters: Why Governance Matters ［J］. Journal of Business Ethics, 2016, 133 (1): 25 – 38.

［216］Giammarioli, N. , Messina, J. , Steinberger, T. , et al. European Labor Share Dynamics：An Institutional Perspective ［R］. EUI Working Paper, 2002.

［217］Goldin, C. A Grand Gender Convergence：Its last chapter ［J］. American Economic Review, 2014, 104 (4)：1091 –1119.

［218］Gonzalez, J. L. , Kowalski, P. , Achard, P. Trade, Global Value Chains and Wage – Income Inequality ［R］. OECD Working Paper, 2015.

［219］Graetz, G. , Michaels, G. Robots at Work ［J］. Review of Economics and Statistics, 2018, 100 (5)：753 –768.

［220］Guscina, A. Effects of Globalization on Labor's Share in National Income ［R］. IMF Working Paper, 2006.

［221］Harrison, A. E. Has Globalization Eroded Labor's Share? Some Cross – Country Evidence, 2002.

［222］Hicks, J. R. The Theory of Wages ［M］. Second Edition, Palgrave Macmillan, 1963.

［223］Hsu, P. , Tian, X. , Xu, Y. Financial Development and Innovation：Cross-country Evidence ［J］. Journal of Financial Economics, 2014, 112 (1)：116 –135.

［224］Hunt, R. M. Patentability, Industry Structure and Innovation ［J］. Industrial Economics, 2004, 52 (3)：401 –425.

［225］Jackson, M. O. , Kanik, Z. How Automation that Substitutes for Labor Affects Production Networks, Growth, and Income Inequality ［J］. SSRN Electronic Journal, 2019 (1).

［226］Jiang, M. M. , Shideler J. , Wang Y. Factor Substitution and Labor Market Friction in the United States：1948 – 2010 ［J］. Applied Economics, 2019, 51 (17)：1 –13.

［227］Johnson, D. G. The Functional Distribution of Income in the United States, 1850 – 1952, Review of Economics and Statistics, 1954, 36 (2)：175 –182.

[228] Jung, S. , Lee, J D. , Hwang, W S. Growth Versus Equity: A CGE Analysis for Effects of Factor-biased Technical Progress on Economic Growth and Employment [J]. Economic Modelling, 2017, 60 (c): 429 – 438.

[229] Kaldor, N. Capital Accumulation and Economic Growth. The Theory of Capital [M]. New York: St. Martins Press, 1961: 175 – 222.

[230] Kaldor, N. Conflicts in National Economic Objectives [J]. Economic Journal, Royal Economic Society, 1971, 81 (321): 1 – 16.

[231] Karabarbounis, L. , Neiman, B. The Global Decline of the Labor Share [J]. The Quarterly Journal of Economics, 2014, 129 (1): 61 – 103.

[232] Katz, L. F. , Margo, R. A. Technical Change and the Relative Demand for Skilled Labor: The United States in Historical Perspective [M]. Human Capital in History: The American Record. University of Chicago Press, 2014: 15 – 57.

[233] Kee, H. L. , Tang H. Domestic Value Added in Exports: Theory and Firm Evidence from China [J]. American Economic Review, 2015, 106 (6): 1 – 83.

[234] Keynes, J. M. Relative Movements of Real Wages and Outputs [J]. The Economic Journal, 1939, 49 (193): 39 – 51.

[235] Klump, R. , McAdam, P. , Willman, A. Unwrapping Some Euro Area Growth Puzzles: Factor Substitution, Productivity and Unemployment [J]. Journal of Macroeconomics, 2008, 30 (2): 645 – 666.

[236] Koenker, R. Quantile Regression for Longitudinal Data [J]. Journal of Multivariate Analysis, 2004, 91 (1): 79 – 89.

[237] Koopman, R. , Powers, W. , Wang, Z. , Wei S. J. Give Credit Where Credit is Due: Tracing Value Added in Global Production Chains [J]. NBER Working Paper, 2010.

[238] Koopman, R. , Wang, Z. , Wei S. J. Tracing Value-added and Double Counting in Gross Exports [J]. American Economic Review, 2014, 104 (2): 456 – 494.

［239］Krusell, P., Ohanian, L. E., Ríos – Rull, J. V., Violante G. L. Capital-skill Complementarity and Inequality：A Macroeconomic Analysis ［J］. Econometrica, 2000, 68 (5)：1026 – 1053.

［240］Kurgman, P. Technology, Trade, and Factor Price ［J］. Journal of International Economics, 2000, 50：51 – 71.

［241］Kuznets, S. Economic Growth and Income Inequality ［J］. The American Economic Review, 1955, 45 (1)：1 – 28.

［242］Kuznets, S. Population, Income and Capital ［J］. International Social Science Journal, 1998, 50 (157)：326 – 333.

［243］Lankisch, C., Prettner, K., Prskawetz, A. How can Robots Affect Wage Inequality? ［J］. Economic Modelling, 2019, 81：161 – 169.

［244］Lankisch, C., Prettner, K., Prskawetz, A. Robots and the Skill Premium：An Automation – Based Explanation of Wage Inequality ［R］. Hohenheim Discussion Papers in Business, Economics and Social Sciences, 2017.

［245］Leamer, E. E. Wage Inequality from International Competition and Technological Change：Theory and Country Experience ［J］. The American Economic Review, 1996, 86 (2)：306 – 314.

［246］Levinson, A., Taylor, M. S. Unmasking the Pollution Haven Effect ［J］. Social Science Electronic Publishing, 2008, 49 (1)：223 – 254.

［247］Lu, Z. F., Zhu, J. G., Zhang, W. N. Bank Discrimination, Holding Bank Ownership, and Economic Consequences：Evidence from China ［J］. Journal of Banking and Finance, 2012, 36 (2)：341 – 354.

［248］Mokre, P., Rehm, M. Inter – Industry Wage Inequality：Persistent Differences and Turbulent Equalisation ［J］. Cambridge Journal of Economics, 2020, 44 (4)：916 – 942.

［249］Molero – Simarro, R. Inequality in China Revisited, the Effect of Functional Distribution of Income on Urban Top Incomes, the Urban – Rural Gap and the Gini Index, 1978 – 2015 ［J］. China Economic Review, 2017, 42 (2)：101 – 117.

［250］Nabar, M. M. , Yan, M. K. Sector – Level Productivity, Structural Change and Rebalancing in China ［J］. International Monetary Fund, 2013, 24 (3): 13 – 24.

［251］Orak, M. Capital – Task Complementarity and the Decline of the U. S. Labor Share of Income ［R］. International Finance Discussion Papers, 2017.

［252］Parteka, A. , Wolszczak, D. J. Global Value Chains and Wages: Multi – Country Evidence from Linked Worker – Industry Data ［J］. Open Economies Review, 2019, 30 (3): 505 – 539.

［253］Petrova, K. Part – Time Entrepreneurship: Theory and Evidence ［J］. Atlantic Economic Journal, 2010, 38 (4): 463 – 464.

［254］Porter, M. E. , Van der Linde, C. Toward a New Conception of the Environment-competitiveness Relationship ［J］. Journal of Economic Perspectives, 1995, 9 (4): 95 – 118.

［255］Raurich, X. , Sala, H. , Sorolla, V. Factor Shares, The Price Markup, and the Elasticity of Substitution Between Capital and Labor ［J］. Journal of Macroeconomics, 2012, 34 (1): 181 – 198.

［256］Rubin, A. , Segal D. The Effects of Economic Growth on Income Inequality in the US ［J］. Journal of Macroeconomics, 2015, 45 (9): 258 – 273.

［257］Sachs, J. D. , Benzell, S. G. , LaGarda, G. Robots: Curse or Blessing? A Basic Framework ［R］. National Bureau of Economic Research, 2015.

［258］Samaniego, R. M. , Sun, J. Y. Productivity Growth and Structural Transformation ［J］. Review of Economic Dynamics, 2016, 21 (7): 266 – 285.

［259］Shi, X. , Xu Z. Environmental Regulation and Firm Exports: Evidence from the Eleventh Five – Year Plan in China ［J］. Journal of Environmental Economics and Management, 2018, 89: 185 – 200.

［260］Stockhammer, E. Determinants of the Wage Share: A Panel Analysis of Advanced and Developing Economies [J]. British Journal of Industrial Relations, 2017, 55 (1): 3 – 33.

[261] Wang, Z., Wei, S. J., Yu, X. D. Zhu, K. F. Characterizing Global Value Chains [R]. Working Paper, 2016.

后　　记

笔者自2010年在南京大学经济学院攻读理论经济学博士学位，在范从来教授指导下参与国家社科基金重点项目"居民收入来源结构优化研究"（11AJL003）起，已经从事收入分配相关研究10余年。

2013年到南京农业大学经济管理学院工作后，连续主持江苏省社会科学基金项目"苏南收入优先增长中结构优化战略研究"（13JDB022）、"人口老龄化背景下江苏促进农民收入增长的路径和策略研究"（17EYB002）两项，作为第三作者的专著《收入优先增长：总量与结构》获得江苏省第第十五届哲学社会科学优秀成果奖一等奖。

2018年主持国家社科基金一般项目"我国居民劳动收入和财产性收入渠道研究"（18BJL118），在此项目支持基础上展开了系列研究，本专著正是此项目的成果之一。周湘余、杜珊、崔雅丽、陈峄屹、常天、刘东越、赵嘉欣、薛岩彤、郑玉艳、王慧、匡正祥等也参与此项研究工作，进行了研究资料的搜集整理和部分内容的撰写。

对我国居民劳动收入和财产性收入渠道的研究，虽然我们构建了相关的分析框架，力求有所突破、创新，但由于我们学识和研究水平有限，掌握的资料有限，成果中还有诸多不成熟、不完善和需要提高之处，恳请各位专家学者批评指正！

出版社的编辑和校对为本书稿提供了十分细致的编校工作，没有他们对我们研究工作的支持，这种研究性著作的出版是难以完成的，在此表示深深的感谢！